UN AGENT POLITIQUE A L'ARMÉE DES ALPES

CORRESPONDANCE

DE

PIERRE CHÉPY

AVEC LE MINISTRE DES AFFAIRES ÉTRANGÈRES

(Mai 1793 — Janvier 1794)

PUBLIÉE PAR

R. DELACHENAL

GRENOBLE

IMPRIMERIE F. ALLIER PÈRE ET FILS

Cours Saint-André, 26

1894

UN AGENT POLITIQUE A L'ARMÉE DES ALPES

CORRESPONDANCE

DE

PIERRE CHÉPY

AVEC LE MINISTRE DES AFFAIRES ÉTRANGÈRES

(Mai 1793 — Janvier 1794)

UN AGENT POLITIQUE A L'ARMÉE DES ALPES

CORRESPONDANCE

DE

PIERRE CHÉPY

AVEC LE MINISTRE DES AFFAIRES ÉTRANGÈRES

(Mai 1793 — Janvier 1794)

PUBLIÉE PAR

R. DELACHENAL

GRENOBLE

IMPRIMERIE F. ALLIER PÈRE ET FILS
Cours Saint-André, 26

1894

INTRODUCTION

Le département de l'Isère est un de ceux, qui, soustraits à toute pression extérieure, se seraient le mieux gardés des excès, qui partout firent payer chèrement les conquêtes les moins contestables de la Révolution. L'enthousiasme de la première heure, très vif à Grenoble et dans le reste du Dauphiné, n'avait pas tardé à se calmer, la réforme des abus, dénoncés avec tant de force un an avant l'ouverture des États généraux, ayant donné satisfaction à des esprits encore plus modérés qu'enthousiastes. Malheureusement, le temps devait venir où les administrations locales, aussi bien que les simples particuliers, auraient à se défendre, comme d'un crime, de leur modération, flétrie sous le nom nouveau de *modérantisme*. Le régime de la Terreur n'avait, en effet, chance de s'établir que si tous les départements appliquaient avec une égale rigueur les lois odieuses, sans le secours desquelles il ne pouvait subsister. Pour obtenir ce résultat, pour vaincre des résistances et des répugnances trop légitimes, il fallut recourir à des moyens exceptionnels. L'envoi dans les départements de représentants du peuple, officiellement chargés d'accélérer la grande levée de 300,000 hommes, mais investis en fait de pouvoirs illimités, fut une arme redoutable aux mains de la Convention, et rarement ces missions manquèrent leur effet. On sait à quoi s'occupèrent les conventionnels Amar et Merlinot, venus à Grenoble à la fin du mois d'avril 1793, et dont le premier soin fut de dresser des listes de suspects[1]. Il n'est pas nécessaire non plus de rappeler avec quelle facilité Albitte, Dubois-Crancé et Gauthier eurent raison du mouvement fédéraliste de l'Isère, condamné par l'indécision de ceux qui en avaient pris l'initiative à un échec certain[2]. Au moment où les représentants du peuple remportaient sans peine un succès décisif, arrivait à Grenoble un homme obscur, qui, à la faveur d'une mission mal définie, devait se faire l'apôtre d'un jacobinisme exalté et fut un agent révolutionnaire des plus actifs. Je veux parler de ce *Pierre Chépy*, qui ne séjourna pas en Dauphiné plus de six à sept mois, mais laissa dans l'esprit de tous ceux qui l'avaient vu à l'œuvre d'ineffaçables souvenirs.

M. Albin Gras, au cours de son intéressante étude sur

---

[1] Paul Thibaud, *Études sur l'histoire de Grenoble et du département de l'Isère pendant la Terreur* (Bulletin de l'Académie delphinale, 3ᵉ série, t. XIV [1878], pp. 111-195).

[2] P. Thibaud, *loc. cit.* — H. Wallon, *La Révolution du 31 mai et le fédéralisme de 1793*. Paris, Hachette, 1886, 2 vol. in-8°, t. II, pp. 302-313.

Deux années de l'histoire de Grenoble [1], avait esquissé, avec plus ou moins de vérité, la physionomie de ce personnage, plus remuant qu'important, et signalé la part considérable qu'il avait prise aux délibérations de la Société populaire [2]. Mais, au demeurant, il ne savait rien des antécédents de Chépy et ignorait même le motif de sa présence à Grenoble. « Chépy, écrit-il dans la courte notice qui lui est consacrée, homme inconnu qui vint à Grenoble en l'an II, etc. » Le travail de M. Albin Gras, lu tout d'abord à une séance de la Société de statistique de l'Isère, provoqua de la part de l'archiviste du département, J.-J. Pilot, des *Recherches historiques sur le séjour de Chépy à Grenoble*, recherches dont la Société de statistique eut également la primeur [3]. Pilot avait fait appel aux souvenirs des rares survivants d'une époque déjà lointaine, interrogé ceux qui avaient pu connaître les témoins de la Révolution. Les registres de la municipalité, ceux de la Société populaire et du Comité de surveillance, lui avaient fourni des renseignements précis sur certains actes de l' « homme inconnu ». Mais, quels que fussent les résultats de cette enquête, il s'en fallait de beaucoup que la lumière fût faite sur tous les points qui piquaient légitimement la curiosité. On était toujours réduit à se demander pourquoi un Jacobin sans notoriété était venu révolutionner Grenoble, s'il était investi d'une mission officielle et quel en était l'objet, comment s'expliquait son brusque départ, aussi mystérieux que son arrivée. Enfin, les témoignages recueillis par J.-J. Pilot

---

[1] *Bulletin de la Société de statistique du département de l'Isère*, 2ᵉ série, t. I [1851], pp. 48-182.

[2] *Op. cit.*, pp. 102-104, 169.

[3] *Bulletin de la Soc. de stat.*, même volume, pp. 262-273.

sur la personne même de Chépy n'étaient pas tous très sûrs. Pour ne prendre qu'un exemple, Chépy n'avait pas, en 1793, de trente-cinq à quarante ans; il était âgé de vingt-trois ans seulement.

En 1851, époque à laquelle se rapportent les travaux qui viennent d'être mentionnés, une tradition vague et déjà fort semblable à la légende n'était pourtant pas l'unique source d'information à laquelle on pût puiser. Dès 1822, la *Biographie nouvelle des contemporains* consacrait à Chépy une notice assez étendue, exacte dans l'ensemble, et dont il se peut qu'il ait fourni lui-même les principaux éléments [1]. Je ne parle pas de sa correspondance qui sera utilisée dans cette introduction, correspondance des plus volumineuses, souvent très intéressante, mais pendant longtemps dérobée aux recherches, les archives du ministère des Affaires étrangères en ayant retenu la meilleure partie.

---

[1] *Biographie nouvelle des contemporains*, etc., par A.-V. Arnault, A. Jay, E. Jouy, J. Norvins, etc., t. IV, Paris, 1822, in-8°, pp. 381-385. — Reproduit presque sans changement : 1° dans la *Biographie univers. et portative des contemporains ou Dict. histor. des hommes vivants et des hommes morts depuis 1788 jusqu'à nos jours*, etc., publiée sous la direction de MM. Rabbe, Vieilh de Boisjolin et Sainte-Preuve, t. I, Paris, F.-G. Levrault, 1834, in-8°; 2° par P. Levot, *Histoire de la ville et du port de Brest sous le Directoire et le Consulat*, Brest, 1875, in-8°, pp. 251-252.

I

Pierre-Paul Chépy[1] naquit à Paris le 6 août 1770. Son père, Nicolas Chépy, originaire de Donchéry en Champagne[2], était depuis peu titulaire d'un office de procureur au Parlement de Paris[3]. Lorsqu'éclata la Révolution, qui devait le ruiner par la perte de sa charge, il « s'y livra entièrement », bien que l'attitude de ses confrères, presque tous hostiles aux idées nouvelles, ne fût pas de nature à l'encourager : « Sur quatre cents procureurs, a-t-il écrit lui-même, nous n'étions que vingt et un patriotes[4]. »

[1] Levot donne seul les deux prénoms *Pierre-Paul,* relevés sans doute sur des documents officiels. Pendant son séjour à Grenoble, Chépy échangea ces prénoms contre celui de *Coriandre.* Le nom de cette plante correspond, en effet, dans le calendrier républicain, à la date du 29 juin (fête de saint Pierre et de saint Paul).

[2] Donchéry : Ardennes, arr. de Mézières, canton de Sedan (*Almanach royal pour l'année 1770.* Liste des « procureurs en la Cour »). D'après l'acte de naissance de Pierre Chépy, dont M. A. Bégis a eu une expédition entre les mains, son père aurait été originaire de Dun-en-Clermontois (Dun-sur-Meuse : Meuse, arr. de Montmédy, ch.-l. de canton).

[3] Nicolas Chépy avait succédé en 1769 à un nommé Mangin et était domicilié rue du Coq-Saint-Jean (aujourd'hui l'*impasse du Coq* qui s'ouvre sur la *rue de la Verrerie*).

[4] Arch. Nat., F^{14} II, C^7. — Mémoire de Chépy, ex-juge de paix des sections du Muséum et de la place Vendôme, au Directoire exécutif (6 germinal an V = 26 mars 1797). On trouve dans ce document l'énumération de toutes les fonctions exercées par le père de P. Chépy, depuis le commencement de la Révolution jusqu'à l'an V. — Nicolas Chépy avait épousé Anne de Lamarle, fille de

Entraîné sans doute par son exemple, l'aîné de ses deux fils, Pierre Chépy, qui n'avait pas encore vingt ans en 1789, s'était déjà essayé au rôle que les circonstances allaient lui permettre de jouer. Dès 1788, il publiait une sorte de pamphlet sur la disgrâce de Calonne, qui, en d'autres temps et sous un gouvernement moins débonnaire, aurait pu le faire jeter à la Bastille. C'est du moins ce qu'il insinue dans un mémoire justificatif, publié en 1794, pendant sa détention à la prison des Carmes, et qui contient des indications nombreuses et assez précises sur sa participation aux premières journées révolutionnaires[1]. Le 12 juillet 1789, Chépy « prenait les armes » ; le surlendemain, il s'enrôlait dans le corps des « volontaires du Palais », où sa place était toute marquée, puisque, fils de procureur, basochien de la veille, il se destinait au barreau, si même il n'y avait déjà fait ses débuts[2]. Le 5 octobre,

---

Pierre de Lamarle, procureur au bailliage et présidial de Metz (Renseignement communiqué par M. A. Bégis). Il en avait eu trois enfants, deux fils et une fille. L'aîné de ses fils est celui dont il est question dans cette notice ; le cadet, *Pierre-François*, après avoir servi pendant quatre ans comme officier dans un régiment de cavalerie, fut réformé pour cause de blessures ; en 1810, il était contrôleur principal des droits réunis ; décédé à Vaugirard, le 3 sept. 1817. — Nic. Chépy mourut à Paris, le 20 mai 1810, à l'âge de soixante-douze ans.

[1] *P. Chépy à ses concitoyens*. — Paris, de l'imprimerie de P.-L. Siret, rue du Museum, n° 68. L'an II° de la République française, une et indivisible (1794), in-8°, 16 pages. J'ai analysé ce mémoire dans le *Bulletin de l'Académie delphinale*, 1891, pp. 76-80. Voici le passage auquel il est fait allusion dans le texte : « En 1788, je fis un apologie (*sic*) sur la disgrâce de Calonne ; je méritois déjà la Bastille. »

[2] Il prend le titre d'avocat dans un discours imprimé en 1790 et dont il va être question. Dans une lettre adressée au Ministre des Affaires Étrangères, et après avoir mentionné la remise faite par

enfin, il assistait, mais en acteur plutôt qu'en témoin, à « l'expédition mémorable » dirigée contre Versailles, et dont il aurait été l'un des meneurs, car il a soin de rappeler qu'il contribua, pour sa part, à « l'ébranlement de l'armée parisienne ».

La Société des Amis de la Constitution, plus connue sous le nom de Société ou de Club des Jacobins, et où il fut admis au mois de mai 1790, vint donner un nouvel aliment à son activité[1]. Il en suivit assidûment les réunions, y prit souvent la parole, et, s'il faut l'en croire, se serait fait remarquer, dans quelques circonstances critiques, par la fermeté de son attitude[2]. « Bien avant la fondation de la République », il aurait médité « sur les moyens d'en préparer et d'en accélérer l'époque régénératrice ». A quelle époque la lumière s'était-elle faite dans son esprit? On l'ignore, mais il est certain qu'il n'avait pas toujours considéré le gouvernement monarchique comme incompatible avec la liberté. Le premier discours

---

quelques ecclésiastiques de leurs lettres de prêtrise, il ajoute : « Quant à moi, j'ai écrit à mon père pour qu'il remit à ma section mes lettres de bachelier, licentié (sic) et mes patentes d'avocat ». (Grenoble, 16 novembre 1793.)

[1] On trouvera quelques indications sur la part prise par Chépy aux délibérations de la Société dans F.-A. Aulard, *La Société des Jacobins. Recueil de documents pour l'histoire du club des Jacobins de Paris*, Paris, 1889-1892, in-8°, 4 vol. parus.

[2] Ceci est évidemment fort exagéré. Il est exact, par exemple, qu'il fut appelé, dans la séance du 22 juin 1791, lors de la fuite du roi, à présider la Société; mais, à lire le procès-verbal imprimé, il semble qu'il ait assez mal présidé, avec peu d'autorité; en tout cas il dut, au cours de la même séance, céder le fauteuil à un autre ; ce fut Dubois-Crancé qui y monta et « ramena le silence ». (Aulard, *La Société des Jacobins*, t. II, pp. 538-542). Chépy figure comme secrétaire sur une liste imprimée le 18 mai 1791, mais on sait que le bureau était renouvelé tous les mois. (*Op. cit.*, p. LXXXI.)

qu'il prononça à la tribune des Jacobins en fournit une preuve. Il porte sur cette question : « *A qui doit-on déléguer l'accusation publique*[1]? Si l'opinion personnelle de l'orateur, encore indécise, ne se laisse pas démêler aisément, le système qu'il repousse est indiqué en termes très nets. Il ne veut pas que le droit d'exercer l'action publique appartienne aux commissaires près les tribunaux, c'est-à-dire aux officiers du ministère public, que leur mode de nomination placera toujours, fatalement, sous la dépendance du pouvoir exécutif. Qu'un tyran vienne à régner, il n'y aura plus de sécurité pour les justiciables. « Il ne sera pas toujours assis sur le trône ce monarque honnête homme, ce monarque citoyen, qui, trop grand pour n'être qu'un despote, a trouvé dans son cœur le besoin d'aimer la Révolution et d'être roi d'un peuple libre. » Voilà certes un bel éloge et un éloge mérité; mais un pareil langage n'a rien de commun avec une profession de foi républicaine.

Au mois de mars 1792, désireux de se produire sur un plus vaste théâtre, il demanda à entrer dans la carrière diplomatique, à laquelle le préparaient mal quelques études hâtives et superficielles. Mais le spectacle qu'il avait sous les yeux justifiait sa présomption, car déjà un certain étalage de patriotisme tenait lieu de titres plus sérieux. Le 15 mars, Dumouriez avait pris le portefeuille des Affaires étrangères, et à sa suite avaient pénétré dans les bureaux du ministère bien des hommes nouveaux,

---

[1] *Opinion de M. Chépy, avocat, membre de la Société des Amis de la Constitution sur cette question : A qui doit-on déléguer l'accusation publique ?* Paris, imprimerie nationale, in-8°, sans date [25 déc. 1790], 11 pages. Réimprimé par F.-A. Aulard, *La Soc. des Jacobins*, t. I, pp. 433-437. (Voy. *Bulletin de l'Acad. delphin.*, 1891, pp. 75-76.)

parmi lesquels il suffira de citer Lebrun-Tondu, un véritable aventurier, appelé à devenir ministre[1], et Ysabeau[2], le frère du futur conventionnel avec qui Chépy avait noué des relations assez étroites[3]. L'heure était donc singulièrement propice et toutes les ambitions semblaient permises. La lettre que Chépy écrivit au ministre pour lui offrir ses services[4], est trop caractéristique et le peint trop bien pour ne pas trouver place ici :

« Monsieur,

« Le temps est enfin arrivé où les hommes libres peuvent sans rougir demander au ministère popularisé l'occasion de servir leur patrie.

« Je saisis cette circonstance qui peut-être ne reviendra point de longtemps, pour offrir à mon pays mon travail et mon zèle.

« Je suis Jacobin dès l'origine et de la stricte observance, je le serai jusqu'à la mort. Voilà ma profession de foy politique.

« J'ai une mesure de capacité que MM. Bonnecarère[5] (sic)

[1] Choisi par Dumouriez pour premier commis du premier bureau. Sur ce singulier personnage qui fit tous les métiers, y compris celui de ministre, et finalement mourut sur l'échafaud, voy. le livre de M. Masson, *Le département des Affaires étrangères pendant la Révolution,* pp. 161-162.

[2] F. Masson, *op. cit.,* pp. 163, 364-365.

[3] Voy. ci-après, n° II, une lettre de Chépy à Ysabeau (Lyon, 13 mai 1793).

[4] « Au mois de mars 1792, dit-il dans le mémoire justificatif déjà cité, je demandai, *par les journaux,* à Dumouriez de l'emploi dans le département politique où mes goûts et mes études m'appeloient. » La lettre fut sans doute reproduite par les journaux, mais elle avait été tout d'abord adressée directement au Ministre.

[5] Dumouriez avait créé pour Bonnecarère le poste de directeur général des Affaires étrangères.

et Villars¹ que vous avez rapprochés de vous connoissent parfaitement, ils pourront vous en rendre compte. Voilà mes titres.

« J'ai quelques connoissances en diplomatie, j'ai étudié les principaux traités sur lesquelles (sic) reposent nos relations avec les puissances étrangères. Voilà ma recommandation.

« Je pourrois en ajouter d'autres, et tous les patriotes de la Montagne (notamment M. Brissot qui m'honore de son estime et de son amitié) viendroient très volontiers à l'appui de ma demande; mais ces moyens de captation ne sont faits ni pour vous, ni pour moi, et je me présente devant vous, seul, avec ma conscience et mon civisme; quand on veut vous approcher ce cortège suffit.

« Votre concitoyen,
« P. Chépy². »

Au moment où cette lettre fut écrite, la guerre contre l'Autriche était imminente. Avant de la déclarer, Louis XVI voulut tenter une dernière démarche pacifique, plutôt pour sauver les apparences que pour prévenir une rupture, qui était désirée par tout le monde, par les conseillers de la Reine comme par les Girondins. Le Roi écrivit, de sa main, à l'Empereur François II pour lui signifier qu'il avait accepté de son plein gré, sans subir aucune contrainte, la Constitution de 1791. Un ambassadeur extraordinaire devait remettre à l'Empereur la lettre

---

¹ [De] Villars était, comme [de] Bonnecarrère, un des membres influents de la Société des Jacobins; en avril 1792, il fut nommé Ministre de France à Mayence.

² Arch. des Affaires étrangères. Lettre non datée, mais évidemment écrite dans les derniers jours de mars.

du Roi. M. de Maulde, récemment nommé ministre à la Haye, fut choisi pour remplir cette mission et on lui adjoignit Chépy en qualité de secrétaire[1]. Mais l'ambassade resta à l'état de projet, car à peine avait-on désigné ceux qui en feraient partie[2], que, le 20 avril, après un vote presque unanime de l'assemblée législative, la guerre était déclarée à l'Autriche.

A cette date, Chépy n'était déjà plus à Paris, mais en route pour Liège où il devait exercer auprès du résident de France, Jolivet, les fonctions de secrétaire[3]. Il arriva au terme de son voyage le 21 avril, en compagnie de deux autres secrétaires, Boisguyon et Réal, attachés comme lui à la légation de Liège[4], et dont l'un — il s'agit de Réal — était appelé à une haute fortune[5]. La venue de ces trois Français causa dans la principauté, troublée depuis 1789 par des dissensions intestines et où les émigrés étaient alors très nombreux, une vive émotion. Leurs propos inconsidérés, des bravades inutiles, les liaisons qu'ils formèrent, accrurent encore cette émotion, et le 24 avril, trois jours après leur arrivée, ils faillirent tomber sous les coups de leurs propres compatriotes.

---

[1] Arch. des Affaires étrangères. Portugal, t. 120, fol. 337-338. — Lettre de Chépy (Lisbonne, 21 août 1792) : « J'ai été nommé secrétaire de l'ambassade extraordinaire projettée (sic) à Vienne sous les auspices de M. de Maulde. »

[2] *Moniteur*, XII, 128 (14 avril).

[3] Arch. des Affaires étrangères. — Liège, t. 74. Lettre d'avis du Ministre (16 avril 1792).

[4] Voyez la lettre précitée.

[5] En 1806, à une époque où, dans sa correspondance officielle, il était obligé d'appeler Réal « Monsieur le Conseiller d'État », Chépy se croyait autorisé à lui rappeler de bien vieux et peut-être importuns souvenirs : « Je parle ici non à mon chef, mais au compagnon de mon excursion liégeoise. » (Arch. Nat., F7, 6345.)

Insultés et menacés par des émigrés français, tandis qu'ils assistaient, à la cathédrale, à un service funèbre célébré pour l'Empereur Léopold[1], poursuivis hors de l'église l'épée dans les reins, ils ne durent leur salut qu'à la fuite et à un concours de circonstances heureuses[2]. Mais il leur fut dès lors impossible de sortir de l'hôtel de la légation de France, où ils s'étaient réfugiés, et dont leurs ennemis surveillaient toutes les issues. La situation n'étant plus tenable, ils résolurent de quitter Liège, et le 26 avril, à quatre heures du matin, ils s'éloignaient furtivement, en prenant les plus grandes précautions pour éviter une nouvelle agression. Le 27, ils mettaient le pied sur le territoire français, à Givet, localité où ils continuèrent à résider près d'un mois encore, adressant au ministre des affaires étrangères tous les renseignements qu'ils pouvaient se procurer sur l'inhospitalière principauté[3].

Envoyé, peu de temps après, à l'ambassade de Lisbonne

---

[1] Décédé le 1er mars 1792.

[2] Correspondance de Liège. — Note de Jolivet au prince-évêque sur les événements du 24 avril (même date). — Réponse du prince-évêque (25 avril). — Lettre de Jolivet au ministre des Affaires étrangères (25 avril).
Plus tard Chépy dira avec une exagération manifeste qu'à Liège les émigrés l'ont « assassiné ». En fait, dans les documents précités, il est seulement question des dangers courus par Boisguyon et Réal, mais il est évident qu'à Liège Chépy n'était pas plus en sûreté que ses collègues et n'avait qu'un parti à prendre, celui de fuir.

[3] Affaires étrangères. Liège, ibid. — Lettres de Chépy, Boisguyon et Réal au ministre (Givet, 27 avril). — Lettre de Jolivet au ministre (Liège, 28 avril). — Lettres de Chépy, Boisguyon et Réal au ministre (Givet, 1er, 9 et 22 mai), etc. — Les trois secrétaires obtinrent chacun une indemnité de 3,000 livres pour frais de voyage et de séjour, soit à Liège, soit à Givet.

avec le titre de second secrétaire, Chépy ne réussit même pas à entrer en fonction, la cour étrangère près de laquelle il était accrédité et son propre chef hiérarchique ayant refusé de le reconnaître. Nommé le 13 juillet, il arrivait en rade de Lisbonne le 18 août[1], mais sa réputation l'avait précédé et lui attirait immédiatement les plus fâcheuses avanies. Sa conduite à Liège, ses écrits, le dénonçaient, dit-il dans une de ses lettres, « comme un de ces scélérats propagateurs de la gallomanie, que toutes les autorités devaient dévouer aux plus cruels supplices ». La police portugaise s'opposa à son débarquement et pendant quatre jours il demeura prisonnier à bord du vaisseau qui l'avait amené. Vainement réclama-t-il l'intervention de l'ambassadeur de France, le comte de Châlon. Celui-ci, mécontent du rappel de Gaudin, son second secrétaire, contesta le caractère officiel de la mission de Chépy, sous prétexte qu'il n'avait pas de lettres de créance en règle, et n'agit que mollement en sa faveur. Il ne put cependant se dispenser de voir en lui un citoyen français, dont il demanda et obtint l'élargissement. L'accueil qu'il fit au nouvel arrivant fut d'ailleurs des moins courtois ; il aurait été jusqu'à lui dire « qu'il le connaissait pour un factieux ». Lorsqu'il fut descendu à terre, la police portugaise continua à le surveiller étroitement ; on observait les maisons où il allait, et les Français les plus courageux n'osaient le voir que la nuit.

Sur ces entrefaites, on apprit à Lisbonne les événements du 10 août. Avec l'intempérance de langage qui était l'un des traits de son caractère, Chépy avait eu la maladresse d'annoncer « que le mois d'août ne s'écoule-

---

[1] Il était parti de France le 20 juillet.

rait point sans une crise régénératrice ». Il lui en coûta cher de s'être montré si bon prophète. On s'exagéra le rôle qu'il avait pu jouer dans une révolution préparée de longue main, mais qui avait éclaté en son absence, et l'on ne garda plus de mesure envers lui, ni envers les autres Français résidant à Lisbonne. Le comte de Châlon, sous la protection duquel Chépy voulut se placer, lui déclara nettement qu'il était l'ambassadeur du Roi de France, « qu'il préférait les 37,000 gentilshommes de Coblentz aux sans-culottes de Paris et que l'heure des vengeances était venue[1] ». Un prompt départ pouvait seul sauver Chépy des vengeances dont on le menaçait, dans un pays qui était à la veille de rompre toute relation diplomatique avec la France[2]. A la fin de septembre, il prenait passage sur un navire anglais et, profitant de la circonstance, s'arrêtait quelques jours à Londres, où il se faisait, dans des conférences publiques, l'apôtre et le propagateur des principes de la Révolution. Le succès de ces prédications révolutionnaires, — succès de curiosité, — était sans

---

[1] Affaires étrangères. Portugal, 120. — Lettres de Chépy des 21 et 24 août. — « Mémoire expositif de la conduite tenue par Pierre Chépy, secrétaire de l'ambassade de France à Lisbonne. » (fol. 378-379 v°, sans date, mais du commencement d'octobre.)

[2] Affaires étrangères. Portugal, 120, fol. 375. — Lettre de l'ambassadeur au ministre (6 octobre 1792) : « J'ai l'honneur de vous prévenir, Monsieur, que la cour de Portugal ne reconnaît plus d'ambassadeur de France depuis les événements du 10 aoust dernier et ceux qui les ont suivis. — CHALON. »

A s'en rapporter au témoignage de Chépy lui-même, il aurait couru le risque de finir ses jours au Brésil, dans un bagne. Un « voyageur », dont la lettre non signée est insérée dans le *Patriote français*, à la date du 29 octobre 1792 (n° 1176), ne fait pas des suppositions moins lugubres : « Le Jacobin Chépy y a paru un instant (à Lisbonne), et bien lui a pris de disparaître. La Sainte-Hermandad l'auroit expédié. »

doute bien moindre que l'orateur ne se le figurait. Quoi qu'il en soit, voici quelques extraits d'une lettre écrite de Londres au ministre des Affaires étrangères, l'un des premiers, mais non le seul témoignage d'une vanité qui ne trouve d'excuse que dans la naïveté avec laquelle elle s'affiche[1] :

« Je fais tous mes efforts pour ne pas rendre inutile à mon pays le très court séjour que je fais à Londres. Malade et souffrant, je me traîne dans les lieux publics, j'y développe toutes les conséquences des principes éternels qui servent de baze (sic) à nos nouvelles institutions.

« Je fais sentir aux Anglois que c'est à nous qu'ils devront leur régénération. Indirectement et sans compromettre mon caractère, je leur rends sensibles les imperfections de leur régime social, je les enflamme par la description des avantages du nôtre, je leur fais voir Albion florissante, si par un traité solide et sincère elle s'unit à nous pour affranchir l'Europe. Je leur prédis des maux incalculables si, cédant à cette vielle (sic) manie de vouloir dominer dans toutes les combinaisons politiques, ils osent entreprendre contre la France une guerre dont les conséquences peuvent être terribles.

« Les esprits sont on ne peut mieux disposés, une fermentation sourde avertit le ministère de ne prendre aucune résolution extrême. Nos derniers succès sont appris avec joie; on espère, on ne dissimule pas ses espérances.

« Des assemblées d'agriculteurs proclament les droits de l'homme. Le cri *réformation* se fait partout entendre; attendez-vous à de grands événements.

---

[1] Affaires étrangères. Portugal, 120, fol. 376-377 (8 oct. 1792).

« Le roi qui maigrit de notre embonpoint est malade.

« Les grands tremblent, la bourgeoisie se réveille, le peuple lève la tête, des placards énergiques indiquent la volonté nationale; opposez la force d'inertie, et comptez sur des grands effets.

« Soyez convaincu que ces apperçus *(sic)* sont le fruit d'une mûre réflexion et d'une observation soigneuse.

« La Cité est pour nous, et *(mirabile dictu!)* la Bourse commence à se déclarer.

« On rit de l'embarras du roi qui, pour approvisioner *(sic)* les armées combinées, a dévoré toutes ses richesses particulières; on parie qu'à la prochaine rentrée du Parlement, il n'osera jamais avouer sa détresse.

« On élève aux cieux la fermeté du lord-maire qui s'est emparé de cinq vaisseaux dans la Tamise, destinés pour Ostende par le monarque, et chargés de bled pour les libérateurs du perfide Louis.

« Enfin de la modération, du ménagement et de la patience, les chances sont toutes pour nous et nous pouvons nous promettre les plus heureux résultats. »

La lettre se terminait par un appel à la bienveillance du ministre : « Si vous avez quelque dessein sur Liège, veuillez bien vous ressouvenir de moi, je suis aimé de ce peuple et il me tient compte des dangers imminents que j'ai courus pour lui. » Ce n'est pourtant pas à Liège que nous retrouverons Chépy, au mois de novembre 1792, mais en Belgique où il était entré à la suite de l'armée française.

Pendant les quelques semaines qu'il passa à Paris, il adressa au *Patriote français*, le journal de Brissot, plusieurs lettres[1] qui pourraient surprendre si l'on ne con-

[1] Nos 1175, 1178, 1184, 1190 (28 et 31 octobre, 6 et 12 nov. 1792).

naissait que sa correspondance de Grenoble. Dans l'une de ces épîtres, il flétrissait les massacres de septembre, répudiant toute solidarité entre les auteurs de ces massacres et les hommes du 10 août. « Les uns, disait-il, ont tué l'hydre dévorante de la royauté, les autres la feroient regretter s'il étoit possible ; les uns ont affronté bravement la mort, en combattant des traîtres armés pour le despotisme, les autres ont lâchement assassiné des prisonniers sans défense, placés sous la sauvegarde des lois, et qui appartenoient tout entiers à la justice nationale. » Le mot de la fin est à retenir : « Pénétrez-vous de cette triste mais incontestable vérité que ceux qui coupent des têtes ont besoin de rois[1]. »

Les vainqueurs du 10 août dont il faisait un emphatique éloge, c'étaient les Girondins, ses amis politiques. En toute occasion, il prenait chaudement leur défense, ne dissimulant point ses sentiments à l'égard de Robespierre et de Marat, de Marat surtout qu'il attaquait avec une extrême violence. Une courte citation montrera avec quelle véhémence Chépy rendait injure pour injure à l'ignoble adversaire qui, le premier, avait lancé contre lui je ne sais quelles accusations mensongères. Le 28 octobre, à peine revenu de Londres[2], il débutait par cette virulente apostrophe :

« A MARAT.

« Pendant que je bravois sous un ciel étranger toutes les fureurs du despotisme, tu m'as lâchement calomnié.

---

[1] N° 1178 (31 octobre).
[2] Il était rentré à Paris le 24 ou le 25 octobre.

« Homme vil ! je t'en remercie. Le papier que tu as souillé de tes grossières invectives devient pour moi un brevet de probité et de civisme ; et je n'ai plus qu'un souhait à former, c'est que mon nom figure un des premiers sur les listes de proscription du moderne Mazaniel (sic).

« P. Chépy. »

Souhait imprudent et que Chépy se rappela sans doute quand, deux ans plus tard, une disgrâce inattendue vint le frapper, au cours de sa mission à Grenoble. Cette disgrâce, dont les causes sont mal éclaircies, mais que le souvenir de certains articles du *Patriote français* dut précipiter et aggraver, ne fut qu'un incident fâcheux de plus dans une carrière traversée, comme on l'a déjà vu et comme on le verra encore, par bien des mésaventures.

II

Le 14 novembre 1792, Dumouriez, auquel la victoire de Jemappes avait livré les Pays-Bas autrichiens, faisait son entrée à Bruxelles. Sous la protection de son armée, de nombreux émissaires, envoyés par le nouveau ministre des Affaires étrangères, Lebrun[1], envahissent le territoire conquis et préparent, avec plus ou moins d'adresse, l'annexion de la Belgique à la France. Ils sont dirigés par une *agence française*, organisée sur le conseil de Dumou-

---

[1] Sa nomination remontait au 10 août.

riez et composée de trois membres. Chépy est l'un de ces agents[1], le plus agité et le plus remuant des trois.

Bien qu'il réside habituellement à Bruxelles, où l'on constate sa présence dès le 19 novembre[2], son zèle révolutionnaire l'entraîne jusque dans les Flandres. A Gand, il aurait eu, s'il faut l'en croire, un succès prodigieux : « Je suis adoré dans cette ville, écrit-il le 26 novembre. Ces bonnes gens me regardent comme un ange tutélaire. Ils escortent partout mes pas, ils voudroient que je ne les quitte jamais, mais comme je ne suis pas envoyé dans les Pays-Bas pour me dévouer au bien d'une seule ville, comme d'ailleurs je n'ai eu en vue que d'employer utilement le temps que me laissoit la non-organisation de l'agence, je partirai demain pour Bruges et, après une mission civique de trente-six heures, je retournerai à Bruxelles[3]. »

Entré en Belgique avec le titre d'*agent de la République* qu'il porta jusqu'au 31 décembre 1792, Chépy fut, à cette date, promu *agent national*, avancement qui lui donnait droit à un traitement mensuel de 800 livres[4]. Devait-il sa

---

[1] Arthur Chuquet, *Jemappes et la conquête de la Belgique* (1792-1793). Paris, Léopold Cerf, 1890, in-12, pp. 181-182. Les collègues de Chépy étaient Joseph-Marie Bourdois, colonel et chef de l'agence, et Charles Metman. « Un quatrième personnage se joignit à ces agents de son propre mouvement, malgré Lebrun et avec l'autorisation de Dumouriez, le secrétaire d'ambassade Deshacquets qui ne fit d'ailleurs que signer des certificats, légaliser des pièces et fouiller les archives. »

[2] Affaires étrangères. Pays-Bas, 183. — Lettre de Deshacquets, ex-secrétaire de la légation de France à Bruxelles, au ministre (19 novembre).

[3] Arch. Nat., F7 11, liasse 2.

[4] Arch. Nat., F7 18, dossier 32 : « Mémoire pour P. Chépy, commissaire national », annexé à une lettre au ministre, du 11 mars 1793.

nomination à Dumouriez, qui, appréciant son énergie et son habileté, l'aurait appelé auprès de lui? Cette assertion de son biographe anonyme, que rien ne contredit absolument, serait peut-être difficile à justifier. Quoi qu'il en soit, au début de sa mission, Chépy vécut en parfaite intelligence avec le général en chef. Le 26 novembre, dans cette lettre datée de Gand et dont on a déjà lu un extrait, il ajoutait : « Il (le général) m'honore de la plus expansive confiance et de mille témoignages d'amitié ; notre correspondance est suivie et bien soutenue. » Mais, à supposer que Dumouriez eût jamais fondé de grandes espérances sur le concours de Chépy, ses illusions devaient être de courte durée et, quelques mois plus tard, il traitait durement cet auxiliaire des premiers jours, capable surtout de maladresse, le genre de faute qui se pardonne le moins.

Ce n'est point ici le lieu d'exposer de quelle façon Chépy et ses collègues remplirent la mission qui leur avait été confiée. Accueillis d'abord avec faveur, comme l'avaient été Dumouriez et son armée, ils compromirent par leurs violences la cause qu'ils devaient servir. Le décret du 15 décembre 1792 sur l'administration des pays occupés par les Français, appliqué sans ménagements à la Belgique, y souleva une vive réprobation. La spoliation des églises et des couvents exaspéra les Belges très attachés à la religion catholique et à ses ministres. Les mêmes fautes furent commises par tous les agents de la République, mais ce furent, semble-t-il, Chépy et le fameux Publicola Chaussard, qui, le premier à Bruxelles, et le second à Anvers, montrèrent contre le clergé l'acharnement le plus maladroit. Dumouriez, qui, au commencement de 1793, avait fait un long séjour à Paris, et en était reparti pour aller tenter la conquête de la Hollande[1], n'avait pu réprimer un zèle intempestif que les représentants du peuple, avec leurs idées étroites de sectaires, insoucieux du lendemain, s'attachaient au contraire à exciter. Rappelé en Belgique par les défaites répétées de ses lieutenants, le général ne put que constater les funestes effets d'une politique qui ruinait l'influence française.

Le 11 mars, il prit plusieurs arrêtés, flétrissant en termes sévères la conduite des commissaires du pouvoir exécutif et désavouant leurs actes[2]. Chaussard et Chépy, qui paraissent avoir porté tout le poids de sa colère, furent l'objet de mesures spéciales. Chépy, qui avait menacé Bruxelles d'une exécution militaire et auquel on reprochait d'avoir poussé le général Duval, commandant de la place de Bruxelles, à faire couper des têtes pour vaincre la résistance religieuse des Belges, fut mis en état d'arrestation et envoyé à Paris sous la surveillance d'un gendarme[3]. Son départ fut si précipité qu'il n'eut pas le temps d'emporter ses effets personnels, tombés plus tard aux mains des Autrichiens et dont il fallut lui rembourser le prix[4].

Le 18 mars, Dumouriez perdait la bataille de Nerwinden, et peu de jours après passait dans le camp ennemi. Les

---

[1] Arthur Chuquet, *La trahison de Dumouriez*, Paris, 1891, in-12, pp. 7, 21, 75, etc.

[2] Arch. Nat., D § 3, 2ᵇ.

[3] Arch. Nat., Fⁱᵉ 18, dossier 32. Il paraît que les ordres de Dumouriez à son égard ne furent pas exécutés dans toute leur rigueur. Chépy parvint, grâce à l'intervention des représentants du peuple, Gossuin et Merlin, de Douai, à « se délivrer » du gendarme préposé à sa garde. (*P. Chépy à ses concitoyens*, pp. 9-10.)

[4] Arch. Nat., Fⁱᵉ 11, dossier Chépy (8 avril 1793).

événements assuraient donc à Chépy une revanche plus prompte et plus complète qu'il n'eût osé l'espérer. Il n'en restait pas moins sans emploi et partant sans ressources. L'indemnité promise à tous les agents politiques, que le retour offensif des Autrichiens avait chassés de Belgique, ne lui fut payée qu'après une longue attente et des réclamations réitérées ; elle fut fixée à 1,000 livres, dont 800 pour ses appointements du mois d'avril[1]. Dans l'intervalle, on lui avait procuré une situation équivalente à celle qu'il avait perdue. Dès les premiers jours de mai[2], il était nommé agent politique près l'armée des Alpes.

Sa nomination, à laquelle il s'attendait depuis plusieurs semaines[3], le satisfit sans aucun doute, car à son retour de Belgique il ne s'était pas montré exigeant. Tout d'abord il avait écrit à Lebrun qu'il se contenterait d'« un poste quelconque », pourvu qu'il pût « payer sa dette à son pays »[4]. Plus tard, il avait manifesté le désir d'être envoyé en Italie ou encore auprès de Custine, pour épier sa conduite, ne craignant pas de rappeler « la manière dont il avait servi la chose publique près de Dumouriez »[5]. Ce n'était guère adroit, car à Bruxelles il avait manqué de clairvoyance et n'avait pas su démasquer le traître avant qu'il se fût déclaré.

---

[1] Arch. Nat., D § 3, 36. — Circulaire adressée par le Ministre des Affaires étrangères à tous les ci-devant commissaires nationaux qui se trouvaient à Paris (30 juin).
F¹ᵉ 11, liasse 4. — Tableau arrêté le 13 juillet des indemnités à accorder aux commissaires nationaux et à leurs agents en Belgique.
[2] Son passeport était daté du 3 mai, ses instructions du 8 mai.
[3] Note adressée à Lebrun. — Paris, 18 avril 1793.
[4] Paris, 24 mars 1793.
[5] Paris, 8 avril.

Aux termes de ses instructions [1], qu'il aurait voulues plus précises, il était attaché au quartier général de l'armée des Alpes et avait pour mission de rendre au ministre un compte exact de la situation de cette armée, « particulièrement des principes de l'État-major et des dispositions dans lesquelles se trouvait le soldat ». Il devait aussi se renseigner sur les ressources du Piémont en hommes et en argent, sur la durée probable de la guerre dont la Savoie et le comté de Nice étaient l'enjeu, — surveiller le Valais à la neutralité duquel on se fiait peu, et qui un jour ou l'autre pouvait livrer passage aux troupes sardes. Au demeurant, on lui recommandait une grande prudence, afin de ne froisser en rien les Valaisans, ni les habitants des autres cantons suisses.

Le ministère était si désireux d'éviter de nouvelles complications que, pour le moment du moins, il repoussait absolument l'idée d'une annexion de la république de Genève, annexion que des dissensions intestines et la présence de troupes françaises à Carouge eussent rendue facile. Chépy avait ordre de voir à Genève le résident de France, Delhorme, et de lui faire entendre que le pouvoir exécutif était opposé à tout agrandissement de territoire qui eût éveillé la susceptibilité des cantons suisses. Non seulement il ne pouvait être question de préparer la réunion de Genève à la France, mais il fallait décourager les promoteurs d'une entreprise jugée inopportune.

En se rendant à son poste, Chépy passa par Lyon, d'où il écrivit à son ami Ysabeau, premier commis du ministère, et à Lebrun lui-même, deux longues lettres dans lesquelles il résumait à sa façon la situation matérielle et

---

[1] Voy. ci-après n° I.

morale de la grande cité[1]. Le malaise dont elle souffrait, le mécontentement qui régnait dans les différentes classes de la population, étaient trop manifestes pour être niés ; mais le modérantisme avait fait tout le mal : « L'esprit public est ici détestable, lisons-nous dans la lettre adressée à Ysabeau. Les plus chauds patriotes ne sont que des gens de la plaine, le modérantisme corrompu et le royalisme lèvent une tête altière. En vérité, cela m'a transporté d'indignation... Les impositions ne se perçoivent point. Les tribunaux sont mal organisés, les denrées horriblement chères, le mécontentement général ; la lassitude et la défiance sur la durée de la révolution à leur comble. » Deux jours après, en écrivant à Lebrun, il ira jusqu'à dire : « Le royalisme est ici la maladie régnante. » C'est dans cette même lettre que les autorités, qui devaient entrer en lutte quelques jours plus tard, sont jugées d'un mot et d'une manière peu flatteuse, on en conviendra, pour les vaincus du 29 mai : « Le Département est aristocrate, le District foible ; la municipalité patriote, mais ignorante ; le tribunal patriote, mais peu instruit. » Cette dernière phrase est à rapprocher des lignes suivantes consacrées à Châlier, et où ce triste personnage ne revit d'ailleurs que très imparfaitement : « Chaslier, président du tribunal, contre lequel les *honnêtes gens crient*, est un homme d'une probité exacte, un peu trop chaud, mais nécessaire pour fouailler l'aristocratie mercantile et la robinaille qui lève ici une tête insolente. »

Les commissaires de la Convention, Albitte, Dubois-Crancé, Nioche et Gauthier, que Chépy rencontra à Lyon,

---

[1] A Ysabeau, 13 mai ; à Lebrun, 15 mai. Voy. ci-après nos II et III.

le reçurent assez froidement et sans lui dissimuler le motif de l'accueil qui lui était fait[1]. Son passeport et ses instructions portaient la signature de Lebrun. Or, ce ministre, dont la proscription des Girondins allait entraîner la chute, passait pour un contre-révolutionnaire, pour un traître, et tout agent accrédité par lui était suspect[2]. Chépy avait encore d'autres relations compromettantes; il était de vieille date l'ami de ce malheureux Girey-Duprey, l'un des principaux rédacteurs du *Patriote français*, auquel Brissot avait fini par abandonner la direction de son journal, et qui, lui aussi, devait mourir sur l'échafaud[3]. La nécessité de se réhabiliter à tout prix aux yeux des Montagnards expliquerait donc l'attitude que Chépy prit à Grenoble, attitude inspirée peut-être par un sentiment fort commun chez les partisans de la Terreur, par la peur.

De Lyon, Chépy gagna Genève, en passant par Chambéry où se trouvait alors le quartier général de l'armée des Alpes (24 mai).

Dès le 26 il est à Genève, où il séjourne pendant la plus grande partie du mois de juin, bien qu'entre temps il revienne à Chambéry[4] et fasse même une première apparition à Grenoble[5]. Ces allées et venues provenaient de l'incertitude où il vivait, à la suite des événements dont Paris avait été le théâtre. Lebrun, de qui il tenait ses pouvoirs, avait été mis en état d'arrestation le 4 juin et

---

[1] Lettre du 13 mai, à Ysabeau.

[2] Lettre à Lebrun. Chambéry, 24 mai : « Quant à vous, ils (les commissaires) vous regardent comme l'agent d'une faction, comme le complice de Dumouriez, comme un contre-révolutionnaire décidé. » (n° IV.)

[3] Lettre du 13 mai, à Ysabeau.

[4] 4 et 5 juin.

[5] 7 juin.

remplacé le 21 par Deforgues[1]. Il fallait donc à Chépy un nouveau passeport, l'ancien ne pouvant que lui susciter des difficultés, et aussi des instructions nouvelles, car celles qu'il avait reçues, explicites en ce qui touchait Genève et la Suisse, étaient pour tout le reste fort vagues et absolument insuffisantes. Or, non seulement il avait rempli la première partie de sa mission, mais il avait encore conclu avec le gouvernement de Genève, et à des conditions avantageuses, un achat de fusils et de canons dont le ministère l'avait chargé[2]. Il avait étudié et proposé un plan de surveillance, applicable à la fois au Piémont et au Valais[3]. L'armée des Alpes, dont il devait spécialement s'occuper, ouvrait un champ assez vaste à son activité ; mais à cet égard son rôle était mal défini. Suivrait-il pas à pas un quartier général que les nécessités de la guerre obligeaient à de continuels déplacements ? Adopterait-il au contraire une résidence fixe[4] ? Le ministère eût préféré qu'il s'arrêtât au premier de ces deux partis, mais en somme il lui laissait une grande latitude, tout en lui recommandant de ne pas prendre de décision sans s'être entendu auparavant avec les représentants du peuple et le général en chef Kellermann[5].

Désespérant d'obtenir une réponse positive, soit de ses chefs hiérarchiques, soit des commissaires de la Conven-

---

[1] Sur Deforgues, voy. F. Masson, *Le département des Affaires étrangères*, etc., pp. 286-287, 303-304.

[2] Genève, 14 juin.

[3] Genève, 16 et 27 juin.

[4] Chambéry, 4 juin : « Envoyez-moi, je vous prie, une nouvelle instruction pour sçavoir si je dois suivre le quartier général dans ses déplacements continuels ou si je puis choisir une ville centrale pour mon séjour. »

[5] Réponses du Ministre, des 14 et 21 juin.

tion, il opta de lui-même pour une résidence fixe et choisit Grenoble comme centre de ses opérations[1]. Il s'y établit le 28 juin 1793, et logea successivement à *l'hôtel des ci-devant princes*[2] et dans une maison de la *rue Neuve des Capucins*[3]. Cette résolution, que le ministre dont il relevait approuva sans difficulté[4], ne mit pas fin à ses incertitudes. Il lui fallut attendre plus d'un mois encore le passeport promis dans chaque réponse[5] et qui dut lui causer quelque déception, car il ne s'expliquait pas sur le caractère de la mission confiée à Chépy, et ne spécifiait point, comme c'eût été nécessaire, qu'il était autorisé à séjourner à Grenoble[6]. A son titre officiel d'*agent politique* on avait joint celui de *commissaire national*, dont le ministre usait en correspondant avec lui[7], et que tout d'abord il avait eu de la peine à accepter. Il avait craint, en effet, mais sans fondement, que cette qualification nouvelle ne le fît entrer dans la classe des fonctionnaires administratifs, en l'arrachant à la carrière diplomatique,

---

[1] Voyez la lettre du 24 juin où il annonce la résolution qu'il a prise.

[2] Lettre du 29 juin.

[3] La maison « de la veuve Dupuy ». Elle portait en 1851 le n° 3 (Pilot, *op. cit.*, p. 273).

[4] Paris, 4 juillet.

[5] Il accuse réception de ce passeport à la date du 6 août.

[6] Le premier passeport, signé par Lebrun, avait été délivré, le 3 mai, à « *Pierre Chépy, homme de loi, allant à l'armée des Alpes, chargé d'une mission du gouvernement* ». Sur le second, signé par Deforgues et portant la date du 25 juillet, Chépy était qualifié : « *agent politique et commissaire national, voyageant dans l'intérieur de la République et sur les frontières environnant le département du Mont-Blanc, chargé d'une mission du gouvernement.* » (Arch. de l'Isère, L. 75. — Inventaire des papiers de Chépy dressé le 18 nivôse an II.)

[7] Grenoble, 25 juillet.

où il avait débuté et qu'il préférait à toute autre[1]. Quant aux instructions complémentaires qu'il avait sollicitées, elles ne lui parvinrent qu'assez tard, vers la fin d'octobre[2]. Adressées simultanément à tous les agents secrets du ministère des Affaires étrangères, elles n'étaient pas personnelles à Chépy, et il est possible qu'elles aient trompé son attente. Mais il avait été fixé de bonne heure sur un point important; dès le mois de juin, il savait qu'il toucherait les mêmes appointements qu'en Belgique, soit 800 livres par mois[3]. Ce chiffre fut abaissé à 500 livres, à partir du 1er brumaire an II (22 octobre 1793)[4].

Le séjour de Chépy à Grenoble se prolongea jusqu'au mois de janvier 1794, bien que dans les premiers temps il eût été, à différentes reprises, sur le point d'abandonner le poste qu'il avait choisi[5], et où pendant longtemps il ne fut pas assuré d'être maintenu[6]. Il avait fini par se persuader que sa présence était indispensable au triomphe de la Révolution, et il ne dépendit pas de lui que son retour à Paris ne fût moins prompt.

[1] Grenoble, 21 et 28 juillet.
[2] Lettre du Ministre du 26 vendémiaire (17 octobre). — Lettre de Chépy du 16 brumaire (6 novembre) : « Les instructions que j'ai reçues et que je voudrois qu'on m'envoyât signées, avec un passe-port *autorisant séjour*, etc. ». Cf. un article de l'inventaire cité ci-dessus : « 5° Une instruction pour les agents envoyés par le Ministre des Affaires étrangères sur deux feuilles à mi-marge, dont sept pages garnies, un tableau joint à ladite instruction. »
[3] Lettre du Ministre. Paris, 21 juin.
[4] Affaires étrangères, France, 322, fol. 8° v°-9. — Note du bureau des agents secrets sur la mission de Chépy.
[5] Grenoble, 8 et 25 juillet, 1er août, 4 septembre.
[6] Paris, 28 vendémiaire (19 octobre). Lettre du Ministre au citoyen Sibuet, accusateur militaire: « Le citoyen Chépy reste à Grenoble. » Grenoble, 16 brumaire (6 novembre). Lettre de Chépy au Ministre: « Vous venez de me fixer à Grenoble. »

C'est de Grenoble qu'il écrivit au ministre des affaires étrangères ces lettres presque quotidiennes, qui, par l'abondance et la variété des renseignements qu'on y trouve, constituent un véritable journal. Lettres souvent déclamatoires et prolixes, où la phraséologie révolutionnaire s'étale avec complaisance, mais en somme bien instructives et bien curieuses. Après les avoir lues, on ne peut que souscrire au jugement formulé dans une note du bureau des agents secrets, relative à Chépy : « Sa correspondance est journaillère (sic), et quoiqu'un peu lâchée, présente toujours beaucoup d'intérêt [1]. »

III

Lorsque Chépy fixa sa résidence à Grenoble, à la fin du mois de juin, le fédéralisme ne comptait plus un seul partisan avoué dans le département de l'Isère. Les représentants du peuple, ayant sous la main l'armée des Alpes et trouvant un point d'appui dans une partie de la population, n'avaient eu qu'à parler avec fermeté pour couper court à toute velléité de résistance aux décrets de la Convention [2]. Mais l'émotion causée par la proscription des Girondins ne devait pas se calmer partout aussi vite, ni

---

[1] « Les rapports les plus abondants (il s'agit des rapports envoyés par les agents politiques du ministère des Affaires étrangères) sont ceux de Chépy à Grenoble ; *sa correspondance vaudrait la peine d'être publiée.* » (Taine, *La Révolution*, III, 327, n. 1.)

[2] Wallon, *La Révolution du 31 mai et le Fédéralisme en 1793*, t. II, p. 309.

aussi facilement. Conjurée en Dauphiné, la guerre civile éclatait dans le Midi, et, s'il n'y avait pas lieu de s'inquiéter beaucoup de la marche en avant des fédéralistes marseillais, un événement d'une toute autre gravité allait changer le caractère de la lutte. Le 27 août, Toulon tombait, par trahison, aux mains des Anglais. Les Lyonnais qui, seuls peut-être, pendant cette terrible crise de l'année 1793, firent preuve de résolution et surent ce qu'ils voulaient, persévéraient dans l'attitude prise par eux au lendemain de la journée du 29 mai, protestant de leur obéissance aux lois de la République, sans désavouer aucun de leurs actes. Si, de part et d'autre, on temporisait encore, des complications extérieures expliquaient le retard apporté aux premières hostilités, et après l'exécution de Châlier la guerre devenait inévitable.

Chépy était bien placé pour suivre les événements dont Lyon et le Midi étaient le théâtre. Des Marseillais il n'eut pas longtemps à s'occuper, car ils ne tinrent pas devant les troupes du général Carteaux, et, avant même que leur défaite fût complète, ils avaient perdu, par la soumission des deux départements du Gard et de l'Hérault, l'appui sur lequel ils comptaient[1]. Toulon ne fut repris que le 19 décembre (29 frimaire an II), dans les derniers jours que Chépy passa à Grenoble; mais le siège de cette ville, qui offrait matière à des déclamations furibondes contre les Anglais, lui fut aussi un prétexte à dénoncer les généraux ou les officiers chargés de la conduite des opérations militaires[2]. La fausse nouvelle de la mort du représentant Beauvais, qui

---

[1] Lettre du 20 juillet.
[2] Lettre du 11 octobre.

n'avait pas été, comme on le crut tout d'abord, fusillé par les Anglais, donna lieu à une parade révolutionnaire à grand orchestre, destinée, dans la pensée de Chépy, à produire une profonde impression sur les esprits. Le 22 brumaire (12 novembre) fut célébrée, à Grenoble, une fête funèbre en l'honneur de Beauvais. Les détails en sont rapportés fort longuement dans une des lettres de Chépy, qu'il est superflu de résumer ici. Je me bornerai à rappeler en quelques mots le coup de théâtre de la fin : le tocsin qui sonne tout à coup, mêlant sa voix au grondement du canon, au bruit des tambours qui battent la générale, au cliquetis des armes qu'on entrechoque ; — le serment solennel prêté par les citoyens présents, enthousiasmés et ahuris par la nouveauté du spectacle. Spectacle nouveau peut-être, mais point inattendu, car plusieurs jours auparavant un arrêté imprimé traçait le programme de la fête et apprenait au public lui-même le rôle qu'il aurait à jouer[1].

La longue résistance de Lyon trompa les prévisions de Chépy, qui s'était flatté que « cette nouvelle Coblentz [2] » serait emportée à la première attaque[3]. Ce n'est pas qu'il se fût jamais dissimulé la gravité de la situation. Dès le 10 juillet, il écrivait au ministre, avec plus de clairvoyance que de correction : « Réduire Lyon et la Vendée, voilà le problème révolutionnaire qu'il faut résoudre ou périr[4] », et, revenant sur la même idée quelques jours après, il ajoutait : « Lyon est en révolte ouverte; c'est l'esprit de

[1] Voy. n° CIX.
[2] 10 juillet.
[3] 25 juillet : « Nous espérons célébrer sur la place de Bellecour la feste solennelle du 10 aoust. »
[4] 25 juillet.

la Vendée[1]. » Mais les circonstances ne permirent pas de recourir immédiatement aux moyens violents qu'il ne cessait de préconiser. Le département du Mont-Blanc, conquis l'année précédente, était menacé par un mouvement offensif des Piémontais, diversion dangereuse, si l'on eût eu affaire à un ennemi plus entreprenant[2]. Il suffit de quelques échecs pour décourager les Piémontais, peu disposés à se battre et qui avaient compté sur un succès facile; bientôt, la belle saison touchant à sa fin, ils se replièrent sur leurs cantonnements d'hiver[3].

L'issue de cette courte campagne, pendant laquelle Kellermann montra beaucoup de vigueur et de décision, enlevait tout espoir aux Lyonnais, abandonnés désormais à leurs seules forces. Néanmoins de grands efforts furent nécessaires pour amener la reddition de la place. Des gardes nationaux, levés dans les départements voisins, vinrent grossir l'effectif de l'armée d'investissement. Aucun moyen ne fut négligé pour exciter la convoitise des paysans mis en réquisition et auxquels on promettait le pillage. Le département de l'Isère, qui avait à fournir un bataillon de volontaires, témoignait de la répugnance pour cette lutte fratricide :

« Non seulement, écrit Chépy[4], les citoyens de Grenoble indiqués par le sort ne sont point partis pour l'expédition de Lyon, mais même de ceux qui ont obéi à la réquisition plusieurs reviennent avec armes et bagages dans leurs foyers.

[1] 20 juillet.
[2] 22 août : « Les opérations de Lyon nous sont peu connues. Tout ce que je sçais, c'est que cette diversion nous fait un tort incalculable et qu'il faut en finir à quelque prix que ce soit. »
[3] Grenoble, 22 septembre.
[4] Grenoble, 8 août.

« Instruit de cette infâme conduite, sçachant d'ailleurs combien elle peut influer sur l'esprit public, j'ai dénoncé ces lâches fuyards au commandant de la place, en le sommant de les faire arrêter comme déserteurs........

« Depuis Saint-Laurent jusqu'à Lyon, aucun n'a voulu marcher.

« Les municipalités campagnardes, très atteintes de la maladie du fédéralisme, ont affecté de donner de très mauvais logements aux troupes et surtout à celles de réquisition. Plusieurs ont refusé l'inscription volontaire des patriotes dont le zèle excédoit le contingent assigné. »

Depuis l'exécution de Châlier, l'exaspération de Chépy ne connaissait plus de bornes[1] : « Je propose au Comité de Salut public, écrit-il le 2 septembre, de faire décréter que le tocsin sera sonné à quinze lieues à la ronde, que la ville sera sommée une dernière fois de se rendre, et que, faute par elle de le faire, elle sera brûlée, rasée de fonds (sic) en comble et ses habitants passés au fil de l'épée[2]. » Ni Couthon, le grand démolisseur, ni les juges de la *Commission révolutionnaire* n'osèrent ou ne purent aller jusque-là. Le siège traînant en longueur, Chépy en rejetait la faute sur les chefs militaires, tous coupables de trahison. A l'entendre, il n'y aurait eu partout que des traîtres, et cependant aucune des preuves qu'il accumule ne supporte l'examen. Après la défaite des Lyonnais, il applaudit aux mesures prises contre les malheureux

---

[1] Voy. notamment les lettres des 19 et 20 juillet.

[2] Ce n'est point là une explosion de colère passagère. Le 5 septembre, trois jours après, il écrit encore : « Rien de nouveau sur Lyon. C'est une ville infâme dont il ne faut laisser que le souvenir. »

fugitifs, traqués impitoyablement[1], et qu'il se plaît à rechercher et à dénoncer lui-même[2].

Il ne répugnait pas au métier de dénonciateur. Ses instructions lui prescrivaient, comme on l'a vu, de « rendre au ministre un compte exact de la situation de l'armée, en particulier des principes de l'État-major ». C'est certainement l'un des objets de sa mission dont il s'occupa avec le plus de zèle. Généraux et officiers de tout grade sont jugés et critiqués par ce jeune homme de vingt-trois ans, par cet échappé de la Basoche, avec une suffisance et une sévérité incroyables. Il est vrai que pour Chépy un civisme bruyamment affiché était le meilleur indice de leur valeur militaire. Aussi, bien peu trouvaient-ils grâce à ses yeux et il conseillait de procéder sans délai à une épuration complète de l'armée. Il a même pris soin d'indiquer et de résumer les mesures à prendre pour atteindre ce résultat[3] :

« Destituer tous les États-majors, profiter de la morte-saison où le soldat se repose et le législateur médite, pour les renouveller (*sic*) de la manière suivante :

« 1º Exclure les nobles ;

« 2º tous ceux qui, sous l'ancien régime, ont obtenu des grâces et de l'avancement ;

[1] Grenoble, 11 octobre : « Si dans les départements voisins, on a fait ce qu'on fait ici, pas un muscadin, pas un émigré n'échappera. »

[2] Grenoble, 20 frimaire an II (10 décembre 1793) : « Je fais la chasse aux muscadins lyonnais ; j'ai mis le représentant (Petit-Jean) sur les traces de deux. »

[3] Lorsqu'il s'agit de descendre dans le détail des faits, son témoignage n'est pas sans valeur. Il a très bien vu le désordre qui régnait dans l'armée, à cette époque ; il ne s'est pas mépris sur la valeur de certaines formations hâtives et irrégulières (légions, bataillons de volontaires, etc.) et lui aussi, comme tous les hommes de bon sens, est partisan de l'*amalgame*.

« 3° Placer de préférence ceux qui ont été vexés par le despotisme ;

« 4° Exclure les étrangers ;

« 5° Faire le travail sur les renseignements fournis par les Sociétés populaires et par les Comités de surveillance ;

« 6° Renfermer jusqu'à la paix ceux qui seront renvoyés ;

« 7° Briser dans les choix le préjugé de la hiérarchie militaire ;

« 8° Demander aux Sociétés populaires et Comités de surveillance des renseignements sur tous les employés des administrations militaires et surtout sur les officiers de santé ;

« 9° Faire passer tous ces agents au creuset de la révolution du 31 may ;

« 10° Ordonner que tout général condamné à mort sera exécuté au milieu de l'armée qu'il aura trahie, que son corps sera pendu par les pieds sur le territoire ennemi avec cette inscription : « Ce monstre s'étoit vendu aux « ennemis de la patrie. La vengeance du peuple, qui s'est « saisie de sa tête, abandonne ses restes aux oiseaux de « proie et aux tyrans. »

« 11° Ordonner que les maisons des généraux traîtres seront rasées ;

« 12° Envoyer au mois de novembre dans chaque armée cinq commissaires chargés de prendre des nottes (sic) sur les officiers particuliers, d'en faire le rapport aux représentants du peuple qui destitueront ou enverront en jugement, suivant l'exigence des cas [1]. »

---

[1] Grenoble, 3 octobre : « Propositions pour le Ministre de la Guerre. »

Veut-on savoir comment Chépy jugeait les officiers généraux dont il était chargé de surveiller la conduite? Je prends, à titre d'exemple, le plus illustre de ceux qu'il a vus à l'œuvre, le commandant en chef de l'armée des Alpes. A distance, c'est-à-dire de Paris, son opinion est des plus défavorables : « Quelque justice que les commissaires conventionnels près l'armée des Alpes ayent paru rendre au général Kellermann, je vous invite à le surveiller de très près; il est d'abord parfaitement inepte; sa principale occupation est de digérer. On le dit, en outre, atteint de beaucoup de velléités royalistes[1]. » De près, il est plus réservé. Il écrit de Genève, le 23 juin : « On ne dit rien de Kellermann, si ce n'est que c'est un soldat. Je le verrai, je l'étudierai, et vous ferai part de ma manière de voir. » Ses préventions finissent par être ébranlées, et il reconnaît les qualités dont le général a fait preuve en repoussant l'invasion piémontaise : « Kellermann, dit-il, mène fort rudement les lâches satellites du roi des marmottes; il croit pouvoir leur couper la retraite. Ceci doit faire un peu réfléchir sur son compte. Cet homme, bon et loyal au fonds (sic), a toujours été mal entouré... Il faut examiner si, en l'entourant de bons sans-culottes, on ne pourroit point tirer quelque parti de ses talents et de sa réputation sur les frontières septentrionales[2]. » On aura remarqué le trait final; quelles que soient les capacités de Kellermann, il faut se hâter de l'envoyer ailleurs, sans doute parce qu'il commence à avoir trop d'ascendant sur ses troupes. Les appréciations plus équitables, que la seule force de la vérité arrachait à

---

[1] Lettre à Lebrun. Paris, 10 avril 1793.
[2] Grenoble, 7 octobre. — Voyez aussi la lettre du 6 août encore plus élogieuse pour Kellermann.

Chépy, ne l'avaient pas empêché, quelques jours auparavant, d'appuyer chaleureusement une dénonciation en règle contre le général en chef[1]. Elles ne l'empêchèrent pas enfin, lorsque Kellermann eut été destitué et arrêté, de l'abandonner tout à fait et de lui lancer de loin une injure gratuite : « Kellermann, dit-il, vient d'être mis en état d'arrestation; il n'y a pas de mal que sa conduite soit sévèrement examinée; peut-être, malgré ses dernières victoires, se trouvera-t-il traître comme les autres[2]. »

Le rôle d'observateur ne pouvait suffire à l'activité de Chépy. Le défaut d'instructions précises lui laissant une grande initiative, il se crut appelé à régénérer l'esprit public dans le département de l'Isère et se voua entièrement à cette tâche. Son principal moyen d'action fut la parole. Doué d'une remarquable facilité d'élocution, qu'on a sans doute beaucoup exagérée en la comparant à celle d'un fameux avocat contemporain, Paul Sauzet[3], il réalisait à certains égards le type du tribun : orateur infatigable et toujours prêt à parler, grâce à un fonds inépui-

---

[1] Grenoble, 27 septembre.
[2] Grenoble, 29 vendémiaire an II (20 octobre 1793).
[3] A. Gras, *Deux années de l'histoire de Grenoble*, p. 103. « C'était (Chépy) un homme d'un âge mûr (on sait que ceci n'est pas exact), à la face colorée, s'exprimant avec éloquence et surtout avec une facilité d'élocution qu'un de nos compatriotes, homme bien compétent, a comparée à celle de Sauzet. »
MM. Albin Gras, Pilot et d'autres encore ont indiqué, d'après des souvenirs plus ou moins précis, quelques traits de la physionomie de Chépy. Je crois plus utile et plus sûr de reproduire ici son signalement, pris le 18 nivôse an II (7 janvier 1794), au moment de son arrestation à Grenoble : taille, 5 pieds 5 pouces (1m 759); cheveux, sourcils et barbe châtains; visage gros, rond, plein, yeux châtains et bien ouverts, nez moyen, bouche moyenne, menton rond. (Extrait du registre d'écrou du 14 août 1793 au 29 ventôse an III. — Arch. de l'Isère, série L.)

sable de lieux communs révolutionnaires, d'une audace que rien ne déconcertait, et plus jaloux, semble-t-il, d'intimider ses adversaires que de les convaincre. Cette faconde arrivait-elle parfois jusqu'à la véritable éloquence? C'est sur quoi il est assez difficile de se prononcer aujourd'hui, la correspondance d'un homme ne pouvant guère donner la mesure de son talent oratoire.

Les débuts de Chépy dans la carrière diplomatique avaient révélé une vocation irrésistible pour la propagande révolutionnaire. « Je me crois né pour être missionnaire », disait-il lui-même [1], et il suffit de prendre au hasard une de ses lettres écrites de Grenoble pour se rendre compte de la façon dont il entendait et remplissait sa mission : « Le remède à tous les maux est de nourrir l'esprit public..... C'est à quoi je m'occupe infatigablement. J'échauffe, je rassure, j'électrise. J'ai fait adopter à la Société populaire des mesures vigoureuses, qui, si elles étaient généralisées, sauveraient la République [2]. »

On relèverait vingt passages tout aussi significatifs. Il suffira de citer encore les lignes suivantes, non qu'elles soient particulièrement curieuses, mais parce que l'agitation habituelle de Chépy se trahit jusque dans son style : « Je ne t'en écris pas davantage aujourd'hui, dit-il en s'adressant au ministre des Affaires étrangères. Je vais courir, entendre, voir, observer, surveiller [3]. »

A se prodiguer ainsi, il risquait de ruiner sa santé; mais n'était-il pas prêt à tous les sacrifices?

« Enfin je suis sur les dents, ma poitrine est épuisée,

---

[1] Grenoble, 1er septembre.
[2] Grenoble, 2 septembre.
[3] 13 frimaire an II (3 décembre 1793).

et je crains sérieusement de faire une maladie, mais l'amour de la patrie et de mon devoir l'emportera sur cette crainte [1]. »

« Chaque jour je fais une instruction civique à la Société, d'une heure environ, cela me fatigue horriblement, mais dussais-je (sic) périr dans l'effort je veux pousser Grenoble aux sommités de la Montagne et y sansculotiser (sic) la masse [2]. »

Il ne mourut pas à la peine, mais l'état de fièvre dans lequel il vivait lui donna une maladie qui, pendant quelque temps, ralentit sa correspondance, d'ordinaire si régulière. Voici en quels termes il informe le ministre de ce désagréable accident : « Je te prie de ne point trouver mauvais le léger rallentissement (sic) que pourroit pendant quinze jours éprouver ma correspondance. Il ne pourroit être attribué qu'à une maladie cutanée assez grave que m'ont procurée les fatigues de l'apostolat révolutionnaire [3]. »

L'énergie même que Chépy se croyait obligé de dépenser prouve que « le sansculottisme », ce « torrent » destiné à « tout entraîner [4] », rencontrait encore bien des obstacles. Partout on ne constatait qu'une mollesse et une indifférence lamentables. « Ici, il y a un calme désespérant. On a de l'amour pour la Révolution, de la bonne volonté, mais point de chaleur, mais point de grands mouvements. Je les électrise chacque (sic) jour, j'use pour cela mes moyens phisiques (sic) et moraux. J'espère recueillir dans quelque temps les fruits de tant

[1] 11 frimaire an II (1ᵉʳ décembre 1793).
[2] 1ᵉʳ brumaire an II (22 octobre 1793).
[3] 17 brumaire an II (7 novembre 1793).
[4] 4 brumaire (25 octobre).

de peines[1]. » Parfois, il a moins bon espoir. « C'est un foyer de fanatisme et d'aristocratie, écrit-il en parlant de Grenoble ; on y prépare des troubles religieux[2]. » Quelques jours auparavant, il avait dénoncé au ministre un « affaissement sensible de l'énergie civique », et il ajoutait : « Le patriotisme est une fièvre qui ne prend aux Grenoblois que par accès[3]. »

D'où provenait le mal ? Du peu de zèle des corps élus, sur lesquels Chépy se plaignait de n'avoir pas une action suffisante :

« Le Directoire du département est *foible, très foible*.

« Le District de Grenoble est *très mauvais*. Des représentants du peuple peuvent seuls améliorer cet état de choses. Il faudroit travailler l'Isère *révolutionnairement*. J'ai bien la puissance de la parole, mais nulle autorité réelle[4]. »

Seule, la municipalité, renouvelée tout entière après la facile répression du mouvement fédéraliste et où l'élément montagnard dominait, trouve grâce à ses yeux. Sur la fin de son séjour à Grenoble, il avait préparé, de concert avec le représentant du peuple Petit-Jean, une épuration générale des fonctionnaires, ainsi que des membres des divers conseils et du Comité de surveillance lui-même, mais c'est à peine s'il eut le temps de voir ses efforts couronnés de succès[5].

« Convaincu, écrit-il le 23 brumaire, que la révolution

---

[1] 20 octobre.
[2] 30 brumaire (20 novembre).
[3] 2 brumaire (23 octobre).
[4] 27 brumaire (17 novembre).
[5] C'est le 7 nivôse seulement que les nouvelles autorités entrèrent en fonction.

ne doit plus marcher qu'au pas de charge, j'ai proposé à Petit-Jean de renouveller (sic) tous les fonctionnaires publics.

« Il a nommé une commission d'indication dont je suis président. Déjà, sur nos propositions, il a chassé du Comité de surveillance des vingt-et-un, dix membres, foibles, modérés, qu'il a remplacés par de vigoureux sansculottes.

« Notre travail sur la régénération du District et du Département est prêt, tout sera consommé dans l'espace d'une décade [1]. »

Seul et étranger à Grenoble, il eût été réduit à l'impuissance, s'il n'avait été secondé et par la Société populaire, épurée tout d'abord [2] et dont il se fit ensuite nommer président [3], et par ce même Comité de surveillance des vingt-et-un, qui ne devait pas longtemps échapper à la suspicion. Ce comité, il est à peine nécessaire de le rappeler, avait été constitué par le représentant Petit-Jean, d'après les indications de Chépy, pour remplacer les sept comités de quartier, primitivement formés et qui n'avaient pas su « se mettre au pas [4] ». Quelques précautions qu'on eût prises pour la recruter, quelque pression qu'on continuât à exercer sur elle, la nouvelle assemblée ne s'élevait pas à la hauteur de sa mission, et il fallut, à dix jours d'intervalle, destituer les deux premiers présidents qu'elle s'était donnés, Rivier et Morénas [5]. Rivier fut

[1] 13 novembre.
[2] 5 septembre : « Je viens de réorganiser la Société populaire délivrée des membres qui la souilloient; elle n'en sera que plus utile à la chose publique. »
[3] Lettre du 11 octobre.
[4] Lettre du 6 brumaire (27 octobre).
[5] Lettres des 26 brumaire et 6 frimaire (16 et 26 novembre).

brisé pour avoir protesté contre l'arrestation de l'évêque constitutionnel Reymond, l'incident le plus grave et aussi le plus connu de la guerre faite par Chépy au clergé dauphinois. Il avait voué, en effet, aux prêtres, — et il ne s'agit pas ici des prêtres réfractaires, mais des assermentés, — une haine féroce. Partout ils contrariaient ses projets et il fallait compter avec eux, dans les administrations élues comme dans les clubs où ils avaient réussi à avoir une grande influence.

« Je m'attache toujours comme la sangsue aux muscadins, modérés, etc., etc., et surtout aux prêtres qui sont tout ici, même dans la révolution, qui président les clubs et dont je me défie outre mesure [1]. »

S'il ne lui fut pas toujours possible de se débarrasser d'adversaires odieux et redoutés, du moins ne négligea-t-il rien pour les avilir, pour leur arracher, par la terreur, de honteuses apostasies et l'abandon de leurs lettres de prêtrise [2]. Enfin, il suggéra de telles mesures que l'exercice du culte devint à peu près impossible. C'est à son instigation que la cathédrale fut affectée à la célébration des fêtes décadaires, dont il devait être l'orateur habituel [3]; mais il n'avait pas attendu la prise de possession du temple, pour entrer dans un rôle qui lui convenait si bien. Dix jours auparavant, le 10 frimaire, il avait prononcé, dans le local ordinaire des séances de la Société populaire, ce qu'il appelle « le premier prône de la raison et de la vérité [4] ».

La cérémonie terminée, l'assistance fort nombreuse,

---

[1] 7 octobre.
[2] Voy. entre autres la lettre du 26 brumaire (16 novembre).
[3] Lettres des 17 et 20 frimaire (7 et 10 décembre).
[4] Lettre du 11 frimaire (1er décembre).

puisqu'elle comprenait « la garnison, l'État-major, les autorités constituées », c'est-à-dire tout le public officiel, s'était rendue au pied de l'arbre de la liberté. Là, après un nouveau discours du même orateur et lorsqu'on eut bien crié : *A bas le fanatisme !* le général Carteaux mit le comble au scandale par une lourde et grossière plaisanterie de soudard, qui parut à Chépy le dernier mot de l'ingéniosité :

« Le général a eu une idée bien ingénieuse. Il a dit à la trouppe (sic) : « Comme tous les hommes sont prêtres de la « divinité, je veux que vous communiez (sic) sous les deux « espèces. En conséquence, j'ordonne qu'on vous donne « à chacun un demi-pain et une bouteille de vin. » Ce sacerdoce d'un nouveau genre a été fort du goût de nos braves frères d'armes. »

Au moment où Chépy fut contraint de quitter Grenoble, la dernière église restée ouverte, celle de Saint-Laurent, venait d'être fermée [1]. Partout les sanctuaires étaient dépouillés de leur argenterie et de leurs cloches [2]; partout se poursuivait impitoyablement ce que Chépy appelle quelque part « la conversion des madones », c'est-à-dire l'envoi à la Monnaie des statues de la Vierge dont le métal pouvait être transformé en espèces sonnantes [3]. Il est juste, toutefois, de faire observer que ces excès de vandalisme irréligieux n'étaient possibles qu'à Grenoble ou dans les environs de cette ville. Dans le reste du dépar-

---

[1] Lettre du 1er nivôse an II (21 décembre) : « L'opinion religieuse va bien. Tous les temples catholiques sont fermés par la *défection des prêtres*. Le curé de Saint-Laurent qui résistoit seul a été incarcéré pour prédication séditieuse. »
[2] 22 brumaire (12 novembre).
[3] 11 frimaire (1er décembre).

— XLIV —

tement, particulièrement dans la partie montagneuse de l'Isère, Chépy se heurtait à une résistance invincible, et, si disposé qu'il fût, au moins en paroles, à briser tous les obstacles, il avouait que sur ce point unique la prudence n'était pas moins nécessaire que la fermeté.

« *Quant à cela seulement*, j'enraye le char de la révolution. Je ne pense pas qu'il puisse aller au pas de charge qui, si justement, est tant à l'ordre du jour pour tout le reste[1]. »

Il eût été plus sage d'arrêter le char tout à fait, pour prévenir le mécontentement général excité par la propagande agressive de Chépy, et dont on trouve maintes preuves dans sa propre correspondance. Les paysans, qui achetaient si volontiers les biens d'émigrés, ne voulaient à aucun prix subir la loi du *maximum*[2]. Qu'était-ce quand on prétendait les faire obéir avec le concours d'une armée révolutionnaire, composée de ces mêmes grenadiers parisiens à la tête desquels Vauquoy terrorisa le district de la Tour-du-Pin, où ils ont laissé de si détestables souvenirs[3] ? A Grenoble même, Chépy avait une foule d'ennemis, peu dangereux, il est vrai, car il s'exagère la résolution de ses adversaires quand il feint de craindre pour sa vie.

« La haine des aristocrates, muscadins, prêtres, boutiquiers, hommes de loi, contre moi, se renforce chaque jour : ils me prodiguent les épithètes de scélérat, incendiaire, etc. Je m'en honore et ferai tous mes efforts pour les mériter de plus en plus[4]. »

[1] 8 frimaire (28 novembre).
[2] 1er brumaire (22 octobre).
[3] 6 brumaire (27 octobre) : « Rien ne se fera sans un corps d'armée révolutionnaire. » — Voy. aussi 24 brumaire (14 novembre).
[4] 4 octobre.

« Le fanatisme s'agite toujours, écrit-il plus tard. J'ai tellement irrité sa furie que je ne puis rentrer le soir qu'escorté par les patriotes [1]. »

La publication, à laquelle cette notice sert d'introduction, me dispense d'insister davantage sur les actes qui marquèrent le passage de Chépy à Grenoble. Je me contenterai de mentionner la souscription patriotique, ouverte grâce à son initiative et qui monta à 60,000 livres, mais eut bien, — sa correspondance le prouve, — le caractère d'une contribution forcée ; — les instructions spéciales qu'il faisait aux enfants et jeunes gens de Grenoble que leurs instituteurs devaient lui amener [2] ; il était secondé dans cette partie de sa tâche par des vieillards qu'il avait eu la singulière idée de mettre en réquisition, comme l'y autorisait un article de la loi du 23 août 1793 [3]. Concours précaire et insuffisant, qui ne pouvait lui tenir lieu de ce « sans-culotte auxiliaire » qu'il ne cesse de réclamer dans ses dernières lettres. Ses essais de réorganisation du théâtre, « cette école primaire des grands enfants [4] », ses tentatives pour « épurer le répertoire [5] », méritent aussi d'attirer l'attention.

Mais en somme, quelles que fussent ses illusions, il n'avait obtenu aucun résultat durable, et il avait le juste sentiment de la fragilité de son œuvre, quand il disait : « J'ai la conscience que si je quittois [Grenoble] un seul

---

[1] 6 frimaire (26 novembre).

[2] Voy. surtout les lettres des 2 et 16 brumaire (23 octobre et 6 novembre).

[3] Art. 1er.

[4] 30 septembre.

[5] 16 octobre : « Il faut par toute la France épurer les répertoires. »

jour tout s'écrouleroit¹. » Au moment où il s'exprimait ainsi, il était loin de se douter que son départ de Grenoble serait aussi précipité et aussi humiliant que son départ de Bruxelles.

On n'a pas oublié les incertitudes de Chépy au début de sa mission, la peine qu'il eut à obtenir un second passeport, le vague des instructions ministérielles qui lui laissaient une trop grande latitude, en engageant outre mesure sa responsabilité. La façon brusque dont cette mission prit fin au mois de nivôse an II doit être attribuée en partie à une situation mal définie, où il était aussi facile de se compromettre par excès de zèle que par négligence. Dès les premiers jours d'août, Chépy s'émeut d'un décret récent de la Convention, « qui fixe à deux le nombre des commissaires du pouvoir exécutif près de chaque armée ». Il demande si on le maintiendra en fonction ou s'il recevra un ordre de rappel². Le 13 août, le ministre lui répond que le conseil ne s'est point encore occupé de l'application du décret : « Vous devés assés, ajoute-t-il, vous reposer sur votre activité et votre travail pour espérer d'être conservé. » Mais bientôt ses inquiétudes renaissent. A la fin d'août arrivent à Grenoble les citoyens Prière et Chevrillon, se disant commissaires du pouvoir exécutif et nommés en exécution de ce décret au sujet duquel le ministre avait fait à Chépy une réponse si rassurante. Venaient-ils pour le remplacer³? Cette fois encore ses alarmes ne furent pas justifiées par l'événement. Obéissant à des instructions que nous ne connaissons pas, Prière et Chevrillon se rendirent à Briançon, tandis que

¹ 2 brumaire (23 octobre).
² 2 août.
³ 27 août.

Chépy, qui s'était concerté avec eux sur la conduite à tenir, restait à son poste [1].

Vers cette époque, une première tentative fut faite à Grenoble pour se débarrasser de lui. Comme sa mission était secrète, on affecta de le confondre avec les étrangers résidant à Grenoble et à l'égard desquels il était bon de prendre des mesures de sûreté. Une perquisition eut lieu à son domicile, sur l'ordre de la municipalité ; ses papiers furent examinés avec le plus grand soin, mais en fin de compte l'épreuve ne lui fut pas défavorable, et, à la confusion des « intrigants », jaloux de sa popularité, il obtint des officiers municipaux le certificat suivant [2] :

« La municipalité de Grenoble déclare qu'après les perquisitions les plus exactes faites dans les papiers du citoyen Chépy, agent politique près l'armée des Alpes, elle n'y a rien trouvé qui ne dénote le zèle civique le plus pur, le plus actif et le plus intelligent [3]. »

Le 23 août, la Convention avait décidé le rappel de tous les commissaires du pouvoir exécutif [4], contre lesquels un député de l'Alsace, Rühl, avait fait peu de temps auparavant une très vive sortie. Il les accusait de contrarier l'action des représentants du peuple, avec lesquels ils se trouvaient parfois en désaccord, d'être inutiles et de coûter fort cher à la République [5]. Le 11 septembre, la Convention, revenant sur son premier vote, autorisait les ministres à envoyer des agents aux armées et dans l'intérieur de la République [6]. A cette époque, l'exécution

[1] 5 septembre.
[2] 7 septembre.
[3] Certificat délivré le 6 septembre.
[4] *Moniteur*, XVII, 478.
[5] Séance du 20 juillet (*Moniteur*, XVII, 185).
[6] « Sous la surveillance immédiate du Comité de salut public »,

des lois éprouvait parfois de singuliers retards. Ce n'est qu'à la fin de vendémiaire ou au commencement de brumaire, que Prière et Chevrillon reçurent, avec le texte des deux décrets des 23 août et 11 septembre, des « commissions en forme », régularisant leur situation nouvelle.

Chépy, de qui nous tenons ces détails[1], fut maintenu à Grenoble par une décision du ministre, mais ses pouvoirs ne furent pas, comme ceux de ses collègues, confirmés d'une façon expresse et il demeura exposé aux mêmes ennuis que par le passé. L'attaquant encore une fois par son côté faible, la municipalité lui enjoignit, le 29 brumaire (19 novembre), de venir à sa barre pour justifier du droit qu'il avait de fixer sa résidence à Grenoble[2]. Cette injonction, qu'il attribuait « aux plus basses machinations », n'était point sans l'embarrasser[3].

Le passeport délivré par Deforgues, le 25 juillet, n'autorisait pas Chépy à séjourner à Grenoble, mais seulement à se rendre à l'armée des Alpes. Ce n'est qu'à la fin de frimaire, très peu de temps avant son départ, que l'autorisation de séjour, maintes fois sollicitée, et dont, en fait, il avait réussi à se passer, lui fut enfin accordée[4]. Le

---

auquel il devait être « rendu compte tous les huit jours du nombre de ces agents et de l'objet de leur mission ». Voy. H. Wallon, *Les représentants du peuple en mission et la justice révolutionnaire dans les départements en l'an II*, t. I, Paris, Hachette, 1889, in-8°, pp. 22-23.

[1] Grenoble, 2 brumaire (23 octobre).
[2] Albin Gras, *Deux années de l'histoire de Grenoble*, p. 156, pièce E.
[3] Correspondance de Chépy. Grenoble, 30 brumaire (20 novembre).
[4] Inventaire des papiers de Chépy : « 4° Un autre passeport signé *Deforgues*, du 19 frimaire, portant : *allant à Grenoble, chargé de mission par le gouvernement*, visé par la municipalité de Grenoble le 26 du même mois. »

conseil municipal était, sans doute, peu désireux de pousser les choses à l'extrême, car, à défaut du passeport qu'on ne pouvait lui montrer, il se contenta des pièces remises par Chépy sur le bureau de l'Hôtel de Ville [1] et cessa de l'inquiéter. Dans la lettre où il annonçait au ministre la démarche à laquelle l'obligeait la défiance jalouse de la municipalité, Chépy parlait d'injures anonymes, d'imputations calomnieuses dont il avait été victime. Bientôt les dénonciations allaient devenir plus précises et plus dangereuses.

Au commencement de frimaire, un « patriote » de Paris, qui n'est point autrement désigné, écrivit à la Société populaire de Grenoble, pour lui rappeler les « erreurs révolutionnaires » de Chépy et le signaler à sa surveillance. Il s'agissait évidemment des anciennes relations de Chépy avec le parti de la Gironde et de sa collaboration au *Patriote français;* fâcheux souvenirs qu'il n'y avait pas grand inconvénient à évoquer à Grenoble, mais qui, à Paris, devaient être bien plus compromettants [2].

Une deuxième lettre, qui ne venait pas d'aussi loin, produisit certainement plus d'impression et eut peut-être plus d'effet. Elle était adressée, de Grenoble même, « aux citoyens administrateurs des trois corps constitués [3] ». Dans ce factum, qu'il n'est pas possible de reproduire, ni même d'analyser ici, en raison de sa longueur, Chépy est en quelque sorte pris corps à corps. On y dénonce et on y flétrit ses odieux procédés révolutionnaires, ses vio-

---

[1] Albin Gras, *op. et loc. cit.*

[2] Grenoble, 6 frimaire (26 novembre). Au ministère de la Guerre, Chépy était fort mal vu. Vincent, le secrétaire général de Bouchotte, le tenait pour un « feuillant ». Voy. ci-après, p. 276, n° 1.

[3] Datée du 10 frimaire (30 novembre).

lences de langage, l'audace de ses blasphèmes, insupportable même à cette époque. En transmettant au ministre une copie de la lettre accusatrice, Chépy affectait d'en parler avec beaucoup de dédain, et comme s'il eût été à l'abri de toute atteinte [1]. Il est singulier qu'il n'ait pas, dès cette époque, surpris quelques signes avant-coureurs de sa prochaine disgrâce.

Le 6 nivôse an II, parvenait à l'agent national du district de Grenoble, Hilaire, une lettre de l'adjoint du ministre de la Guerre, Jourdeuil [2], portant ordre aux agents du pouvoir exécutif, qui se trouvaient encore dans l'arrondissement, de cesser leurs fonctions, aux termes de la loi du 23 août, et de se rendre à Paris. Hilaire, dont les sentiments à l'égard de Chépy ne pouvaient être douteux, puisqu'il était menacé, comme tout le conseil du district, d'une épuration imminente, s'empressa de communiquer l'ordre reçu. Chépy, qui à ce moment se souciait peu de quitter Grenoble, qui se sentait fort de l'appui de Petit-Jean, et venait de se faire délivrer les attestations les plus flatteuses par la Société populaire, le Comité de surveillance et les différents corps élus [3], se défendit avec beaucoup d'assurance.

« J'ai répondu, dit-il :

« 1º que je n'étois point commissaire du Conseil exécutif ;

« 2º que je ne dépendois point du département de la Guerre ;

---

[1] Grenoble, 17 frimaire (7 décembre).
[2] Chef de la 5e division du Ministère.
[3] La Société populaire lui avait délivré, le 4 nivôse, un certificat qu'il fit approuver par le Conseil général de la commune de Grenoble, le Comité de surveillance, le Conseil du district de Grenoble et le Conseil du département de l'Isère.

« 3° que la loi du 23 aoust ne pouvoit frapper sur une mission donnée en brumaire sous l'approbation du Comité de Salut public.

« L'agent national a paru se pénétrer de mes raisons et est convenu que je n'avois aucun rapport avec les dispositions du ministre de la Guerre.

« J'en ai conféré avec Petit-Jean qui m'a fort approuvé[1]. »

L'argumentation pouvait, en effet, sembler victorieuse, mais quelques jours plus tard toute équivoque cessait, Chépy ayant reçu l'ordre de rappel adressé par le ministre des Affaires étrangères, à la date du 1er nivôse, à chacun des agents de son département[2]. Aussi se résignait-il, le 11 nivôse, à écrire la lettre suivante, d'où il résulte clairement qu'il considérait sa mission comme terminée :

« Il est bien malheureux pour moi, dit-il au ministre, de me trouver distrait de ton département auquel je suis attaché depuis trois ans. Je te prie de m'y rattacher par une mission à l'étranger ou par une place dans une légation quelconque.

« Je crois que personne n'a plus de titres. Si par malheur tu ne pouvois rien faire de ce genre, je te prie seulement de me recommander au Comité de salut public et à ton collègue Paré.

« J'ai besoin de travailler pour vivre et surtout j'ai besoin d'être utile à mon pays. »

Le rappel de Chépy causa à Grenoble, au sein de la Société populaire et des corps constitués, un vif émoi et y provoqua, au moins en apparence, d'unanimes regrets; on a beaucoup de peine, en effet, à croire qu'en s'asso-

---

[1] 7 nivôse (27 décembre).
[2] On trouvera ci-après (n° CXXXI) le texte de cette lettre.

ciant à ces regrets, les membres du District aient été sincères. Tout fut mis en œuvre pour conjurer ce qu'une partie de la population considérait comme un malheur public [1]. Chépy n'est pas seul à l'affirmer : sur ce point, le témoignage de Petit-Jean concorde avec le sien. Le représentant du peuple va même jusqu'à se montrer « assailli, pendant un jour entier, » par des députations, le pressant d'user de ses pouvoirs pour « suspendre un départ », qui, « en affligeant les patriotes, réjouissait les malveillants et relevait leur espoir [2] ». Quoi qu'il en soit, Petit-Jean, qui appréciait les services de Chépy et avait écrit, peu de temps auparavant, au ministre des Affaires étrangères pour réclamer son maintien à Grenoble [3], prit, le 12 nivôse, un arrêté portant que « le citoyen Chépy demeurerait provisoirement à son poste, et continuerait sa surveillance et ses soins pour la chose publique, sous telle indemnité qu'il appartiendrait, jusqu'à ce qu'il en eût été autrement ordonné par le Comité de salut public de la Convention nationale [4] ». Chépy différa donc son départ, et, le 16 nivôse, il informait le ministre de sa détermination, en lui faisant connaître les motifs qui l'autorisaient à ne pas se rendre immédiatement à Paris. Il ignorait que, le jour même où Petit-Jean prenait un arrêté en sa faveur, la question qu'il croyait encore pendante avait été tranchée par une décision du Comité de sûreté générale. Le 18 nivôse, les administrateurs du district de Grenoble recevaient un arrêté, daté du 12, et ainsi conçu :

[1] *Chépy à ses concitoyens*, p. 2.
[2] Lettre, du 13 nivôse, au Comité de salut public (n° CXXXIII).
[3] Lettre, du 4 nivôse, à Deforgues (n° CXXVII).
[4] Voy. ci-après n° CXXXIII.

« Le Comité de sûreté générale et de surveillance de la Convention.................................

« D'après les faits graves connus du Comité concernant le nommé Chépi (sic) à présent à Grenoble, ayant eu ou ayant encore une mission de la part du Conseil exécutif provisoire, arrête que Chépi sera à l'instant arrêté et traduit par la Gendarmerie nationale, de brigade en brigade, au Comité de sûreté générale de la Convention nationale, pour être statué à son égard ce qu'il appartiendra ;

« 2º Que ses papiers seront visités avec exactitude et envoyés au Comité. Charge expressément les administrateurs du district de Grenoble, de faire mettre à exécution le présent arrêté aussitôt qu'ils le recevront et d'en certifier dans vingt-quatre heures le Comité. Rend responsables du moindre retard ou négligence les administrateurs, ainsi que ceux qui seront chargés par eux de l'exécuter[1]. »

Le District obéit avec empressement aux ordres du Comité de salut public. Enfermé provisoirement dans la maison d'arrêt de Grenoble, Chépy partait dès le surlendemain pour Paris, où il devait être conduit par la gendarmerie, de brigade en brigade. Une perquisition faite à son domicile n'amena aucune découverte intéressante. Ses papiers furent inventoriés, comme le prescrivait l'arrêté, et envoyés au Comité de sûreté générale[2]. Les patriotes de Grenoble ne se résignèrent pas facilement à ce brusque enlèvement ; il résulte d'une lettre de Petit-Jean que des « commissaires » furent envoyés à la Con-

[1] Arch. de l'Isère, L. 75, fol. 103.
[2] *Ibid.*

vention pour justifier la conduite de Chépy[1]. Faut-il rattacher cette mission à celle de Chanrion, le fameux président du Club des Bonnets-Rouges, qui avait été député à Paris au mois de janvier 1794, comme nous l'apprend une anecdote plusieurs fois reproduite[2]? Je ne le pense pas, quoique Chépy ait écrit que Chanrion fut « expressément » chargé d'intervenir en sa faveur[3]. Il semble bien que cette intervention se soit produite à un moment où l'ordre d'arrestation n'était pas parvenu encore à Grenoble et simplement pour faire renouveler les pouvoirs d'un agent dont le mandat venait de prendre fin[4]. A son arrivée à Paris, le 27 nivôse (16 janvier), Chépy fut écroué à la prison des Carmes[5], où il passa plus de huit mois[6], s'attendant de jour en jour à comparaître

---

[1] Lettre du 15 pluviôse an II (3 fév. 1794), au Comité de salut public. — Voy. ci-après, p. 389, n. 2.

[2] Albin Gras, *Deux années de l'histoire de Grenoble*, p. 114. — Rochas, *Biogr. dauph.*, au mot Chanrion. — A. Prudhomme, *Hist. de Grenoble*, p. 641.

[3] *P. Chépy à ses concitoyens*, p. 2.

[4] *Loc. cit.* « Je me disposais à obéir (à la lettre de rappel), lorsque le représentant du peuple, Petit-Jean..... m'ordonna de rester à mon poste. En même tems, sentant combien ma présence étoit nécessaire à Grenoble, il demanda pour moi au Comité de salut public de nouveaux pouvoirs. La Société, de concert avec les autorités constituées, s'associa à cette démarche. Elle écrivit aussi au Comité de salut public; le brave Chanriont (*sic*)..... fut expressément chargé par elle de faire tout pour que de nouveaux pouvoirs me fussent délégués dans le département de l'Isère. J'attendois tranquillement la décision du Gouvernement..... lorsque je fus arrêté et conduit à Paris par ordre du Comité de sûreté générale. »

[5] Alex. Sorel, *Le couvent des Carmes et le séminaire de Saint-Sulpice pendant la Terreur*. Paris, Didier, in-8°, pp. 386-387. Liste générale des détenus aux Carmes depuis le 26 frimaire an II jusqu'au 30 vendémiaire an III.

[6] Du 27 nivôse an II (16 janvier 1794) au 7 vendémiaire an III (28 septembre 1794).

devant le tribunal révolutionnaire[1]. Le régime de cette prison était particulièrement dur[2], et, pendant cette même année 1794, elle reçut une foule de détenus qu'une commune infortune avait seule pu rapprocher[3]. Il suffira de citer, d'une part : Alexandre de Beauharnais et sa femme, le duc de Béthune-Charost, Champcenetz, le rédacteur des *Actes des apôtres*, et, d'autre part : le général Hoche, Claude Santerre, l'ancien commandant de la garde nationale parisienne, son frère, Jean-François Santerre, et un ci-devant ministre des contributions publiques, Deschamps-Destournelles[4].

IV

Les vraies causes de la longue captivité de Chépy sont mal connues. Une lettre, écrite de la prison des Carmes et dans laquelle il proteste de son innocence, ne jette aucune lumière sur ce point obscur. Elle se termine par une de ces tirades déclamatoires, comme il en est tant sorti de sa plume : « Je suis jeune, je suis pour ainsi dire né dans le berceau de la Révolution, je l'aime comme un

---

[1] Lettre au Ministre des Affaires étrangères. Paris, 22 ventôse an II (12 mars 1794). — Affaires étrang., France, t. 333, fol. 243-243-v°.

[2] Alex. Sorel, *op. cit.*, p. 241.

[3] Près de huit cents personnes furent enfermées aux Carmes du 26 frimaire an II (16 décembre 1793) à la fin de vendémiaire an III (octobre 1794). A. Sorel, p. 242.

[4] Hoche fut écroué le 22 germinal ; Cl. Santerre, le 7 floréal ; Deschamps-Destournelles, le 14 floréal.

amant sa maîtresse. Mandataires du peuple souverain, rendez-la moi et rendez-moi à Elle [1]. »

Bien que dans sa correspondance ultérieure, il passe rapidement sur ces douloureux souvenirs, on sait que Robespierre et Billaud-Varennes furent les auteurs de sa disgrâce; il se plaint d'avoir encouru la vengeance du « moderne Catilina », d'avoir été la victime des « triumvirs ». Le témoignage du père de Chépy, dont quelques lettres ont été conservées, est plus explicite; il nous apprend, en outre, que son fils était à la veille d'être traduit devant le tribunal révolutionnaire et que le 9 thermidor le sauva [2]. Toutefois, ce n'est que le 7 vendémiaire an III (28 septembre 1794), qu'un arrêté du Comité de sûreté générale ordonna son élargissement [3].

Peu de temps après, le 6 frimaire, il fut envoyé en Belgique par le Comité de salut public, pour y remplir une mission dont l'objet n'était pas défini [4]. Aussi, dès le

---

[1] Arch. Nat., Carton F7 4590¹. Dossier Chépy. Sans date.
[2] Arch. des Affaires étrangères. — Lettre du 22 floréal an III : « J'ay ajouté..... qu'il étoit agent politique à l'armée des Alpes et que par ordre de Robespierre et de Billaud on l'avoit arrêté à Grenoble, comme Brissotin et Feuillant, en nivôse 2me année, et qu'on l'avoit amené à la prison des Carmes à Paris où il a resté dix mois (il y a deux mois de trop). Il devoit même être guillotiné le 10 thermidor avec Voidel, Parey, Destournelles, Detracy, Dufourni et autres. » Il s'agit évidemment de la date probable de sa comparution devant le tribunal révolutionnaire, et l'on sait que l'exécution suivait de près la sentence de mort.
[3] Arch. Nat., F7 4684. Dossier Chépy.
[4] « Le Comité de salut public de la Convention nationale aux représentants du peuple près les armées du Nord et Sambre-et-Meuse, à Bruxelles :

« Citoyens collègues,

« Nous vous adressons le citoyen Chépy qui a été employé uti-

premier jour, donna-t-il de l'ombrage au représentant du peuple, Briez, qui, jugeant sa présence inopportune et même dangereuse, lui déclara « qu'il ne souffriroit pas qu'on vînt tout gâter [1] ». Peut-être eût-il consenti à accorder à Chépy une place dans l'administration ; mais ce n'est point ce que voulait celui-ci, mal guéri de son humeur remuante, et peu disposé à ne jouer qu'un rôle effacé : « Je pense, écrit-il, que je serois très inutile si on me comprimoit dans la sphère administrative, et que je puis rendre d'importants services comme observateur ambulant et reconnu comme l'œil avoué du gouvernement [2]. »

Pendant les quelques jours qu'il passa en Belgique, il trouva le temps d'adresser au Comité de salut public plusieurs lettres où il donne, avec une entière franchise, des détails, souvent curieux, sur les sentiments des Belges à l'égard de la France. Il insiste sur le discrédit complet des assignats : « La monnoye républicaine s'avilit de jour en jour.

lement dans la Belgique en 1792 et en 1793. Ses talens peuvent contribuer pour beaucoup à faire aimer la liberté aux Belges. Nous vous invitons à l'employer dans l'administration de la Belgique, et à lui donner de préférence un employ qui le mette à portée de parcourir les différentes parties de ce pays, d'en étudier et rectifier l'esprit public, et de nous communiquer ainsi qu'à vous les observations qu'il sera dans le cas de recueillir. Nous nous en rapportons à vous pour la fixation de son traitement.

« Salut et fraternité.

« *Signé* : MERLIN, de Douai, CARNOT et BRÉARD. »

— Voy. Arch. des Affaires étrang., Pays-Bas, t. 185. — Lettre de Chépy aux représentants du peuple français à Bruxelles par laquelle il leur notifie son arrivée dans cette ville (24 frimaire an III).

[1] Lettre de Chépy au Comité de salut public (25 frimaire).
[2] *Ibid.*

« A notre rentrée, la livre en assignats valait quatorze sols métalliques. Aujourd'hui, elle n'en vaut plus que cinq, et encore quand les agioteurs et les amis des coalisés répandent des mauvaises nouvelles, les bonnes gens s'empressent de s'en défaire à tout prix..............

« Le pain pour les assignats est malsain et détestable, pour l'argent délicieux et blanc comme la neige. Nos ennemis profitent habilement de cet état de choses que leurs infâmes manœuvres ont amené. Ils disent au peuple qui souffre : Quand vous aviez les Autrichiens, vous ne manquiez de rien. L'abondance s'est enfuie à l'aspect des Français.

« Peu à peu l'idée de pénurie s'identifie avec celle de notre Révolution et vous sentez combien cela peut influer sur l'esprit d'une nation dont les habitudes sont paresseuses et gourmandes, qui s'éternise à table et qui n'aime d'autre travail que celui de la digestion [1]. »

Puis viennent des conseils, les uns naïfs ou présentés sous une forme naïve; les autres, conformes à la pure tradition démocratique. Pour relever le cours du papier-monnaie, il suggère de « répandre dans les campagnes de petits écrits simples et courts, où l'on éclaire les Belges sur leurs vrais intérêts, et de disséminer dans les staminets (sic) des démocrates qui, tout en fumant leur pipe, donnent à l'opinion un mouvement uniforme d'après des bonnes instructions reçues [2]. » Pour se concilier les sympathies des Belges, il indique comme un moyen infaillible la suppression des conseils souverains, remplacés par des commissions judiciaires, composées de quelques

---

[1] Lettre du 28 frimaire. — Pareil reproche avait été, si l'on s'en souvient, adressé à Kellermann.
[2] Lettre du 29 frimaire.

hommes de loi. « D'ailleurs elle (cette suppression) vous fournira l'heureuse occasion de vous faire de nouveaux amis, en mettant à votre disposition une certaine quantité d'emplois honorables et lucratifs[1]. »

Mais que les temps étaient changés! Après avoir usé et abusé de la parole à Grenoble, après avoir été l'orateur habituel et en quelque sorte attitré des fêtes patriotiques, Chépy se trouvait réduit au silence par le mauvais vouloir d'un représentant du peuple. Le 30 frimaire, assistant, à Bruxelles, à la réunion décadaire, il avait compté y prononcer une de ces harangues qui lui coûtaient si peu. Il en fut empêché par Briez, qui accueillit fort mal ses offres de service. C'était le prélude d'une nouvelle disgrâce, car, le 29 frimaire, le Comité de salut public, faisant droit aux réclamations plus ou moins fondées dont la conduite de Chépy avait été l'objet, prenait un arrêté aux termes duquel il devait « se rendre sur-le-champ à Paris [2] ». Il reçut son ordre de rappel dans les premiers jours de nivôse, et, la mémoire encore fraîche des désagréments qu'il s'était attirés un an auparavant en mettant trop de lenteur à obéir, il se hâta de quitter la Belgique [3].

Pour la quatrième ou la cinquième fois, il était sans emploi, dépourvu de ressources et réduit au métier de

---

[1] Lettre du 2 nivôse.
[2] « Le Comité de salut public, etc.,
« Considérant que le citoyen Chépy a abusé envers le représentant du peuple près les armées du Nord et de Sambre-et-Meuse de la lettre à eux écrite par le Comité de salut public, le 6 frimaire présent mois,
« Arrête que le citoyen Chépy se rendra sur-le-champ à Paris. »
[3] Lettre du 4 nivôse. — Le 16 pluviôse an II, un arrêté du Comité de salut public lui alloua la somme de 1,200 livres « pour frais de retour de la Belgique et indemnité ».

solliciteur. Toutefois, il obtint assez vite un nouveau poste, qui, pour son malheur, fut celui-là même qu'il avait demandé[1] : le 5 pluviôse an III (24 janvier 1795), un arrêté du Comité de salut public le nommait vice-consul à Rhodés. A peine était-il parti depuis quelques mois, qu'à Paris, comme dans les départements, se produisait une réaction violente, trop justifiée par les excès de la Terreur. Dénoncé dans sa section[2] comme terroriste, Chépy fut porté sur la liste des individus à désarmer, décrété d'arrestation et révoqué de ses fonctions de vice-consul[3]. Son père fut toutefois assez habile pour détourner l'orage et faire rapporter les arrêtés pris contre lui[4]. Mieux eût valu une réussite moins complète, car une révocation aurait épargé à Chépy de cruelles épreuves. Dès son arrivée à Rhodes, il se repentit de son choix et désira son changement. L'île était « un pays perdu », n'offrant aucune ressource au malheureux obligé d'y « végéter », et fatalement condamné à dépérir dans un mortel ennui[5]. Les rapports avec les fonctionnaires turcs étaient des plus difficiles, la République française ne jouissant d'aucun prestige en Orient et n'ayant su se concilier aucune sympathie.

« Notre nation, depuis 1789, a été indignement cons-

---

[1] Demande d'emploi adressée à la Commission des relations extérieures, le 26 nivôse an III (15 janvier 1795).

[2] La section du *Museum* ou du Louvre.

[3] Délibération de la section du Museum, en date du 6 prairial an III. — Arrêté du Comité de salut public, du 10 prairial.

[4] Arrêtés du Comité de sûreté générale des 15 floréal et 11 thermidor an III.

[5] Arch. des Affaires étrang. — Lettre écrite de Rhodes, le 27 messidor an III (15 juillet 1795), au citoyen Boulouvard, chef du bureau des Consulats à la Commission des relations extérieures.

puée en Turquie », écrit Chépy[1], dont les lettres sont pleines de doléances sur la barbarie et la duplicité de la population au milieu de laquelle il vit. Il essaya pourtant de triompher du mauvais vouloir qu'il rencontrait partout, de l'hostilité à peine déguisée du gouverneur Hassan-Bey et de l'indifférence des habitants d'origine française qu'il avait mission de protéger. Sa correspondance, qui a surtout un caractère administratif et commercial, est intéressante à d'autres points de vue encore, car la politique générale y tient une assez large place. Chépy ne manque pas d'applaudir au coup d'État du 18 fructidor et de parler avec horreur des complots royalistes, si heureusement déjoués par cet acte de vigueur[2]. Ailleurs, il élève contre le protectorat religieux, auquel la France a dû son influence en Orient, des objections, qui dénotent une ignorance absolue de la question et l'étroitesse d'idées d'un jacobin qui n'a rien oublié, ni rien appris[3]. Par une vraie fatalité, les inimitiés qu'il s'était attirées en France, il les retrouvait aussi vivaces à l'étranger, et jusqu'en Asie. En l'an VI, il circulait à Smyrne un « libelle », intitulé : *L'histoire des prisons*, dans lequel Chépy était représenté sous des couleurs odieuses. On l'accusait notamment d'avoir contribué, par ses écrits ou par ses discours, aux massacres de septembre. Il n'avait pas de peine à se justifier, en prouvant que, depuis la fin de juillet jusqu'aux derniers jours d'octobre 1792, il avait été absent de Paris,

[1] Arch. des Affaires étrangères. — Correspondance de Rhodes (12 messidor an V = 30 juin 1797).

[2] Correspondance de Rhodes (17 brumaire an VI = 7 nov. 1797).

[3] Correspondance de Rhodes (2 ventôse an V = 20 février 1797). Le catholicisme est pour lui « un rit (*sic*) qui a allumé la guerre de la Vendée », et ses ministres « ont constamment montré contre la Révolution les dispositions les plus hostiles ».

et que son premier soin, en y rentrant, avait été de protester contre les crimes dont on voulait le rendre complice :

« Je débutai par faire insérer dans le *Patriote français*, contre ceux qui avoient figuré, soit comme instigateurs, soit comme bourreaux, un article fulminant que vous pourrez vous faire représenter et qui finit par ces mots : *Songez que ceux qui coupent des têtes ont besoin de rois* [1]. »

De toutes les causes pour lesquelles le séjour de Rhodes était devenu insupportable à Chépy, la fréquence des épidémies était évidemment la plus grave. En trois ans, la peste y sévit trois fois au moins, et, indépendamment du péril qui en résultait, c'était, pendant plusieurs mois, l'interruption de toute relation avec les pays civilisés, la cessation de toute correspondance avec la France. A la fin de nivôse an VI, il se disait absolument découragé. Déjà l'ennui, les privations de toute sorte, avaient — ce sont ses propres expressions — énervé ses forces physiques et morales. Pour comble de malheur, la peste venait de recommencer ses ravages; ce dernier coup lui ôtait le peu d'énergie qui lui restait encore. Aussi, demandait-il instamment à être arraché « de cette abominable résidence où il mourait en détail ». Ce n'était pas l'ambition qui le guidait, mais le souci de sa conservation. Il acceptait à l'avance le poste qu'on voudrait lui donner, pouvu qu'il quittât « ces affreux rivages, où il avait consumé dans le désespoir les trois plus belles années de sa vie [2] ».

---

[1] Correspondance de Rhodes (19 floréal an VI = 8 mai 1798).
[2] Correspondance de Rhodes (30 nivôse an VI = 19 janvier 1798).

Cette lettre désespérée décida le ministre à lui accorder un changement qu'il n'avait jamais cessé de solliciter. Le 26 prairial an VI [1], il était nommé consul à Ancône [2], mais il n'avait pas encore eu le temps de recevoir la nouvelle officielle de sa nomination, dont il avait cependant eu connaissance par une voie indirecte, lorsque surgirent de redoutables complications [3].

La campagne d'Égypte venait de commencer; le 13 messidor (1er juillet), l'armée française débarquait près d'Alexandrie, qui capitula le lendemain après une faible résistance. On connaît les conséquences de cette aventureuse et stérile expédition. Cédant aux excitations de la Russie et de l'Angleterre, le Sultan allait rompre avec une politique traditionnelle et déclarer la guerre à la France. Toutefois, la rupture ne devint définitive que le 11 fructidor (29 août). Le 21 messidor, sept jours après l'événement, on apprenait à Rhodes la prise d'Alexandrie. L'émoi causé par cette nouvelle fut assez considérable pour que le gouverneur offrît à Chépy de lui donner une garde; il refusa cette offre. « Je ne crus devoir accepter, écrit-il le lendemain, qu'un seul *tchiaoux* [4]. »

Cette « sauvegarde » lui coûtait fort cher, mais il n'eût pas pu s'en passer, car dès le 16 thermidor (3 août) il constate que « les habitants désirent la guerre et l'espèrent fermement ». Le 21 thermidor, arrivent en rade plu-

---

[1] 14 juin 1798.

[2] Avec un traitement annuel de 6,000 livres.

[3] Correspondance de Rhodes (16 thermidor an VI = 3 août 1798) : « Si j'en dois croire la *Gazette de Francfort*, elles (les espérances données par le Ministre) sont déjà réalisées et le poste d'Ancône m'est assuré par votre bonté, comme dédommagement de mes longues souffrances. »

[4] Correspondance de Rhodes (22 messidor an VI = 10 juill. 1798).

sieurs vaisseaux anglais; on les prend tout d'abord ou on feint de les prendre pour des bâtiments français. Chépy est mandé au palais du gouverneur, mis en état d'arrestation et gardé à vue toute la journée. Sur le soir, il recouvre sa liberté en menaçant de s'ouvrir un chemin l'épée à la main[1]. Le 25 thermidor, un brick français, ne tenant aucun compte des signaux qui lui sont faits, pénètre dans le port de Rhodes. La populace turque se soulève aussitôt; le vaisseau est pillé, l'équipage tout entier, soit quatre-vingt-quatre hommes, jeté en prison. Nouvelle avanie pour le consul. « J'avais à peine reposé deux heures que je fus arraché de mon lit par des tchiaoux et conduit au seraï; un moment après, je vis venir le gouverneur qui me parla en turc d'un air très menaçant, et ordonna brusquement qu'on me renfermât sous clef..., ce qui fut exécuté[2]. » Chépy fut relâché toutefois, mais pour retomber dans une demi-captivité et courir chaque jour les plus grands dangers. Une des dernières lettres qu'il ait écrites de Rhodes le prouve avec évidence : « Je vous le répète : il n'existe plus ici de Consulat. Je suis gardé à vue par un tchiaoux qu'on voudrait faire passer pour une sauvegarde, mais qui n'est vraiment autre chose qu'un geôlier.... Je reste enfermé dans ma maison, m'attendant à chaque instant d'être (sic) massacré ; j'ai pressé le chargé d'affaires et le consul de Smyrne de m'obtenir du Divan un passeport pour me retirer de cette caverne de brigands. » Et il ajoutait que, même au cas où les relations seraient rétablies, « il serait toujours nécessaire de suspendre l'existence de cette agence entièrement dé-

---

[1] Correspondance de Rhodes (22 thermidor = 9 août).
[2] Correspondance de Rhodes 27 thermidor = 14 août).

considérée et livrée depuis trente jours aux plus sanglants outrages[1] ».

Cette lettre, datée du 9 fructidor, ne précéda que de deux jours la déclaration de guerre adressée par la Porte à la France, et qui devait avoir pour Chépy de terribles conséquences[2]. Néanmoins, son sort n'en fut pas immédiatement aggravé, l'état d'arrestation provisoire où il était maintenu depuis plusieurs semaines s'étant prolongé jusqu'au 5e jour complémentaire de l'an VI (21 septembre). A partir de cette époque, peut-être sur des ordres venus de Constantinople, on ne se contenta plus de le garder à vue et il fut l'objet des mesures les plus rigoureuses. Jeté d'abord dans un cachot de la forteresse, logé plus tard dans une méchante maison turque, située dans l'enceinte de cette même forteresse, il connut toutes les humiliations et toutes les privations[3]. Hassan-Bey fut un geôlier impitoyable. On lit dans les *Notes sommaires sur l'échelle de Rhodes*, rédigées par Chépy après son retour en France, les lignes suivantes : « Il (le gouverneur) m'a traité, ainsi que cent quinze prisonniers de guerre, avec la barbarie la plus raffinée : cachots affreux, chaînes, coups, refus de subsistances, tout a été mis en usage pour nous faire périr[4]. » Vainement, les Anglais inter-

---

[1] Correspondance de Rhodes (3 fructidor = 20 août).
[2] Le 13 fructidor, le chargé d'affaires de France à Constantinople et tout le personnel de la légation furent arrêtés et constitués prisonniers. (*Moniteur*, 21 vendémiaire an VII. — Lettre de Constantinople du 2e jour complémentaire de l'an VI.) — La même mesure fut prise à l'égard de tous les agents de la République, de tous les Français résidant sur le territoire turc.
[3] Arch. des Affaires étrangères. — Lettre du père de Chépy au Ministre des relations extérieures.
[4] Correspondance de Rhodes.

vinrent-ils en sa faveur; l'amiral Sidney-Smith aurait voulu le faire conduire à Smyrne, dont le climat n'était pas aussi meurtrier que celui de Rhodes, et où sa captivité eût été moins dure. Hassan-Bey se refusa à tout arrangement qui eût adouci le sort de son prisonnier. Ce n'est que le 7 pluviôse an IX (27 janvier 1801), que Chépy fut transféré de Rhodes à Constantinople, où il devait rester captif plus de sept mois encore, en butte à bien des vexations. Par une dernière malchance, le vaisseau qui le portait avait fait naufrage presque en touchant le port. Enfin, le 22 fructidor (9 septembre), il était mis en liberté, comme tous les autres prisonniers français, à la faveur des premières négociations entamées pour le rétablissement de la paix entre la France et la Turquie[1].

D'après les certificats de médecins qu'il se fit délivrer à Constantinople, sa santé était profondément altérée; il était atteint à la fois d'une ophthalmie et d'une maladie nerveuse qui demandaient des soins prolongés. Quelques jours avant la déclaration de guerre, il avait vendu à vil prix une partie de son mobilier; le reste avait disparu lors du pillage de la maison consulaire par les Turcs[2]. Sa carrière même était compromise : il ne figurait plus sur le tableau des agents diplomatiques. Le sachant prisonnier des Turcs et retenu à Rhodes, on avait nommé un nouveau titulaire au consulat d'Ancône, en le transférant lui-même au consulat de Civita-Vecchia. Mais cette

---

[1] Préliminaires de paix avec la Porte signés à Paris, le 17 vendémiaire an X (9 octobre 1801). Traité de paix définitif, le 6 messidor an X (25 juin 1802). — La mise en liberté des Français détenus dans l'empire Ottoman avait été négociée et obtenue avant la signature des préliminaires de paix. (Affaires étrang., Turquie, t. 202. — Constantinople, 16 fructidor an IX.)

[2] Il avait réussi à sauver les papiers de la chancellerie.

deuxième nomination n'avait pas eu plus d'effet que la première. N'ayant pu occuper ni l'un ni l'autre de ces deux postes, il n'avait point touché de traitement pendant les trois années qu'il avait passées en captivité. Aussi est-il fort explicable que, rentré en France, il ait multiplié les sollicitations et les démarches pour être pourvu d'un emploi qui lui assurât des moyens d'existence. Il obtint tout d'abord une indemnité de 15,000 livres, calculée à raison de 5,000 livres pour chacune des trois dernières années. Le 1er messidor an X (20 juin 1802), un arrêté consulaire le nommait sous-commissaire des relations commerciales dans l'île de Chio[1], mais il avait trop souffert à Rhodes pour vouloir jamais retourner dans les Échelles du Levant. Il demanda donc à permuter, en alléguant l'état de sa santé qui exigeait un autre climat, et en spécifiant qu'il ne voulait plus servir que dans les pays chrétiens d'Europe ou encore dans l'Amérique du Nord.

On fit droit à ses réclamations, et le 23 thermidor an X (11 août 1802) il était promu au poste, nouvellement créé, de commissaire des relations commerciales à Jersey[2]. Le Gouvernement français voulait mettre à profit la paix conclue à Amiens, et qui ne devait malheureusement avoir que la durée d'une courte trêve[3], pour établir une agence consulaire dans les trois îles anglo-normandes de Jersey, Guernesey et Aurigny. La lettre par laquelle Chépy notifia son acceptation au ministre des Relations extérieures laisse percer la satisfaction la plus vive :

« J'accepte avec joie le poste de Jersey. Je considère

---

[1] Au début de son séjour à Rhodes, il avait demandé le poste de Chio (Lettre du 27 messidor an III).
[2] Au traitement annuel de 10,000 livres.
[3] 25 mars 1802-22 mai 1803.

cette mutation tant désirée comme une insigne faveur que je tâcherai de mériter par mon dévouement et mon zèle.

« Fonctionnaire obscur, je ne dois qu'à vous les bontés du premier magistrat. Vous avez tant fait pour moi, *sous tous les rapports*, qu'il me devient aussi impossible d'exprimer que de réduire l'acte de ma reconnoissance.

« Puissé-je justifier pleinement par ma conduite votre paternelle sollicitude! Elle est mon unique patrimoine, et je vous en demande instamment la continuation, etc. »

L'homme auquel s'adressaient ces remerciements émus n'était autre que Talleyrand, de qui Chépy tenait sa mission; mais lorsqu'il partit de Paris, le 2 vendémiaire, pour se rendre à son poste, il était également porteur d'instructions secrètes données par le ministre de la police générale. La présence dans les îles anglo-normandes d'individus suspects à divers titres : émigrés, déserteurs, criminels de droit commun, nécessitait une surveillance spéciale. Pour tout ce qui concernait la police générale et aussi pour bien connaître la situation du pays où il allait résider, il était indispensable qu'il se concertât avec les administrateurs des deux départements les plus voisins de Jersey, qui sont ceux de la Manche et de l'Ille-et-Vilaine. Arrivé à Saint-Malo, le 6 vendémiaire, il se rendait à Rennes le surlendemain, et, peu de jours après, relatait son entrevue avec le préfet dans les termes suivants : « J'ai conféré avec le préfet d'Isle-et-Vilaine. Il m'a fourni avec une extrême obligeance sur les personnes et sur les choses des renseignements dont je compte tirer un excellent parti. » Or, ce fonctionnaire si obligeant, avec lequel Chépy resta en relation tant qu'il fut à Jersey, n'était autre que Mounier. L'inspirateur des assemblées de Vizille et de Romans, l'homme « passionnément raisonnable », correspondant avec le fougueux président de la Société populaire de Grenoble, avec l'apologiste des pires excès révolutionnaires, c'est là un rapprochement que l'on n'imaginerait point et que l'histoire peut seule opérer.

A Jersey, Chépy eut aussi peu de succès qu'à Lisbonne au début de sa carrière. Le Gouvernement anglais soupçonnait-il une mission secrète dont il aurait pu avoir connaissance en interceptant quelqu'une des lettres adressées au Grand-Juge [1], ou bien, désirant une prompte rupture, multipliait-il les occasions de conflit? Toujours est-il qu'il refusa constamment de donner l'exequatur à Chépy et ne lui épargna aucune vexation. Dès le 30 pluviôse, celui-ci estimait qu'un prompt rappel était seul compatible avec l'état des choses et la dignité du Gouvernement français, si l'on voulait éviter une dernière humiliation. Il ne se trompait pas dans ses prévisions. Après lui avoir fait défense de s'écarter du lieu de sa résidence, bientôt même de sortir de sa maison, le gouverneur lui signifia, le 22 ventôse an XI [2], un ordre d'expulsion. Le 2 germinal [3], il débarquait à Granville, d'où il écrivait au Grand-Juge qu'il allait sans délai repartir pour Paris.

L'insuccès de sa mission à Jersey ne nuisit point à l'avancement de Chépy ; elle mit fin à l'existence errante

---

[1] Le 28 fructidor an X (15 sept. 1802), le ministère de la police générale fut supprimé et ses attributions réunies à celles du Grand-Juge, ministre de la Justice. Il fut rétabli le 21 messidor an XII (10 juillet 1804).
[2] 13 mars 1803.
[3] 23 mars 1803.

qu'il menait depuis 1792, mais au prix d'un grand sacrifice, car on l'arrachait, — et ce devait être pour toujours, — à la carrière diplomatique qui continuait à avoir toutes ses préférences. Le 20 prairial an XI (9 juin 1803), un arrêté des consuls le nommait commissaire général de police à Brest. Ce poste important, créé en l'an VIII, supprimé peu à près, puis rétabli à la reprise des hostilités avec l'Angleterre [1], exigeait des aptitudes particulières, beaucoup de vigilance, d'activité, et non moins de tact et de mesure, pour prévenir ou aplanir les difficultés, car dans ce grand port militaire, chef-lieu d'une préfecture maritime, les conflits étaient incessants. Les commissaires généraux de police étaient d'ailleurs très puissants et très indépendants; investis d'attributions fort larges, ils annulaient complètement l'autorité des sous-préfets et des maires, recevaient directement les ordres du ministre de la police et correspondaient avec lui sans intermédiaire [2]. Chépy s'acquitta de ses nouvelles fonctions avec autant de zèle que d'habileté [3]. L'ancien jacobin, dont

[1] Loi du 9 floréal an XI (20 avril 1803). — Voy. P. Levot, *Hist. de la ville et du port de Brest sous le Directoire et le Consulat.* Brest, 1875, in-8°, pp. 188 et suiv.

[2] P. Levot, *op. cit.*, pp. 189-190, 255. — Voy. aussi l'*Annuaire civil, maritime et commercial du port de Brest et du département du Finistère pour l'an XIII* (1805), pp. 43-51.

[3] Il fut solennellement installé par le préfet maritime, Caffarelli, et le sous-préfet de Brest, Lapaquerie, le 1er thermidor an XI (20 juillet 1803), dans la salle des séances du conseil municipal, en présence du maire et de ses adjoints, des conseillers municipaux, des autorités civiles et militaires, des membres des divers tribunaux et des commissaires de police.

Chépy avait quarante délégués ou agents sous ses ordres. Peu de temps après son arrivée, les fonds de police secrète qui lui étaient alloués furent portés de 600 à 1,200 fr. par mois. (P. Levot, pp. 251-252, 255-256, 259.)

l'esprit s'était assagi avec le temps, qui, pour employer ses propres expressions, apportait dans l'administration « une tête mûrie par la solitude et le malheur », ne marchandait ni à Napoléon, ni à ses ministres, les témoignages d'une fidélité sans bornes. « Les bontés de Sa Majesté, écrit-il peu de temps après son installation à Brest, sont mon unique patrimoine... Je me brûlerois la cervelle, si je soupçonnois seulement qu'on ait mis en question mon entier dévouement. Sa Majesté a mille sujets plus utiles que moi, plus propres aux affaires, mais elle n'en a pas un plus profondément attaché à elle, à sa famille et au système de la *monarchie constituée*[1]. »

Chépy resta à Brest jusqu'en 1814, c'est-à-dire jusqu'à la chute de l'Empire et à la conclusion de la paix, qui entraînèrent la suppression du commissariat général. Il fit alors de vains efforts pour être admis de nouveau dans ce qu'il appelait « le corps de la diplomatie commerciale », c'est-à-dire dans les consulats, les événements ayant brisé une carrière où il n'était entré qu'à son corps défendant et où, de son propre aveu, il n'avait « trouvé que des épines[2] ». Mais si désireux qu'il fût de « donner au nouveau gouvernement des preuves de son zèle », il ne paraît pas que ses démarches aient pu aboutir. Au reste, à partir de cette époque, on perd absolument sa trace, et l'on ne

---

[1] Arch. Nat., F7 6345. — Lettre du 19 floréal an XIII (9 mai 1805) à M. Desmaret, chef de division de la Sûreté générale.

[2] Brest, 29 avril 1814. — Lettre au chevalier de la Besnardière, chef de division au Ministère des relations extérieures. Sur ce personnage qui a joué et surtout auquel on a prêté un rôle considérable, voy. une note des *Lettres inédites de Talleyrand à Napoléon*, publiées par M. Pierre Bertrand (Paris, Perrin, 1889, in-8°, pp. VII-VIII).

sait plus qu'une chose, c'est que, vers 1822, il vivait encore, et fort modestement, d'une pension de retraite que lui avait accordée le gouvernement de Louis XVIII[1].

V

Si incomplète que soit à bien des égards la biographie de Chépy, nous savons désormais qu'il ne faut pas le juger uniquement d'après sa correspondance de Grenoble. A-t-il toujours été le jacobin fanatique et intolérant dont l'ambition était de « consommer la Révolution » dans le département de l'Isère? A-t-il gardé jusqu'à la fin de sa carrière la haine des tyrans qu'il affichait si bruyamment en 1793? La conclusion à tirer des documents utilisés dans cette étude, c'est qu'en somme il a su modifier son attitude suivant les nécessités du moment. En 1789, il se jette dans la mêlée révolutionnaire, comme beaucoup de ses contemporains, avec l'inexpérience de la jeunesse, et aussi avec l'ambition secrète ou avouée de jouer un rôle auquel, à une autre époque, il n'eût jamais pu prétendre. Bientôt les séances de la Société des Amis de la Constitution ne fournissant plus un aliment suffisant à son activité, et les circonstances lui paraissant favorables, il s'improvise diplomate. Avait-il les aptitudes requises pour remplir avec succès les délicates fonctions auxquelles il aspirait? Bien des qualités essentielles lui faisaient défaut, qu'il ne pouvait acquérir en un temps où, toute tradition se trouvant rompue, chacun se

[1] *Biographie nouvelle des contemporains.*

dirigeait à sa fantaisie, au risque de s'engager dès le début dans une fausse voie. Abusant de sa rare faconde, il se considéra toujours comme un apôtre de la Révolution, comme un « missionnaire » chargé de la diffusion des idées nouvelles, mais tout prêt à faire appel à la force si l'autorité de sa parole ne suffisait pas. En Belgique, il se donne pour la première fois libre carrière ; il est vrai que sous le titre d'agent national il était surtout un agent révolutionnaire. C'est aussi en Belgique qu'éclate son fanatisme antireligieux, qui lui est un trait commun avec les Girondins, persécuteurs acharnés du clergé insermenté. Est-il besoin de rappeler qu'à cette époque il était fier de l'estime et de l'amitié de Brissot, et qu'avant d'avoir a été si durement traité par Dumouriez, il se vantait d'avoir toute sa confiance ?

Tout à coup, dans les premiers mois de 1793, se succèdent les plus graves événements : la trahison de Dumouriez, la proscription des Girondins, la destitution du ministre des Affaires étrangères, Lebrun. Chépy, dont la mission à l'armée des Alpes venait de commencer, eut le courage, — et c'est une justice qui lui est due, — de ne pas renier ses anciens amis politiques ; mais il se mit néanmoins avec une extraordinaire facilité à l'unisson des Jacobins les plus exaltés. Ce fut alors l'homme des déclamations furibondes, que les Grenoblois ont entendu et vu à l'œuvre pendant plusieurs mois. La peur n'est pour personne une excuse ; elle n'absout point les Girondins d'avoir voté la mort du roi ; elle ne justifierait ni le langage, ni les actes de Chépy, lors même qu'il serait démontré qu'il n'a fait que céder à la terreur. La délation tient une grande place dans sa correspondance, et c'est ce qu'on a le plus de peine à lui pardonner, quand on songe qu'il suffisait d'une dénonciation pour envoyer un innocent à la mort. Il s'acharne contre Barnave, détenu en Dauphiné, se félicitant qu'on l'ait enfin fait partir pour Paris [1]; or, ce qui l'attendait à Paris, c'était la prison et bientôt après l'échafaud. Si Chépy fût resté plus longtemps à Grenoble, la Révolution y eût-elle pris un caractère plus sanglant ? On ne doit pas oublier qu'après tout il n'était qu'un agent subalterne ; mais il avait su inspirer au représentant Petit-Jean une confiance inquiétante, et quand il s'écrie : « Que la guillotine, le tribunal ambulant et la force révolutionnaire marchent et tout ira au mieux [2] », on est en droit de se demander si c'est là une pure fanfaronnade.

Il est possible que son zèle ait paru trop bruyant pour être sincère. Ce qui est certain, c'est qu'aux yeux du Comité de salut public, les exagérations mêmes de ce zèle n'avaient pas racheté le modérantisme de l'ancien Girondin, et c'est l'ami de Brissot et de Girey-Dupré que l'on voulut frapper lorsqu'on le fit ramener de Grenoble à Paris pour l'enfermer à la prison des Carmes. A partir de cette époque commence pour lui une ère nouvelle, féconde en épreuves ; il suffit de mentionner sa longue détention à Paris, sa mission de quelques jours en Belgique, si brusquement interrompue, sa captivité en Turquie, son expulsion de Jersey.

C'est à Brest qu'il eût commencé à jouir de quelque tranquillité, si son esprit mobile et inquiet le lui eût permis. Jamais il n'occupa un poste sans désirer son

---

[1] 8 brumaire (29 octobre) : « Je vous remercie d'avoir fait partir Barnave pour Paris. » — Condamné à mort par le tribunal révolutionnaire, le 28 novembre, Barnave fut exécuté le lendemain.
[2] *Ibid.*

changement; et quand vint la Restauration, qui entraînait la suppression du commissariat central, il y avait un an au moins qu'il était en instance pour obtenir une place de consul. On n'est pas médiocrement surpris de sa préférence persistante pour une carrière où il avait eu tant de déboires, où, comme son père l'écrit quelque part, « il avait failli quatre fois être pendu ». Il semble, au contraire, que, commissaire de police, il était dans le rôle qui lui convenait le mieux, ayant retenu de ses anciennes fonctions l'habitude de tout observer, de tout voir, de tout rapporter à un chef hiérarchique, avec une certaine raideur autoritaire à laquelle ce jacobin « de la stricte observance » ne répugnait point. Au demeurant, il servit Napoléon avec zèle et intelligence, et la preuve en est que, pendant onze années consécutives, il fut maintenu dans le même poste, et dans un poste important, par un maître exigeant entre tous.

Sa vie publique est seule connue; ni sa correspondance, ni les souvenirs qu'il a laissés à Grenoble, n'apprennent rien de précis sur sa conduite privée. Le peu qu'on en sait est plutôt à son éloge. Il répète en trop d'occasions, et sans nulle affectation, qu'il est le seul soutien d'une famille malheureuse, pour qu'il y ait lieu d'en douter, et dès lors il n'apparaît plus uniquement comme un ambitieux vulgaire. Enfin, il y avait chez lui une énergie peu commune, je ne sais quoi de sincère et même de naïf, encore perceptible malgré l'emphase de son style, plus de désintéressement que n'en montrèrent bon nombre de ses contemporains, car à la différence de tant d'autres qui s'enrichirent dans le cours de la Révolution, il demeura pauvre.

On signalait naguère, dans un discours académique,

les jugements contradictoires dont les hommes de la Révolution ont été l'objet, ainsi que l'étonnant contraste qu'offrent le début et la fin de leur carrière. La forme un peu fantaisiste sous laquelle ces observations étaient présentées et quelques exagérations évidentes n'en affaiblissent pas la portée : « La gravité terrible des événements faisait des hommes de génie pour un an, pour trois mois. Puis, abandonnés par l'esprit qui les avait soutenus, ces héros d'un jour tombaient, à bout de forces, affolés, hagards, stupéfiés, incapables de recommencer la vie. Napoléon fut dans le vrai, en faisant d'eux des expéditionnaires et des sous-chefs[1]. » Mettez, comme c'est la vérité, que parmi ces hommes la plupart n'eurent pas de génie et ne furent pas des héros, que plusieurs surent franchir les degrés inférieurs de la hiérarchie administrative; les lignes précédentes conviendront parfaitement à Chépy, dont elles expliquent en partie l'étrange destinée.

Les lettres écrites par Chépy au ministre des Affaires Étrangères, pendant la durée de sa mission à l'armée des Alpes, et les minutes des réponses qui y furent faites, sont conservées aux archives du ministère des Affaires Étrangères. Elles sont classées, d'après leurs dates, dans les volumes 323-332 du fonds *France*[2], qui contiennent également la correspondance des autres agents secrets, envoyés en mission par le même département. L'ordre dans lequel doivent être consultés ces volumes factices,

[1] Réception de M. Jules Clarelie à l'Académie française. — Réponse de M. Renan.
[2] Un très petit nombre de lettres avaient été omises ou plutôt classées dans d'autres fonds; je les publie également à leurs dates.

où l'on constate d'inexplicables interversions, est le suivant : 324, 323, 327, 329, 326, 332, 325, 331, 328, 330. Parfois, c'est une erreur de lecture qui a fait attribuer à une lettre une place que sa date ne lui assignait pas; mais c'est là, évidemment, un cas isolé[1]. Quoi qu'il en soit, on comprend d'autant moins les irrégularités de ce classement, que chaque dépêche a reçu, de la main de Chépy, un numéro d'ordre bien apparent[2].

La présente publication comprend :

1º Cent sept lettres adressées au ministre des Affaires étrangères. La première est du 15 mai 1793, la dernière, du 5 janvier 1794. Une seule est datée de Lyon, 3 sont datées de Chambéry, 11 de Genève; toutes les autres, soit 92, de Grenoble. Ces lettres sont particulièrement nombreuses pendant les mois de juillet, août, septembre, octobre, novembre, où elles sont presque quotidiennes.

2º Les minutes de dix-huit dépêches ministérielles, parmi lesquelles je compte une circulaire adressée à tous les agents du département (14 octobre). Ces dépêches, courtes, assez insignifiantes, se succèdent à des intervalles irréguliers. La dernière est du 21 octobre 1793.

3º Divers documents, qui ont un lien étroit avec la correspondance publiée et la complètent. Ce sont : cinq lettres

---

[1] La lettre qui porte ci-après le nº CVIII est du 20 brumaire an II (10 nov. 1793). Elle aurait dû figurer, par conséquent, au t. 325. On a lu : deuxième jour de brumaire, ce qui l'a fait mettre au t. 332. Il en résulte un double emploi, car il y a une autre lettre datée du 2 brumaire.

[2] Ainsi, dans le cas visé ci-dessus, on aurait pu remarquer qu'une dépêche portant le nº 81 est placée entre deux autres cotées 73 et 74.

Chépy, qui ne gardait pas copie de ses lettres, a employé deux fois le nº 15 et deux fois le nº 17.

adressées par Chépy, les deux premières au Comité de Salut public (11 et 28 juin); la troisième à Ysabeau, premier commis du ministère (13 mai); la quatrième à Barthélemy, ambassadeur de la République française en Suisse; la dernière au ministre: elle est écrite de la prison des Carmes et datée du 12 mars 1794; — une lettre du représentant du peuple, Petit-Jean, au ministre des affaires étrangères et la réponse de celui-ci; — enfin des notes, certificats, arrêtés, etc., manuscrits ou imprimés, que Chépy joignait à ses dépêches. Généralement, je me suis contenté de mentionner ces pièces, d'un intérêt très inégal, ou de les analyser brièvement.

Le texte de la correspondance et de tous les documents qui s'y rapportent a été ramené à l'orthographe moderne.

R. Delachenal.

CORRESPONDANCE

DE

PIERRE CHÉPY

AVEC LE MINISTRE DES AFFAIRES ÉTRANGÈRES

(Mai 1793 — Janvier 1794)

I

Paris, 8 mai 1793.

Instructions particulières pour le citoyen Chépy, se rendant à l'armée des Alpes.

Le citoyen Chépy, avant de se rendre au quartier général de l'armée des Alpes, s'arrêtera à Genève, où il est nécessaire qu'il voie le citoyen Delhorme, chargé par intérim des affaires de la République française [1]. Il aura à conférer avec cet agent sur la disposition actuelle des esprits et des choses dans Genève, soit relativement à l'organisation du nouveau gouvernement de cette république [2], soit en ce qui concerne les rapports à établir avec la République française. Une partie des habitants paraissait, il y a quelque temps, disposée à demander la réunion de ce petit État à la France. Loin de chercher à fortifier

---

[1] Barthélemy-Fleury Delhorme, premier secrétaire de la légation de France à Genève, qu'il dirigeait par intérim. Le résident de France, Châteauneuf, était en congé régulier depuis le 23 décembre 1792 et ne devait pas retourner à son poste, car, dans les derniers jours du mois de mai 1793, le Conseil exécutif le remplaçait par Soulavie, qui, sur sa demande, fut également chargé des affaires de la République française dans le Valais. (Aff. Étrang. *Correspondance de Genève*, t. 99. Lettre du ministre des Aff. Étrang. à Delorme, 1er juin 1793.)

[2] Ce nouveau gouvernement était issu de la Révolution du 4 décembre 1792, qui avait fait tomber le pouvoir aux mains du parti révolutionnaire.

cette disposition, il faut s'attacher par des voies indirectes à l'affaiblir. On paraît ici généralement convaincu que cette réunion ne convient à nos intérêts sous aucun rapport. Elle aurait surtout l'inconvénient de présenter aux Suisses un sujet continuel d'inquiétudes et d'alarmes, et l'on est déterminé à éviter désormais tout ce qui pourrait leur porter ombrage. Il invitera le citoyen Delhorme à n'écouter qu'avec une extrême défiance les insinuations qui pourraient lui être faites contre les cantons, et à s'assurer secrètement des faits avant de donner aucun éclat et aucune suite aux soupçons qu'il pourrait concevoir contre eux. Il ne doit pas perdre de vue qu'il nous convient, qu'il nous importe, de vivre en bonne intelligence avec les Suisses, et que pour la maintenir, ce sont moins des mesures qu'il faut prendre que des explications qu'il faut avoir, lorsque nous croyons avoir quelque sujet d'inquiétude sur leurs dispositions et leurs mouvements. Ce n'est pas la doctrine que prêche le citoyen Grenus, dont les écrits, les moyens et les efforts tendent constamment à provoquer des mesures hostiles contre l'État de Berne[1]. On ignore d'où provient à cet égard sa persistance, mais il y a lieu de croire qu'elle n'est due qu'à quelque passion particulière. La présence de ce citoyen dans le Mont-Blanc[2] y est dangereuse; il a su plusieurs fois inspirer au général Kellermann des craintes qui n'avaient aucun fondement, et qui cependant ont déterminé des mouve-

---

[1] Jacques Grenus, né vers 1760 à Genève où il fut avocat et en même temps membre des états du pays de Gex. Il prit une grande part aux troubles qui éclatèrent à Genève, au début de la Révolution, et mourut dans cette ville en 1818.
[2] Depuis sa réunion à la France (27 novembre 1792) la Savoie formait le département du Mont-Blanc.

ments de troupes au moins inutiles. Le citoyen Chépy verra, lorsqu'il sera sur les lieux, de quel moyen on pourrait se servir, ou pour le déterminer à quitter le Mont-Blanc, ou pour prévenir l'effet nuisible de ses insinuations.

Le citoyen Chépy ne manquera pas de visiter Carouge, de prendre note de la quantité de troupes qui y sont cantonnées, et des besoins qu'elles peuvent avoir et auxquels il serait instant de pourvoir. Il verra quel est l'esprit qui y domine.

A son arrivée au quartier général de l'armée, le premier soin du citoyen Chépy sera de transmettre aux commissaires de la Convention et au général les notions qu'il aura recueillies à Genève. Il s'attachera à mériter la confiance. Il importe pour le bien de la chose (sic) que toutes les opérations et les mesures qui seront déterminées soient concertées entre les commissaires de la Convention et les divers agents du Pouvoir exécutif.

Le citoyen Chépy rendra au Conseil un compte exact de la situation de l'armée sous tous les rapports, et particulièrement des principes de l'état-major et des dispositions dans lesquelles se trouve le soldat. S'il est nécessaire de remonter l'esprit à la hauteur des sentiments républicains, il fera à cet effet, et après s'être concerté [avec] les commissaires de la Convention, les écrits qu'il jugera nécessaires.

Il aura probablement à employer le même moyen à l'égard des habitants qui, peu éclairés, paraissent n'être pas assez en garde contre les suggestions des royalistes et des prêtres. Il apportera sa principale attention à les garantir de toute vexation de la part du soldat et des clubs et de toute injustice ou rigueur inutile de la part des Corps

prendre les mesures nécessaires pour prévenir la violation du territoire valaisan. Le citoyen Chépy s'entendrait alors avec notre ambassadeur en Suisse pour concerter les démarches qu'il conviendrait de faire près du Corps helvétique. Quant au passage du mont Saint-Plomb (*sic*) qui donne dans la Savoie, il ne pourrait devenir intéressant de le défendre qu'en supposant que nous fussions obligés d'évacuer cette province.

Le citoyen Chépy prendra du citoyen Helfflinger des informations sur les moyens à employer pour extraire du Valais et de la Suisse des bestiaux et des fourrages, et s'y procurer des armes, s'il est possible. C'est secrètement que ces objets doivent être traités. Les États de la Suisse ne pourraient sans se compromettre vis-à-vis de la maison d'Autriche autoriser ouvertement ces extractions.

Écrit à Paris, le 8 mai, l'an II de la République[1]. — Le ministre des Affaires étrangères[2].

[Archives des Affaires Étrangères. Correspondance de Suisse, t. 441, fol. 99 et suivants. Minute imprimée par M. J. Kaulek, *Papiers de Barthélemy, ambassadeur de France en Suisse, 1792-1797*, etc. Paris, Alcan. in-8°, t. II, pp. 243-246.]

[1] Le 8 mai 1793. Un décret des 2-3 janvier 1793 avait fixé au 1ᵉʳ janvier 1793 le commencement de « la seconde année de la République ». Il fut rapporté le 5 octobre suivant. La Convention décréta que la première année républicaine avait pris fin « à minuit, séparant le 21 du 22 septembre 1793 » et que, par conséquent, l'an II daterait du 22 septembre.

[2] Pierre-Hélène-Marie Lebrun-Tondu, né à Noyon, en 1763 (? peut-être en 1754). A sa sortie de Louis-le-Grand, où il était boursier, il embrassa l'état ecclésiastique ; mais « l'abbé Tondu », comme on le nommait alors, ne persista pas longtemps dans cette voie. On le retrouve peu à près pensionnaire à l'Observatoire et enfin soldat dans un régiment d'infanterie. Il déserte, se fait expulser de France par Vergennes et se réfugie à Liège (1784). Là, il est successivement précepteur chez un échevin, employé dans une librairie, enfin

II.

Lyon, 13 mai, l'an 2ᵐᵉ de la République.

« Mon brave et cher Ysabeau [1],

« N'ayant encore à parler que des préliminaires de ma mission, je t'écris directement en te priant de communiquer ce qui te paraîtra devoir l'être.

---

imprimeur et journaliste. Il crée le *Journal général de l'Europe*. En janvier 1791, il émigre à Paris avec sa feuille proscrite, qui devient l'organe de Dumouriez, et des Liégeois et Brabançons réfugiés en France. Appelé au ministère des Affaires Étrangères, Dumouriez choisit Lebrun pour premier commis du premier bureau. Celui-ci est à son tour nommé ministre des relations extérieures, le 10 août 1792, par cent neuf voix. La proscription des Girondins entraîna sa perte. Arrêté le 3 juin 1793, remplacé le 21 du même mois par Deforgues, il fut traduit devant le tribunal révolutionnaire de Paris et mis à mort le 7 nivôse an II = 27 décembre 1793. (F. Masson, *Le département des Affaires Étrangères pendant la Révolution*, pp. 161-162, 215, 282).

[1] Ysabeau, le jeune, frère du conventionnel. Il était parent et ami d'Hérault de Séchelles et fut son héritier. En 1789, il était étudiant ; en 1790, secrétaire du commissaire du roi au tribunal de cassation, en 1792, employé à la caisse de l'extraordinaire, pour y rédiger des rapports sur les questions contentieuses d'aliénations de domaines nationaux. Ce fut là qu'Hérault vint le chercher pour le placer aux Affaires Étrangères. Il entra, en mars 1792, dans le bureau de Lebrun, devint son ami et fut plus tard impliqué dans la même accusation que lui. En 1793, sous le ministère de Lebrun, il était chef du bureau central, chargé de diriger « cette nuée d'espions, d'agents révolutionnaires et de délégués du conseil exécutif que le ministre lâchait sur la France ». Après la disgrâce de son protecteur, on le retrouve consul général à Venise. Chassé de Venise, il accompagne à Bordeaux son frère, un des proconsuls

J'ai trouvé ici les commissaires de la Convention[1]. Ils m'ont assez bien reçu. Le secrétaire de la commission m'a demandé brusquement si j'avais les principes du ministre qui m'envoyait. J'ai évité de répondre et j'ai sagement fait, car il m'a dit après qu'il le regardait comme contre-révolutionnaire. Albitte[2] m'a dit qu'il était suspect. Dubois de Crancé[3] m'a dit qu'il lui paraissait malveillant, pour n'avoir pas avoué que ce qui se passait dans le Valais se faisait par l'influence des Excellences Bernoises, dominatrices suprêmes de ce pays; les deux autres partagent cette opinion. Je ne les ai pas heurtés de front, parce que je ne veux pas me perdre sans fruit, mais j'espère par ma conduite prouver que Lebrun est patriote, puisqu'il m'a employé.

qui, avec Tallien, terrorisèrent cette grande cité. Il joua là un rôle bizarre, continuant à toucher sur les fonds secrets des Affaires Étrangères un traitement de 666 livres 13 sous 4 deniers par mois, et le 9 fructidor an III (26 août 1795), il fut nommé chargé d'affaires près des Ligues grises. Ysabeau était le légataire universel d'Hérault de Séchelles, et lorsqu'il fut mis en possession « du faible patrimoine que lui avait laissé celui ci », il quitta les relations extérieures le 2 prairial an IV = 21 mai 1796. (V. Masson, *Le département des Affaires Étrangères pendant la Révolution*, pp. 163, 253, 304-305.)

[1] Dubois de Crancé, Albitte, Nioche et Gauthier, délégués à l'armée des Alpes. (Décret de la Convention du 30 avril 1793 relatif à l'envoi de quatre commissaires auprès de chacune des armées.)

[2] Albitte (Antoine-Louis), né à Dieppe le 30 décembre 1761, homme de loi, député de la Seine-Inférieure à la Législative et à la Convention, décrété d'accusation le 2 prairial an III = 21 mai 1795, amnistié en l'an IV, maire de Dieppe sous le Directoire, sous-inspecteur aux revues après le 18 brumaire, mort pendant la retraite de Russie à Rossiénié (Pologne), le 25 décembre 1812. (Aulard, *Recueil des Actes du Comité de Salut public*, etc., III, 359, n. 2.)

[3] Dubois de Crancé (Edmond-Louis-Alexis), né à Charleville (Ardennes), le 17 octobre 1747; mousquetaire de la garde du roi (1752-

L'esprit public est ici détestable. Les plus chauds patriotes ne sont que des gens de la plaine ; le modérantisme corrompu et le royalisme lèvent une tête altière. En vérité, cela m'a transporté d'indignation. Voilà les suites des malheureuses divisions de la Convention nationale.

Le Directoire du département est aristocrate ; la municipalité patriote mais ignorante, le maire un brave homme [1]. Les impositions ne se perçoivent point. Les tribunaux sont mal organisés, les denrées horriblement chères, le mécontentement général; la lassitude et la défiance sur la durée de la Révolution à leur comble. On a faim de bonnes lois, et, si la Convention ne se hâte d'en donner, je crains beaucoup, etc. Tous les départements voisins sont dans la même position. Le journaliste Carrier fait ici beaucoup de mal [2]. Dis à Lebrun de ne jamais y prendre intérêt, c'est un meurt-de-faim, qui est à celui qui le paye. L'autre jour il a calomnié une fête civique, qui s'est donnée ici, et a fait du trouble.

Les commissaires Basire, Rovère et Legendre n'ont point eu une attitude assez soutenue, tantôt très sévères,

---

1775), député à la Constituante et à la Convention, général de brigade le 8 mars 1793, général de division le 8 octobre même année, membre du Conseil des Cinq-Cents, ministre de la Guerre (14 sept. — 10 nov. 1799), retraité le 26 mars 1800; mort le 29 juin 1814. — Voy. Th. Iung, *L'Armée et la Révolution. Dubois-Crancé*, Paris, Charpentier, 1884, 2 vol. in-12. — Les états de service complets de Dubois-Crancé sont donnés au t. I, pp. 433-435.

[1] Bertrand (Antoine-Marie), montagnard et ami de Chalier ; élu maire de Lyon en février 1793, grâce à une pression scandaleuse ; destitué après le 29 mai, et rétabli dans ses fonctions, lorsque la résistance des Lyonnais eut pris fin. Impliqué dans la conspiration de Babœuf, il fut condamné à mort et exécuté en 1796.

[2] Carrier, rédacteur du *Journal de Lyon*, organe du parti Girondin.

tantôt trop mols[1]. Le sapeur Rochez, distributeur de leurs grâces et grand dépositaire de leur confiance, leur a fait tort par la conduite peu mesurée, quoique patriote, qu'il a tenue[2]. Il nous faudrait ici le faubourg Saint-Antoine au lieu de celui de la Guillotière, et ceux qui repassent la véritable division de coups de poings civiques (?), au lieu de nos marchands égoïstes et milliflores.

L'exagération même qui à Paris n'est pas très bien placée, le serait ici à merveille.

Tranquillise un peu Parein[3] sur mon compte, et dis-lui que, quoique je voie Girey du Pré[4], qui est mon ami depuis longtemps et qui le sera toujours, je ne suis nullement atteint de Brissotisme, mais bien indépendant de tous les partis et inséparablement lié à la République et au triomphe de la sainte égalité. D'ailleurs, notre réunion

---

[1] Basire, Rovère et Legendre étaient arrivés à Lyon le 2 mars 1793.

[2] Le sapeur Rochez était une sorte de spadassin grotesque, dont Legendre s'était fait accompagner. Voyez à son sujet Guillon de Monléon, *Mémoires pour servir à l'histoire de Lyon pendant la Révolution*, I, 203. Pendant les premiers mois de la détention de la famille royale, il fut l'un des « concierges et porte-clefs » de la Tour du Temple et se signala par sa grossièreté à l'égard des prisonniers. Il perdit sa place le 12 décembre 1792 (Marquis de Beaucourt, *Captivité et derniers moments de Louis XVI*, etc. Paris, Picard, 1892, 2 volumes in-8; I, 48, 49 et n. 1, II, 157, n. 1.

[3] Parein (Pierre-Mathieu), avocat ou homme de lettres avant la Révolution, un des héros de la Bastille ; commissaire national de la section de la Croix-Rouge en Vendée (1793), aide-de-camp de Rossignol, président de la commission militaire de Saumur, général de brigade de l'armée révolutionnaire, président de la commission révolutionnaire, établie à Lyon après la prise de cette ville; impliqué dans la conspiration de Babœuf; employé et retraité comme général de brigade sous l'Empire, mort en 1820.

[4] Girey du Pré, journaliste et poète, né à Paris en 1769. Collaborateur de Brissot au *Patriote français*. Condamné à mort le 21 novembre 1793.

avait lieu chez Du Chasal, montagnard *très prononcé*, ce qui doit ôter tout soupçon ; en tout cas, je suis trop fort de ma conscience pour ne pas me rire des dénonciations.

Présente au ministre Lebrun l'expression de ma reconnaissance et de mon sincère attachement. Embrasse Macarel[1]. Bien des respects aux dames, bien des affectueux souvenirs à nos braves amis.

Je t'embrasse de cœur.

Ton ami et concitoyen,   P. Chépy.

Nota. — Préviens le ministre que je compte rester trois ou quatre jours, pour étudier l'esprit public.

NOTE.

Le capitaine de la compagnie des chasseurs allobroges qui est ou qui était à Lyon, jadis recruteur, chassé de son régiment, qu'on croit être celui ci-devant Bourgogne, ayant eu des querelles pour incivisme, chez un nommé Chicot, traiteur, rue des Jacobins, à Lyon, enrôlant jadis pour les émigrés, à ce qu'on m'assure, et ayant été longtemps à l'étranger. — Bon à surveiller.

Astier, chef d'un bataillon de Rhône-et-Loire, jadis recruteur, ayant aussi, à ce qu'on assure, recruté pour les émigrés, joueur et mauvais sujet. — Bon à surveiller.

Chenier, jadis avocat, mauvais sujet, aristocrate ren-

---

[1] Macarel fut nommé en juin ou juillet 1793 consul de France à Venise, mais ne put prendre possession de son poste. (Kaulek, *Papiers de Barthélemy*, t. II, 356).

forcé, de plus joueur, garde-magasin dans l'armée des Alpes. — Bon à être remplacé par un patriote.

[Arch. des Aff. Étr., fonds France, t. 324, fol. 223-225. Original].

III

Chépy au ministre des Affaires Étrangères.

Lyon, ce 15 mai, l'an 2ᵐᵉ de la République.

Ministre,

Avant de me rendre au lieu de ma destination, j'ai cru que je remplirais parfaitement vos intentions en faisant à Lyon quelque séjour pour y observer l'esprit public ; en conséquence, j'ai résolu d'y demeurer jusqu'à mardi prochain ; mercredi soir je serai à Chambéry, et de là j'irai à Genève, après avoir conféré avec les commissaires de la Convention qui m'ont bien reçu ici, mais qui ont certaines préventions que je tâcherai de détruire. Le citoyen Ysabeau a dû vous instruire du véritable état des choses sur cet article ; je n'oublierai rien pour mettre en évidence la loyauté de vos principes et la franchise irréprochable de vos errements.

Venons aux troubles et à l'état de cette cité. Le parti anarchiste ou coupe-têtes, comme ses adversaires l'appellent, est le seul patriote, le seul républicain. Chalier, président du tribunal, contre lequel les *honnêtes gens crient,* est un homme d'une probité exacte, un peu trop chaud, mais nécessaire pour fouailler l'aristocratie mercantile et la robinaille, qui lève ici une tête insolente [1].

Le journal de Carrier fait beaucoup de mal; il est indigne de toute espèce d'appui [2].

Le parti dit modéré n'est qu'un amas de monopoleurs, de suppôts de la chicane, d'égoïstes, de *royalistes* surtout. Le royalisme est ici la maladie régnante. Défiez-vous de ces amis de la paix qui iront déclamer à la barre de belles phrases contre les ennemis de notre liberté, et qui, ici, dans les cafés des Terreaux, sourient à nos revers, se cuirassent d'indifférence dans le danger de la patrie, et croient avoir acquitté leur dette, quand ils ont dit d'un ton froidement ironique : *Que ces grands patriotes qui ont mis la République en danger l'en retirent !*

Je ne crains point de le dire, telle est la ville de Lyon, que, si les Piémontais ou les révoltés étaient à ses portes, elle les ouvrirait comme Loudun [3], Verdun ou Longwy [4].

L'ouvrier, dont le sans-culottisme est partout d'une grande ressource, est ici condamné à l'impuissance. Le fabricant a calculé tellement son temps et ses moyens de

---

[1] Joseph Chalier né en 1747, à Beaulard en Piémont ; officier municipal de Lyon en 1790, président du tribunal de commerce de la même ville au mois de mai 1792, président du tribunal du district après le 10 août, battu aux élections pour la mairie, en novembre 1792, par Nivière-Chol. Ses violences de langage, les projets barbares qu'il avouait hautement, déchaînèrent la Révolution du 29 mai 1793, à la suite de laquelle il fut emprisonné. Condamné à mort par le tribunal criminel de Rhône-et-Loire, le 15 juillet, il fut exécuté le lendemain.

[2] Il était ou passait pour être subventionné par Lebrun.

[3] On lit dans le *Moniteur* du 9 mai 1793 (XVI, 332) : « La ville de Loudun a ouvert ses portes aux révoltés (les Vendéens) ».

[4] Capitulation de Longwy, 23 août 1792; de Verdun, 2 septembre.

subsistance, qu'il ne lui laisse même pas un moment pour sa patrie et qu'il l'a mis dans la déplorable alternative d'être révolutionnaire sans pain ou nourri sans servir son pays. Le département est aristocrate, le district faible; la municipalité patriote, mais ignorante; le tribunal patriote, mais peu instruit.

Villefranche, Roanne, Saint-Étienne, Montbrison surtout, sont gangrenés d'aristocratie. Le paysan est riche et content, mais peu zélé pour la chose [publique].

Les prêtres sont mauvais, à commencer par l'évêque Lamourette[1].

On soupçonne que les armes de la manufacture de Saint-Étienne passent à l'étranger. Il y a, dans les fournisseurs de l'armée, une foule de fripons que je vous désignerai bientôt, ainsi qu'une foule d'abus très criants.

Il faudrait envoyer ici quelques bons apôtres; il faudrait délivrer l'ouvrier de l'esclavage des fabricants et lui faire sentir sa force.

On forme ici une armée révolutionnaire, mais ce n'est qu'une plate imitation de la conduite du département de l'Hérault[2]; même coalition qu'à Paris parmi les clercs et les courtauds de boutique pour ne pas partir.

Nous avions ici le 9e régiment de dragons[3]; il vient de partir, mais il faut le surveiller; les soldats, hormis à peu près 150, sont dans de mauvais principes. Les offi-

---

[1] Lamourette (Adrien), évêque constitutionnel de Rhône-et-Loire. Il avait été « le théologien » de Mirabeau. Député à l'Assemblée législative, mort sur l'échafaud le 10 janvier 1794.

[2] Cette armée révolutionnaire devait être soldée moyennant une taxe de 6 millions, à payer par les riches (14 mai). Mais la taxe fut levée avec de telles iniquités, de si criantes exactions, qu'elle prépara le soulèvement populaire du 29 mai.

[3] Ci-devant *Lorraine*.

ciers, hormis un jeune sous-lieutenant bon révolutionnaire, sont peu sûrs.

Maintenant, je vais vous parler comme citoyen et comme ami, car il est temps que les ministres en aient de véritables. Les dangers de la patrie sont imminents. Le ministre va être vivement attaqué. Soyez ferme, ayez, pour être utile, le courage de boire le fiel amer de la calomnie. Ne quittez point votre poste tant que vous conserverez l'espoir d'y être utile. Raidissez-vous, le temps amène sur ses pas la justice.

La liberté vous garde.   P. CHÉPY.

[Ibid., t. 324, fol. 237-238, v°].

IV

Chambéry, ce 24 mai, l'an 2ᵐᵉ de la République.

Ministre,

Je suis enfin rendu à mon poste. Le séjour prolongé que j'ai cru convenable de faire à Lyon m'a appris bien des choses utiles que je vous communiquerai, quand l'occasion s'en présentera, et qui peuvent avoir sur l'armée des Alpes une réaction puissante.

Je pars demain pour Genève où je m'efforcerai de remplir vos intentions dans toute leur étendue; j'ai eu à ce sujet une conférence avec les commissaires de la Convention; ils m'ont témoigné beaucoup d'amitié et beaucoup de confiance, mais ils m'ont laissé entrevoir beaucoup de soupçons sur les citoyens Barthélemy [1] et Delhorme, et des dispositions peu pacifiques à l'égard de nos voisins. Quant à vous, ils vous regardent comme l'agent d'une faction, comme le complice de Dumouriez, comme un contre-révolutionnaire décidé. Je n'ai point heurté de front leurs opinions, parce que c'eût été une maladresse inutile ; mais, croyant à votre patriotisme d'aussi bonne foi que j'estime le leur, je me suis promis de ne rien négliger pour détruire leurs préventions et honorer votre choix.

Arrivé nouvellement à Chambéry, je ne puis vous présenter encore qu'un aperçu, mais au moins je puis répondre de son exactitude. L'armée est complète ; il y a même, à Grenoble, un excédent considérable. Les armes manquent, les fourrages manquaient aussi ; ils revenaient à la République à 15 livres le quintal, on avait réduit la ration à 15 livres ; mais il faut espérer que la superbe récolte de l'année ramènera l'abondance. Le soldat est bon patriote, mais un peu insubordonné. L'officier, en général, est, comme partout ailleurs, d'un civisme très mince. L'État-major ne jouit d'aucune confiance. Le général d'Ornac est une machine, un automate routinier dont on ne peut tirer aucun parti [2].

[1] Ambassadeur de France en Suisse ; le futur Directeur.
[2] Jean-Jacques Laroque Dolès d'Ornac, né à Anglès (Tarn), le 21 mars 1729. Volontaire au régiment de Languedoc dragons, en février 1744, capitaine au corps le 10 février 1759, major (1771) et lieutenant-colonel (1779) du régiment mestre-de-camp-général, dragons, maréchal de camp le 9 mars 1788, lieutenant général à l'armée du Midi le 18 août 1792 (brevet du 7 septembre). D'Ornac comptait neuf campagnes de guerre. Au moment de sa dernière promotion, il était le doyen des maréchaux de camp employés et donnait le « bon exemple sous tous les rapports » (Lettre de Montesquiou au ministre de la Guerre, 20 août). Il commanda l'armée de Savoie par intérim du 10 novembre au 23 décembre 1792, après

Le général du Muy[1], que je connais beaucoup, a besoin d'être aiguillonné, mais j'espère le tenir dans la voie droite et exploiter ses talents au profit de la chose publique.

On donne des connaissances militaires au général Saint-Rémy. Je ne sais rien encore de ses principes[2].

l'émigration de Montesquiou, et il la commandait de nouveau (elle était devenue l'armée des Alpes), depuis le 27 avril 1793, Kellermann ayant reçu l'ordre de se rendre à Paris, d'où il ne devait revenir qu'à la fin de mai. Suspendu par les représentants du peuple, le 29 juin 1793, « comme hors d'état de faire la campagne », d'Ornac fut rétabli dans les fonctions de son grade, peu de temps après, lorsque les Piémontais envahirent le Mont-Blanc. Après la destitution de Kellermann, il prit une troisième fois, à titre provisoire, le commandement en chef de l'armée des Alpes. Il ne tarda pas, d'ailleurs, à être frappé d'une nouvelle suspension, qui paraît avoir été définitive. (*Liste imprimée des officiers généraux qui ont envoyé l'état de leurs services, demandé en conformité de la loi du 8 avril dernier* (1793). — Archives historiques de la Guerre. Armée des Alpes.)

[1] Jean-Baptiste-Louis-Philippe de Félix, comte du Muy, né à Ollières (Var) le 25 décembre 1751, entré dans le régiment de Mestre-de-camp, cavalerie, servit en Amérique où il obtint la croix de Cincinnatus. Maréchal de camp le 8 mars 1788; à l'armée du Midi, en 1792; général de division le 6 février 1793; fait la campagne d'Égypte; gouverneur général de la Silésie sous l'Empire. (Iung, *Dubois-Crancé*, II, 20, n. 1).

[2] *Charles*-Alexandre-Louis de Roussel (ou Rouxel) de Saint-Rémy, né le 15 janvier 1746; ancien officier d'artillerie, lieutenant en 1764, capitaine en 1774. Au moment de la formation de l'armée du Midi, il était lieutenant-colonel (du 6 février 1792); il commanda, sous Montesquiou, l'artillerie du camp de Cessieux (Isère); maréchal de camp le 3 octobre 1792 et chef de l'État-major de l'armée de Savoie, devenue plus tard l'armée des Alpes. Dubois-Crancé et ses collègues, tout en le suspectant, lui reconnaissaient « beaucoup de talent » (22 mai 1793). Lorsqu'il fut promu général de division (15 mai, même année), ils insistèrent pour qu'il fût maintenu à la tête de l'État-major (31 mai). Kellermann, comme Montesquiou,

Le général d'Oraison[1] paraît être un homme capable de rouer la République comme sa maîtresse. Pardonnez cette expression.

L'État-major de l'artillerie est mauvais; il y a de très bons officiers subalternes.

Il paraît que les Piémontais attaqueront sous quinzaine, mais je vous jure qu'ils seront bien reçus.

Il y a, dans les diverses administrations militaires, des hommes désignés dans leurs départements comme suspects. Je vous en ferai passer la note.

Les commissaires vont visiter les cantonnements; on les dit très divisés et les frontières très dégarnies.

Les habitants sont fanatiques, peu attachés à leur nou-

---

faisait le plus grand cas de Saint-Rémy, qui le seconda très activement et très utilement pendant les opérations militaires des mois d'août et de septembre. (Rapport du 9 octobre 1793). Il partagea la disgrâce du général en chef et fut suspendu de ses fonctions à la fin de la campagne. Cette suspension fut levée le 1er prairial an III (20 mai 1795), date à laquelle Saint-Rémy prit rang parmi les inspecteurs généraux de l'artillerie. Mort en activité de service le 28 floréal an VIII (18 mai 1800). (Archives de la guerre. Armée des Alpes. — *État militaire du corps royal de l'artillerie de France*, pour les années 1786, 1787 et 1788, 3 volumes in-16.— Almanachs nationaux, ans IV-VIII).

[1] Henri de Fulque d'Oraison, né à Aix (Bouches-du-Rhône), le 16 janvier 1739. Garde de la marine le 13 mai 1757, enseigne de vaisseau le 25 novembre 1765. Capitaine au régiment de Jarnac, dragons, 9 juillet 1769; lieutenant-colonel au corps le 15 décembre 1772, colonel du régiment provincial d'artillerie de Grenoble le 1er mars 1784, maréchal de camp 21 février 1790; commande, sous Montesquiou, les troupes placées dans le département de l'Ain. Suspendu en mai 1793 (« d'Oraison, écrivaient à tort ou à raison les représentants du peuple, ne se doute pas de son métier ».) Réintégré après l'affaire du 1er prairial an III, commandant à Brest le 19 vendémiaire an IV et commandant d'armes à Besançon, le 11 prairial an IX.

velle patrie, très persuadés du retour prochain des Piémontais. Ces dispositions fâcheuses dominent principalement dans les Bauges; presque tous les jeunes gens des montagnes ont été se ranger sous les drapeaux du despote Sarde.

Je vous donnerai bientôt des renseignements plus précis.

On dit du mal de la légion des Allobroges commandée par Doppet[1]. On assure qu'elle renferme bien des pillards et des mauvais sujets.

Il y eut ici avant-hier une insurrection très vive à l'hôpital. Plus de cent vérolés ou galeux en sortirent, armés de bûches, se portèrent aux prisons et au Département. Un d'eux cria: *Vive l'ancien régime!* D'autres se livrèrent à de coupables excès. La générale a battu; ils ont été investis et mis pour la plupart dans les fers; j'espère qu'on fera un exemple. Un d'eux ayant jeté un hussard-guide à bas de son cheval, l'effusion du sang s'est bornée là.

Je joins ici une note pour le ministre de l'Intérieur et quelques renseignements détachés.

[1] François-Amédée Doppet, dit *Pervenche*, né le 18 mars 1753 à Lémenc, près de Chambéry, mort à Aix-les-Bains en 1800. Volontaire dans Royal-Commissaire général, cavalerie, 1770; passé aux Gardes françaises, 10 mai 1771; congédié, 21 avril 1773; sous-officier de la garde nationale de Grenoble, 1er avril 1790; grenadier de la garde nationale parisienne soldée, 29 mars 1792; congédié, 7 juin même année. Lieutenant-colonel de la légion des Allobroges, 13 avril 1792; colonel, 9 août 1793; général de brigade, 19 août 1793; général de division, 11 septembre 1793; général en chef de l'armée des Alpes après la destitution de Kellermann (même date); général en chef de l'armée des Pyrénées, 3 novembre 1793; destitué, 4 février 1795. — Agent du gouvernement pour le recrutement, 22 novembre 1795; cesse ses fonctions, 20 avril 1796, réformé pour maladie, 7 novembre 1797. (Iung, *Dubois-Crancé*, II, p. 27, n. 2.)

Je finis par une observation importante ; c'est que toute l'armée s'ennuie d'être inactive et qu'il ne faut rien négliger pour la rendre utile ; on pourrait, ce me semble, en envoyer une partie pour renforcer celle du Var. Le reste serait suffisant pour garder les passages.

La liberté vous garde.   P. CHÉPY.

[*Ibid.;* t. 324, fol. 300-302, v°.]

V

Genève, ce 26 mai, l'an 2me de la République.

Ministre,

En arrivant dans cette ville, je me suis abouché avec le citoyen Delhorme. Il m'a paru optimiste décidé et les aperçus qu'il m'a présentés sont si satisfaisants, que je veux examiner par moi-même avant d'y croire.

J'ai appris de lui et d'autres personnes dignes de foi, (ceci par des voies sûres), que toutes les troupes impériales qui occupaient le Milanais et la Lombardie, au nombre de plus de 15,000 hommes, descendent dans le Piémont comme auxiliaires ; réunies aux premiers corps autrichiens, commandés par Strassoldo[1], et à l'armée sarde que

---

[1] Léopold, comte de Strassoldo ou Strasoldo, né à Goerz (Goritz), dans le Frioul, le 9 août 1739, mort à Vienne le 17 août 1809. Enseigne, 1759 ; lieutenant-colonel, 1769 ; colonel du 35me régiment d'infanterie, 1773 ; général de brigade, 1783 ; feldmarschall-lieutenant (dans sa correspondance avec les généraux français, il prend le titre de lieutenant-général), 1789. Commandait, pendant la campagne de 1793, le 3me corps austro-sarde (vallées du Pô, de la Vraita, du

le despote de Turin vient de grossir de tous les hommes de ses États en état de servir, elles présenteront une masse de 80,000 combattants; il doit y avoir deux attaques, l'une sur Embrun, l'autre sur le comté de Nice; celle-ci sera chaude et paraît devoir être soutenue par une flotte espagnole ou anglaise, chargée de troupes de débarquement.

Je n'ai pu encore jeter sur cette ville qu'un coup d'œil fort rapide; je ne puis donc vous instruire parfaitement de sa situation; tout ce que j'ai vu clairement, c'est qu'on y chérit l'indépendance et qu'on y goûte assez l'égalité.

Il y a une société révolutionnaire à laquelle j'assisterai demain; je vous dirai quel est son esprit. La seule chose qui paraisse affecter un peu les Genevois, c'est l'espèce de blocus que nos troupes leur font essuyer; cependant, approvisionnés très abondamment en blé et attirant les contrebandiers par leur numéraire, ils le souffrent avec tranquillité. La nuit dernière, nos sentinelles ont tué un paysan qui apportait des denrées à la ville, quoiqu'il eût dépassé notre territoire. Il faut espérer que ces mesures rigoureuses cesseront d'avoir lieu, d'après les offres que vont faire au Comité de Salut public les députés qui avaient déjà reçu les premières propositions sur une fourniture d'armes.

On raisonne ici beaucoup sur l'automatie de d'Ornac, et on dit franchement qu'avec un tel général l'armée de la République n'a aucun succès à attendre[1]. Il est bien temps

---

Clusone et de la Stura.) [*Biographisches Lexikon des Kaiserthums Oesterreich.* — Pinelli, *Storia militare del Piemonte,* I, pp. 145 et suiv.]

[1] « D'Ornac, écrivent les représentants du peuple au Comité de Salut public, ne sait si nous sommes en paix ou en guerre et n'entend rien à son affaire. » (Chambéry, 22 mai 1793. — A. G.)

que le Pouvoir exécutif lui donne des généraux ingambes et valides, car, à de très petites exceptions près, les généraux de division figureraient mieux dans une infirmerie que sur un champ de bataille.

Quant au général Félix du Muy, il a des connaissances militaires dont il faut profiter, mais comme il n'a ni la confiance des commissaires de la Convention[1], ni celle de plusieurs officiers généraux, comme la malveillance poursuit jusque dans le sein de Genève sa probité révolutionnaire, comme, d'ailleurs, il est tout couvert de la tache originelle de la noblesse, je commence à croire que la force seule des choses doit le porter à un commandement en chef. D'ailleurs, en homme impartial, je dois observer que hors son métier il a peu de lumières, et que son caractère est dépourvu de l'énergie nécessaire aux généraux de la République, dans les circonstances orageuses où nous sommes.

En passant par Carouge, j'ai rencontré par hasard le citoyen Grenus. J'ai lié avec lui une conversation suivie. Il m'a paru toujours fort animé contre les Suisses et les Genevois, les traitant de mauvais voisins, etc., disant qu'il avait déjà fait arrêter plusieurs de leurs espions. Cependant, il est convenu que, depuis certaines mesures vigoureuses qu'il avait fait prendre au district, il y avait une amélioration sensible dans les procédés de ces deux nations. Il a avoué que la contrebande ayant nécessité de notre part un nouvel armement de barques, il n'était point étonnant que les Suisses en eussent armé deux de

---

[1] « Du Muy a passé toute sa campagne dernière en Suisse, où il mena le régiment d'Ernest (régiment Suisse au service de la France, licencié après le 10 août), et son département le regarde comme émigré ». (Même lettre).

plus. Il m'a parlé de l'extradition d'un fabricateur de faux assignats, demandée et non encore obtenue. Il m'a dit que c'était lui qui avait étouffé la révolte de Thônes [1] et qu'il allait apostoliser dans le pays de Gex.

Je lui ai demandé quelles étaient ses occupations actuelles : il m'a répondu qu'autrefois il était attaché aux subsistances militaires, mais que depuis qu'on avait sagement défendu l'introduction des denrées françaises dans Genève il était chargé d'acheter des paysans tout ce que cette ville eût consommé, d'en former des magasins pour l'armée, et ce afin de ne pas blesser l'intérêt des particuliers. Il a ensuite accusé le ministre Clavière [2] et vous, de n'avoir jamais voulu sincèrement la réunion de la Savoie, d'avoir travaillé à en faire un seul et même État avec Genève, et d'avoir envoyé, avec des lettres de confiance, *un Saint-Charles* [3], qui avait découragé le patriotisme des nouveaux enfants de la grande famille.

J'ai dit ce qui convenait sur la mesure de vos rapports avec Saint-Charles, mais j'ai entendu parler si générale-

---

[1] Thônes (Haute-Savoie), arrondissement d'Annecy, chef-lieu de canton. Voyez sur cette affaire une lettre du général d'Ornac, lue à la Convention nationale, dans la séance du 17 mai 1793 (*Moniteur*, XVI, 411).

[2] Clavière (Étienne), né à Genève le 27 janvier 1735, mort à Paris le 8 décembre 1793. Ministre des contributions publiques sous le premier ministère girondin formé par Louis XVI ; renvoyé avec ses collègues le 13 juin 1792, membre du Conseil exécutif provisoire après le 10 août. Il partagea dès lors la fortune du parti Girondin. Arrêté le 2 juin 1793 et traduit devant le Tribunal révolutionnaire, il se donna la mort lorsqu'on lui eut notifié son acte d'accusation et la liste des témoins (F.-A. Aulard, dans la *Grande Encyclopédie*).

[3] Saint-Charles avait une commission régulière du pouvoir exécutif provisoire « pour exercer une surveillance générale dans la Savoie et dans l'armée des Alpes ». La minute en est datée simple-

ment mal sur son compte que je vous invite à les rompre tout à fait.

J'ai voulu savoir de quelle réputation le citoyen Grenus jouissait à Carouge : j'ai sondé les municipaux et entre autres le maire. Ils m'ont répondu que ce citoyen conduisait et électrisait tout le département, qu'il avait rendu de véritables services par son activité, en un mot qu'on avait beaucoup à s'en louer. J'attends vos ordres sur la conduite ultérieure que je dois tenir à son égard.

J'ai pris pour le général Carcaradec une lettre de recommandation[1]. J'irai le voir et je prendrai les notes que vous demandez.

---

ment de l'année 1792, mais elle est certainement postérieure au 22 septembre. Saint-Charles y est qualifié : « adjudant-général de l'armée des Alpes ». (Affaires étrangères, *France*, t. 322, fol. 41).

[1] Louis-Joseph-Marie Rogon de Carcaradec, général de brigade. Né à Buhulien (Côtes-du-Nord), le 29 décembre 1742 ; entré comme lieutenant au régiment de Royal-Vaisseaux, infanterie, le 29 décembre 1758 ; capitaine au corps, 4 décembre 1770 ; major, 3 juin 1779 ; lieutenant-colonel, 3 mai 1787 ; colonel, 21 octobre 1791. Maréchal de camp le 12 juillet 1792, il fut employé à l'armée de Montesquiou et eut sous ses ordres, après la conquête de la Savoie, les troupes françaises cantonnées dans le Chablais. Au mois de mai 1793, il commandait le camp de Carouge. Peu de temps après, il fut envoyé dans la Maurienne, et, au mois de juillet, appelé par Kellermann au commandement du camp de Tournoux, près de Barcelonnette. Il fut remplacé à la fin d'octobre par le général Sarret. En l'an X, il était encore général de brigade et fut nommé inspecteur aux revues (13 nivôse). On ne retrouve plus son nom sur les *États militaires* de l'an XI et de l'an XII. Il est certain qu'il avait été nommé général de division, à titre provisoire, par les représentants du peuple (sans doute le 21 juin 1793), mais cette nomination ne fut évidemment pas confirmée. Il est plusieurs fois qualifié *général divisionnaire* dans des documents officiels. (A. G. Armée de Savoie et armée des Alpes. — *Liste des officiers généraux qui ont envoyé l'état de leurs services*, etc. — *États militaires de la République française,* ans VIII, X, XI, XII.)

Comptez sur mon dévouement entier à la chose publique et sur mon profond attachement à mes devoirs.

J'apprends à l'instant que dans le pays de Vaud on vient de chasser quelques nobles et prêtres émigrés. Dans cette même contrée, les habitants des villes sont démocrates; le paysan, au contraire, que le Sénat de Berne affecte de combler de bienfaits, nous est opposé.

Dans le Valais tous les esprits sont tournés contre nous, et rien n'a encore pu déterminer la cérémonie de l'expulsion; mais il faut espérer que les sottises de ces hôtes dangereux l'amèneront tôt ou tard, naturellement.

La liberté vous garde. P. CHÉPY.

[*Ibid.*; t. 324, fol. 325-327, v°.]

VI

Genève, ce 28 mai, l'an 2me de la République.

Ministre,

Aux termes de mes instructions, je me suis d'abord attaché à connaître l'opinion des Genevois sur la réunion de leur république à la France, et la force du parti qui pouvait la désirer. J'ai vu que l'indépendance était l'idole de ce peuple commerçant; j'ai vu qu'il s'intéressait à la révolution française, comme devant consolider les fonds publics, verser sur lui de bénignes influences, et établir sur la terre l'empire de la raison; mais qu'il était bien persuadé de ce qu'a dit Jean-Jacques, que les petits États sont toujours les plus heureux.

Sur le point de la la non-francisation, j'ai vu s'accorder et les aristocrates, et les *englués*[1], et les patriotes, et les *Marseillais*[2]. Grenus et quarante autres au plus désirent l'incorporation dans la grande famille. Vous jugez d'après cela que mes instructions sur ce point sont devenues inutiles. Le parti des aristocrates et des englués voudrait se rattacher au Corps helvétique, et notamment aux Excellences bernoises; mais les Marseillais et les patriotes qui sont les plus forts et les gouvernants, se serrent, se rallient à la France et tournent vers elle toutes leurs espérances et leurs affections. Vous en jugerez par les faits suivants.

La nouvelle de nos succès dans la Vendée et à Mayence[3] a fait hausser tout à coup notre papier de 4 pour 100.

Depuis deux jours, on ne cesse de distribuer aux aristocrates et aux englués des coups de nerfs de bœuf et de bâton. Après cette cérémonie, on les emprisonne. Plusieurs, hier, faillirent être lanternés. Ce qui a donné lieu à ces corrections fraternelles est une liste de proscription de 240 patriotes génevois, qu'on a fait courir en Suisse et qu'on a interceptée à Vevay[4].

Hier, le président du club révolutionnaire tint la séance en bonnet rouge. Cette société a arrêté que tout Génevois

---

[1] Sobriquet donné aux modérés.
[2] Membre du club *marseillais*. Voyez ci-après la lettre du 30 septembre.
[3] Allusion probable à une sortie heureuse de la garnison de Mayence, effectuée dans la nuit du 27 au 28 avril, et au combat obscur de Fontenay (16 mai), où l'adjudant-général Sandos, commandant l'armée de Saint-Maixent, infligea aux Vendéens un échec, dont sa lettre à la Convention nationale exagère sans doute la gravité. (*Moniteur*, XVI, pp. 425, 430, n° du 21 mai.)
[4] Vevay, Suisse, canton de Vaud.

au service de France serait tenu de finir son année, conformément aux décrets. Le gouvernement arrête nos déserteurs et les renvoie avec leurs habits et leurs armes à nos plus prochains postes. Il ne permet à aucun émigré de s'arrêter plus d'un jour dans la ville. Il n'exige aucun droit de douane pour tout ce qui est destiné à l'armée, ni aucun droit de pontenage pour ceux qui en font partie. Il poursuit avec sévérité tous les embaucheurs du despote sarde.

Voilà des faits constants et des preuves non équivoques de bon voisinage. Peut-être une pareille conduite mériterait-elle qu'on adoucît pour cette république l'exécution de la loi sur les subsistances et qu'on permît l'importation des menues denrées, sauf à avoir sur le port un commissaire qui veillât à ce que rien ne fût transporté en Suisse par le lac. Ce n'est point un vœu que j'émets, c'est un aperçu que je présente.

Non content de ces premières recherches, j'ai voulu savoir quelle était la situation actuelle de Genève vis-à-vis les cantons de Berne et de Zurich. J'ai su qu'il n'y avait plus de rapports intimes et presque plus de correspondance. J'ai appris même un fait dont on peut tirer bien des inductions. Vous savez que Genève, il y a environ quatre mois, a fait notifier à ses alliés son nouveau gouvernement. Après avoir laissé écouler un si long espace de temps sans répondre, le canton de Berne s'occupe maintenant de cet objet. Il y a plusieurs avis; un entre autres veut que l'office en réponse à cette communication soit adressé au lieutenant de police, seul magistrat échappé aux ruines du vieux régime, et on assure qu'il prévaudra.

Telle est l'exacte position de Genève, et je crois, par cet exposé, avoir rempli vos intentions.

En m'attachant à l'armée des Alpes, vous avez voulu, je crois, que je devinsse pour nos agents dans les pays limitrophes un centre de correspondance, en tout ce qui pouvait concerner notre système militaire. J'ai agi d'après ces errements. En conséquence, j'ai prié le citoyen Delhorme de me faire passer tous les avis intéressants sous ce rapport. Cela me paraît convenable, parce que j'en suivrai l'effet avec activité, et que, d'ailleurs, nous gagnerons du temps, ce qui est précieux en affaires. Si vous approuvez cette idée, écrivez-en aux citoyens Barthélemy et Helfflinger. Ne pouvant connaître mes pouvoirs, ils n'auraient aucun égard à ce que je pourrais leur dire. Je vous prie de m'aviser de vos déterminations à cet égard et dans tous les cas de me tracer d'une manière précise la route que je dois suivre. C'est déjà avoir beaucoup fait que de bien savoir ce qu'on a à faire.

Je vous fais passer ci-joint un état des forces du tyran des Sardes. Je le tiens de main sûre; il pourra vous être utile. Vous trouverez aussi ci-incluses les notes que je vous avais annoncées dans ma première dépêche et que je n'avais pas mises dans le paquet.

La liberté vous garde. P. CHÉPY.

Nota. — Je vous prie de m'adresser vos lettres à Chambéry, poste restante, jusqu'à ce que j'y aie fait un établissement définitif.

[Arch. des Aff. Étrang., *Correspondance de Genève*, t. 90, pièce 111.]

VII

Genève, le 30 mai, l'an 2ᵐᵉ de la République.

Ministre,

Chaque jour me prouve que les aperçus du citoyen Delhorme étaient d'une parfaite justesse.

Le parti populaire montre ici la plus grande énergie ; il fait une guerre très vive aux aristocrates. Hier, dans une séance du club révolutionnaire à laquelle j'assistai avec notre résident, on leur a porté un coup terrible. On a arrêté qu'on présenterait aux comités réunis une pétition tendant : 1º à ce qu'on battît la générale, et à ce que l'on rassemblât les quatre régiments, pour exiger de tout Genevois le serment individuel de maintenir la révolution, la liberté, l'égalité ; 2º à ce que les refusants fussent désarmés comme suspects (à la mode de France). Cette pétition décisive a été portée aujourd'hui aux magistrats par 1,500 citoyens au moins ; elle aura un plein effet, et vous en sentez les heureuses conséquences. J'ai remarqué que les signes indirects d'approbation que nous avons laissé échapper ont utilement influencé la détermination du club.

Par des insinuations fraternelles, j'ai engagé plusieurs membres de cette société à provoquer enfin une discussion sur les émigrés de cette petite république. Elle a été ouverte et j'en attends d'heureux résultats.

L'affaire de Famars avait répandu une tristesse profonde, qui a été dissipée par la victoire éclatante de Lamarlière [1]. Notre papier s'est soutenu.

Je repartirai dans deux jours pour Chambéry. On dit que le quartier général va être transféré à Gap ou à Embrun, principal objet des hostilités piémontaises. En ce cas, je le suivrai; mes instructions, je crois, m'en font un devoir.

On a cherché à donner au général d'Ornac quelques inquiétudes sur les Suisses. Il a écrit à ce sujet à Delhorme, qui les fera promptement évanouir. C'est encore probablement une œuvre de Grenus. En réfléchissant sur les moyens d'éloigner du Mont-Blanc ce patriote, qui serait bien placé partout excepté là, j'ai trouvé un expédient qui ne serait point absolument impraticable. Ce serait d'astreindre les premiers suppléants de chaque députation à séjourner à Paris [2]. Cette loi, dans les circonstances actuelles, serait bonne en elle-même, peu difficile à obte-

---

[1] Le camp retranché de Famars s'étendait au sud de Valenciennes, entre l'Escaut et la Rhonelle, qui se réunissent à l'intérieur de la ville. Il protégeait la place et en rendait l'investissement impossible. Cobourg, qui avait fait d'immenses préparatifs en vue du siège de Valenciennes, donna l'ordre d'attaquer le camp de Famars le 23 mai. Les troupes françaises, sous le commandement du général Lamarche, opposèrent une énergique résistance, mais une de leurs positions, celle d'Anzin, ayant été enlevée, elles durent opérer leur retraite. Le camp de Famars fut évacué dans la soirée et l'armée se retira dans le meilleur ordre sur Valenciennes et Bouchain. — Le lendemain, les Hollandais placés à Menin, ayant prononcé un mouvement offensif sur Bousbecques et Tourcoing, le général Lamarlière leur infligea un grave échec. (*Moniteur*, XVI, 472.)

[2] Grenus était député suppléant du Mont-Blanc. La réunion de la Savoie à la France avait été prononcée le 27 novembre 1792, mais c'est seulement le 10 février 1793 qu'avaient eu lieu les élections des députés, que le nouveau département devait envoyer siéger à la Convention.

nir, et nous délivrerait de la présence d'un homme qui ne vit que de soupçons et d'affections haineuses, qui, quoique bien intentionné, est dangereux, parce qu'il est acharné contre nos voisins, et qu'il fait tout ce qu'il peut pour nous compromettre avec eux.

La proximité de Carouge m'a donné l'idée de remplir vos intentions pendant mon séjour à Genève. J'ai demandé au général Carcaradec un état de situation de ses cantonnements et une note des objets qui lui manquaient. Je lui ai manifesté l'intention de visiter une partie des cantonnements par moi-même. Il m'a répondu assez sèchement que les commissaires de la Convention devaient pourvoir à tout, que, d'ailleurs, il envoyait chaque jour des états de situation au Conseil exécutif et au Comité de Salut public. Je n'ai point insisté, mais je puis vous donner quelques renseignements particuliers et certains.

Il y a, près de Carouge, un camp[1], composé d'un bataillon

---

[1] Le 30 septembre 1792, un corps de troupes suisses, fourni par les cantons de Berne et de Zurich, était venu occuper Genève, à la demande des autorités locales, qui craignaient que la conquête de la Savoie par les Français ne provoquât un soulèvement populaire. A cette époque le pouvoir était encore aux mains du parti aristocratique. Le gouvernement français ne se contenta pas de protester contre cette occupation: Montesquiou reçut l'ordre d'entrer à Genève et des forces assez considérables furent réunies à Carouge, en vue d'un siège, car il ne pouvait être question d'une attaque de vive force. Le ministre des contributions publiques, Clavière, ancien membre du Sénat de Genève, était l'instigateur de cette politique agressive. Montesquiou, au contraire, la désapprouvait hautement, la jugeant pleine de périls. Ses conseils furent heureusement écoutés. Les négociations entamées avec Genève aboutirent, le 30 novembre, au retrait des troupes envoyées par les cantons alliés. Le parti démocratique étant arrivé au pouvoir le 3 décembre, il fut plus facile au nouveau commandant en chef de l'armée française, Kellermann, de consolider les résultats obtenus par son prédé-

de Boulonnais, du bataillon de l'Aude et d'un bataillon de grenadiers Ces corps sont au grand complet. Il y a en général du patriotisme, mais beaucoup d'indiscipline, ce qui ne doit point étonner de la part de troupes qui depuis dix-huit mois ne font rien. L'on exerce beaucoup, et les manœuvres sont passablement exécutées.

Le pain est excellent, les approvisionnements ne manquent point, mais bien les armes et les officiers instruits. Les tentes tamisent, et la toile est de mauvaise qualité. L'équipage d'artillerie est assez bon, mais non encore complet. Les cantonnements et le camp forment ensemble un total d'environ 6,000 hommes. La légion des Alpes, qui en fait partie, commence à s'organiser. Elle est, comme toutes les légions, assez mauvaise. Cependant elle est commandée par un brave homme et un bon militaire, par Sandos, Suisse de nation, et frère de celui qui se distingue dans la Vendée[1]. A cause de son chef on peut s'en promettre quelque chose.

---

cesseur, tout en respectant l'indépendance de Genève. Des trois camps formés aux environs de Carouge, il ne resta qu'un corps d'observation, qu'il était utile de conserver sur la frontière, pour obliger la Suisse à garder scrupuleusement la neutralité. (Krebs et Moris, *Campagnes dans les Alpes pendant la Révolution, d'après les archives des États-majors français et austro-sardes*. Paris, Plon, 1891, in-8°, pp. 113, 118, 233, 234).

[1] Thomas Chégaray-Sandos, né à Bayonne, le 25 mars 1756. Garde de la Porte, le 12 avril 1772, réformé le 30 septembre 1787. Premier lieutenant au 101e régiment à sa création, 18 novembre 1787; adjudant-major du 1er bataillon des volontaires du Haut-Rhin, du 27 novembre 1791 au 22 juin 1792 ; capitaine au 101e régiment, le 3 mai 1792. Lieutenant-colonel des hussards de la légion des Alpes, le 29 septembre 1792; passé au même titre dans l'infanterie de la légion, 3 février 1793. Adjudant-général, lieutenant-colonel en mars de la même année. Adjudant-général, chef de brigade, le

Boulonnais part dans deux jours pour Toulon. Comme les soldats croient y brûler des amorces, ils sont très satisfaits. Ce départ fera du bien, car ce régiment donnait l'exemple de l'insubordination.

Le général Carcaradec sait son métier. C'est un homme flegmatique, sec et aussi éloigné, je crois, d'une aristocratie traîtresse que d'un civisme ardent. Ses connaissances devraient le faire employer dans une armée plus active. Il demande sa retraite; il ne faut la lui accorder qu'à la fin de la guerre[1].

Delhorme m'annonce à l'instant que demain se terminera sa négociation pour une fourniture d'armes. Il compte sur 1,000 fusils montés, sur 300 canons neufs, et sur 300 fusils de remparts. Il espère encore tirer de la Suisse environ 2,000 fusils par les voies commercielles (sic).

Je ne puis terminer cette dépêche sans rendre hommage à la conduite de cet agent; il a des lumières et du zèle. Il paraît s'être concilié ici l'estime générale. En dépit de toutes les défiances des commissaires conventionnels, je souhaiterais que tous nos délégués dans les pays étran-

---

5 juin 1793. Ainsi noté, le 20 brumaire an II, par Amans, adjoint à l'État-major, que Doppet et Albitte avaient chargé de fournir des renseignements sur les officiers de l'armée des Alpes : « Très politique, aristocrate avec les aristocrates, républicain avec les républicains. » (A. G. Armée des Alpes. — Armée du siège de Lyon. — Arch. nat., A F. II, 252 — *État de service des officiers. Infanterie légère.*) — Son frère, Claude François Sandos, était adjudant-général, chef de brigade, à l'armée des Côtes-de-la-Rochelle.

[1] Les représentants du peuple étaient plus sévères et moins justes à son égard. « Carcaradec, gentilhomme breton et sournois, l'âme damnée de Montesquiou, et dont les opinions n'étaient assurément pas, l'an dernier, en faveur de la République. » — (Chambéry, 22 mai 1793.— Lettre déjà citée).

gers lui ressemblassent. Le secrétaire de légation d'Arneville me semble aussi fort estimable [1].

La liberté vous garde.   P. CHÉPY.

[Arch. des Aff. Étrang., *France*, t. 324, fol. 348-350, v°.]

VIII

Chambéry, ce 4 juin, l'an 2me de la République.

Ministre,

Je suis arrivé à Chambéry hier ; j'ai trouvé le quartier général, les hôpitaux et le payeur général partis ; c'est au général Du Muy qu'on a donné le commandement du Mont-Blanc. Le général Kellermann a transféré son quartier à Grenoble, mais il n'y restera pas longtemps, et, suivant toutes les apparences, il sera placé à Gap ou à Embrun. Envoyez-moi, je vous prie, une nouvelle instruction pour savoir si je dois suivre le quartier général dans ses déplacements continuels, ou si je puis choisir une ville centrale pour mon séjour. Je vous demande une *réponse prompte* sur cette question.

J'ai lié avec Helfflinger et Delhorme une correspondance active dont je serai le centre ; j'espère que vous approuverez cette mesure.

---

[1] D'Arneville était le second secrétaire de la légation, destiné à rester à Genève avec Soulavie, tandis que Delhorme irait se fixer à Saint-Maurice.

Je suis parti de Genève avec les idées les plus calmes sur ce petit État et sur toute la Suisse. Voici ce que j'ai pu recueillir de positif sur cette puissance. Le louable Corps helvétique est vraiment effrayé du partage de la Pologne et du partage projeté de la Bavière; il craint que la maison d'Autriche, infâme héritière des ambitieux projets de Charles-Quint, n'envahisse la Valteline et les districts des Grisons, il voit le cabinet de Vienne entrelacé par ses alliances dans une foule de souverainetés et les dévorant au défaut d'héritiers mâles; en un mot, il a le bon esprit de se persuader qu'il serait perdu, si la France était démembrée par les tyrans coalisés.

La conduite du canton de Zurich envers le jeune Égalité[1] fait connaître assez ses dispositions sages et modérées.

Le canton de Soleure, quoique son aristocratie soit encroutée de papisme, se contente de faire apprendre à nos jeunes réfractaires des métiers utiles pour les mettre à même de nourrir les vieux.

Le canton de Berne, satisfait d'avoir étouffé à force de bienfaits les semences de liberté qui commençaient à germer dans le pays de Vaud, se souvient de ses intérêts plus que de ses préjugés.

Fribourg se règle sur Berne.

Bâle est favorablement disposé.

Les autres cantons sentent plus vivement le besoin d'avoir nos sels, et les avantages d'un commerce mutuel, que d'entrer dans une croisade aussi folle que barbare.

[1] Le duc de Chartres, qui avait passé à l'étranger avec Dumouriez dont il était l'aide-de-camp. Expulsé de Zurich, il se réfugia à Reichenau dans le canton des Grisons; c'est au collège de cette petite localité qu'il professa pendant quelque temps.

Les paysans helvétiens disent hautement que, si Dumouriez et consorts se présentaient dans leur pays, on pourrait leur donner passage, par humanité, mais qu'il faudrait les chasser à coups de fourche, s'ils prétendaient s'y fixer. La trahison mémorable de ce Monk écourté n'a produit, parmi les bons habitants de l'Helvétie, que de l'indignation.

Le roi de Sardaigne lève actuellement en Suisse deux régiments, le roi de Naples autant; les cantons les ont accordés sous la *condition* expresse qu'ils ne serviraient point contre leurs alliés. Le roi d'Espagne en marchandait deux, mais il ne les obtiendra probablement pas, parce qu'il a montré trop de lésinerie. Il demandait à chaque capitaine 60,000 livres de cautionnement, sans vouloir garantir la conservation des corps après la paix.

J'ai vu à Genève un courrier arrivé en neuf jours de Londres. Il a rapporté que la grande flotte n'était point encore sortie, et qu'elle était retardée par la construction de beaucoup d'embarcations plates, destinées à une descente. Depuis longtemps je sais que la presqu'île du Cotentin et toute la côte de Cherbourg est très menacée. Le brave Larue[1] et le brave Eyriès[2] y commandent; prévenez-les, et qu'on se mette très promptement sur une respectable défensive. Tout serait perdu si les Anglais, par une descente bien soutenue, favorisaient dans la ci-

---

[1] Delarue, général de brigade à l'armée des Côtes-de-Cherbourg.
[2] Eyriès (Jacques-Joseph), né à Marseille, le 12 novembre 1733; chevalier de Saint-Louis et capitaine de port au Havre, 1783; capitaine de vaisseau et placé à Cherbourg en qualité de commandant de la marine, 1791; arrêté comme suspect en 1793 et enfermé à la Force; réintégré ensuite à Cherbourg; mort à Toulon, 10 juillet 1798.

devant Normandie une révolte semblable à celle de la Vendée, et si les deux incendies venaient à se rejoindre.

L'affaire de Valenciennes [1], précisément par l'affectation qu'on met à en cacher les détails, fait naître beaucoup d'inquiétudes. Quand donc sera-t-on franc envers la nation ? Quand lui dira-t-on sa situation, quand n'aura-t-on plus la fatale pusillanimité de lui cacher ses revers ?

La démission de Bouchotte et la manière dont elle est motivée doivent enfin ouvrir les yeux à la Convention [2]. Le ministère de la Guerre est un fardeau trop pesant pour un seul homme. La machine ne peut marcher si on ne crée un ministre du Nord et un ministre du Sud.

Ne souffrez point que le Conseil [3] perde Nice de vue. L'attaque de ce côté sera vigoureuse et imposante, par mer et par terre.

Il se manifeste encore des symptômes alarmants de rébellion dans la montagne, mais je ferai tout, avec du Muy, pour les étouffer.

Envoyez-moi, je vous prie, cet extrait important que vous aviez fait copier pour moi et qui devait m'être expédié par le citoyen Colchen [4].

En réfléchissant sur la difficulté d'exporter du numé-

---

[1] Il s'agit probablement de l'évacuation du camp de Famars.

[2] Bouchotte (Jean-Baptiste-Noël), né à Metz, le 25 décembre 1754, mort le 8 juin 1840. Débuta comme sous-lieutenant aux hussards d'Esterhazy en 1775. En 1793, il était colonel et commandait la place de Cambrai au moment de la trahison de Dumouriez. Il remplaça Beurnonville au ministère de la guerre, où il reprit la tradition de Pache et fit d'assez mauvaise besogne. Démissionnaire le 30 mai 1793, il resta quelque temps encore chargé de l'expédition des affaires.

[3] Le Conseil exécutif provisoire ou Conseil des ministres.

[4] Chef de la quatrième division du ministère des Affaires étrangères, dans les attributions duquel rentraient la Suisse et l'Italie.

raire, j'ai changé d'avis, et j'ai jugé qu'il était plus convenable que vous fissiez parvenir à Helfflinger directement des fonds pour ses utiles opérations de surveillance dans le duché d'Aoste. Quant à ceux que vous voudrez bien m'adresser, je les emploierai tant à monter la machine en grand relativement au Piémont, comme c'est votre intention, qu'à fournir à Delhorme, avec lequel je m'harmonise parfaitement, tous les moyens de savoir ce qui se passe en Suisse.

Je vais aller à Grenoble conférer avec les commissaires et le général Kellermann. Je vous prierai d'écrire à ce dernier sur moi, à moins que vous lui en ayez parlé à Paris. Selon les ordres que je recevrai de vous, ou je reviendrai à Chambéry, ou je resterai à Grenoble, ou bien je m'établirai dans telle autre ville qu'il vous plaira de me désigner.

La circulation des assignats est toujours ici très imparfaite; ils perdent horriblement, puisqu'un assignat de 5 livres n'est pris que pour 40 sols. Par un arrêté provisoire du département et la perte du change, les frais de poste sont triplés. Il serait bien temps de remédier à ces maux.

Le citoyen Ysabeau, en partant, m'a remis 50 livres en or et 2,000 livres en assignats; je n'ai reçu le numéraire que pour faire des excursions à Genève et en Suisse. Les 2,000 livres en assignats se trouvent déjà fort réduites par les frais multipliés de voyage que j'ai été obligé de faire et par la perte énorme du papier national. Je vous prie de fixer mon traitement, afin que je puisse régler mes dépenses en conséquence. Dans un pays comme celui-ci, on se ruine infailliblement, quand on ne sait pas au juste ce dont on peut disposer. Je vous prie aussi de m'adresser tous vos paquets sous le couvert du général du Muy, commandant dans le département du Mont-Blanc, à Chambéry.

La liberté vous garde.   P. CHÉPY.

[*Ibid.*, t. 323, fol. 28-31.]

IX

Chambéry, ce 5 juin, l'an 2ᵐᵉ de la République.

Ministre,

Il nous est arrivé ici aujourd'hui trois déserteurs piémontais, je les ai interrogés. Ils m'ont dit qu'il y avait dans le duché d'Aoste vingt-deux bataillons piémontais et dix mille Autrichiens, dont je vous ai déjà annoncé la descente dans une de mes dernières dépêches. Ils m'ont rapporté que les Piémontais avaient grande envie de déserter, qu'ils étaient, pour ainsi dire, gardés à vue par les Autrichiens, et que, pour se défendre contre ces farouches auxiliaires, ils ne quittaient leurs drapeaux que par bandes. Ils m'ont assuré que les Valaisans avaient voulu les faire rétrograder, ce qui prouve de plus en plus leur malveillance pour nous. Ce rassemblement considérable de troupes dans le duché d'Aoste redouble mes inquiétudes, je crains qu'ils ne forcent les passages; alors la Savoie serait perdue pour nous et nos troupes de la Maurienne seraient coupées.

J'ai déjà écrit à Helfflinger à ce sujet, je vais lui récrire ainsi qu'à Delhorme, et je me propose de ne quitter les commissaires et le général que quand ils auront repris un parti définitif. Ce serait le cas de faire présenter par Barthélemy au Corps helvétique quelques notes vigoureuses. Quant à moi, je veillerai, et, s'il arrive malheur, on ne pourra me l'imputer. Je vous observe qu'en ce moment on dégarnit cette partie de la frontière pour porter vers Toulon de nouvelles forces.

J'attache toujours sur l'armée un œil observateur. Voici le fruit de mes recherches. Il paraît y avoir un complot fort étendu pour achever de tout désorganiser; on est parvenu à mettre en insurrection le 5e régiment de cavalerie, un bataillon de volontaires et le 4e bataillon d'infanterie légère, dit chasseurs corses. L'ambition des sous-officiers met partout un désordre affreux.

La légion des Allobroges [1] a mis tout en train dès longtemps, il faut absolument la *dépayser* et l'envoyer au *nord* ou au Rhin [2]. Ceci est d'une importance majeure.

En général, il n'y a point d'armée, mais seulement des bataillons; du civisme, mais nulle tenue, nulle discipline, nul ensemble.

Après avoir bassement éloigné du Muy de toutes les conférences, on lui a donné tout le commandement du

---

[1] Le 8 août 1792, la Législative décréta la formation, par les soins du général commandant à Grenoble, de la *légion franche allobroge*. Elle eut pour premier colonel le suisse Busigny, originaire du canton de Vaud. Doppet reçut une commission de lieutenant-colonel; il remplaça Busigny, démissionnaire, le 31 juillet 1793. (André Folliet, *Révolution française. Les volontaires de la Savoie*. Paris, Baudoin, 1887, in-12, pp. 4, 6).

[2] L'indiscipline de la légion est constatée par M. Folliet lui-même (pp. 4, 6). Pour « dépayser » cette troupe turbulente, on l'envoya à l'armée des Pyrénées, mais, chemin faisant, elle fut employée à combattre les fédéralistes du Midi et au siège de Toulon.

Mont-Blanc, qui contient 22,000 hommes, sans vouloir lui donner un seul adjudant-général pour le seconder. Il y a dans cette conduite de d'Ornac et de Saint-Remy quelque chose de petit et de très nuisible au service.

J'ai vu de près le colonel du 79ᵉ régiment ; c'est un homme franc, patriote, qui a quarante ans de service et beaucoup d'expérience et de tactique[1]. Dégoûté de voir passer avant lui tant d'hommes sans talents et sans services, il veut demander sa retraite à la fin de la campagne ; il serait bon de lui donner le grade de général de brigade : on fait chaque jour de plus mauvais choix.

Une loi ordonne que les officiers de ligne qui entreront dans les volontaires conservent leur grade et leurs premiers emplois. Depuis que la nouvelle organisation a fondu tout dans la masse d'une armée nationale, il existe un grand inconvénient. Tel homme compte, et comme lieutenant-colonel de volontaires, et comme sergent de ligne. Beaucoup de places restent ainsi vacantes. Le service en souffre. Il est urgent de faire révoquer la loi rendue dans des circonstances très différentes.

J'ai rencontré dans ma tournée Lanchère, directeur général et entrepreneur des charrois de l'artillerie, pour les armées du Rhin, des Alpes et d'Italie[2]. Il m'a paru

---

[1] Nicolas-Roch de la Roque, né à Marseille le 15 décembre 1736. Entré au service comme lieutenant au régiment de Flandres, le 27 mai 1757 ; passé au régiment de Touraine en 1763 ; capitaine, 4 mai 1771 ; major au régiment (c'est-à-dire au régiment de Boulonnais, devenu plus tard le 79ᵉ), en mai 1789 ; lieutenant-colonel le 1ᵉʳ janvier 1791 ; colonel, 31 juillet 1792 (*États des services de tous les officiers, etc. Infanterie, 79ᵉ régiment*).

[2] L'organisation militaire du train d'artillerie ne date que du Consulat. (Arrêté des consuls du 13 nivôse an VIII, 3 janvier 1800).

actif, intelligent et zélé. J'ai vu plusieurs de ses principaux employés qui sont vraiment estimables. Ce service souffre beaucoup, parce que l'administration des vivres donne 3 livres aux charretiers, tandis que les entrepreneurs ne leur donnent que 30 sols. Ces hommes avides désertent tous pour gagner davantage. Il serait utile d'établir une paye uniforme pour tous les charretiers de l'armée. On observe que les vivres étant en régie, et les régisseurs ayant tant pour cent sur le total de la dépense, ils ont intérêt à ne point ménager.

L'administration de département paraît marcher droit, ainsi que les autres autorités : j'ai été tellement occupé et vagabond jusqu'ici que je n'ai pas eu le temps de les étudier, non plus que la Société populaire ; mais sous peu je vous en rendrai bon compte.

Il y a très peu de poudre ici, on n'en a pas même pour faire tirer les soldats à la cible, ce qui empêche de les exercer.

Maître Grenus, le club d'Annecy où il exerce une puissante influence, paraissent être les causes principales de l'insurrection du 5ᵉ régiment de cavalerie. Ce même homme a dénoncé du Muy au club de Carouge ; puis, hier, il est venu cinq fois chez lui pour l'entretenir. Nous le verrons venir. Il témoigne aussi beaucoup d'empressement de me voir, je ne m'y refuserai point, sans en chercher pourtant l'occasion. Ce véhément apôtre a été assez mal reçu à Gex et à Ferney ; sa doctrine, si on l'eût suivie, aurait réduit la population à un vingtième ; on a trouvé la méthode trop dure.

Du Muy pense qu'on devrait attaquer la Brunette [1], et

[1] Pinelli (*Storia militare del Piemonte*, Torino, 1854, t. I, 82) définit ainsi le rôle militaire de la forteresse italienne de *la Brunetta,*

que dans un mois il conviendrait de forcer les passages, de se porter sur Milan, tandis que l'armée d'Italie pénétrerait en Piémont. Il estime, et moi aussi, que nous ferions par là trembler les puissances d'Italie, et que nous pourrions envelopper le despote sarde. Nous nous nourrissons de ces vastes conceptions ; elles consolent dans la solitude et au milieu des rochers.

La liberté vous garde.   P. CHÉPY.

[*Ibid.*, t. 323, fol. 37-40.]

X

Grenoble, ce 7 juin, l'an 2me de la République.

Ministre,

Nous sommes toujours ici dans les plus vives alarmes sur le passage du Grand Saint-Bernard ; nous voyons le danger sans pouvoir le prévenir.

En effet, on ne peut établir, au pied de ce col important, un camp retranché sans violer le territoire du Valais ; tout autre système de défensive est insuffisant. Où les armes ne peuvent rien, c'est aux négociateurs à faire. J'ose croire que le Comité de Salut public et le Conseil, avertis par les réclamations continuelles des commissaires de la

---

qui dominait la ville de Suse et fut détruite à coups de mine après l'armistice de Cherasco, conclu, le 28 avril 1796, entre Bonaparte et le roi de Piémont : « La Brunetta, quantunque specialmente destinata a custodir lo sbocco della valle del Moncenisio, serviva però anche a sostegno del forte di Exilles. »

Convention et de tous les agents, n'auront point négligé cette voie.

Il y aurait un autre moyen, que rejettent les commissaires de la Convention, hérissés de défiance et de soupçons, — ce qui est naturel dans la crise où nous sommes, — ce serait d'adopter une offensive vigoureuse sur plusieurs points. D'un côté, on attaquerait la Brunette, tandis que de l'autre on entrerait en Piémont par Briançon. En dirigeant l'armée vers Milan, on forcerait l'Empereur à rappeler ses troupes pour défendre la Lombardie; on dissiperait les rassemblements de la vallée d'Aoste. L'armée d'Italie profiterait de cette puissante diversion, irait en avant, l'armée Sarde serait enveloppée, et les petites dominations d'Italie apprendraient à respecter le nom français.

Les commissaires opposent à ce plan que l'armée serait trahie par ses généraux, que l'Italie a été toujours le tombeau français; je réponds qu'il faut choisir des généraux qui ne soient point des traîtres, que l'armée des Alpes est, en grande partie, composée de méridionaux acclimatés, que d'ailleurs, le régime militaire et la qualité des subsistances étant meilleurs, les inconvénients seront moindres. Au surplus, ces aperçus, quoique peut-être inadmissibles, méritent, je crois, les honneurs d'une discussion.

Le décret qui a réuni l'armée d'Italie et celle des Alpes est et sera nuisible[1]. C'est dispenser Kellermann de la responsabilité, en lui imposant une tâche au-dessus des

---

[1] La nomination faite par le Conseil exécutif provisoire, le 20 mai, du général Kellermann, pour commander en chef les deux armées des Alpes et d'Italie fut approuvée par la Convention nationale dans la séance du 26 mai. Le général Brunet commandait en sous-ordre l'armée d'Italie. (*Moniteur*, XVI, 486.)

forces d'un seul homme, c'est paralyser les deux armées, attendu que les généraux divisionnaires ne voudront rien entreprendre sans les ordres du général en chef, et qu'on perdra beaucoup de temps à les attendre.

Je suis depuis deux jours ici. Le général Kellermann étant parti pour Nice, je n'ai pu conférer qu'avec les commissaires; ils ont paru fort contents des renseignements que je leur ai donnés; je n'oublierai rien pour les mettre à portée de faire le bien.

Il manque à cette armée 10,000 fusils; le besoin est pressant, il faut absolument y pourvoir. On n'a pas seulement de quoi armer les huit bataillons qu'on forme pour marcher à la Vendée. J'ai indiqué aux commissaires un excédent de 700 [fusils] qui se trouvent à Carouge; ils vont en disposer. J'ai écrit aussi à Delhorme concernant les fusils accordés par la république de Genève. Les commissaires attendent la réponse pour en assigner la destination.

En même temps, persuadé que la conduite des Genevois méritait de notre part un retour fraternel, j'ai informé les commissaires, par une note officielle, des preuves de bon voisinage qu'ils nous ont données, et je leur ai proposé d'examiner s'il ne conviendrait point d'adoucir à leur égard la rigueur de la loi sur les subsistances, en ce qui concerne les menues denrées. J'espère qu'ils s'en occuperont. Vous voyez que j'ai préparé l'atténuation des efforts de l'homme turbulent que nous craignions; je crois n'avoir rien omis. Si j'ai été au delà du but, redressez-moi. Les approvisionnements manquent dans cette partie, surtout du côté d'Embrun Les places fortes sont dans un dénuement effrayant; l'exemple de Condé et de Valenciennes est une terrible leçon.

Lyon, qui eût fourni soit des armes, soit des munitions de bouche, n'est plus d'aucune ressource depuis les malheureux événements qui s'y sont passés. Surveillez bien cette ville. Les aristocrates ont joué un certain rôle dans la dernière affaire, et les attaquants[1] en étaient si persuadés qu'ils ont arrêté de tuer le premier qui crierait : Vive le roi ! Beaucoup de contre-révolutionnaires s'y rendent. Je crains des intelligences avec les Piémontais et avec l'armée catholique de la Lozère[2].

Les commissaires Nioche[3] et Gauthier[4], dont la sagesse et la philanthropie sont connues, offraient paix et justice. Les malveillants ont tout refusé ; ils étaient altérés de sang. Veillez encore une fois, car le danger est réel.

---

[1] « Les attaquants » sont, pour Chépy, les sectionnaires insurgés contre la municipalité, complice de Chalier ; mais il est avéré qu'ils n'ouvrirent pas le feu, et que le premier acte d'hostilité fut commis par les défenseurs de l'Hôtel-de-Ville.

[2] L'insurrection de la Lozère n'était déjà plus à craindre. Les bandes conduites par le notaire Charrier avaient été dispersées le 29 mai, et, le surlendemain, Charrier lui-même fait prisonnier. (H. Wallon, la *Révolution du 31 mai*, II, 197, 198.)

[3] Pierre-Claude Nioche. Né à Azay-le-Ferron (Indre), le 26 juin 1751 ; avocat, député du Tiers-État du bailliage de Touraine aux États-Généraux ; juge au Tribunal de Loches ; député d'Indre-et-Loire à la Convention ; membre du Conseil des Anciens ; directeur de l'École d'Alfort ; proscrit en 1816, rentré en 1818 ; mort à Paris en 1828. (Aulard, *Recueil des actes du Comité de Salut public*, III, 539, n. 1).

[4] Antoine-François Gauthier des Orcières, né à Bourg-en-Bresse (Ain), le 28 novembre 1752, député du bailliage aux États-Généraux, procureur-général-syndic du département de l'Ain, député de ce département à la Convention, membre du Conseil des Anciens, juge au Tribunal de la Seine après le 18 brumaire, vice-président de ce Tribunal en 1811, conseiller à la Cour de Paris aux Cent-Jours, proscrit en 1816, mort à Saint-Marcellin (Isère) le 1er mai 1838 (Aulard, *Recueil*, III, 539, note 3).

Nous avons ici une compagnie de guides-hussards, commandée par le brave capitaine Blanc[1]; elle est le modèle de l'armée par sa tenue, sa bravoure et sa discipline. Comme nous manquons absolument de cavalerie, puisque nous n'avons que huit escadrons dans une guerre où Berwick en avait trente-cinq, je proposerai d'en faire le noyau d'un régiment de hussards. Il n'y aurait point dérogation aux décrets, puisque ce serait compléter ou plutôt augmenter un corps existant, et non en former un nouveau. Je recommande cette idée à votre plus sérieuse considération.

Il y a eu une petite affaire de postes, où nos soldats ont tué six hommes aux Piémontais et fait six prisonniers. L'ennemi, dans cette occasion, ne s'est distingué qu'à la course.

Je désirerais aussi qu'on s'occupe enfin de la circulation des assignats dans le Mont-Blanc.

L'armée souffre horriblement et cela a causé quelques désertions. Dans la Tarentaise et la Maurienne, les aubergistes et cabaretiers ont fermé boutique. On a vu des pauvres refuser un assignat de dix sols. Bien plus, les paysans refusent les monnaies qui ne portent pas l'effigie du tyran décapité. Un moyen bien simple et bien efficace, ce serait de proscrire entièrement la monnaie piémontaise, etc. Je vous demande instamment une réponse sur les objets que j'ai eu l'honneur de vous soumettre.

La liberté vous garde. P. CHÉPY.

---

[1] S'il faut en croire Guillon de Montléon, qui ne rapporte, il est vrai, qu'un *on dit*, ce « brave capitaine Blanc », originaire de Nîmes, n'aurait pas eu un passé irréprochable. Il aurait été inculpé ou soupçonné d'avoir volé les fonds du camp royaliste de Jalès (I, 335).

P. S. — Chaque jour l'organisation des commissaires des guerres devient plus urgente.

Vous trouverez ci-jointe une note que je vous prie de faire passer au ministre de la Guerre. Je vous prie de communiquer cette dépêche au Comité de Salut public.

[*Ibid.*, t. 323, fol. 56-59].

XI

Grenoble, ce 8 juin, l'an 2me de la République.

Ministre,

Les événements et les circonstances se succèdent avec tant de rapidité que chaque jour je suis obligé de prendre la plume.

J'ai eu hier une première conférence avec le général d'Ornac; je l'ai trouvé étendu sur un lit de douleur, avec une jambe hors de service. Nécessairement, sous un tel chef, l'armée ne peut être ni exercée, ni active. Il m'a parlé de quelques mesures d'observation en Piémont et dans le Vaudois piémontais, que j'ai trouvées assez bonnes; je suivrai ces errements, et, si je le puis, je les améliorerai. Les commissaires de la Convention étant survenus, nous nous sommes occupés d'objets majeurs.

Les passages du Valais ont d'abord fixé notre attention. Le général a déclaré qu'il ne connaissait qu'un moyen de sûreté parfaite, c'était l'introduction pendant la campagne d'une garnison française dans Genève; j'ai dit ce que je savais, que les Genevois ne s'y refuseraient point, en négociant d'une façon convenable. Les commissaires de la Convention sont déterminés à sonder le gouvernement sur cet article, et je serai, je crois, porteur de la lettre ; j'agirai en tout de concert avec Delhorme, et vous serez instruit de tout ce qui sera fait ou préparé.

Il a été ensuite fait lecture, dans la conférence, d'une lettre du général de Flers[1] qui demande au général Kellermann une division tout entière. Il expose qu'il a à combattre 20,000 Espagnols, dont 4,000 de cavalerie, et qu'il n'a à leur opposer que 6,000 volontaires de nouvelle levée, 600 hommes de la ligne, 400 gendarmes et 50 dragons de Noailles. Les commissaires à l'armée des Pyrénées ont formé la même demande auprès de leurs collègues. Ceux-ci ont arrêté de répondre qu'il y avait 3,000 [hommes] en route pour le Var, et que le général de Flers pouvait en demander au ministère la disponibilité.

Ce n'est qu'une réponse dilatoire. Sans cesse occupé des intérêts de la chose publique, j'ai imaginé un expédient que je vous prie de soumettre au Comité de salut public et au Conseil. Nous avons dans l'armée la légion des Allobroges et quatre bataillons du Mont-Blanc. Les deux autres, que ce département doit fournir, ne sont point encore formés.

[1] Charles de Flers, né en 1756; maréchal de camp, 1791; fait les campagnes de Belgique et de Hollande sous Dumouriez ; général en chef de l'armée des Pyrénées Orientales, à la tête de laquelle il défendit la frontière du Roussillon contre les Espagnols, avec des alternatives de succès et de revers. Mais, l'ennemi ayant réussi, le 4 août 1793, à s'emparer de Villefranche, de Flers accusé de trahison, destitué par les représentants du peuple, fut arrêté, traduit devant le tribunal révolutionnaire de Paris et condamné à mort le 28 juillet 1794.

Je proposerais d'envoyer aux Pyrénées ces troupes, attendu :

1° Qu'elles ne serviront bien que quand elles seront dépaysées ;

2° Qu'on ne perdra point la chance de l'antipathie nationale contre les Piémontais, attendu que les Savoisiens détestent aussi cordialement les Espagnols depuis l'invasion de Don Philippe [1].

Ce vide dans l'armée des Alpes sera rempli par la légion de Kellermann qui arrive.

Nous avons, dans cette armée, un général Rossi [2], qui, dans la dernière invasion de la Savoie, a déjà beaucoup ménagé les Piémontais. Les commissaires le suspectent beaucoup, et j'ai moi-même entendu dire hier au général d'Ornac qu'il n'en était point content, attendu qu'il avait répondu d'une manière peu satisfaisante à la demande qu'il lui avait faite de proposer un plan d'attaque. C'est un homme à surveiller.

Écrivez, je vous prie, au général Kellermann de moi,

---

[1] Don Philippe, duc de Parme, infant d'Espagne, fils de Philippe V et d'Élisabeth Farnèse, né le 15 mars 1720. Pendant la guerre de la succession d'Autriche, à laquelle les Espagnols prirent part comme alliés des Français, il avait enlevé la Savoie au roi Charles-Emmanuel III (août 1743).

[2] Il y avait à l'armée des Alpes, deux officiers généraux de ce nom. Ils étaient frères, Corses, comme leur nom l'indique, et parents de Bonaparte. L'un, Antonio de Rossi, était général de division ; il commandait la division de droite de l'armée des Alpes. L'autre, Camillo de Rossi, général de brigade, placé sous les ordres de son frère, commandait le « corps d'Embrun » (Krebs et Moris, *Op. cit.* Pièces justificatives, p. LXXI. « Situation de l'armée des Alpes le 1ᵉʳ mai 1793 »). Hyacinto de Rossi, neveu des précédents, lieutenant-colonel en premier du 4ᵐᵉ bataillon de chasseurs, ci-devant Corses, puis colonel du 27ᵐᵉ régiment d'infanterie, ci-devant Lyonnais (29 juillet 1792), servait aussi, en 1792, à l'armée des Alpes.

attendu que j'ai éprouvé, dans la dernière conférence, quelques difficultés, n'étant muni que d'un simple passeport et d'instructions qui ne sont point ostensibles.

Je vous conjure aussi, au nom de la chose publique, de répondre aux diverses demandes que je vous ai faites. Je sens bien que, placé au milieu du tourbillon des affaires, vous ne pouvez tout voir, mais daignez vous souvenir quelques instants d'un agent, qui, jeté à 150 lieues, ne peut rien faire, sans directions précises et sans moyens pécuniaires. Envoyez-moi l'extrait que m'a promis le citoyen Colchen.

La liberté vous garde. P. Chépy.

[Ibid., *France*, t. 323, fol. 65-66, v°].

XII

Genève, ce 11 juin, l'an 2me de la République.

Ministre,

« Me voici encore une fois à Genève ; le but de ce second voyage est :

1° De m'aboucher avec un homme, qui me promet de monter en Piémont un système d'observation et de surveillance, tel que vous le désirez.

2° De préparer les esprits à l'entrée d'une garnison dans Genève, au cas que les passages du Valais fussent forcés et que l'évacuation de la Savoie devînt nécessaire.

3° De remplir une mission spéciale que les représentants du peuple m'ont confiée, à savoir de retirer des mains du gouvernement de Genève les armes par lui promises à la République française, d'en stipuler le prix, d'en passer reconnaissance provisoire à son profit, laquelle, disent les pouvoirs, sera ratifiée par le Conseil exécutif, enfin d'en faire effectuer le transport sur le territoire français.

(En marge du paragraphe précédent). Nota. — Il faut donner communication de cette partie de la dépêche ou au Conseil ou au ministre de la Guerre. Delhorme ayant demandé qu'on envoyât quelqu'un pour traiter, on pourrait le faire, ce qui ferait un double emploi et serait très inutilement dispendieux *pour la république.*

4° De porter aux comités réunis une lettre des représentants du peuple, contenant des protestations de fraternité et de respect pour l'indépendance genevoise.

J'ai trouvé la ville sous les armes et en commotion, attendu la prestation du serment civique et révolutionnaire.

Vous apprendrez sans doute avec plaisir que les comités qui craignaient les menées des aristocrates ont fait prier le général Carcaradec de tenir un corps de troupes prêt à soutenir les patriotes à la première réquisition. Ce général a parfaitement secondé leurs intentions, mais heureusement la lâcheté des ennemis de la liberté a rendu ces précautions inutiles. Aujourd'hui, une députation des comités va dans les campagnes demander le même serment; ils emmènent avec eux un détachement de 50 hommes; mais, comme ils sont obligés de passer sur notre territoire, le général, sur la réquisition de Delhorme, leur donne pour escorte d'honneur une compagnie de grenadiers.

Je n'oublierai rien pour mettre à profit ces rapprochements et ces ouvertures.

Je vous annonce que j'ai concerté avec Delhorme un

moyen de tirer, du Brisgau autrichien [1], 6,000 fusils neufs montés en cuivre. La seule difficulté est de les faire passer par la Suisse; mais nous la vaincrons, j'espère, en fractionnant les envois; les échantillons arriveront dans peu de jours, mais il faut du secret.

J'ai trouvé à Carouge beaucoup de fermentation dans la légion des Alpes et dans le bataillon de grenadiers. En vérité, il serait bien temps de rappeler dans nos camps la subordination et la discipline qui en sont totalement exilées.

J'ai reçu du citoyen Helfflinger une lettre qui contient des détails importants que je m'empresse de vous transmettre. Il m'assure :

1º Qu'il n'y a rien à craindre pour le passage du Valais, que le canton de Berne serait le premier à repousser les Piémontais, que les Valaisans, par des protestations formelles, ont été au devant de ses inquiétudes, que, dans tous les cas, il serait instruit assez à temps du dessein des ennemis pour nous mettre en mesure de les prévenir;

2º Que les principales forces du tyran sarde se porteront sur Nice, et que ses tentatives sur la Savoie dépendront du succès de cette première attaque.

Il insiste fortement (et c'est aussi mon avis), pour que l'armée des Alpes montre la disposition d'entrer en Piémont. Il y trouve, et il y a, en effet, d'incalculables avantages.

---

[1] Le Brisgau autrichien (une des divisions de l'*Autriche antérieure*) avait pour capitale Fribourg et pour villes principales : Vieux-Brisach, Villingen, Neuenburg, Waldkirch. On y rattachait les quatre villes forestières : Laufenburg, Rheinfelden, Saeckingen et Waldshut. (A. Chuquet, *L'expédition de Custine*, 1892, in-12, p. 146, n. 1.)

J'apprends, par une autre voie sûre, que le découragement est parmi les Piémontais, que pour leur faire prendre les armes, quand le tambour bat, il faut les accabler de coups de bâton, qu'on voit leurs soldats pleurer comme des enfants. D'ailleurs, il règne une très grande mésintelligence entre les Autrichiens et eux. Leurs officiers et leurs généraux mêmes montrent du mécontentement, parce qu'on les a mis sous les ordres des généraux de l'Empereur. Attaquez ou au moins faites mine de vouloir le faire. Je le crierai jusqu'à ce qu'on m'ait entendu.

Il faut absolument que vous donniez des ordres à Barthélemy d'agir vigoureusement près du Directoire de la chancellerie helvétique. Avec des soins et un peu d'argent il en obtiendra facilement une déclaration, que les Suisses se joindront à la puissance belligérante dont les ennemis voudront forcer le passage du Valais. La circonstance est d'autant plus favorable que les cantons sont très mécontents des Autrichiens en ce moment, parce que leur armée dans le Brisgau se livre à toutes sortes d'excès et agit, comme si elle était payée par nous, pour indisposer le Corps helvétique.

Les lettres d'Allemagne reçues ici annoncent que le roi de Prusse force les hommes mariés, même âgés de 50 ans, à marcher à l'armée.

Je vous demande avec instance : 1° de fixer mon traitement; 2° le lieu de ma résidence.

J'ai reçu les exemplaires que vous m'avez expédiés : j'exécuterai vos ordres.

La liberté vous garde. P. CHÉPY.

[*Ibid.*, t. 323, fol. 78-80.]

XIII

Lettre de Chépy au Comité de Salut public.

Genève, 11 juin 1793.

P. Chépy, agent diplomatique attaché à l'armée des Alpes, aux députés composant le Comité de Salut public.

Depuis un mois et demi je remplis une mission de la plus haute importance ; j'ai écrit au ministère plus de huit lettres sur des objets infiniment intéressants. J'ai demandé des instructions nouvelles, des décisions, des moyens. Pour être utile, j'ai été importun. Cependant, j'en ai (sic) encore reçu aucune espèce de réponse.

Fatigué de vivre ainsi abandonné et incertain, voyant d'ailleurs que d'impérieuses circonstances ont paralysé le ministère, je prends le parti de m'adresser directement à vous. Je vous invite à vous faire représenter ma correspondance et à donner des ordres pour qu'enfin l'on me trace la route qu'ultérieurement je dois suivre. Mes principes et mon caractère sont connus ; qu'on ne me laisse pas entièrement livré à mes seules forces, et je jure de bien servir la patrie.

Je crois devoir finir cette dépêche par un acte de probité révolutionnaire. Je déclare que je tiens ma mission du ministre Lebrun, aujourd'hui si grièvement inculpé, je déclare que j'ai toujours travaillé avec plaisir, sous ses auspices, parce qu'il m'a toujours paru solidement ami de la liberté et de l'égalité. Si c'est un crime de lui avoir voué de l'estime et d'avoir cru à son patriotisme, j'offre de me punir par une démission volontaire de mes fonctions, quoique j'aie besoin d'être employé pour vivre, puisque ma conscience est mon seul patrimoine. J'offre encore ma démission, au cas que ma présence dans le Mont-Blanc blesse quelques intérêts ou irrite quelques passions.

C'est un sacrifice que je suis prêt à faire à la chose publique, c'est aussi la seule réponse que je veuille opposer aux calomnies qu'on n'a cessé de vomir contre moi, et qui, dans cette crise orageuse autant que salutaire, vont probablement devenir plus fréquentes et plus vénéneuses (*sic*).

La liberté vous garde. P. CHÉPY.

XIV

Genève, ce 14 juin, l'an 2me de la République française,
une et indivisible.

Ministre,

Le marché que les commissaires de la Convention m'avaient chargé de passer avec le gouvernement de Genève est conclu à ma grande satisfaction. Il est on ne peut plus avantageux et prouve invinciblement la bienveillance de ce peuple allié.

J'ai obtenu 1,000 fusils à 7 livres 10 sols,
    300 — 10 —
    300 fusils de remparts à 12 livres,
  et 300 canons bruts et neufs au prix de la facture.

J'espère trouver encore d'autres moyens d'avoir des armes, dont l'armée des Alpes a le besoin le plus urgent.

L'objet principal de ma mission étant d'établir aux Alpes le même système d'observation qu'au Nord et au Rhin, j'avais écrit à Helfflinger, dans mon premier voyage, pour qu'il me procurât un homme capable d'une telle entreprise. Il m'en a adressé un, qui ne m'a point trouvé, et qui s'en est retourné avec des instructions vagues et verbales. Je viens de l'envoyer chercher au fond du Valais : il va venir. Il faut que je lui donne absolument quelque argent, tant pour l'indemniser de ses voyages et de différentes courses, qu'il a faites pour nous, que pour l'aider à mettre en train sa machine.

Je vous prie, au reçu de la présente, de me faire passer une somme quelconque disponible pour cette importante opération. Je vous observe que, si vous ne jugez point à propos d'acquiescer à ma demande, je ne puis rien faire, et par conséquent je n'ai à supporter aucune responsabilité même morale.

Je rappelle à votre considération mes autres chefs de demande.

Plus je vois le général Carcaradec, plus j'ai à m'en louer; c'est un homme droit, sévèrement probe, qui donne peu aux apparences, mais qui est rempli de connaissances et de bonnes intentions.

Le capitaine des grenadiers du 79ᵉ régiment[1], commandant le 5ᵉ bataillon de grenadiers, fait aussi parfaitement son service.

On doit encore faire l'éloge du citoyen Aman, commis-

---

[1] Le 79ᵐᵉ régiment d'infanterie ou ci-devant Boulonnais. Le capitaine dont il est ici question, est le futur général Valette.

saire des guerres[1]. Ce jeune homme répare amplement le mal qu'a fait son prédécesseur Pommier, qui vient d'émigrer.

Le gouvernement de Genève vient de faire saisir un libelle contre les Français.

La liberté vous garde.   P. CHÉPY.

[*Ibid.*, t. 323, fol. 95-96.]

XV

Paris, 14 juin 1793, l'an 2me de la République française.

Le ministre des Affaires Étrangères au citoyen Chépy, commissaire national à Chambéry, sous le couvert du général du Muy, commandant dans le département du Mont-Blanc.

J'ai reçu, Citoyen, vos quatre lettres, dont deux datées de Genève, des 29 et 30 mai dernier, et les deux autres des 4 et 5 de ce même mois, datées de Chambéry.

Je n'aurais pu, pour le moment, accéder à votre proposition de vous faire parvenir, sous votre responsabilité,

---

[1] Charles-Antoine-Victor Aman, né à La Mure (Isère), le 23 juin 1762. Son père était subdélégué de l'intendant de Dauphiné, à Grenoble. Il allait être pourvu d'une charge de commissaire des guerres, lorsqu'éclata la Révolution. Il prit part à toutes les assemblées populaires qui se tinrent en Dauphiné, fut élu maire de La Mure, administrateur, puis membre du Directoire du département de l'Isère. En novembre 1791, il fut nommé commissaire des guerres et employé successivement à Montélimar et au fort Barraux. (Arch. nat., A F. II, 335).

des fonds, pour distribuer aux citoyens Helfflinger et Delhorme, quand, par votre lettre du 4 juin, vous n'auriez pas changé d'avis à cet égard, attendu que ces citoyens sont à la veille de changer de destination, ce qui rendrait impossibles pour eux les mesures qu'ils s'étaient proposées, ou que vous les aviez flattés de pouvoir employer pour connaître, par des émissaires, ce qui se passe chez l'ennemi.

Vous me demandez, par la troisième lettre, si vous suivrez le quartier général dans ses déplacements, ou si vous vous choisirez une ville centrale pour séjour. Il est naturel qu'un commissaire suive les quartiers dans leurs déplacements et ne se choisisse point de centre. Il y serait moins bien instruit de tous les détails, qui doivent lui passer sous les yeux, et il ne pourrait en rendre un compte aussi exact. Consultez-vous là-dessus, comme vous vous le proposez, avec le général Kellermann et avec les commissaires, même avec le général du Muy, si vous le croyez nécessaire. Vous verrez ensuite quelle marche sera la plus avantageuse pour le but de votre mission.

J'ai envoyé au Comité de Salut public, dès le 9 de ce mois, vos observations sur la Suisse, la Sardaigne, l'Espagne, Genève, l'Angleterre et Nice.

Mettez-moi sur la voie. Je ne sais, ni le citoyen Colchen non plus, quel est cet extrait important dont il devait, dites-vous, faire expédier une copie à votre destination. J'attends de vous une indication positive sur ce point.

A l'égard de votre traitement, dont vous me demandez la fixation pour pouvoir régler vos dépenses, je n'en connais point d'autre que celui qui avait lieu pour la Belgique ; c'est toujours 800 livres par mois.

Par la seconde [lettre], vous soupçonnez aux Valaisans

de la malveillance pour nous. J'en écris au citoyen Barthélemy, pour qu'il s'en explique avec le Corps helvétique, et que le nouveau nuage disparaisse.

J'ai aussi fait passer au Comité de Salut public vos différents renseignements sur l'état moral du camp près de Carouge, sur les négociations d'armes et de canons par Delhorme, enfin sur le Valais, sur nos forces militaires et leur nouvelle organisation en masse d'armée nationale.

Je vais lui transmettre maintenant l'objet (sic) du colonel du 79e régiment, qui mérite selon vous le grade de général de brigade, et celui des soldats qui ont besoin de poudre pour s'exercer.

De cette sorte je satisferai à tous les points de vos dépêches, et j'attendrai de vous de nouveaux détails, comme vous pourrez attendre de moi la note des solutions qui auront lieu sur chacun des articles précités.

Le ministre des Affaires Étrangères.

[*Ibid.*, t. 323, fol. 97-98. Minute.]

XVI

Le ministre des Affaires Étrangères « au citoyen Chépy ».

Paris, 15 juin 1793, le 2me de la République.

J'ai reçu, Citoyen, vos deux lettres des 7 et 8 juin présent mois.

Je vous réponds à l'égard de la première, où vous semblez pencher pour l'attaque offensive sur plusieurs points à la fois, que la République française a le plus grand intérêt, dans sa position actuelle, de ne rompre ni les traités, ni la neutralité avec la Suisse, et que le système que vous présentez demande les plus sérieuses réflexions avant de l'adopter. Il faut donc tout faire, au contraire, pour conserver avec les cantons le bon voisinage qui règne entre eux et nous. Il en doit être de même envers le gouvernement de Genève dont les bonnes dispositions sont aussi à ménager. C'est pourquoi je pense qu'il convient d'attendre le résultat de la démarche que vous m'annoncez devoir être faite par les commissaires de la Convention et que, dans tous les cas, nous devons nous borner à recevoir plutôt qu'à donner l'impression (sic). Votre situation politique, les détails que vous donnez sur tout ce qui vous environne, et nos principes mêmes, nous indiquent de nous en tenir à cette prudente mesure.

C'est dans le même sens que je m'exprime envers le Comité de Salut public, en lui transmettant les extraits de vos lettres qui ont rapport aux objets ci-dessus. J'y ai joint toutes vos remarques sur le dénuement de nos places fortes et de nos armées, sur la nécessité de les approvisionner, de renforcer l'armée des Pyrénées, de la légion des Allobroges et des bataillons du Mont-Blanc, dont vous faites sentir l'avantage de leur déplacement. Il n'y a pas de doute que le Comité prendra tous ces avis pressants en grande considération.

Je viens d'écrire aussi au général Kellermann, à votre égard et dans les termes que vous désirez. Ainsi vous n'éprouverez sûrement plus de désagréments dans vos conférences, et votre caractère connu près de lui vous donnera toute la latitude qui vous manquait pour agir selon vos vœux et votre zèle pour l'intérêt de la République.

Le ministre des Affaires Étrangères.

[*Ibid.*, t. 323, fol. 107-108, v°. Minute.]

XVII

Chépy au Ministre.

Genève, ce 16 juin, l'an 2ᵐᵉ de la République une et indivisible.

Ministre,

J'ai reçu hier un rapport de la plus haute importance, concernant le Piémont et l'armée du despote sarde. Je l'ai envoyé sur-le-champ, par un courrier, à d'Ornac. Je le tiens d'Helfflinger ; il a été rédigé par l'homme que j'ai envoyé chercher en Valais, pour le mettre à la tête de mon système régulier et hiérarchique de surveillance.

Dans la copie que vous en recevrez, vous verrez que cet homme se plaint de la détresse où on le laisse, et que j'ai grande raison d'insister pour un envoi très prompt de fonds disponibles. Pour ne pas dégoûter un agent aussi utile, j'ai obtenu du général Carcaradec un prêt de dix louis, que je vais lui faire passer. Vous voyez que j'en suis aux expédients ; je vous supplie de ne plus me laisser dans un embarras si pénible.

Ce rapport, que je vous invite à méditer sérieusement avec le Comité de Salut public, vous prouvera que l'offensive nous promet les succès les plus brillants. Si on veut enfin, dans cette partie de la République, agir franchement avec vigueur, si on renonce à la guerre à la Montesquiou, bientôt le tyran de la Sardaigne nous demandera la paix, à genoux.

L'enlèvement des armes, que j'ai obtenues du gouvernement de Genève, a fait un peu crier les aristocrates et les englués. Ils ont menacé d'en avertir le roi de Chypre et de Jérusalem; les patriotes leur ont répondu par des coups de nerfs de bœuf et en s'attelant eux-mêmes aux chariots qui ont amené ces fusils sur notre territoire. Un si généreux empressement vous avertit qu'il est temps de faire cesser le blocus de cette petite république et d'apporter quelque adoucissement à la loi sur les subsistances. Je vous conjure, au nom des deux peuples, de vous en occuper[1].

Les Suisses restent toujours fort tranquilles.

Il existe près de Carouge, comme je vous l'ai déjà dit, un camp de deux bataillons. Ils sont tous les deux excellents et bien exercés, mais l'oisiveté les perd; il faudrait les employer activement, et ne laisser pour former le cordon que la légion des Alpes.

J'apprends qu'on envoie à l'armée du général de Flers quatre bataillons nouvellement formés à Grenoble; les progrès des Espagnols et les besoins pressants de l'armée des Pyrénées auraient dû déterminer l'envoi de corps mieux organisés. Ces bataillons sont perdus sans remède, et ne serviront à rien. Envoyez les Allobroges aux Pyrénées, pressez l'armement de la flotte à Toulon, et ça ira.

D'Ornac vient d'obtenir des lettres de service pour commander cette armée-ci sous Kellermann; en vérité, cette nomination est ridicule; il ne peut ni marcher, ni monter à cheval, et on le fait passer avant des généraux plus

---

[1] On trouve dans la correspondance de Genève (t. 99, fol. 150) « une note (du 28 juin 1793) sur la justice qu'il paraît y avoir de traiter bien Genève et de faciliter ses moyens de subsistance. » Il est dit que « l'idée de cette note est prise dans une lettre du commissaire national Chépy, datée de Genève, du 16... »

anciens, plus instruits et plus ingambes que lui. Comment avec un pareil chef faire une guerre active, telle qu'elle convient aux localités ?

Si l'on entre dans les plaines du Piémont, comme ce sera très facile dans peu, souvenez-vous que nous manquons de cavalerie.

La liberté vous garde.

P. CHÉPY,
Agent diplomatique attaché à l'armée des Alpes.

Nota. — Je vous prie de me faire rembourser de l'indemnité qui m'est due pour les effets que les Autrichiens m'ont enlevés dans la Belgique et dont j'ai déposé l'état dans vos bureaux[1].

[*Ibid.*, t. 323, fol. 114-115, v°.]

Rapport adressé à Chépy par son agent dans le Valais[2].

Suivant le rapport de trois déserteurs piémontais, il devait y avoir en Aoste 10,000 Autrichiens; il faudrait donc, ai-je répondu aussitôt, qu'il y eût 100,000 Autrichiens dans tout le Piémont! On est bien à plaindre, lorsqu'on se croit obligé d'ajouter foi à chaque rapport. En effet, aussitôt que j'ai reçu cette nouvelle, je suis parti pour me rendre à

---

[1] Voy. Arch. nat., F¹⁰. 11 — Le dossier *Chépy* renferme cet état qui porte la date du 8 avril 1793.

[2] Il figure dans le vol. 323 du fonds *France*, sous le titre suivant : « Relation du 11 juin 1793. » On lit en marge : « Copie de ce rapport a été envoyée au Comité de Salut public le 22, et au ministre de la guerre le 27 ».

notre rendez-vous, où j'ai pris des informations sûres, et où j'ai concerté un nouveau plan de surveillance, qui sera d'autant plus difficile à exécuter, qu'il ne peut absolument avoir lieu sans que je m'expose à être pris par les Piémontais ou à me faire casser le cou pour éviter les postes, et afin que la fréquence de mes voyages n'inspire aucune crainte.

Mon correspondant m'a fait part des articles suivants que j'ai discutés très à la hâte avec lui :

1º Les Piémontais perdent (?) (tel est le bruit en Aoste) de tous les côtés. Il y a 24,000 hommes du côté de Nice; du côté de Suse 26,000, 14 compagnies de grenadiers y comprises. On veut former quatre camps, mais ils ne sont encore que projetés. On vous a déjà désigné le local.

2º On travaille aux fortifications du fort de Bard[1], où il y a peu de troupes dans ce moment; mais le général doit s'y retrancher dans le cas d'une attaque sérieuse de la part des Français sur le duché d'Aoste, car il croit lui-même ne pouvoir pas se défendre, et, s'il n'a pas de troupes autrichiennes à sa disposition, il sera simplement sur la défensive.

3º Dans tout le duché d'Aoste, il n'y a que 6,000 hommes de ligne, 23 pièces de canon, 2 obusiers, 96 spingardes[2]; il n'y a pas un seul Autrichien à la cité d'Aoste.

4º Toutes ces troupes sont du côté du Petit-Saint-

---

[1] Le fort de Bard, dans la vallée d'Aoste, en amont d'Ivrée, que l'armée française dut tourner, au mois de juin 1800, au prix de grandes difficultés.

[2] C'est le mot italien *spingarda;* dans les documents français on dit plutôt: *espingole,* et il semble que ce terme désigne une sorte de *fusil de rempart.* Voy. *Catalogue des collections composant le Musée d'artillerie de Paris,* p. 825.

Bernard. De ce nombre, 500 sont à Courmayeur et 500 malades. Il en reste donc 5,000 du côté du Petit-Saint-Bernard.

5° Il y a 6 canons sur le Petit-Saint-Bernard, 2 obusiers, et les 96 spingardes sont divisées de ce côté-là. Il y a 2 canons et 200 hommes au Mont-Valezan [1]. Les 8 canons qui restaient à la Cité [2] sont partis samedi dernier.

6° Courmayeur n'est point encore fortifié ; on ne se méfie pas de ce côté-là.

7° Le duc de Montferrat [3] est à la Thuile [4].

8° 1,000 Autrichiens étaient destinés et prêts à marcher pour se rendre à la cité d'Aoste avec le régiment de Suse, mais ils ont été obligés de se porter sur le Mont-Dauphin pour empêcher les Français de pénétrer dans cette partie.

9° Les officiers et soldats sont épouvantés ; le général désespère lui-même. Les Valdotains [5], surtout du côté du Petit-Saint-Bernard, sont assurés d'être Français, faute de pouvoir se défendre, et ils ne se défendront pas beaucoup pour n'être pas maltraités des Français. Voilà leurs propos. Sans la religion, ils seraient tous Français dans l'âme.

10° Il n'y a aucun magasin ; les provisions arrivent à mesure qu'on les mange ; beaucoup de munitions en balles et en mitrailles. On n'a point de cavalerie. Samedi dernier, on avait commandé 2,534 mulets de transport ; il y a en Aoste 48 chevaux d'artillerie.

---

[1] Le Mont-Valezan (Savoie) ; c'est aussi le nom de deux villages du même département : Montvalezan-sur-Bellentre et Montvalezan-sur-Seez.

[2] La cité d'Aoste.

[3] Maurice-Joseph-Marie, duc de Montferrat, né le 13 septembre 1762, frère du roi de Sardaigne.

[4] La Thuile (Piémont).

[5] Habitants de la vallée d'Aoste.

11º On attend en Aoste le régiment des gardes.

12º Sur le Petit-Saint-Bernard, l'avant-garde est de 500 hommes. On ne la forcera pas sans peine, mais, une fois repoussée ou prise, le reste est peu de chose.

13º 400 chasseurs sur le Petit-Saint-Bernard, dont la moitié sont excellents.

14º On murmure en Aoste contre les Suisses, parce qu'ils ne se décident pas en faveur du roi de Sardaigne.

15º Un lieutenant-capitaine de chasseurs a dit qu'ils ne pourraient pas tenir. Un officier écrit du Mont-Valezan [1] à sa femme, de cacher tous ses meubles et tout ce qu'elle pourrait, que lui désespérait de la revoir. Un particulier écrit de la Salle [2] à son fils, à Marseille, qu'il y avait dans la paroisse beaucoup de paysans et de soldats malades ; ces derniers sont presque tous à la Thuile et au Petit-Saint-Bernard. Le nombre des troupes est d'environ 5,000. Le duc est à la tête, ce qui nous fait craindre, dit-il, une grande guerre, qui va se donner de jour en jour. Cette lettre est sans date, mais elle est toute récente.

16º On a fait venir une compagnie du régiment genevois à la Cité. On prétend que c'est pour que les soldats captivent leurs parents et se mettent du parti en cas d'une invasion ; les soldats sont de ce pays-là.

17º On a commandé 4,000 hommes de milice et donné ordre que chacun prenne les armes en cas de besoin.

18º Il faudrait faire semblant d'attaquer le Petit-Saint-Bernard où les principales forces se trouvent et passer par l'*Allée-Blanche* [3]. On couperait le passage aux troupes

---

[1] Voy. p. 70, n. 1.
[2] La Salle, près de Morgex (Piémont).
[3] Vallée qui conduit à Courmayeur, en passant par le col de la Seigne.

du Petit-Saint-Bernard et on les obligerait de se rendre. Les chemins sont assez beaux de l'autre côté. L'Allée-Blanche n'est point encore fortifiée, et l'on ne se doute de rien, excepté qu'on y ait envoyé les huit canons partis samedi de la cité d'Aoste. Si les Français parviennent à s'emparer des hauteurs du Petit-Saint-Bernard, il leur faut des conducteurs pour ne pas suivre la grande route, sans envoyer des chasseurs pour sonder les hauteurs et les passages, et faire attention à la Thuile, qui, après le Petit-Saint-Bernard, est le plus fortifiée, et Paira-Tailland [1], à six lieues du Petit-Saint-Bernard [1]. Tout le reste est peu de chose. A Villeneuve, il y a, sur le pont, quatre pièces de canon; les chemins sont beaux jusqu'au Petit-Saint-Bernard.

19° Les canons sont de 4 et de 8; de ces derniers, il y en a huit.

20° En passant par l'Allée-Blanche, on tombe à Courmayeur, et on évite la Thuile et Paira-Tailland.

21° Il y a encore un autre passage du côté de Digne [2] et Rhême [3], à la droite en allant au Petit-Saint-Bernard, qui n'est point gardé. On peut y passer avec des troupes légères et on évite les passages redoutables, s'il y en a, et on va tomber à Villeneuve [4]. On passe facilement sur le glacier à cette saison. Il serait peut-être à désirer qu'on y envoyât une cinquantaine d'hommes seulement, suivant la bonté du passage, et je crois que, si les Piémontais voient des figures françaises dans un de ces passages, ils seront aussitôt en déroute, ignorant le nombre...

[1] Pierre-taillée, sur la Dora Baltea, entre Morgex et Arvier?
[2] *Sic.* Tignes, Savoie, canton de Bourg-Saint-Maurice.
[3] La vallée de Rhême (Piémont.)
[4] Villeneuve (Piémont), en amont et non loin d'Aoste.

22° Une fois en Aoste, on pourra encore forcer le fort de Bard. On trouve un autre chemin pour l'éviter; les paysans d'Aoste seront intéressés eux-mêmes que cela ait lieu *(sic)* à cause des vivres.

23° On m'assure que le moment est pressant et très favorable, si l'on veut attaquer le Piémont. On fera une grande diversion pour Nice, et cela procurera d'autres avantages qu'on peut facilement deviner.

24° Je me suis aperçu, à Martigny [1], que la France y avait des émissaires pour sonder les opérations du pays, mais je dois avertir ici qu'ils donneront peut-être des nouvelles bien fausses. Ils parleront de 15,000 hommes de ligne et peut-être encore des Autrichiens, parce qu'on confond les Suisses qui parlent allemand avec les Autrichiens. Je ne doute nullement de leur bonne volonté, mais c'est la source qui est mauvaise. Les bruits publics sont tous exagérés.

25° Il y a plusieurs officiers et bas-officiers qui ont passé en Valais, sous prétexte d'y recruter des paysans qui sortaient de la ci-devant Savoie, mais on sait positivement que plusieurs, après avoir pris une somme assez considérable de la trésorerie d'Aoste, sont passé déguisés en Savoie pour soulever les Savoyards et pour les égarer. Ils observent en même temps les dimensions qu'il y a à prendre. Je me suis aperçu qu'un de ces agioteurs *(sic)* était à la foire de Martigny. Cette foire est trop grande et lui très adroit, je pense, de sorte que je n'ai pu découvrir l'homme, mais bien ses actions. C'est un nommé de Loche, major du régiment de Savoie, un petit homme noir, avec un habit foncé et un bouton de laiton à son chapeau.

[1] Village bien connu du Valais.

Mon correspondant de la Cité ira du côté de Suse, Turin, Coni et Mont-Cenis, si on veut lui envoyer de l'argent. Sur les autres passages, il n'a su me donner aucune nouvelle positive en ce moment. On établira la surveillance d'après les dépenses qu'on est disposé de faire; mais, si l'on veut, elle aura lieu. Ne pouvant plus continuer notre correspondance par lettre, ni par l'envoi d'aucun exprès, il faut que je m'établisse dans l'Entremont[1], où j'ai la facilité de courir sur les débouchés des différents passages, et pour faire toutes les courses nécessaires, il me faut un cheval et faire d'autres dépenses. Il faut donc voir ce qu'on veut sacrifier. Je ne pourrais à l'avenir communiquer avec lui, qui aura ses agents, sans m'exposer sur le terrain valdotain, où je suis mal noté.

J'ai pris des mesures pour avoir des renseignements ultérieurs du Piémont, en cas que les Français s'emparent d'Aoste, mais il faut de l'argent. Je n'en ai plus; je suis tellement ruiné que je n'ai pu payer à mon correspondant son dernier voyage, et jusqu'à nouvel ordre il n'en veut plus faire. J'ai appris par d'autres qu'il y avait 18,000 Autrichiens en Piémont, en tout; mais mon correspondant n'a su me le dire, et je ne fais mention, en général, que de choses sûres et de quelques réflexions qui en sont la suite.

Nota. — Il est de la plus grande importance de ne point laisser transpirer ces détails, ni de se confier à personne sur les dispositions de l'armée des Alpes dans le cas d'une invasion en Piémont, parce que le département du Mont-Blanc est inondé d'espions et de malveillants.

[*Ibid.*, t. 323, fol. 81-82 v°.]

[1] Le Val d'Entremont (Valais), près du col du Grand Saint-Bernard.

XVIII

Genève, ce 18 juin, l'an 2me de la République
française, une et indivisible.

Ministre,

Mon homme est venu du Valais ; il a concerté avec moi un plan de surveillance que je vous fais passer ci-inclus, mais il m'a déclaré qu'il ne pouvait rien entreprendre sans argent. J'attendais une avance des commissaires ; je n'avais reçu de vous aucuns fonds ; j'étais embarrassé ; j'ai imaginé d'emprunter au général Carcaradec dix louis, que je lui ai donnés en or. C'est bien peu de chose, eu égard aux dépenses qu'il a déjà faites ; je lui ai promis davantage pour la semaine prochaine Mettez-moi à même de ne pas lui manquer de parole, car ses correspondants et lui sont dégoûtés de ne rien recevoir. Helfflinger est aussi entièrement épuisé ; chaque jour il me persécute pour son remboursement. Ne me laissez pas, je vous supplie, dans une situation aussi pénible.

Il est arrivé à Carouge un garde du corps du roi de Sardaigne, qui a obtenu sa démission ; c'est un excellent patriote. Il m'a fourni les renseignements suivants.

La cour de Turin met tout son espoir dans l'Angleterre ; elle compte recouvrer la Savoie plutôt par les négociations que par la force des armes. Il n'en est pas de même du comté de Nice, sur lequel elle veut diriger un puissant effort, qui sera soutenu par les flottes combinées.

Il y a dans l'armée du découragement, de la mésintelligence entre les Autrichiens et les Piémontais, et surtout beaucoup de malades. Les milices sont irritées de ce que les troupes réglées les abandonnent au feu et veulent ensuite s'attribuer toute la gloire et le butin, quand il y a quelque avantage remporté. Le gouvernement a émis beaucoup de papier qu'on force les marchands à échanger contre de l'argent. Les négociants murmurent beaucoup. Le commerce est absolument ruiné; le prix des denrées est surhaussé. Le peuple souffre, se plaint; son indignation est dirigée contre les Français, mais elle ne peut manquer de se tourner contre le gouvernement.

Il y a beaucoup de démocratie dans les villes, même à Turin; on la trouve chez les officiers de l'armée, chez les commerçants, chez les gens de robe; quelques nobles et même quelques prêtres en professent chaudement les principes. A Turin, il y a des clubs. Les arrestations sont fréquentes, les nouvelles interceptées.

Le roi de Sardaigne, qui était assez aimé, conquiert de jour en jour le mépris public. On ne se console point en considérant son héritier présomptif, qui est encroûté de fanatisme.

Les Autrichiens auxiliaires sont au nombre de 10,000 hommes. On distingue les régiments de Caprara et de Belgiojoso, cassés pour lâcheté dans la guerre de Sept Ans.

L'opinion générale est que les Français seront en Piémont dans six semaines. On n'ose pas faire monter la garde aux citadins, comme on l'avait projeté; on craint de former une garde nationale.

Je m'empresserai de vous transmettre les documents ultérieurs que je pourrai me procurer.

Les commissaires de la Convention viennent d'adoucir

un peu l'exécution de la loi sur les subsistances, relativement à Genève.

Ce matin, j'ai conféré avec des membres du gouvernement. Ils m'ont paru très désireux d'être reconnus par le corps helvétique, et m'ont prié de solliciter près de vous l'intervention de notre ambassadeur. Je leur ai promis de vous écrire ; je tiens ma parole très promptement, parce que je pense : 1° que nous devons à Genève cette marque de reconnaissance ; 2° qu'il nous importe de consolider l'état politique d'un peuple, qui n'est réduit à demander notre appui que parce qu'il s'est modelé sur notre révolution ; 3° qu'il est digne de la nation française de faire rendre hommage, en toute circonstance, à la souveraineté des nations.

La prise de Saumur a produit ici un très mauvais effet [1]. Il faut que cette guerre soit terminée, à quelque prix que ce soit, dans un mois, ou la patrie sera déchirée par d'incalculables maux. Faisons un grand effort, précipitons-nous en masse sur les rebelles et qu'ils soient accablés tout d'un coup, sinon ils seront bientôt joints par les hordes impures des émigrés, par de nombreux mécontents et des satellites étrangers. Alors, qui sait où la rébellion et l'aristocratie peuvent s'arrêter? Pénétrez-vous bien de cette grande vérité : tant que vous n'aurez point étouffé l'hydre dévorante de l'Ouest, vous n'aurez, chez les étrangers, aucune espèce de consistance, quand bien même vous battriez les ennemis du dehors.

Au milieu des montagnes où je suis relégué, je verse des larmes amères sur le sort de ma chère patrie. Je frémis en voyant que nous sommes gouvernés par les

---

[1] 10 juin 1793.

passions, que l'ignorance ou la mauvaise foi dominent, que l'hypocrite modérantisme, d'une part, et la turbulente démagogie, de l'autre, s'agitent en tout sens pour nous donner des fers. Mais je me console en songeant qu'on n'a rien à redouter, quand on est fermement résolu à vivre libre ou à mourir.

La liberté vous garde.   P. CHÉPY.

Nota. — J'insiste toujours pour la fixation de mon traitement et du lieu de ma résidence.

[*Ibid.*, t. 323, fol. 130-133.]

Système général d'observation et de surveillance en Piémont [1].

C***, agent principal en Valais.

C***, agent secondaire, mais correspondant principal du premier, ambulant, mais résidant principalement à Turin.

C***, observateur à la cité d'Aoste.

C**, observateur à Courmayeur.

C**, observateur au Petit-Saint-Bernard.

C**, observateur à Suse.

C*, observateur à Coni.

---

[1] C'est bien là, si je ne me trompe, le « plan de surveillance » annoncé dans la lettre précédente, quoiqu'on le trouve beaucoup plus loin, à la suite d'une lettre du 27 juin. Mais il est certain qu'il a été expédié bien plus tôt, comme le prouve une note placée en tête : « 27 juin 1793. Donné copie de ce plan au ministre de la Guerre. »

C*, observateur au Mont-Cenis.

Le ministre est prié d'attacher à chacun de ces postes, s'il les trouve bien distribués, le traitement qu'il jugera convenable.

[*Ibid.*, t. 323, fol. 204.]

XIX

Le Ministre des Affaires Étrangères au citoyen Chépy, commissaire national à Genève.

Paris, 21 juin 1793, l'an 2me de la République française.

Je réponds, Citoyen, à vos deux lettres des 11 et 14, reçues à Paris le 18.

Il est prudent que vous craigniez toujours de voir les passages du Valais forcés et que, par des rapprochements fraternels avec Genève et par l'entremise du citoyen Barthélemy, nous prenions des précautions contre cet accident, comme contre la nécessité possible d'une évacuation de la Savoie; mais gardons-nous de préventions, de craintes et de mesures au delà de ce qui serait *prudence*. A côté de ces soins, s'ils étaient extrêmes ou exagérés, pourrait se trouver une rupture avec la Suisse, ou au moins un très grand danger d'y fournir prétexte. Pesez, à cet égard, ma lettre du 15 de ce mois; elle vous tiendra dans le terme qu'il est utile de garder, et je m'y réfère en vous recommandant de n'agir que de concert avec les commissaires de la Convention, les généraux, le Conseil et le Comité de Salut public.

J'ai fait passer à ce Comité tous vos renseignements, toutes vos vues, selon que les présentent vos deux lettres, sur l'idée d'une garnison française à Genève, sur le prix des armes que nous fournit cette ville, sur notre respect fraternel pour son indépendance, et sur les divers autres points qui y sont traités. Il est bien que 1,300 fusils et 300 canons à bon compte en soient déjà le fruit, et que vous espériez, en outre, vous procurer 6,000 autres fusils tout neufs, montés en cuivre, dans un autre lieu, par l'entremise du citoyen que vous me nommez.

En attendant, je tâcherai que la fermentation dont vous me faites part comme existant sérieusement entre la légion des Alpes et le bataillon de grenadiers, serve d'occasion pour rappeler dans nos camps la subordination qui s'en exile tous les jours.

Je rappellerai pareillement l'idée de transplanter les Allobroges aux Pyrénées.

A l'égard de votre traitement et du lieu de votre résidence, j'ai déjà répondu par la lettre dont je viens de vous rappeler la date. Les appointements seront les mêmes qu'en Belgique [1], et vous suivrez les quartiers du général, sauf les cas où une station fixe vous assurerait de meilleurs renseignements, chose que vous voudrez bien concerter avec les généraux et les commissaires de la Convention.

Il serait bon de me faire connaître, au moins confidentiellement : 1º quel est le libelle que le gouvernement genevois vient de faire saisir, comme contraire aux Français ; 2º quelle sera la dépense et l'organisation de votre système d'observation du côté des Alpes, système que vous dites avoir l'espoir de faire réussir. Autrement, et

---

[1] 800 livres par mois.

sur ce dernier point surtout, comment le Conseil et le Comité accorderaient-ils de l'argent, et en telle quantité ou en telle autre ?

En attendant ces premiers détails qui nous sont indispensables, vous pouvez [demander] des premiers fonds au général Kellermann et lui montrer ma lettre; chaque général a des fonds destinés à ces sortes de surveillance, et chaque surveillance de cette nature monte à telle ou telle somme, selon qu'elle est plus ou moins bien servie, plus ou moins difficile. En cet état, dès que le Conseil ou le Comité seront instruits par votre prochaine réponse, ils statueront la dépense à faire et j'exécuterai la mise ou le remplacement des fonds qu'ils me prescriront de remplir.

[*Ibid.*, t., 323, fol. 163-164 v°. Minute.]

XX

Chépy au Ministre.

Genève, ce 21 juin, l'an 2me de la République française, une et indivisible.

Ministre,

Ce n'est plus pour les citoyens Helfflinger et Delhorme que je vous demande des fonds disponibles (comme vous avez dû le voir par mes dernières dépêches), mais bien pour moi-même, mais bien pour conserver des agents précieux, que le dénuement absolu où on les a laissés a déjà dégoûtés et refroidis. J'ose espérer que vous examinerez avec attention le plan de surveillance que je vous ai soumis, et que vous me ferez provisoirement les avances nécessaires pour que le service actuel, tout imparfait qu'il est, ne soit point interrompu.

Le rapport détaillé que vous a transmis Helfflinger et que nous avons obtenu par la voie que je veux suivre, vous convaincra de l'urgence et de la justice de ma demande.

J'exécuterai vos ordres relativement à ma résidence habituelle. Je vous observe seulement que je n'avais pensé à m'établir dans une ville centrale, que pour faciliter mes communications avec les agents que je me propose d'employer.

L'extrait important, sur lequel vous me priez de fixer vos idées, est un morceau du plan général de pacification concernant la puissance sarde [1].

Nous avons reçu ici la liste des officiers généraux de l'armée. On y a vu avec surprise que, malgré ses talents et son ancienneté, du Muy n'était placé qu'en quatrième ordre, après d'Ornac, qui est hors d'état de servir, après Rossi, sur lequel il y a de violentes suspicions, après l'Estrade, dont l'âge ne peut guère suffire aux fatigues et à l'activité d'une guerre de montagnes [2].

---

[1] Chépy désigne ainsi un document, conservé aux archives des Affaires Étrangères et intitulé : *Idées sur un plan de pacification*. Il était destiné à servir d'instruction aux représentants en mission près les armées. On en trouvera l'analyse dans A. Sorel, *l'Europe et la Révolution française*, III, pp., 394 et suiv. Voy., pour ce qui concerne le Piémont, les pp. 395, 396.

[2] Jacques-Joseph de l'Estrade, né à Sommières (Gard), le 4 octobre 1730. Sous-lieutenant et lieutenant au régiment de Santerre. Capitaine au régiment de Béarn, 1er septembre 1755; maréchal de camp, le 1er août 1791; général de division, 12 juillet 1792. L'Estrade était chevalier de Saint-Louis du 16 mai 1762, et comptait huit campagnes.

Le brave Carcaradec, le premier des généraux de brigade de cette armée, l'un des meilleurs officiers de la République, est appelé par tous les vœux au grade de général de division. On s'étonne que, dans la pénurie effrayante de talents militaires où nous sommes, on le laisse végéter, ignoré, à Carouge, où il n'y a autre chose à faire qu'à empêcher les exportations prohibées. Je vous préviens qu'il m'a déclaré franchement qu'il se retirerait définitivement, s'il tombait sous le commandement de Hesse[1], dont la réputation, ici, n'est pas bien établie.

On a applaudi à la nomination de Ferrière[2], à la conservation de du Bourg[3]. Les autres sont inconnus; on ne paraît pas regretter beaucoup d'Oraison et Laroque[4].

---

[1] Charles-Constantin de Rothenbourg, prince de Hesse-Rheinfels. Né à Francfort le 10 janvier 1752. Capitaine dans Royal-Allemand, 28 avril 1765 (à l'âge de 13 ans); maréchal de camp, 9 mars 1788; lieutenant-général, 22 mai 1792; suspendu de ses fonctions, 12 novembre 1793, incarcéré à Saint-Lazare, 15 mai 1794; retraité, 5 janvier 1796; déporté à l'île d'Oleron, 3 janvier 1801; exilé en Suisse, 1812; mort à Francfort, 1821. (Iung, *Dubois-Crancé*, I, 246, n. 1.) En 1792, il avait joué un rôle assez louche, ne cessant de dénoncer Montesquiou avec lequel il était en lutte presque ouverte. Il s'était arrogé, sans titre régulier, le commandement de la place de Lyon; il prit une grande part à l'arrestation des officiers du régiment de Royal-Pologne. Pour en débarrasser l'armée des Alpes, on l'envoya commander à Besançon. (A. G. Armée des Alpes.)

[2] Général de division. N'a jamais paru à l'armée des Alpes.

[3] Général de division, commandant la Tarentaise et la Maurienne. Les deux généraux de brigade placés sous ses ordres, Le Doyen et Badelaune, eurent un rôle beaucoup plus actif et plus brillant que le sien.

[4] Je suppose qu'il s'agit de Jean-Alexandre Durand de Laroque, né à Saint-Hippolyte (Gard), le 30 août 1731, qui, retraité comme maréchal de camp, avait repris du service en 1792, et consenti à commander un simple régiment (le 59me régiment d'infanterie), bien

Quant aux adjudants-généraux, on est indigné de voir figurer parmi eux Saint-Charles, qui n'a point payé ses dettes à Carouge et qu'on dit, d'ailleurs, fort entaché.

On est, de jour en jour, plus satisfait du commissaire des guerres, Aman. Ce citoyen réunit beaucoup d'activité, de zèle et d'intelligence, à des formes douces et à un patriotisme sûr ; seul des premiers révolutionnaires du Dauphiné, il est resté dans la voie droite. Il a une vocation très prononcée pour les importantes fonctions d'ordonnateur.

J'apprends, par une voie sûre, que Marseille est fortement travaillé en contre-révolution. Parmi les présidents de section on trouve, à ce qu'on assure, des hommes qui, l'année dernière, étaient francs émigrés à Gênes. Il en est de même à Lyon. Un des meneurs de cette ville, apprenant la fausse nouvelle de la défaite totale de Custine, ne put contenir sa joie et la laissa si scandaleusement éclater, que le Département commence à enrayer et à faire des réflexions sérieuses. Surveillance sur ces deux points, mesures douces et sages, et nous conjurerons l'orage.

Je m'empresse de vous informer d'un fait singulier et dont on peut tirer bien des inductions. Depuis quelques jours, les négociants de Lyon et de Marseille tirent de Genève une quantité énorme de louis, malgré la baisse effrayante du change et le discrédit des assignats. Les demandes sont tellement forcées que, quoique les écus et les louis aient toujours été au pair sur cette place, il y a maintenant une différence d'un pour cent, et que les achats se font à 76 pour 100 de perte. On doit conclure

---

qu'il eût « en poche » son brevet d'officier général. Montesquiou le fit rétablir dans son ancien grade de maréchal de camp. (A. G.)

de là que les marchands de ces deux cités veulent, ou soudoyer les rebelles de la Vendée et alimenter la contre-révolution, ou soutenir une guerre impie contre la Convention nationale et détruire son légitime pouvoir, en opposant des monceaux d'or à la manufacture des assignats.

Malheur à ceux qui veulent le fédéralisme, malheur à ceux qui arment les citoyens pour leurs querelles, malheur à ceux qui ne savent pas faire à la patrie le sacrifice de leur existence ! Quant à moi, je jure de me rallier toujours à la Convention, et j'embrasse de toutes mes forces la colonne de la République une et indivisible.

Nucé commande du côté de Bayonne; tous les officiers du régiment ci-devant Royal liégeois, qui ont servi avec lui, proclament sa profonde impéritie [1]. Souvenez-vous de la prédiction que je vous fais, d'après les renseignements très exacts que j'ai pris sur son compte. Si on ne le remplace pas, ou si on ne le met pas sous les ordres d'un général expérimenté, les forces déplorables que nous avons sur ce point seront écrasées et anéanties, et Bayonne tombera au pouvoir du superstitieux Castillan.

Je frémis de rage, quand je pense à l'inertie et au pro-

---

[1] Léopold-Marie-Joseph de Nucé. Né à Innsbruck (Tyrol), le 22 juillet 1740. Sous-lieutenant au service de la France le 29 avril 1764; lieutenant-colonel du 101me régiment d'infanterie (Royal-Liégeois), le 13 avril 1792; colonel provisoire, le 19 août même année, après la destitution du colonel de Saint-Ignon et les désordres graves qui amenèrent le licenciement du régiment; maréchal de camp le 25 septembre 1792; suspendu le 7 août 1793; réintégré dans son grade et nommé commandant de Bruxelles, le 10 brumaire an IV (1er novembre 1795); retraité en 1801. (Charavay, *Correspondance de Carnot,* I, 309, n. 2.)

fond silence de Servan [1], au dénuement affreux de cette frontière et aux incroyables triomphes de nos méprisables ennemis. La cause principale de nos revers est la dépravation de l'esprit public. Le Basque est royalisé. L'habitant des Pyrénées est fanatique. Envoyez des régénérateurs d'opinion, de bons apôtres, et vous tarirez la source trop féconde de nos malheurs.

Venons maintenant à des développements d'un intérêt majeur. Nos derniers avantages sur les Piémontais nous mettent dans la nécessité de penser sérieusement à ce que nous devons faire. Jusqu'à présent je ne vois aucun plan fixe et déterminé; il faut enfin en tracer un et le suivre. Je crois remplir mon devoir en en signalant plusieurs à votre examen.

D'abord, on peut profiter de la détresse et de l'abandon du roi sarde, lui parler de ses vrais intérêts, lui offrir la paix et 15,000 hommes pour s'emparer de la Lombardie autrichienne, du Milanais, ou bien des États de Parme. J'y vois l'avantage de détruire l'influence de la maison d'Autriche en Italie, de s'y acquérir un allié fidèle et utile, qui assurerait à la République, dans cette partie, une utile prépondérance, surtout si l'on joint à cette mesure le partage de la domination papale entre le roi de Naples et le Grand-Duc.

[1] Servan (Joseph), né à Romans (Drôme), le 12 février 1741. Volontaire au régiment de Guyenne, 25 décembre 1760; colonel du 104me régiment d'infanterie, 7 mars 1792; maréchal de camp, 8 mai 1792; ministre de la guerre, 11 août - 6 octobre 1792; lieutenant-général, 25 septembre 1792; général en chef de l'armée des Pyrénées-Orientales, 1er mai 1793; démissionnaire, le 14 juillet de la même année; poursuivi comme Girondin, détenu à l'abbaye, mis en liberté après le 9 thermidor; retraité le 3 mai 1807; mort, 10 mai 1808 (Rochas, *Biographie dauphinoise*; Iung, *Dubois-Crancé*, 1, 252.)

Si l'aveuglement de la cour de Turin et sa royale obstination rendent ce projet impraticable, il faut se décider entre le système défensif et l'offensif. Si le premier est adopté, on doit retirer sur-le-champ 20,000 hommes des armées d'Italie et des Alpes, pour renforcer celles d'Espagne et de l'Ouest. Si l'offensif est préféré, ce à quoi les desseins des Espagnols et des Anglais, dans la Méditerranée, semblent conduire, alors il faut, à quelque prix que ce soit, créer, improviser de la cavalerie, pour entrer dans les plaines du Piémont, et se décider à la violation du territoire génois. Cette violation ne peut point avoir d'effets désastreux, attendu que la république de Gênes est très indisposée contre le tyran sarde, parce que l'on ne respecte point son pavillon et qu'on menace de l'envahir. Il peut en résulter de grands avantages, parce qu'en marchant par terre, droit à Oneille, nous opérerons une diversion puissante, parce qu'en outre, en passant par la république de Gênes, nous faciliterons l'explosion d'une révolution, qui n'attend, pour éclater, qu'une occasion favorable.

Le roi de Sardaigne, attaqué sur tous les points à la fois, hors d'état de tenir la campagne par le refus très formel que la cour de Vienne lui a fait de nouveaux renforts, environné, d'ailleurs, des circonstances fâcheuses que je vous ai décrites dans ma dernière dépêche, sera obligé, ou d'abandonner ses États à notre merci, ou de se renfermer dans ses places fortes. Alors, nous nous enrichirons des productions du fertile Piémont, nous frapperons en écus les lourdes madones. Bientôt, nous le réduirons à nous demander à genoux la paix, et à s'estimer fort heureux de n'être quitte que pour son duché de Savoie.

L'union de la Suède et du Danemark, la conduite impérieuse de Catherine envers la Porte, le partage de la Pologne et la prise de possession projetée de la Bavière, l'épuisement d'Albion et le levain de mécontentement qui y fermente, tout nous promet un heureux changement dans la situation politique de l'Europe.

Empêchons les descentes, étouffons l'hydre de l'Ouest, rallions-nous à la Convention, ayons le courage de la patience, abandonnons les hommes pour saisir les choses, et notre chère patrie montera au plus haut degré de félicité et de splendeur. Pardonnez cet épanchement à un jeune homme, pour qui l'amour de la liberté est une passion et la prospérité de son pays un besoin.

Il vient de s'élever entre Genève et Berne quelques tracasseries qui pourraient devenir sérieuses, si l'on n'employait très promptement l'intervention de notre ambassadeur. A Nyon, on a foulé aux pieds la cocarde genevoise; le gouvernement de Genève a fait instruire une procédure qu'il va envoyer au bailli de Nyon, avec demande d'une prompte justice. En outre, le canton retient des blés destinés pour Genève et achetés en Allemagne, quoique la main-levée pour cette denrée ait été obtenue à Constance et autres lieux de la domination de l'empereur. Il a eu même la perfidie de laisser amener ces blés jusqu'à Ouchy, parce que le marché stipulait qu'une fois la marchandise arrivée là, les commissionnaires seraient dans le cas d'exiger leur payement.

Ces procédés inquiétants, joints au refus de la reconnaissance et à l'entretien d'une correspondance suivie avec le lieutenant de police et autres aristocrates, avaient exaspéré le Comité de sûreté. On parlait de faire saisir 700,000 livres appartenant aux Bernois et de menacer de la réunion. Aussitôt, nous avons provoqué une conférence avec les membres influents. Nous avons calmé autant que possible ces petits ressentiments ; nous avons fait promettre qu'on ne s'engagerait dans aucune démarche sans nous avertir préalablement ; nous avons fait sentir qu'il ne fallait pas nous jeter légèrement dans une rupture avec les Suisses. Enfin, nous sommes convenus que nous vous solliciterions de faire intervenir le citoyen Barthélemy pour le redressement de ces griefs. Nous espérons que vous voudrez bien prendre cet objet en considération particulière.

J'ai appris qu'on venait de réunir le Valais à la résidence de Genève ; étant au fait des localités, je me permettrai quelques observations. Je remarquerai : 1° que le Valais, à cause de ses dispositions douteuses et des passages du Saint-Bernard, mérite toute la surveillance d'un résident sur les lieux ; 2° que l'orgueil valaisan se trouverait (à notre détriment) révolté de n'être considéré, par rapport à Genève, que comme une puissance accessoire, tandis que, dans cette corrélation, il est incontestablement la puissance principale. J'estime donc qu'il conviendrait d'avoir en Valais un résident distinct et séparé de celui de Genève, et que le choix devrait tomber sur Delhorme, que ses connaissances locales et ses services y appellent. J'espère que vous attribuerez ces réflexions, non à la folle manie d'influencer vos déterminations, mais à un sincère et solide amour du bien.

Je me croyais agent politique et non commissaire national. Quelque reconnaissant que je sois de ce qu'on a daigné me conférer ces dernières fonctions, je vous prie de vous ressouvenir que je me suis attaché, par état, au corps diplomatique, que j'en attends mon existence et qu'il serait dur pour moi d'y perdre rang, pour avoir été jeté momentanément dans le système administratif.

La liberté vous garde.

P. Chépy,
Commissaire national à l'armée des Alpes.

P. S. — J'ai conféré avec les citoyens Maret et Sémonville [1]. Je leur ai demandé des conseils et des lumières sur ma mission. Je tâcherai de profiter de ce qu'ils m'ont dit et de le faire tourner à l'avantage de la République.

[*Ibid.*, t. 323, fol. 166-171 v°.]

XXI

Genève, ce 23 juin, l'an 2me de la République, une et indivisible.

Ministre,

Enfin, nous ressentons ici quelque amélioration. Le général Carcaradec va commander sous du Muy, dans la Maurienne. Le bataillon de grenadiers, qui s'usait dans

---

[1] Maret (le futur duc de Bassano) et Sémonville venaient d'être nommés ambassadeurs, le premier à Naples, le second à Constantinople. Ils se rendaient à leurs postes, en traversant la Suisse ; mais, comme ils voyageaient avec autant de maladresse que d'indiscrétion, ils tombèrent, le 24 juillet, dans une embuscade. Le gouvernement autrichien les fit surprendre et enlever au passage, sur le territoire des Grisons. (A. Sorel, *L'Europe et la Révolution française*, III, p. 431. — Kaulek, *Papiers de Barthélemy*, t. II et III.)

l'oisiveté du camp de Carouge, part pour Annecy, où, cependant, il ne faut pas le laisser. La légion des Allobroges marche aux Pyrénées. Grâces soient rendues à ceux qui ont prêté l'oreille à nos justes réclamations ! Il serait urgent de donner aussi une destination convenable aux bataillons du Mont-Blanc, qui seront excellents dès qu'ils seront dépaysés.

Scrupuleux à l'excès dans le jugement que je porte sur les individus employés, j'ai pris de nouveaux renseignements sur le colonel De Laroque. Il en résulte qu'on peut *ajourner son avancement,* jusqu'à ce qu'il l'ait acheté par quelque action d'éclat.

Je persiste à soutenir que d'Ornac a une jambe trop affectée, l'Estrade un âge trop avancé, pour servir dans cette guerre comme lieutenants-généraux.

Quant à Rossi, qui est Italien et paraît avoir de l'humeur, il faut le surveiller. D'ailleurs, on peut consulter, à son sujet, le commissaire Dubois de Crancé.

Du Muy désire de bien faire, et il fera bien si on lui en donne les moyens.

Saint-Rémy connaît le pays. C'est un bon officier d'artillerie, mais plein de morgue et de pédantisme.

On ne dit rien de Kellermann, si ce n'est que c'est un soldat. Je le verrai, je l'étudierai et vous ferai part de ma manière de voir.

Le général Carcaradec est parvenu à établir un esprit de discipline très solide parmi les troupes de Carouge. Elles-mêmes dénoncent et punissent ceux qui y manquent.

Le lieutenant-colonel du bataillon de l'Aude, qui va commander à Carouge à la place du général Carcaradec, le citoyen Pouget, est un jeune officier patriote de la plus belle espérance [1]. Son extrême sévérité n'empêche pas les soldats de lui rendre justice.

Le citoyen Valette, capitaine d'une compagnie de grenadiers du 79ᵉ régiment et commandant le bataillon de grenadiers détachés, est un officier distingué, chéri du soldat, qui marche droit et qui mérite sous tous les rapports une lieutenance-colonelle [2].

Tout ce qui est à Carouge est désespéré de ne pas voir l'ennemi.

J'attends toujours ici de l'argent pour assurer ma correspondance et mes intelligences dans le Piémont. Jugez de mon embarras : je ne puis rendre au général Carcaradec, qui part pour le Mont-Cenis, les 10 louis qu'il m'a prêtés.

Grenus a fait avec les Genevois une sorte de réconciliation. Il vient et parle au club; nous verrons ce qui en résultera.

[1] Pouget (Jean-Pierre), né le 9 octobre 1761, à Peret (Hérault, arrondissement de Béziers). Volontaire à la Révolution ; lieutenant du 2ᵐᵉ bataillon de l'Aude ; chef de bataillon au 1ᵉʳ de l'Aude ; fait les campagnes de 1792 et 1793 ; adjudant-général chef de brigade (colonel d'état-major) pendant le siège de Lyon ; général de brigade ; chef de l'état-major général de l'armée des Alpes ; nommé général de division à titre provisoire par le représentant Gaston, le 14 germinal an II. (Archives nationales, AF. II, 354.)

[2] Valette (Antoine-Joseph-Marie), né à Valence, le 26 janvier 1748. Adjudant-général, 20 août 1793 ; général de brigade, 23 septembre 1793 ; prend part en cette qualité au siège de Lyon ; employé plus tard à l'armée d'Italie. Le 2 août 1796 (la veille de la première bataille de Castiglione), dans un conseil de guerre tenu à Montechiaro, Bonaparte le suspendit de ses fonctions, pour avoir abandonné Castiglione qu'il devait défendre et s'être replié sur Montechiaro. Peut-être n'avait-il effectué sa retraite que sur un ordre d'Augereau. Quoi qu'il en soit, il ne réussit pas à se justifier, et cet événement malheureux brisa en quelque sorte sa carrière. (Rochas, *Biographie dauphinoise*. — Eug. Trolard, *De Montenotte au pont d'Arcole*. Paris, Savine, 1792, in-12, 429-430, 445-446.)

Les louis enchérissent de plus en plus. Aujourd'hui, ils valent 18 sols. L'opinion, à Genève, est que Lyon les tire pour les faire passer à la Vendée.

Je m'empresse de vous annoncer que le bailli de Nyon vient d'expulser de sa juridiction les émigrés français et genevois. Il a paru y mettre de la loyauté.

Je ne doute pas que vous ne pressiez la détermination d'un plan quelconque relativement au Piémont. La saison favorable va commencer, et avec de bonnes mesures nous pouvons prétendre aux plus grands succès.

J'ai reçu des avis sur quelques projets du général de Vins[1], que j'ai communiqués aux généraux.

Un voyageur digne de foi m'a dit que la mésintelligence est à son comble entre la Prusse et l'Autriche, que Wurmser[2] s'est exhalé contre la cour de Berlin en plaintes amères, *et ce en sa présence,* qu'enfin, le roi de Prusse a donné ordre à ses patrouilles de ne point faire feu les premiers (sic). On nous a communiqué aussi la substance d'une lettre d'un adjudant-général, spécialement attaché au prince Cobourg (sic). Cet officier s'exprime en ces termes: *Nous avons des succès contre les Français, mais ils sont achetés bien cher et ne nous conduiront presque à rien.*

Des lettres de Gênes annoncent qu'on a signalé la flotte espagnole et qu'on l'a perdue de vue peu de temps après.

---

[1] Joseph-Nicolas, baron de Vins. Général autrichien, né à Mantoue en 1732, mort à Vienne le 26 septembre 1798. Commandait en chef les troupes auxiliaires autrichiennes du Piémont. (*Biographisches Lexicon des Kaiserthums Oesterreich.*)

[2] Dagobert-Sigismond, comte de Wurmser (1724-1797); l'adversaire malheureux de Bonaparte pendant la mémorable campagne d'Italie. Il commandait, en 1793, l'armée autrichienne, qui opérait, de concert avec les Prussiens, dans les provinces rhénanes.

De l'union, des efforts à la Vendée et sur la frontière d'Espagne, et la France est sauvée.

La liberté vous garde. P. CHÉPY.

[*Ibid.*, t. 323, fol. 177-178 v°.]

XXII

Genève, ce 24 juin, l'an 2ᵐᵉ de la République, une et indivisible.

Ministre,

Fatigué d'attendre en vain une réponse des commissaires de la Convention sur une avance que je leur demandais pour entamer mes opérations de surveillance, je me suis résolu à me rendre à Grenoble. Là, je remplirai les devoirs qui me sont imposés par ma mission. J'aurais bien désiré que le nouveau résident arrivât à Genève avant mon départ, pour pouvoir me concerter avec lui, mais si, comme je l'espère, Delhorme va en Valais, il n'y aura rien de perdu.

Il paraît que mon agent principal est un peu dégoûté, car depuis ma dernière entrevue, où je lui avais promis de l'argent, il ne m'a adressé aucun rapport. La faute tout entière en est au général d'Ornac, qui n'a pas voulu s'exécuter, par un frivole amour des formes, et aux commissaires de la Convention, qui n'ont pas eu la fermeté de lui forcer la main. Le remboursement que je réclame pour mon agent et pour Helfflinger devait être fait par lui, puisque les dépenses n'étaient que pour le service de l'armée des Alpes.

J'ai fait remettre à Carouge les armes dont j'ai traité au nom du peuple français. Le général d'Ornac a fait transporter tous les fusils à Grenoble ; il a laissé à Carouge les 300 canons de fusils neufs et les 300 fusils de remparts, disant que ces armes étaient inutiles, qu'on n'aurait pas dû les acquérir. J'ai fait observer que ces canons de fusils seraient certainement inutiles, si on ne les envoyait point à une manufacture pour les monter, qu'il y avait de la mauvaise foi à les laisser à Carouge, qu'il en était de même pour les fusils de remparts, qu'on pouvait utilement répartir entre nos places fortes, telles que Briançon, Montlion[1] ; qu'enfin la France, dans ce moment, ne pouvait se procurer une trop grande quantité d'armes de toute espèce. Je vous fais part de ces raisons pour qu'on les puisse faire valoir à Paris, au cas qu'elles ne soient point écoutées à Grenoble.

On assure, ici, que le commerce de Lyon a arrêté de ne faire et de ne recevoir ses payements qu'en écus.

J'attends toujours les moyens de faire avec une très vive impatience.

La liberté vous garde. P. CHÉPY.

P.-S. — Je vous prie d'adresser dorénavant vos lettres sous le couvert du général d'Ornac, commandant l'armée des Alpes, au quartier-général à..... (suivant les mutations).

[*Ibid.*, t. 323, fol. 180-181.]

---

[1] Montdauphin (Hautes-Alpes).

XXIII

Genève, ce 27 juin, l'an 2ᵐᵉ de la République, une et indivisible.

Ministre [1],

Votre prédécesseur, de concert avec le Comité de Salut public, m'a confié une mission importante. Je viens vous demander la confirmation de mes pouvoirs, la revision de mes instructions et le renouvellement de mon passeport, car l'ancien, revêtu du nom d'un fonctionnaire en état d'arrestation, m'a fait essuyer déjà bien des difficultés.

Je crois être assez connu de vous pour obtenir votre plus entière confiance, mais si la calomnie, qui s'acharne

---

[1] Cette lettre est adressée à Deforgues, qui, le 21 juin, sur la proposition d'Hérault de Séchelles, avait été nommé ministre des Affaires Étrangères, à la place de Lebrun, enveloppé dans la proscription des Girondins. Né à Vire (Calvados), en 1759, François-Louis-Michel Chemin Deforgues débuta comme chef de bureau à l'Hôtel-de-Ville sous la commune insurrectionnelle du 10 août et prit une part active aux massacres de septembre. Il fut ensuite successivement secrétaire-général du Comité de salut public, adjoint au ministre de la Guerre sous Bouchotte, et enfin ministre des Affaires Étrangères. Décrété d'arrestation comme Dantoniste, le 13 germinal an II (1ᵉʳ avril 1794), il est enfermé au Luxembourg et mis en liberté après le 9 thermidor. Ambassadeur en Hollande en 1799, il fut rappelé à la suite du 18 brumaire. Commissaire général de police à Nantes, poste qu'il ne put conserver en raison des conflits d'attributions qui s'élevèrent entre lui et le préfet du département; consul de France à la Nouvelle-Orléans (1804); mort le 10 sept. 1840, après avoir été pensionné par la Restauration et le Gouvernement de Juillet. (F. Masson, *Le département des Aff. Étrang.*, pp 286-287, 303-304. — *Biographie nouv. des Contemporains*, t. V [1822].)

toujours contre les absents, cherchait à me noircir, parlez de moi aux citoyens Danton, Barère, Lacroix, Pache, maire de Paris; ils vous diront que, depuis deux ans, je sers la liberté à l'étranger et je souffre pour elle; qu'enfin j'ai été mis, par l'infâme Dumouriez, en état d'arrestation, pour avoir seul lutté contre sa tyrannie. J'attends donc de votre justice la continuation des pouvoirs qui me sont actuellement délégués, mais même dans le corps diplomatique, où je suis attaché depuis deux ans, quand les circonstances pourront le permettre.

Après ces préliminaires, que votre nomination rendait indispensables, je vais continuer ma correspondance de la manière accoutumée.

En conformité de la décision que j'ai reçue du ministère, je me suis rendu au quartier-général. J'ai fort bien fait de ne point attendre la réponse des commissaires de la Convention, car je les ai trouvés tellement surchargés d'occupations et d'inquiétudes sur les efforts du fédéralisme départementaire (*sic*), qu'ils n'avaient pu même songer à moi.

Je vais prendre tous les moyens provisoires qui seront en moi. Je reçois à l'instant une lettre de mon agent principal, par laquelle il me dit que d'après les conférences qu'il a tenues avec ses correspondants, il estime que mille écus en numéraire par mois peuvent suffire pour exécuter le système de surveillance que je vous ai fait passer et que j'ai conçu. Il m'ajoute qu'il a remis au résident Helfflinger une note de 584 livres de déboursés, qu'il a faits pour le service de la République. Il en demande le payement avant de rien entreprendre, et, si vous n'envoyez pas très promptement des fonds, je ne sais plus comment faire.

L'esprit public, à Grenoble, s'améliore sensiblement ; les complots des conspirateurs seront déjoués. L'unité de la République sera intacte et tous les intrigants seront anéantis. L'armée est dans les meilleures dispositions. Les commissaires, dont elle aime le caractère franc et prononcé, ont fait des promotions qui augmenteront le nombre des officiers patriotes. La consolidation de notre liberté et la vue des Piémontais, voilà ce que le soldat désire.

Quand j'aurai passé ici deux ou trois jours, je vous donnerai des renseignements plus précis. Surveillez Lyon et la coalition du Midi, je ne cesserai de le répéter, et pour effrayer les traîtres, faites justice de ceux qui fabriquent de faux passeports et qui se font artisans de guerre civile.

La liberté vous garde. P. CHÉPY.

[*Ibid.*, t. 323, fol. 202-203.]

XXIV

Paris, 28 juin 1793, l'an 2ᵐᵉ de la République française.

Au citoyen Chépy, commissaire national à Genève.

Je réponds, Citoyen, à vos deux lettres des 16 et 18 de ce mois, qui ne me sont parvenues que le 23 et le 25.

Le rapport important que vous m'avez envoyé a été communiqué par moi au Comité de Salut public et au ministre de la Guerre. Il sera médité avec attention, et nous avons commencé par prendre des mesures pour que, par l'entremise de mon collègue, le général Kellermann ou le citoyen d'Ornac, qui commande sous lui, vous remette provisoirement, sur les 500,000 livres que chaque général en chef a pour ces sortes de dépenses, les premiers fonds dont vous auriez besoin pour faire marcher l'observation dont il s'agit et pour restituer au général Carcaradec les 10 louis qu'il vous a prêtés. Il va être écrit au général par le ministre de la Guerre, selon que je l'en ai prié, et vous pouvez d'avance lui montrer cette lettre-ci. Quant au citoyen Helfflinger, dès qu'il aura présenté sa réclamation pour telle ou telle quantité de fonds disponibles, je verrai ce qui pourra lui en être envoyé.

Je suis content du tableau que vous m'avez joint des huit points d'observation que vous avez déterminés sur la surface du pays à observer, pour attacher à chacun d'eux, selon votre désir, le traitement qui sera jugé convenable. J'ai communiqué votre système et votre plan au citoyen ministre de la Guerre, et nous le règlerons ensemble.

Genève s'étant bien montrée à notre égard sur le fait des armes dont nous avions besoin, je tâcherai de faire relâcher en sa faveur la loi sur les subsistances, et pour n'être pas seul à lui faire rendre justice, j'ai fait part de ce passage de vos lettres, comme de quelques autres de vos observations, au Comité de Salut public et au ministre de la Guerre.

Nous verrons le parti qu'il y aura à prendre sur le tout et celui qui sera pris; mais sans l'extinction des troubles de la Vendée, il n'y a point de calcul ni de projet qui puisse être certain. Nous espérons des succès, nous les préparons par nos veilles : voilà le point où nous en sommes.

Vous demandez, à la fin de vos lettres, que l'on vous rembourse le prix de vos effets perdus dans la Belgique. Le Conseil s'en occupera, je crois, sous peu de jours. En attendant, vous êtes porté, pour ce que vous réclamiez, sur l'état que mon prédécesseur y a déposé le 18 de ce mois, à la suite de son troisième rapport sur cette contrée, que le perfide Dumouriez a trahie en trahissant son propre pays.

Le ministre des Affaires Étrangères.

[*Ibid.*, t. 323, fol. 218-219. Minute.]

XXV

P. Chépy, agent politique employé à l'armée des Alpes, aux membres composant le Comité de Salut public[1].

Grenoble, ce 28 juin, l'an 2ᵐᵉ de la République française, une et indivisible.

Citoyens représentants,

Je ne puis remplir avec succès l'importante mission qui m'est confiée si, dans la crise révolutionnaire où nous sommes, on ne renouvelle mes pouvoirs[2]. Je les tenais d'un ministre usé par l'opinion publique. Le passeport

---

[1] La lettre fut renvoyée au ministère des Affaires étrangères, comme le prouve la note suivante placée en tête : « Envoyé par le Comité de Salut public. »

[2] Note du Comité de Salut public : « Demander quelle a été la nature de sa mission et voir ses instructions. »

qui est ma sauvegarde est revêtu de son nom ; déjà, j'ai éprouvé des difficultés, j'ai été considéré, par des hommes qui ne connaissaient point mon caractère, comme un apôtre du fédéralisme, comme un agent du vaste complot dont chaque jour amène le développement. Il est temps de m'affranchir de ces soupçons, en me faisant une nouvelle délégation de pouvoirs.

Si vous me croyez digne de coopérer avec vous à l'achèvement de la Révolution, vous inviterez le nouveau ministre à acquiescer à la demande formelle que je lui ai faite par une lettre d'hier. Si ma correspondance vous a convaincus que je pouvais être utile, augmentez ma tâche ; j'appartiens à la patrie, mon dévouement et mon zèle sont sans bornes. Si vous jugez que je ne suis point élevé à la hauteur de la circonstance, donnez-moi, je vous prie, promptement ma retraite. Mais, de grâce, décidez de suite sur mon sort, car l'incertitude est un affreux supplice, surtout pour un homme sensible et qui habite avec son cœur.

La liberté vous garde.   P. CHÉPY.

[*Ibid.*, t. 323, fol. 222-222 v°.]

XXVI

Chépy au Ministre.

Grenoble, ce 29 juin, l'an 2me de la République française.

Ministre,

Les commissaires de la Convention viennent de suspendre le général d'Ornac [1]. Ils ont pris le prétexte de ses infirmités, mais la véritable cause, c'est la conduite qu'il a tenue dans les derniers temps et l'espèce d'assentiment qu'il a paru donner aux projets de fédéralisme de l'administration de l'Isère [2]. L'armée, qui connaissait son automatie, ne le regrette point.

Les commissaires ont pris plusieurs autres mesures vigoureuses qui ont eu un plein succès. Leur surveillance est infatigable ; j'espère qu'ils déjoueront l'infernale coalition du Midi. On pense ici sérieusement à marcher sur Lyon [3]. On sent qu'avec les troubles affreux de la Vendée, il serait incalculablement dangereux de laisser grossir un pareil noyau. Ces secousses intérieures déconcertent tout notre plan de campagne contre les Piémontais. Ceux-ci se sont avancés en force dans la vallée d'Arche [4]. Nos troupes n'ont ni tentes, ni effets de campement, ni chevaux d'artil-

---

[1] L'arrêté est du jour même, 29 juin. On en trouvera les considérants dans Wallon, *Les représentants en mission*, etc., t. III, Paris, Hachette, 1889, p. 405.

[2] Pour détourner le coup, il écrivait, le 21 juin, au Comité de Salut public : « Dévoué à ma patrie, j'ai toujours pensé que mon devoir était de chercher à concilier tous les esprits et que je devais surtout m'occuper de mon métier. *Aujourd'hui on paraîtrait désirer que je me mêlasse ouvertement des querelles qui existent entre le département et les représentants près cette armée.* Citoyens, je n'entends rien à ces tracasseries-là. Je connais mes devoirs, mes serments, mais il m'est bien dur de m'entendre menacé (*sic*) de suspension. » (Wallon, *op. et loc. cit.*)

[3] Les représentants du peuple n'avaient qu'une pensée : laisser le champ libre aux Piémontais et employer toutes les troupes de l'armée des Alpes contre Lyon, Marseille et Toulon. Mais ils rencontrèrent une certaine résistance chez Kellermann, que la défense de la frontière des Alpes préoccupait surtout, et à plus juste titre.

[4] La vallée de Larche. — Larche, commune des Basses-Alpes, située dans la vallée de l'Ubayette, sur la route qui débouche du col de l'Argentière, appelé aussi col de Larche.

lerie, au point qu'on a proposé de mettre des pièces de 12 dans les redoutes, sans chevaux, au risque de tomber au pouvoir de l'ennemi, si nous étions un peu poussés.

Kellermann est attendu ici avec impatience. Je l'étudierai et vous instruirai de tout ce qui peut vous intéresser en lui. J'attends avec impatience la confirmation de mes pouvoirs et les moyens que j'ai demandés pour faire exécuter mon plan de surveillance.

J'ai vu avec douleur que le député Simond[1] avait accusé les Suisses de s'être coalisés avec les Suisses (*sic*), pour marcher contre la Convention. Des imputations pareilles, dénuées de tout fondement et très injurieuses, sont bien capables d'aigrir le corps helvétique, surtout à l'ouverture de la diète.

La liberté vous garde. P. CHÉPY,

Agent politique employé à l'armée des Alpes.

P.-S. — Le général d'Ornac étant suspendu, je vous prie d'adresser mes lettres chez le citoyen Rivière, hôtel ci-devant *des Princes,* à Grenoble.

[*Ibid.*, t. 323, fol. 231-232.]

---

[1] Simond (Philibert), né à Rumilly (Savoie), en 1755; vicaire-général de l'évêque constitutionnel du Bas-Rhin; député de ce département à la Convention; envoyé à deux reprises en mission à l'armée des Alpes; mort sur l'échafaud, le 21 germinal an II (10 avril 1794).

XXVII

Grenoble, le 1er juillet, l'an 2me de la République, une et indivisible.

Ministre,

Mes prédictions viennent de s'accomplir. Antonio Rossi, que je vous avais dénoncé, vient d'être chassé par les soldats de sa division [1]. Tous ces généraux d'ancienne promotion ne jouissent d'aucune confiance.

Il nous manque ici au moins 900 chevaux d'artillerie, des tentes, des piquets de tente, des marmites, bidons et autres effets de campement. Nous n'avons pas non plus assez de cavalerie, même pour le service de la correspondance. Dans l'état actuel des choses, même en forçant

---

[1] A la suite d'une attaque assez inutile dirigée par Camillo Rossi, commandant du camp de Tournoux, contre le village de Largentière, et qui n'avait abouti qu'à un retour offensif des Austro-Sardes et au sac de plusieurs villages français de la frontière (24-26 juin). Le 28, le général avait été mis en arrestation par ses soldats mutinés et conduit à la prison de Barcelonnette. Antonio Rossi, dont le commandement s'étendait sur toute la partie de la frontière des Alpes comprise entre Cervières et Entrevaux, et qui avait autorisé l'attaque contre Largentière, n'était pas moins impopulaire que son frère et aurait eu le même sort, s'il ne s'y était dérobé par la fuite. Kellermann, qui eût préféré qu'on ne prît pas l'offensive, jugeait favorablement la façon dont les opérations avaient été conduites : « Je dois, disait-il dans un rapport officiel, rendre justice aux bonnes dispositions du général de brigade Camillo Rossi dans les différents combats, et à celles du général de division, Antonio Rossi, dans les journées des 25 et 26 juin. » Voy., pour plus de détails, Krebs et Moris, pp. 248-255.

les passages, nous ne pourrions nous hasarder dans les plaines du Piémont.

Les commissaires viennent de suspendre la municipalité[1] ; on ne saurait trop multiplier les actes de rigueur.

L'espèce de congrès rassemblé à Valence s'est terminé d'une manière très favorable à la liberté. On y a juré, en dépit des intrigants, l'indivisibilité de la République[2].

On dit que les Marseillais sont en marche pour Lyon ; on s'apprête, ici, à aller au-devant d'eux. D'ailleurs, ils n'obtiendront point passage à Valence.

J'ai conçu une idée, que je vous prie de soumettre au Comité de Salut public : c'est de faire passer par Lyon les troupes de la Moselle, qu'on veut envoyer à la Vendée. Nous aurions l'avantage de réduire deux rébellions à la fois.

J'attends toujours vos ordres.

La liberté vous garde. P. CHÉPY,

Agent politique employé à l'armée des Alpes.

[*Ibid.*, t. 323, fol. 245-246.]

---

[1] Le 29 juin : une nouvelle municipalité fut installée le 11 juillet.

[2] L'administration départementale de la Drôme s'était d'abord prononcée contre la révolution du 31 mai (délibération du 20 juin) ; mais les délégués de quarante-deux sociétés populaires des départements de la Drôme, du Gard, de l'Ardèche et des Bouches-du-Rhône s'étant réunis à Valence les 24, 25 et 26 juin, les résolutions prises dans cette assemblée plénière amenèrent un revirement complet dans l'attitude du Directoire du département de la Drôme, qui fut dès lors perdu pour la cause fédéraliste. Voy. l'arrêté du 3 juillet qui contredit entièrement celui du 20 juin. (Wallon, *La révol. du 31 mai*, II, 232-234.)

XXVIII

Le Ministre des Affaires Étrangères au citoyen Chépy, sous le couvert du général d'Ornac, commandant [de l'armée] des Alpes, au quartier général, à Grenoble.

Paris, 4 juillet 1793, le 2me de la République.

J'ai reçu, Citoyen, le même jour, 2 de ce mois, vos deux lettres datées de Genève, l'une du 24 et l'autre du 27 juin dernier. Je vois, par la première, que vous vous proposez de vous rendre à Grenoble pour mieux remplir votre mission. J'approuve le motif de votre déplacement, qui paraît effectué, suivant votre seconde, où vous dites vous être rendu au quartier général, d'après la décision du ministre.

Vous n'avez pas eu longtemps à regretter le silence de votre agent, puisqu'il vient de vous écrire et de fixer à 3,000 livres par mois en numéraire, les fonds qui lui seraient nécessaires pour exécuter, avec ses correspondants, le système de surveillance annoncé. Je viens de communiquer cet objet au ministre de la Guerre, afin qu'il me marque s'il veut faire supporter ces dépenses à son département, de moitié avec le département des Affaires Étrangères, comme cela s'est déjà pratiqué. Aussitôt qu'il m'aura répondu à ce sujet, je me hâterai de vous instruire jusqu'à quel point la proposition de votre agent pourra être acceptée. En attendant, il convient que les 584 livres qu'il annonce avoir déjà déboursées lui soient rendues. En conséquence, si le citoyen Helfflinger, à qui il a remis la note de ces frais, les a acquittés, dites-lui de l'envoyer au citoyen Mendouze, chef du bureau des fonds; je viens de donner l'ordre de la rembourser sur-le-champ.

Je suis fâché que le manque de quelques fonds ait ralenti ou suspendu les premières relations de surveillance que vous avait promises votre agent. C'était aux généraux Kellermann ou d'Ornac à y pourvoir sur les 500,000 livres, remises à la disposition des chefs de chaque armée, pour ces sortes de surveillances. Une de mes dernières lettres vous en a prévenu. Pressez-les à cet égard, les moments sont précieux; qu'ils fournissent provisoirement. Je vais m'en entendre avec le ministre de la Guerre pour l'ultérieur, afin de mettre en pleine activité, s'il y a lieu, cette opération qui paraît devoir être utile. Je lui ai aussi transmis vos observations et vos craintes relativement aux armes laissées à Carouge par le citoyen d'Ornac.

J'ai également envoyé au ministre de l'Intérieur l'avis que vous avez reçu relativement aux dispositions des négociants de Lyon de ne payer et recevoir qu'en écus. Le Comité de Salut public, enfin, a aussi sous les yeux l'extrait de votre lettre, où vous faites remarquer la nécessité plus qu'urgente de surveiller la coalition du Midi; mais ce qu'il verra avec non moins d'intérêt, c'est que le bon esprit règne à Grenoble et dans l'armée, et que les commissaires, par leurs promotions sages et énergiques, concourent à éclairer le patriotisme.

J'ai donné des ordres au Secrétariat pour qu'il vous soit délivré, comme vous le désirez, un nouveau passeport. Quant à la confirmation de vos pouvoirs, pour laquelle vous avez écrit au Comité de Salut public, qui me renvoie en cet instant votre lettre, je vais m'en entendre avec lui et avec le Conseil, pour que vous puissiez continuer désormais votre mission, sans aucun des désagréments dont vous vous plaignez.

En attendant, je vous engage à être tranquille sur la crainte où vous paraissez être que l'on ne profite de votre absence pour vous nuire dans mon esprit. Poursuivez vos travaux avec zèle jusqu'à une nouvelle organisation des commissaires et des agents de la République une et indivisible. La prévention n'a point d'accès sur un ministre républicain. Il juge les hommes par leurs actions, et c'est sur leur pureté, comme sur un civisme inaltérable, que repose sa confiance ; à ces titres, j'aime à croire que vous la mériterez.

[*Ibid.*, t. 323, fol. 285-286. Minute.]

XXIX

Chépy au Ministre.

Grenoble, ce 4 juillet, l'an 2me de la République

Ministre,

Le démon du fédéralisme s'agite avec fureur dans tout le Midi. La colonne marseillaise est en marche ; elle espère arriver à Lyon, grossie des bataillons du Gard et de la Haute-Garonne [1], mais les Avignonnais [2] et les départe-

---

[1] La troupe Marseillaise, commandée par Villeneuve-Tourette, s'était mise en route le 22 juin. Elle devait faire sa jonction, au Pont-Saint-Esprit, avec le contingent du Gard ; mais il ne paraît pas qu'une entente ait existé entre Marseille et Toulouse.

[2] Avignon avait d'abord paru disposé à faire cause commune

ments voisins patriotes se proposent de leur disputer le passage de la Durance. D'ailleurs, les commissaires, dont la fermeté est au-dessus de tout éloge, vont faire porter en avant, vers Valence, quatre bataillons et de l'artillerie, sous les ordres du général Carteaux, bon officier et bon patriote [1]. Ces troupes s'opposeront vigoureusement au

avec Marseille. Les patriotes du lieu, établis à Paris, suggérèrent le moyen de rompre cet accord : c'était de détacher des Bouches-du-Rhône la ville des papes et d'en faire le chef-lieu d'un nouveau département (on ne connaissait encore que le district d'Avignon). Le lendemain du vote de la Constitution, le 25 juin, le département de Vaucluse fut érigé par décret de la Convention nationale. (H. Wallon, *La Révolution du 31 mai et le fédéralisme en 1793*, t. II, p. 235.)

[1] Carteaux (Jean-François), né à Aillevans (Haute-Saône), en 1751. Fils d'un dragon et élevé aux Invalides où son père avait été admis à la suite des guerres de Hanovre, il se livra d'abord à l'étude de la peinture. Il servit ensuite comme simple soldat, de 1767 à 1779. La Révolution lui ouvrit l'accès de la carrière d'officier où il eut un avancement très rapide, mais assez peu justifié. Adjudant-général chef de brigade (colonel d'état-major) le 15 mai 1793, à l'armée des Alpes. Le 1er juillet, Albitte l'élève, à titre provisoire, au grade de général de brigade, et il reçoit l'ordre d'aller prendre à Valence le commandement d'une colonne destinée à marcher contre les Marseillais. Le 5 juillet, il est à Valence d'où il part le 8, à minuit. On trouvera dans la correspondance de Chépy des détails sur cette expédition où Carteaux devait remporter de faciles succès. Après la défaite de Marseille, il est employé au siège de Toulon et fait général de division le 19 août. Général en chef de l'armée d'Italie le 13 septembre, à la place de Brunet ; démissionnaire le 7 octobre et remplacé, à la fin du même mois, par Doppet ; appelé, au commencement de novembre, au commandement de l'armée des Alpes ; mis en arrestation, par ordre du Comité de Salut public, le 4 nivôse an II = 24 déc. 1793. Rendu à la liberté le 20 thermidor an II = 7 août 1794 ; réintégré dans l'armée ; réformé en l'an III ; remis en activité le 13 vendémiaire an IV et chargé d'un rôle de surveillance dans la Côte-d'Or ; commandant de la principauté de Piombino en 1804 mort en 1813. (Arch. nat ,

passage [1]. Quant à moi, si le Conseil exécutif m'en juge digne, j'offre de marcher, à la tête des guerriers de la République, contre les séditieux.

L'esprit public s'améliore chaque jour ici ; j'espère que bientôt tous les efforts des modérés hypocrites seront déjoués. Il faut, pour arriver à ce but :

1° Mettre hors la loi le traître Wimpffen [2] ;

2° Entretenir soigneusement à Paris un ordre régulier et une inaltérable tranquillité ;

3° S'occuper sans relâche de compléter le système de nos institutions politiques.

Antonio Rossi, que les soldats de sa division ont chassé, est envoyé par Kellermann pour commander à Grenoble. Je crois que les commissaires ne laisseront pas longtemps à ce poste un officier aussi suspect.

L'arrestation du citoyen Teissère, patriote de Grenoble,

AF II, 340. — A. G. Armées des Alpes et d'Italie. — Iung, *Dubois-Crancé*, II, 6 n. 1. — Krebs et Moris, *op. cit., passim.*)

[1] La colonne qui partit de Valence était ainsi composée : 1 général de brigade, 1 adjudant-général et ses deux adjoints ; dragons allobroges (commandés par Doppet) ; 2° bataillon du 59° régiment d'infanterie (ci-devant Bourgogne) ; 1er bataillon du Mont-Blanc ; 3° bataillon des Basses-Alpes ; un détachement du 5° régiment de cavalerie ; 2 compagnies d'artillerie, celle du 1er de la Lozère et une compagnie d'artillerie légère en formation à Valence (capitaine en premier : Dommartin, mort général de division en Égypte ; capitaine en second : Napoléon Bonaparte). D'autres troupes rejoignirent la colonne, au fur et à mesure qu'elle s'avançait dans la vallée du Rhône. (Krebs et Moris, *op. cit.*, pièces justif., p. CXXXII.)

[2] Félix de Wimpffen, né en 1745 ; général de division commandant de l'armée des Côtes de Cherbourg, il prit, en 1793, la direction du mouvement fédéraliste du Calvados. Après la ridicule rencontre de Pacy-sur-Eure, il réussit à échapper à toutes les poursuites ; réintégré dans l'armée avec son grade, à la suite du 18 brumaire ; mort en 1814, inspecteur des haras.

a mis le comble à l'indignation publique [1]. Nous marcherons sur Lyon avec des forces imposantes et des mortiers. Nous verrons s'ils osent braver la puissance nationale. Le soldat est parfaitement disposé.

Les déserteurs arrivent en abondance, et il [ne] resterait pas sous les armes un seul soldat piémontais, si de nombreux miliciens ne les gardaient pas. Les troubles intérieurs ne nous permettent plus l'offensive. Les commissaires ont sagement adopté le système contraire, et j'en attends les plus heureux résultats. Il y a beaucoup d'officiers mauvais, surtout dans les entours de l'État-major, mais je les surveille.

J'ai satisfait en tout à votre lettre du 21.

Le libelle saisi à Genève est une réponse virulente à l'ouvrage du colonel de Weiss [2].

J'ai reçu aujourd'hui des nouvelles satisfaisantes du Valais. J'écris au département du Mont-Blanc pour l'inviter à prendre les mesures qui me sont indiquées par Helfflinger.

Je vous ai écrit par Lyon deux lettres ; je crains qu'elles n'aient été interceptées. Veuillez vous en assurer en regardant les numéros de mes dépêches, et m'en instruire.

---

[1] Hyacinthe-Camille Teissère, membre du Conseil municipal de Grenoble ; envoyé en mission à Paris, au mois de janv. 1793, il fut, à son retour, arrêté à Lyon, non point « comme fédéraliste », ainsi que l'écrit Rochas, mais bien plutôt par les fédéralistes. Rendu à la liberté, après une courte détention à Pierre-Scise, il fut, au mois de juillet de la même année, nommé procureur de la commune de Grenoble, et en décembre, agent national. (Rochas, *Biogr. dauph.*)

[2] François-Rodolphe Weiss, né à Yverdun (Suisse) en 1751, mort en 1802 ; servit successivement en France et en Prusse, avec le grade de colonel ; plus connu par la publication de brochures politiques où il prenait le parti des révolutionnaires français.

Dans tous les cas, je fais passer celle-ci par une autre voie, au risque de perdre un peu de temps.

Comptez sur moi à la vie et à la mort.

P. CHÉPY,
Agent politique à l'armée des Alpes.

[*Ibid.*, t. 323, fol. 289-290.]

XXX

Grenoble, ce 6 juillet, l'an 2me de la République, une et indivisible.

Ministre,

L'état des choses est toujours à peu près le même. A Lyon, on emprisonne, on égorge les patriotes; les amis des lois ont commis des horreurs que ne désavoueraient point les cannibales. Les grenadiers et les gens dits *muscadins* montent seuls la garde. Le peuple commence à murmurer; on l'a apaisé jusqu'ici avec des augmentations de journée, mais bientôt on ne l'apaisera plus qu'avec du sang. Les campagnes commencent à voir qu'on les a trompées. La réaction sera terrible. Les commissaires viennent d'envoyer dans cette nouvelle Coblentz le général Sériziat, qui y est né, pour porter les dernières paroles de paix [1]. S'il ne réussit point, nous marcherons avec du

---

[1] Charles Sériziat, né à Lyon, le 21 av. 1756. Chef du 1er bataillon de Rhône-et-Loire, le 10 août 1791; commandait, en cette qualité, la place de Bitche au mois de septembre 1792. Adjudant-général provisoire à l'armée de la Moselle, le 29 oct. 1792. Général de brigade à l'armée du Rhin, le 1er fév. 1793; passé à l'armée des Alpes,

canon et des mortiers. On élève déjà des redoutes et des retranchements sur les bords du Rhône; on veut couper une arche du pont Morand, mais nous verrons, etc.

Le général Létanduère, qui est de la dernière promotion des commissaires, montre du zèle, du patriotisme et de l'intelligence[1]. Il est secondé par un certain nombre d'officiers, mais il y en a beaucoup de mauvais. Saint-Rémy, général de division, n'est point en bonne odeur relativement à la révolution du 31 mai. On est fort étonné aussi que Kellermann ne se prononce pas; on ne peut pas douter que Lyon [ne] fût déjà rentré dans le devoir, s'il eût dit un mot fermement.

L'armée va bien; on voit la volonté la meilleure dans les bataillons de nouvelle levée. Les braves campagnards qui les composent s'exercent à marcher, dans la promenade publique, dans les heures consacrées à leur repos.

Palasson, officier patriote et de vingt-huit ans de service,

---

le 11 juin, même année; suspendu par les représentants du peuple, le 24 juillet 1793. Remis en activité en l'an III; mort commandant de la Guadeloupe, le 19 prairial an X (8 juin 1802). Voy. à son sujet une lettre de Vitet, maire de Lyon, à Servan, du 1er sept. 1792. (A. G.)

[1] Antoine-Auguste Desherbiers, marquis de l'Étanduère. Né à Rochefort vers 1749. Commence par être mousse-garde de la marine, puis entre comme volontaire dans Royal-Comtois, où il passe par tous les grades jusqu'à celui de capitaine. Chef de bataillon au 59e régiment d'infanterie (Bourgogne), il fut nommé, par les représentants du peuple, général de brigade à titre provisoire, le 21 juin 1793. Il exerça un commandement à Entrevaux (Basses-Alpes). Accusé de trahison et d'une complicité imaginaire avec le général Brunet, il fut mis en état d'arrestation le 30 sept. 1793 et traduit devant le tribunal révolutionnaire de Paris, qui le condamna à mort le 28 pluviôse an II = 16 fév. 1794. (Arch. nat., W. 325. Dossier *Létanduère.*)

était aide-de-camp de d'Ornac[1]. Ce général suspendu, il s'est trouvé sans avancement. Tous les bons esprits regrettent de l'en voir manquer. Je le recommande à la justice du Conseil; quelque poste qu'il occupe, il rendra de très grands services.

J'ai fait hier, à la Société populaire, un discours qui a produit de l'effet; je me propose de la fréquenter pour échauffer l'opinion publique.

Les succès extérieurs qui viennent d'honorer nos armes font un grand bien. Que l'Assemblée écrase de la massue nationale les rois du Calvados[2], que leur tête roule sur l'échafaud avec celle des chefs de l'armée catholique, et la patrie sera sauvée.

Comptez sur moi à la vie et à la mort.

Votre concitoyen : P. Chépy.

Je vous fais passer mes lettres par la voie de Genève, parce qu'à Lyon on les intercepterait.

[*Ibid.*, t. 323, fol. 297-298.]

---

[1] Simon-François [de] Palasson. Né le 25 juin 1749 à Oloron (Basses-Pyrénées). Entré au service, le 1er oct. 1768, comme soldat dans le régiment ci-devant Boulonnais : sous-lieutenant au corps, 9 juillet 1769; lieutenant, 12 nov. 1774; capitaine, 18 juin 1784. Adjudant-général chef de bataillon, le 21 juillet 1793. (*États de service de tous les officiers. — Infanterie, 79e régiment.*)

[2] C'est à Caen que s'était constituée « l'assemblée centrale de résistance à l'oppression ».

XXXI

Le Ministre des Affaires Étrangères au citoyen Chépy.

Paris, 8 juillet 1793, le 2ᵐᵉ de la République.

J'ai reçu, Citoyen, vos deux lettres datées de Grenoble, des 29 juin et 1ᵉʳ de ce mois. Je vous remercie des divers détails qu'elles contiennent.

J'ai communiqué vos vues sur Lyon au Comité de Salut public, ainsi que les autres objets intéressants, tels que le dénuement de l'armée où vous êtes et les dispositions des Marseillais. J'ai aussi informé de ces faits les ministres de la Guerre et de l'Intérieur, chacun en ce qui le concerne.

Quant à votre demande itérative de la confirmation de vos pouvoirs et aux moyens d'exécuter votre plan de surveillance, je vous ai répondu sur ces deux choses ce que je devais, par ma précédente du 4 de ce mois, sous le couvert du citoyen d'Ornac. Prenez vos précautions pour vous procurer cette lettre, si, contre mon attente, elle ne vous est point encore parvenue.

[*Ibid.*, t. 327, fol. 9. Minute.]

XXXII

Grenoble, ce 8 juillet, l'an 2ᵐᵉ de la République, une et indivisible.

Ministre,

Le général Kellermann est arrivé hier ici. Je le verrai et vous dirai bien franchement ce que je pense. Je sais à l'avance que, comme les autres généraux, il est mal entouré. Il a reçu, pour son arrivée, un rude compliment. La Société populaire a été lui communiquer les mesures vigoureuses qu'elle avait adoptées sur ma motion et le sommer, pour ainsi dire, de marcher sur Lyon. Il n'est pas douteux qu'il ne s'exécute, mais il a montré un peu de répugnance.

Sériziat n'est pas revenu de Lyon. Cette nouvelle Coblentz se met en défense. On élève des redoutes, on coupe une arche du pont Morand; on fond force canons. On assure qu'avant-hier les sections de cette ville ont délibéré d'arrêter les subsistances de l'armée. Un fait constant, c'est qu'elles ont voulu débaucher des recrues ; que, sur leur refus de se joindre à un parti aussi contre-révolutionnaire, on les a dépouillées de leurs armes et de tout leur équipement. Un corps de troupes va se rendre maître de la Saône, un deuxième marchera du côté de Trévoux. J'espère que cette infâme cité sera bientôt réduite.

J'apprends par une voie sûre que les Marseillais sont à Avignon et qu'il y a dans cette dernière ville un parti pour et un parti contre [1]. Ce dernier est le plus fort et empêchera, je crois, le passage. Dans tous les cas, nous nous apprêtons à faire fête aux vainqueurs de Cagliari [2], car on transporte des chirurgiens et des hôpitaux ambulants et tout l'attirail des combats, à Valence.

Il règne ici un très mauvais esprit dans la régie des vivres. A peine peut-on trouver un employé vrai patriote. Les charrois sont presques désorganisés par la cherté des vivres. On ne trouve et on ne conserve point de charretiers. Les employés à la comptabilité, et à leur tête le payeur général, sont dans de très bons principes. Quant aux commissaires des guerres, on n'en répute pas un comme patriote, le seul Alexandre excepté [3]; mais

---

[1] Voy. H. Wallon, *La Révolution du 31 mai*, II, 236-237.

[2] Allusion à l'expédition dirigée, en février 1793, par l'amiral Truguet, contre la Sardaigne, et à l'attaque de Cagliari, qui échouèrent à cause de l'indiscipline des troupes de débarquement. Or ces troupes se composaient de 8,000 volontaires des Bouches-du-Rhône, l'écume du département (peut-être les anciens fédérés du 10 août et des massacres de septembre). Les « vainqueurs de Cagliari », ce sont les Marseillais qui marchent sur Lyon (Krebs et Moris, *op. cit.*, pp. 135, 155, 158-175).

[3] Charles-Alexis Alexandre. Ancien courtier de commerce à Paris ; commandant du bataillon des Gobelins, puis chef provisoire de la 1re légion de la garde nationale parisienne ; prit part aux journées du 20 juin et du 10 août. Envoyé à la fin de 1792, à l'armée des Alpes, en qualité de commissaire ordonnateur en chef. Le 21 juin 1793, Hérault de Séchelles, au nom du Comité de Salut public, le proposa à la Convention pour les fonctions de ministre de la Guerre, en remplacement de Bouchotte, démissionnaire. Il fut accepté, mais l'assemblée revint sur son vote, dès qu'elle sut qu'elle avait nommé un ancien courtier. En l'an VII, il devint chef de division au ministère de la Guerre. Membre du Tribunat, puis chef de division des Droits-Réunis ; en 1814, il était inspecteur général de cette administration. En 1815, Louis XVIII le nomma directeur des contributions directes du département du Haut-Rhin

il est probablement arrêté, avec le représentant du peuple Nioche, dans le département du Jura [1].

Je suis vraiment affligé de ne point recevoir de lettres de votre part. Mon service de surveillance languit faute de moyens, et mon âme est abattue faute de certitudes. Je continue à élaborer vigoureusement l'opinion publique. Dans les circonstances présentes, la translation du quartier général à Gap est possible. Si elle arrivait, ne vaudrait-il pas mieux que je reste à Grenoble que de le suivre ?

1º Je serais plus rapproché de Genève, de la Suisse et du Valais, sur lesquels je suis chargé d'avoir les yeux continuellement ouverts ;

2º Je serais plus à portée de recevoir les renseignements qui m'arrivent de ces différents pays ;

3º Je pourrais être utile pour déjouer l'affreux système de la coalition méridionale, dont Grenoble est un des principaux centres.

J'attends, sur cet objet, vos instructions ultérieures.

La liberté vous garde. P. Chépy.

[*Ibid.*, t. 327, fol. 13-14, vº.]

(Aulard, *Recueil*, I, 59, n. 3. — Mortimer-Ternaux, *Hist. de la Terreur*, I, 388-390, 401-408).

[1] Cette supposition n'était pas fondée, ou du moins ne fut pas justifiée par l'événement.

XXXIII

Grenoble, ce 10 juillet, l'an 2ᵐᵉ de la République une et indivisible.

Ministre,

Les derniers décrets de la Convention nationale [1] nous font voir qu'elle est trompée et qu'elle ne connaît nullement la position de Lyon. Cette ville est en plein état de contre-révolution. Birotteau [2] et Chasset [3], deux des déserteurs de la représentation nationale, y soufflent le feu de la guerre civile.

---

[1] Décrets des 17 et 21 juin 1793 (*Moniteur*, XVI, 671, 706-707).

[2] Birotteau (Jean-Baptiste). Né à Perpignan le 21 oct. 1758 ; avocat dans sa ville natale ; député des Pyrénées-Orientales à la Convention ; en mission, le 26 nov. 1792, dans l'Eure-et-Loir. Dans le procès de Louis XVI, vota pour l'appel au peuple, prononça la mort à condition que cette peine ne serait appliquée qu'après la paix et l'expulsion des Bourbons, et vota pour le sursis. Décrété d'arrestation avec les Girondins, le 2 juin 1793, il s'évada, passa à Lyon où il contribua à organiser l'insurrection. Déclaré traître à la patrie et mis hors la loi le 12 juillet 1793, il alla se cacher à Bordeaux, mais il fut découvert, traduit devant la commission militaire qui siégeait dans cette ville et condamné à mort le 27 octobre 1793 (F.-A. Aulard, dans *Grande Encyclopédie*.)

[3] Chasset (Charles-Antoine). Né à Villefranche-sur-Saône, le 25 mai 1745, mort à Tournus le 10 sept. 1824. Avocat ; député aux États-Généraux par le bailliage de Beaujolais ; membre du tribunal de Cassation (1791-1792) ; député du Rhône-et-Loire à la Convention, où il vote, lors du procès de Louis XVI, contre l'appel au peuple, pour la détention jusqu'à la paix, contre le sursis. Après le 2 juin, il signa la protestation des 73 et se rendit à Lyon, au commencement de juillet, pour y organiser la résistance. Déclaré traître à la

On y retient la pharmacie de l'armée, les convois, les employés des diverses administrations militaires. Il n'y a plus ni frein, ni pudeur. J'ai reçu vos lettres décachetées. On a retenu les papiers publics du 3 de ce mois.

Les commissaires de la Convention, qui sont, ainsi que moi, prisonniers dans l'Isère, puisque toutes les communications sont coupées avec Paris, voulaient marcher sur cette nouvelle Coblentz. Ils ont pressé le général. Celui-ci, bon et loyal, mais influencé par son état-major, dont les principes ne sont point ardents, a dit qu'il ne pouvait dégarnir les frontières, qu'on lui avait ôté beaucoup de troupes, qu'il fallait changer ses instructions sur Genève, etc.

Je lui ai répondu que ce dernier point était facile à obtenir, puisqu'à Genève le patriotisme était dominant, puisque le voisinage du dépôt de la légion des Alpes était suffisant et au-delà. Quant aux autres arguments, les commissaires lui ont prouvé qu'il pouvait aisément disposer de douze bataillons sans compromettre notre territoire. Le général persiste ; il veut que, pour réduire Lyon, on tire des troupes du Haut-Rhin et du Brisgau, où il assure qu'il y en a beaucoup d'inutiles. Je ne prétends pas juger en dernier ressort la question de la possibilité militaire de l'expédition, mais je dis qu'à tout prix il faut la faire, mais je dis que le moindre retard entraîne avec lui d'incalculables dangers et affaisse l'esprit public et rehausse les actions de l'aristocratie et du fédéralisme.

---

patrie le 28 juillet, il émigra et devint aide-chirurgien dans la marine anglaise. Plus tard, il fit partie du conseil des Cinq-Cents, du conseil des Anciens et enfin du Sénat conservateur (1799). Comte le 26 août 1808 et pourvu de la Sénatorerie de Metz. (F.-A. Aulard, dans *Grande Encyclopédie*.)

Méditez sur cet important objet avec le Comité de Salut public. Réduire Lyon et la Vendée, voilà le problème révolutionnaire qu'il faut résoudre, ou périr (sic).

Le général Carteaux marche au-devant des Marseillais; on va renforcer sa petite armée. J'espère que bon nombre de ces honnêtes gens dormira bientôt sur la poussière. Le représentant Albitte est à Valence; il rassainira l'opinion publique.

Les sabres manquent ici absolument. Il en est de même des tentes, des chevaux d'artillerie, des effets de campement et des fusils. Tâchons donc d'arracher à nos ennemis la productive manufacture de Saint-Étienne [1]. La loi sur les chevaux de luxe a été exécutée avec mauvaise foi. Tout ce qu'on a amené est de rebut et hors d'état de servir. Les riches ont mis en pension leurs chevaux chez des agriculteurs et n'ont fourni que de misérables haridelles.

J'ai interrogé hier, de concert avec le général, un homme qui vient de faire une tournée patriotique dans le Piémont. Il m'a promis un rapport par écrit, que je vous ferai passer, et j'en ai tiré les particularités suivantes. Le général Strasoldo [2] et le prince de Carignan [3] commandent dans la vallée de Barcelonnette; dans la vallée de Suse, le marquis de Cordon [4]; dans la cité d'Aoste,

---

[1] Les Lyonnais, grâce à l'appui que leur prêtaient les habitants de Montbrison, restèrent maîtres de Saint-Étienne jusqu'au 27 août. Ce n'est qu'à cette date que la ville dut être évacuée, après la défaite, à Rive-de-Gier, du détachement lyonnais, commandé par Servan (Guillon de Montléon, II, 9, 21-22).

[2] L'original porte : Trasoldo.

[3] Charles-Emmanuel Ferdinand, prince de Carignan, cousin du roi de Piémont, né le 24 octobre 1770.

[4] Le marquis de Cordon, commandant le 2ᵉ corps de l'armée austro-sarde.

le duc de Montferrat; à Raous[1] et à Saours, le général de Vins, Saint-André et le duc de Chablais[2]. Le 20 et le 22 juin, il est entré en Piémont 3,000 Cravattes[3], espèce de troupes autrichiennes aussi redoutées du pays ami que du pays ennemi. Depuis le 15, un cordon nombreux veille à ce qu'on ne puisse dépasser les frontières. Il existe beaucoup de jalousie entre les Autrichiens et les Piémontais, parce que les premiers jouissent d'une paie plus forte.

La lassitude de la guerre est extrême; on l'exprime hautement. Il règne à Turin une tristesse morne. On y murmure. Le prince de Carignan a fait arrêter, du côté de Démont[4], beaucoup de personnes comme suspectes, et les a fait transférer à Coni. Dans tout le Piémont, les prêtres insermentés offrent le tableau de la plus hideuse misère. L'évêque de Fréjus vit à Foussan[5] des dix sols de ses messes et de quelques charités de l'évêque.

Les défenses faites de s'habiller en blanc, et ce pour favoriser les fabriques de soie, sont exécutées avec rigueur. Le roi sarde a dépouillé le peu de luxe qui lui restait.

La récolte de soie a été, cette année, très mauvaise. Les négociants ne veulent point acheter le peu de coques qu'il y a, faute de débouchés.

[1] Col ou cime de Raus dans les Alpes-Maritimes.
[2] Benoît-Marie-Maurice, duc de Chablais, frère du roi, né le 21 juin 1741. Commandait le 4e corps d'armée, le plus rapproché de Nice, et avait sous ses ordres les généraux Colli et de Saint-André. (Thaon de Revel, comte de Saint-André.)
[3] Croates.
[4] Demonte, Piémont, province et district de Coni.
[5] Fossano. Cet évêque était Emmanuel-François de Beausset de Roquefort, qui avait pris possession de son siège en 1766.

L'armée piémontaise est singulièrement affaiblie par la maladie. Il y a peut-être plus de dix mille hommes dans les hôpitaux. La désertion continue, surtout du côté de l'État de Gênes.

Je vous transmettrai fidèlement les détails ultérieurs qui me parviendront.

La liberté vous garde. P. Chépy,
Agent politique employé à l'armée des Alpes.

[*Ibid.*, t. 327, fol. 34-36 v°.]

XXXIV

Le Ministre des Affaires Étrangères au citoyen Chépy.

Paris, 13 juillet 1793, le 2ᵐᵉ de la République.

J'ai reçu, Citoyen, votre lettre datée de Grenoble, du 4 de ce mois, et toutes les précédentes. Je vous remercie des détails qui y sont contenus. J'en ai fait part au Comité de Salut public et au ministre de la Guerre.

Les numéros 15, 16, de vos lettres, que vous soupçonniez avoir été interceptés, me sont aussi parvenus.

Continuez à me transmettre tous les renseignements que vous obtiendrez de votre surveillance et de vos travaux civiques.

[*Ibid.*, t. 327, fol. 79.]

XXXV

Grenoble, ce 13 juillet, l'an 2ᵐᵉ do la République.

Ministre,

La petite armée du général Carteaux a dû attaquer hier le Pont-Esprit, défendu par les fédéralistes du Gard ; elle va bientôt être renforcée et pourra aller jusqu'au nid des conspirateurs. C'est le patriote Doppet, colonel des Allobroges [1], qui a dû être chargé de l'attaque. Nous sommes maîtres de Tain [2]. L'Ardèche et un autre département [3] marchent sur Tournon [4]. Nous tiendrons, par conséquent, les deux rives du Rhône, et les Marseillais ne pourront s'ouvrir un passage qu'avec la bayonnette, ce qu'ils ne hasarderont pas, je crois.

Les progrès effrayants des Espagnols, du côté des Pyrénées, menacent d'une invasion totale tout le ci-devant Languedoc [5]. Eh bien ! les départements que forme cette ancienne province, trouvant très commode de réussir dans

---

[1] Doppet était chef d'escadròn des dragons Allobroges, avec une commission de lieutenant-colonel.

[2] Tain, ch.-l. de canton, arr. Valence (Drôme).

[3] Probablement celui de la Drôme.

[4] Tournon, ch.-l. d'arr. (Ardèche).

[5] Au début de la campagne, les Espagnols marchèrent de succès en succès tant à l'est [combat du Mas-d'Eu (19 mai) ; prise du fort de Bains ; capitulation du fort de Bellegarde (25 juin)] qu'à l'ouest des Pyrénées [combat de Château-Pignon (6 juin), etc.].

leurs projets liberticides contre Paris et d'être défendus contre l'ennemi extérieur, sans effort de leur part, viennent de faire aux représentants du peuple une sommation très insolente d'envoyer à Perpignan Carteaux et ses troupes. Vous sentez qu'ils n'y déféreront point.

Lyon est toujours dans la même situation. Les commissaires (de la Convention), pour mettre du côté de la République indivisible tous les bons procédés, viennent de faire relâcher deux commissaires qu'ils (les Lyonnais) envoyaient au département du Mont-Blanc pour l'entraîner dans la coalition, et qui avaient été arrêtés. On leur a remis deux exemplaires officiels de l'acte constitutionnel pour les présenter aux Lyonnais, en signe de réconciliation. Nous verrons ce que cela produira.

Le général Kellermann est un brave homme qui n'entend rien en politique, et qui, ne jugeant les Lyonnais que sur l'écorce et que sur les belles promesses qu'ils lui font, les croit les meilleurs gens du monde. Antonio Rossi est ici; son frère est en prison. Le premier, vieux militaire, porte sur la figure une aristocratie farouche.

Ceci m'amène naturellement à vous parler des généraux qui sont ici. Je vous ai déjà parlé de L'Étanduère. Nicolas, de la dernière promotion des commissaires, est un homme vraiment patriote et qui supplée, par son sans-culottisme bien décidé, à ce qui peut manquer à ses talents. Il a fait la dernière guerre, en Amérique. Il peut conduire passablement sa division, à ce qu'assurent ceux qui se connaissent en tactique [1].

---

[1] Léon Nicolas, né à Digne (Basses-Alpes), le 5 août 1748. Soldat au régiment de Médoc, en 1766; caporal et sergent au corps. Sous-lieutenant, lieutenant et aide-major aux colonies. Sert dans la garde nationale de Digne, de 1790 au 1er oct. 1791. Chef du 3e bataillon

Doyen, ami de Kellermann, est un homme franc, qui paraît déterminé à garder la sévérité de la discipline pour le bien de la République. Ses principes sont purs, sans être prononcés [1]. Petit-Guillaume est un homme qui a vieilli sous le harnais, qui paraît ne se mêler que de se battre, et d'ailleurs être bon homme [2].

Lajolais, ami de Kellermann, paraît s'occuper beaucoup de son métier [3]. Il est, comme les autres, bon à voir sur

---

des Basses-Alpes, 1er oct. 1791. Général de brigade, 21 juin 1793. (Arch. nat. AF. II, 353.)

[1] Jean-Denis Le Doyen, né à Liège le 26 sept. 1751. Incorporé aux carabiniers le 15 janv. 1765; passé au régiment de Dauphiné (infanterie) le 16 mars 1768. Sous-lieutenant le 1er nov. 1778; gendarme dans la compagnie de la Reine, 25 mars 1783; lieutenant, 1er avril 1792; adjudant-général lieutenant-colonel, 3 sept. 1792; adjudant-général chef de brigade, le 12 avril 1793. Général de brigade à l'armée des Alpes, le 21 juin 1793; suspendu le 7 octobre même année; suspension levée sans réintégration, 3 déc. 1793; confirmé dans son grade, 11 avril 1795; employé à l'armée de Sambre-et-Meuse (1795); chef d'état-major de l'armée des Alpes, 4 mai 1796; employé dans la 7e division militaire, le 28 août 1797; inspecteur aux revues, 7 fév. 1800; mort au Cap (Saint-Domingue) le 16 mai 1802.

[2] Pierre Petit-Guillaume, né à Équevilley (Haute-Saône), le 29 sept. 1731. Soldat dans Lorraine, infanterie, du 1er janv. 1748 au 15 mai 1755. Incorporé au 5e régiment de cavalerie (ci-devant Royal-Pologne) le 25 janv. 1756. Officier au corps le 8 avril 1779; capitaine de 1re classe le 20 août 1792 et 1er lieutenant-colonel le 1er fév. 1793. Nommé général de brigade le 21 juin de la même année, il prit une part active au siège de Lyon, où il gagna, dès le début des opérations, le grade de général de division (3 sept.). En l'an VIII, il commandait la 9e division militaire. (*États de service de tous les officiers. Cavalerie. — État militaire de la République française, an VIII.*)

[3] Frédéric-Michel de Lajolais. Né à Wissembourg (Alsace), le 1er août 1765. Volontaire au régiment d'Alsace, infanterie, en 1778; sous-lieutenant en 1780; lieutenant en 1784; aide-de-camp du gé-

le champ de bataille. Avec eux tous, il faut le dispenser de quintessencier sur le civisme.

Saint-Rémy est un homme de talents et lié à la Révolution sous une foule de rapports. Cependant, ce n'est point un sans-culotte. L'État-major de l'artillerie n'a pas non plus un seul vestige de sans-culottisme.

L'adjudant-général Boyer, de la dernière promotion, est excellent [1]. L'adjudant-général Rivaz a été précédé ici par sa réputation [2].

---

néral Kellermann, le 20 sept. 1791 ; capitaine, lieutenant-colonel et colonel en 1792. Nommé général de brigade, à titre provisoire, par les représentants du peuple à l'armée des Alpes, le 21 juin 1793 ; suspendu le 17 floréal an II ; réintégré et confirmé dans son grade le 22 frimaire an III ; employé à l'armée du Rhin ; réformé le 21 germinal an IV. Membre du Directoire des hôpitaux militaires de l'armée du Rhin en l'an VIII. Impliqué, en l'an XII, dans une conspiration contre les jours du Premier Consul. Condamné à mort par arrêt de la Cour de justice criminelle, du 21 prairial an XII. Cette peine fut commuée par l'Empereur en quatre années de détention et en déportation. Mort prisonnier d'État au château d'If, le 28 sept. 1808. — Sur le rôle fort peu honorable joué par Lajolais sous le Consulat, sur ses relations avec Moreau et Pichegru, lire *Les derniers jours du Consulat, de Claude Fauriel, publiés et annotés par Ludovic Lalanne.* Paris, Calmann-Lévy, 1886, in-8°.

[1] Henri Boyer, né à Sarlat (Dordogne), le 24 juin 1767. Officier dans la garde nationale de Sarlat, de 1789 à 1792. Sous-lieutenant et lieutenant au 18e régiment d'infanterie, puis adjoint à l'état-major de l'armée des Alpes, en 1792. Chef du 6e bataillon des Côtes-Maritimes, 19 juin 1793. Promu adjudant-général chef de bataillon par les représentants du peuple, le 21 juin 1793. Nommé adjudant-général chef de brigade par le pouvoir exécutif, le 16 brumaire an II. (Arch. nat., AF II, 339.)

[2] Pierre-Emmanuel-Jacques de Rivaz, né à Brigues (Suisse), le 3 juillet 1745. Enseigne au régiment suisse de Courten, le 7 mars 1762 ; capitaine le 9 mai 1784 ; retiré le 6 juin 1792. Adjoint aux adjudants-généraux le 7 juillet 1792 ; lieutenant-colonel au 70e régiment d'infanterie (armée du Var), le 15 octobre même année ; n'a

Le général de division L'Estrade est patriote expérimenté, mais malheureusement un peu vieux et pas fort ingambe. Le général de division Carcaradec est un homme d'une probité austère et de talent militaire le plus distingué.

Le général du Muy est un officier très habile, très bien intentionné et montagnard, parce que, comme il le dit lui-même, en révolution comme en service, on se relâche toujours assez.

Dubourg est un homme à qui on donne de l'activité, des connaissances. Je ne sais rien de ses principes [1].

Telle est la galerie des portraits des officiers généraux de cette armée. Il peut y avoir quelques inexactitudes, mais l'impartialité les a tracées (sic), et la bonne foi les rectifierait si d'ultérieures observations faisaient apparaître quelques erreurs.

Notre flotte de Toulon va mettre à la voile. J'en reçois la nouvelle par le général Kellermann. C'est sur cet armement qu'il faut fixer son attention. La paix est peut-être sur les flots de la Méditerranée.

J'ai engagé le général Kellermann a réemployer le voyageur, rédacteur du rapport que je vous ai transmis inclus

---

jamais paru au corps; figure comme lieutenant-colonel adjoint à l'armée de Savoie. Adjudant-général chef de brigade, employé à l'armée des Alpes, le 5 mai 1793. Fait général de brigade, à titre provisoire, par les représentants du peuple, le 21 juin 1793, il prit une part active au siège de Lyon, et, après la destitution de Saint-Rémy, exerça provisoirement les fonctions de chef d'état-major. Confirmé dans son grade de général de brigade, le 28 janvier 1795; retraité la même année. (A. G. Armée des Alpes. — *États de service de tous les officiers. Infanterie, 70e régiment*, etc.)

[1] Général de division.

dans ma dernière lettre. Il est reparti hier avec de nouvelles instructions que je lui ai rédigées.

Le général du Muy m'apprend qu'il va être formé près de Berne un camp d'artillerie, de pure instruction. Je veillerai sur les progrès de cet établissement qui pourrait devenir hostile, grâce au vertige qui tourmente les puissances. Il me dit aussi qu'un sergent des troupes Valaisanes a refusé le passage à un officier qu'il envoyait en estafette au citoyen Helfflinger. Je laisse à votre sagesse le soin de tirer de ce fait les inductions convenables.

Je vais écrire au citoyen Barthélemy pour lui demander de m'instruire successivement des opérations de la Diète, qui intéressent essentiellement l'armée à laquelle vous avez bien voulu m'attacher.

Comptez sur moi à la vie et à la mort.

La liberté vous garde. P. Chépy.

P. S. J'attends le nouveau passeport que vous m'annoncez. Je vous prie aussi d'examiner et de reviser mes instructions pour les modifier ou les étendre, s'il y a lieu.

[*Ibid.*, t. 327, fol. 80-83.]

XXXVI

Chépy à Barthélemy.

Grenoble, le 14 juillet 1793.

Attaché à l'armée des Alpes comme agent politique et comme centre de correspondance des délégués de la République dans les pays limitrophes, j'ouvre aujourd'hui avec vous des relations qui trouveront, j'espère, quelque empressement de votre part, parce qu'elles peuvent être utiles à la patrie.

La tenue de la diète de Frauenfeld doit intéresser toutes les puissances belligérantes, et notamment la République qui, pressée au dehors et déchirée au dedans, n'a pas besoin d'un ennemi de plus. Elle intéresse l'armée des Alpes, parce que ses combinaisons et ses mouvements sont nécessairement subordonnés aux dispositions du louable Corps helvétique.

Depuis que vous résidez près de lui, je n'ai point douté de la neutralité. Cependant le vertige s'est tellement répandu parmi les puissances européennes, et il est si dangereux de se contenter de simples probabilités, qu'on ne saurait recueillir trop d'assurances positives. Permettez à un jeune candidat qui fait ses premiers pas dans la carrière de la diplomatie, de se féliciter de ce que les circonstances le mettent en relation avec un homme qui, dans cette partie délicate, joint toute la loyauté du nouveau régime à l'expérience de l'ancien et qui a su réunir à l'estime de ses concitoyens celle des nations étrangères.

La liberté vous garde.

[Aff. étrang., *Suisse*, t. 137, fol. 130-130, v°. Copie.]

XXXVII

Grenoble, ce 15 juillet, l'an 2me de la République une et indivisible.

Ministre,

Hier les sections de Grenoble ont accepté l'acte constitutionnel. Le soir, il y a eu une fête patriotique dont le seul souvenir fait encore couler mes larmes. Réunis au pied de l'arbre de la liberté, plus de vingt mille citoyens ont juré l'indivisibilité de la République et l'égalité. Dubois-Crancé et plusieurs magistrats du peuple ont prononcé des discours éloquents; des hymnes guerriers et civiques ont fait retentir les airs. L'affluence des citoyens, le bruit des tambours, les symphonies des orchestres, la détonation de l'artillerie, la présence des divers dépositaires de l'autorité publique, celle des généraux et de l'État-major, celles des corps des diverses armes, la foule incroyable qui garnissait toutes les fenêtres de la place, tout formait un spectacle, un ensemble imposant, qui me laissera des impressions durables et profondes.

Que n'ont-ils été témoins de cette scène touchante ces hommes qui veulent allumer au sein de la patrie le feu de la guerre civile? Ah! ils auraient trouvé dans l'union étroite de tant d'êtres un juste sujet de désespoir.

Le soir, il y a eu comédie analogue, bal au jardin public, illumination générale et souper en famille dans toutes les rues. Chaque citoyen s'empressait de faire asseoir à sa table les défenseurs de la patrie. Le vin coulait à grands flots; les passants étaient arrêtés et provoqués par une obligeante hospitalité. Enfin, tel était l'esprit du jour qu'on eût couru risque de s'enivrer, si l'on eût parcouru une rue tout entière. Les représentants du peuple, à pied et en grand costume, se sont multipliés pour ainsi dire. Dans les faubourgs, Dubois-Crancé a été porté sur les bras. Ceux qui sont le plus près de la nature sentent toujours plus vivement le prix de la vertu.

Dimanche prochain, les autres communes du département seront assemblées; le résultat sera le même. La

Constitution vient de reconquérir les départements des Hautes et Basses-Alpes. Il en sera de même pour tous les autres, si la Convention garde une bonne attitude.

J'attends toujours un nouveau passeport.

La liberté vous garde. P. CHÉPY.

[Aff. étrang., *France*, t. 327, fol. 92-93.]

XXXVIII

Grenoble, ce 16 juillet, l'an 2me de la République.

Ministre,

L'expédition du général Carteaux a parfaitement réussi : il est maître du Pont-Saint-Esprit, d'Orange et des principaux postes. Il a fait un chef de bataillon, cinq aides-de-camp et environ quatre cents fédéralistes prisonniers. Ses projets sont vastes et, j'espère, il les exécutera. Maintenant il n'y a plus rien à craindre de la colonne Marseillaise [1].

On dit que Lyon va délibérer sur l'acceptation de la

---

[1] C'est le 14 juillet que Carteaux avait occupé le Pont-Saint-Esprit, abandonné sans combat par les troupes du département du Gard, qui devaient y attendre les Marseillais et marcher ensuite, avec eux, sur Lyon. La coalition fédéraliste du Midi se trouva dissoute du même coup. Les Marseillais, qui étaient déjà entrés à Orange, se replièrent sur Avignon où ils n'opposèrent, quelques jours plus tard, qu'un semblant de résistance. Mais avant la première rencontre on avait pu craindre que la lutte ne fût plus chaude et n'eût une autre issue. Albitte, qui avait suivi le général Carteaux,

Constitution. Je le désire; cela lui évitera d'incalculables désastres.

Sans doute, il est urgent de secourir les Pyrénées-Orientales, mais les circonstances que vous connaissez s'opposent invinciblement à ce que l'on fasse partir les six nouveaux bataillons demandés. Je le répète, le réservoir naturel où le Conseil doit puiser, c'est l'armée du Brisgau et du Haut-Rhin.

On assure aujourd'hui que la flotte n'est point sortie de Toulon. J'invite le Conseil à se fixer sur cet objet. De cet armement dépend peut-être si nous aurons une troisième campagne.

J'avais prévu que Westermann se ferait battre [1]. Malheur au gouvernement qui emploie des hommes sans moralité!

L'exemple de la légion du Nord [2] devrait bien convaincre de cette vérité que je crie sans relâche depuis un an que la refonte des corps légionnaires dans la masse de l'armée est une opération indispensable.

Custine me paraît devoir être sévèrement surveillé. Je

écrivait, le 17 juillet, au ministre de la Guerre : « Si Carteaux et moi n'avions pas pris le Pont-Saint-Esprit, tout était f... » (Archives de la Guerre. Siège de Lyon. Original. — Publié par Krebs et Moris, pièces justific., n° 105).

[1] Westermann avait battu les Vendéens dans une première rencontre à Châtillon (5 juillet), mais, ceux-ci étant revenus à la charge pendant la nuit, la division qu'il commandait fut mise en pleine déroute. A la suite de cet échec, il fut traduit devant le tribunal militaire de Niort, qui l'acquitta le 29 août. Il ne devait pas être toujours aussi heureux. Bien qu'il eût pris une part considérable aux batailles décisives du Mans et de Savenay, il fut destitué en janvier 1794, condamné à mort par le tribunal révolutionnaire de Paris et exécuté le 5 avril.

[2] Légion dont Westermann avait été fait colonel le 27 sept. 1792, avec laquelle il fit l'expédition de Hollande au commencement de 1793 et qui le suivit en Vendée.

le crois capable, non de livrer son armée aux Autrichiens, mais de se prêter aux oligarchiques conceptions du roi Buzot et du prince Gorssas. Quand donc les florissantes armées de la République sur le Rhin sortiront-elles de la honteuse léthargie où elles croupissent? Quand donc irons-nous embrasser nos frères sur les glacis de Mayence? La paralysie de tant de force ne me paraît pas naturelle. Il nous arrive ici de temps en temps des déserteurs. Il nous est venu dernièrement un adjudant-major piémontais. On ne lui a pas dissimulé qu'on aurait mieux aimé un soldat.

L'état-major de cette armée est toujours opiniâtrement occupé de l'extérieur. Nous ne pouvons le déterminer à s'occuper de l'intérieur de la République.

Le général de division l'Estrade et le lieutenant-colonel de l'Ardèche, Massol[1], viennent de donner aux commissaires des preuves touchantes de sans-culottisme.

Il y a eu hier, à Grenoble, un lendemain très agréable à la fête du 14 juillet. Les esprits sont tout à fait à la hauteur des événements. Il en est de même à Romans.

La retraite des bataillons Bordelais doit faire réfléchir à tout ce que vous devez craindre, si l'hydre de l'Ouest et du fédéralisme n'est pas promptement étouffée.

Le commissaire Nioche et l'ordonnateur Alexandre sont enfin arrivés ici. Ils ont dit que les malveillants ont fait répandre le bruit dans les montagnes du Cantal, etc., que les députés détenus étaient promenés à Paris dans des cages de fer, et autres atrocités semblables.

---

[1] Massol était premier chef de bataillon du 1er bataillon de l'Ardèche. Après le siège de Lyon, il présida, avec le grade d'adjudant-général chef de brigade (colonel d'état-major), la commission militaire siégeant au Palais de justice.

J'ai reçu toutes vos lettres, citoyen ministre. Je vous observe qu'il ne suffit pas qu'on fasse pour moi dans les bureaux un nouveau passeport, qu'il faut encore me l'expédier, ce que je vous supplie de faire par l'occasion la plus prochaine.

Je me recommande à vos souvenirs pour le moment de l'organisation du corps diplomatique.

P. CHÉPY.

[*Ibid.*, t. 327, fol. 108-109 v°.]

XXXIX

Grenoble, ce 19 juillet, l'an 2ᵐᵉ de la République.

Ministre,

La tête de l'infortuné Chalier vient de rouler à Lyon, sur l'échafaud[1] ; le même sort est destiné à Bertrand, maire, et à Gaillard[2]. Mais, s'il n'y a nul moyen de prévenir ces assassinats juridiques, au moins il y a la certi-

---

[1] Chalier fut mis à mort le 16 juillet, à six heures du soir. Les détails de son exécution sont connus. On sait aussi que, par une ironie du sort, il fut la première victime de la guillotine envoyée de Paris, sur sa demande, et qu'il voulait voir en permanence à Lyon.
Le même jour, fut exécuté Illard (de Beauvernois), gentilhomme franc-comtois, chef de légion de la garde nationale, qui, au 29 mai, avait pris fait et cause pour la municipalité. C'est lui qui avait engagé les hostilités, en faisant mitrailler une colonne de sectionnaires qui s'avançait sur l'Hôtel-de-Ville, les armes non chargées.

[2] Il n'y eut pas d'autre condamnation capitale. Bertrand, ainsi qu'on l'a déjà dit, fut de nouveau maire de Lyon, après le siège. Gaillard, juge au tribunal présidé par Chalier, et poursuivi comme

tude d'en tirer une vengeance éclatante et terrible. Le décret sera exécuté[1], et cette nouvelle Coblentz sentira tout le poids du courroux des hommes libres. Tous les départements voisins ne demandent qu'à marcher, et viennent d'adopter des mesures vigoureuses et très influentes sur l'aristocratie mercantile, par exemple le séquestre des biens et la défense totale de passer sur le territoire. Aujourd'hui les Lyonnais sont tellement resserrés qu'ils n'ont plus de débouchés que par l'Ain ; mais nous espérons reconquérir à la liberté cet échappatoire important. Il y a eu des ordres pour les arrêter sur les frontières, sur le chemin de Beaucaire. Vous voyez qu'ils sont, par avance, bloqués assez étroitement.

Hier, les quatre aides-de-camp et le général marseillais de nouvelle fabrique sont arrivés ici, sur une charrette. Quelques voix ont crié : *A la lanterne !* mais l'immense majorité a dit : *Au tribunal révolutionnaire !*

Les Marseillais ont évacué Avignon. Doppet y est entré avec ses Allobroges[2]. On croit qu'ils se sont retirés

son complice, fut simplement condamné à six mois de détention. Mis en liberté après le siège et nommé président de la commission temporaire, il résigna ses fonctions, au bout de quelques jours, et se donna la mort, le 16 déc. 1793, pour des motifs qui n'ont point été éclaircis. (Salomon de la Chapelle, *Hist. judic. de Lyon et des départements de Rhône-et-Loire et du Rhône depuis 1790*, t. I, Lyon, 1880, p. 183.)

[1] Le décret du 12 juillet, par lequel la Convention avait déclaré Lyon en état de révolte contre l'autorité légitime, cassé les autorités lyonnaises, ordonné aux habitants de *quitter la ville dans les trois jours, sous peine de confiscation de leurs biens*, et confié à deux représentants l'exécution de ces mesures draconiennes. (*Moniteur*, 14 juillet, XVII, 121-122. — Wallon, *La Révolution du 31 mai*, II, 262.)

[2] Nouvelle prématurée, comme on le verra par la lettre suivante. Avignon n'ouvrit ses portes à Carteaux que le 27 juillet.

derrière la Durance, pour en disputer le passage et attendre des renforts. Dès que le général aura reçu les nouvelles troupes qu'on lui envoie, il forcera probablement ce passage, et marchera droit à Marseille, où la réaction sera satisfaisante mais terrible. J'apprends par une voie sûre que les canonniers d'Aix se sont déclarés hautement pour la bonne cause, malgré les cris d'un peuple frémissant et égaré.

Les commissaires de Lyon, que les représentants du peuple ont fait relâcher, au lieu de se pénétrer d'un pareil procédé, se sont conduits comme des lâches et des scélérats.

Les déserteurs nous arrivent toujours en grand nombre. On en fait un dépôt à Valence, puis on les envoie aux Pyrénées.

Du côté de Gap, d'Embrun et de Briançon, le démon du fédéralisme s'agite avec fureur [1], mais j'espère que le sans-culottisme de l'armée déjouera ses noirs projets.

Quant à ce département, l'esprit public s'y soutient. Celui des troupes est au-dessus de tout éloge. Il part à l'instant un bataillon pour l'armée des Pyrénées, mais il abattra le fédéralisme avant de se rendre à sa destination.

Le décret sur le maximum des grains [2] fait ici beaucoup de mal, parce qu'il n'est point exécuté dans les départements voisins. Cette loi a été rédigée par des hommes purs, mais elle a besoin d'un nouvel examen.

La liberté vous garde.   P. CHÉPY.

[*Ibid.*, t. 327, fol. 128-129 v°.]

---

[1] Ceci devait être vrai surtout un mois plus tôt, car le département des Hautes-Alpes était entré franchement dans la coalition fédéraliste. (Wallon, *op. cit.*, I, 228-230.)

[2] Décret du 3 mai 1793. (*Moniteur*, XVI, 305-306.)

XL

Grenoble, ce 20 juillet, l'an 2ᵐᵉ de la République une et indivisible.

Ministre,

Quarante chasseurs Allobroges seulement étaient entrés dans Avignon. Les Marseillais, les croyant suivis de toute l'armée, avaient pris la fuite; mais, ayant appris leur petit nombre, ils sont rentrés dans la ville et les ont forcés à se replier. On a reçu hier une lettre de Carteaux qui mande qu'il tient en échec la colonne marseillaise, en attendant ses renforts. Aujourd'hui il doit être dans Avignon, et quand toutes ses troupes seront arrivées, il ira droit sur Marseille. Tous les aristocrates ont été désarmés au Saint-Esprit (sic). On suivra partout la même méthode. Le général proposait de retirer toute l'artillerie de la citadelle. On n'est point encore décidé. On a fait prisonnier un nommé Étienne Félix, fameux scélérat de Marseille. On nous en promet d'ici à huit jours quelques douzaines de cette espèce.

Les départements du Gard, de l'Hérault et de l'Ain viennent de donner leur rétractation[1], au moyen de quoi

---

[1] Le département de l'Hérault se rétracta le 14 juillet, celui du Gard, le 15. Le département de l'Ain ne fit une rétractation en règle que le 25 juillet, mais dès le 8 du même mois il avait complète-

on rendra probablement les 450 prisonniers faits au Saint-Esprit. Avec de la vigueur et de la sagesse on parviendra à rattacher le Midi à la colonne de la République indivisible.

Un régiment de cavalerie est arrivé à Mâcon où on l'a fait arrêter, vous devinez bien pourquoi.

Lyon est en révolte; c'est l'esprit de la Vendée. On paye en argent la force départementale; on met partie de la Convention hors de la loi et la tête des représentants du peuple à l'armée des Alpes à prix; on arrête les boulets qui vont à Perpignan. Les émigrés sont rentrés en foule dans cette ville, ainsi que les prêtres réfractaires. Il faut du sang : eh bien! il en coulera. Le meurtre de l'infortuné Chalier sera vengé, et cet infâme repaire de l'aristocratie sentira tout le poids de la vengeance nationale. C'est au ministre à prendre de promptes mesures pour l'exécution du décret. Qu'il fasse venir de l'Ouest et du Rhin quelques bataillons; nous tirerons le reste de la Maurienne et de la Tarentaise. Tel est l'état des choses, je le dis sans hésiter, que j'aime mieux réduire Lyon que sauver Valenciennes.

Que fait Custine? Telle est la question que se font tous les amis de la liberté. Il serait bien temps enfin de la résoudre[1].

---

ment changé d'attitude, et les jours suivants il multipliait les gages de sa soumission aux décrets de la Convention. (Wallon, *Révolution du 31 mai*, II, 164, 189, 322-323.)

[1] Nommé général en chef de l'armée du Nord le 13 mai 1793, Custine arriva à Cambrai dans les derniers jours du mois. Il trouva les affaires dans le pire état : le camp de Famars avait été évacué, Valenciennes était investie. Il voulut temporiser pour refaire ses troupes, mais la capitulation de Condé (12 juillet) le rendit

Les résultats de la diète helvétique sont très satisfaisants. J'en ai fait part au général en l'invitant, suivant mon devoir, à ne rien négliger pour assurer la continuation de ces procédés bénévoles par toutes les preuves possibles de bon voisinage.

Depuis les événements de Lyon, Necker est radieux à Coppet. A Nyon, à Morges et à Lausanne, en un mot dans toute la Suisse, les émigrés qui avaient l'oreille basse, parlent haut, et, comme avant la trahison de Dumouriez, on remarque la même chose en Allemagne. Veillez ; il se machine quelque grand complot.

Quoi qu'il arrive, souvenez-vous que je saurai vivre ou mourir libre.

Votre concitoyen, P. Chépy,
Agent politique à l'armée des Alpes.

[*Ibid.*, t. 327, fol. 131-132 v°.]

XLI

Grenoble, ce 23 juillet, l'an 2⁽ᵐᵉ⁾ de la République.

Ministre,

Les événements se succèdent avec rapidité, et cependant ils ne nous entraînent pas à la paix constitutionnelle aussi vite que je l'aurais cru.

---

suspect, et le 22 juillet il était décrété d'arrestation. A la nouvelle de la capitulation de Mayence (28 juillet), il fut décrété d'accusation. Condamné à mort par le tribunal révolutionnaire le 27 août.

Le département du Var, et même la ville de Toulon, viennent d'entrer dans la coalition[1], ce qui met Brunet[2] entre deux feux. D'un autre côté, le Jura a notifié son acceptation à la ville de Lyon, en ajoutant qu'elle ne pouvait compter sur ses secours. Quant à celle-ci, elle va délibérer le 28 sur l'acte constitutionnel, mais qui nous rendra l'infortuné Chalier? Quoi qu'il en soit, on prépare des mesures vigoureuses. Les Lyonnais patriotes, réfugiés, sont pourvus d'armes et formés en compagnies. Tous les mouvements de troupes vont être ordonnés.

Puisse cette expédition se faire le plus promptement possible et bien! Le sujet de ma crainte est que l'État-major est dans les dispositions les moins favorables. Nos postes de Montélimar ont arrêté cent cinquante Lyonnais avec leurs marchandises pour Beaucaire. Ce sont des otages contre les assassinats juridiques dont se souille leur infâme cité. Carteaux est maître de Villeneuve-les-Avignon[3]. Rovère et Poultier sont à Sorgues[4]. J'espère que la colonne marseillaise sera faite prisonnière.

---

[1] Le 12 juillet et jours suivants. (Wallon, *op. cit.*, II, 221-222.)

[2] Brunet (Gaspard-Jean-Baptiste), né à Valensolle (Basses-Alpes, ch.-l. de canton, arr. de Digne); appelé le 20 mai 1793 au commandement de l'armée d'Italie; accusé d'intelligence avec les royalistes, qui avaient livré Toulon aux Anglais; traduit pour ce fait devant le tribunal révolutionnaire et condamné à mort. (Wallon, *Hist. du tribunal révolut. de Paris*, t. II, pp. 73-76.)

[3] Villeneuve-les-Avignon, située sur la rive droite du Rhône, n'est séparée d'Avignon que par le fleuve. C'est à Villeneuve que Napoléon Bonaparte mit en batterie ses deux pièces de 4, avec lesquelles il démonta l'artillerie des Marseillais. (De Coston, *Biographie des premières années de Napoléon Bonaparte.* Paris, 1840, I. 254.)

[4] Sorgues (Vaucluse, arr. d'Avignon, canton de Bédarrides). — Poultier, député du Nord à la Convention nationale, et Rovère,

On dit Barras et Fréron étroitement détenus à Toulon[1]. Voyez le profond machiavélisme de nos adversaires. Ils ont établi le foyer des troubles dans le grand atelier de notre marine, pour anéantir les débris de notre puissance sur la Méditerranée, livrer à nos ennemis la Corse et le commerce des Échelles.

J'attends toujours avec impatience mon nouveau passe-port. Il est étonnant que je ne l'aie pas reçu depuis que vous me l'avez annoncé.

Les Piémontais nous laissent paisiblement nous déchirer entre nous. Je crois ce calme précurseur d'un grand orage. Dans tous les cas, il seront bien reçus.

La liberté vous garde.   P. CHÉPY.

P. S. J'apprends à l'instant que le Gard s'éclaire, et qu'on demande hautement le renouvellement des *administrations corrompues*.

XLII

Grenoble, ce 25 juillet, l'an 2ᵐᵉ de la République une et indivisible.

Ministre,

Enfin on s'occupe sérieusement de réduire Lyon. Du 4 au 5 [août] il y aura, sous ses murs, vingt bataillons,

---

député des Bouches-du-Rhône, étaient l'un et l'autre en mission dans ce dernier département.

[1] Barras et Fréron, en mission dans les Hautes et Basses-Alpes, avaient failli être arrêtés dans les premiers jours de juin, au moment où ils se disposaient à rentrer à Paris, mais ils n'avaient

six escadrons, six mortiers et quatre-vingts pièces de canons. Nous espérons célébrer, sur la place de Bellecour, la fête solennelle du 10 août.

L'expédition sera commandée par le général du Muy, sous l'immédiate surveillance des représentants du peuple et sous les ordres de Kellermann. Les troupes brûlent d'ardeur de se mesurer avec les rebelles. Je ne crains que les excès d'une juste vengeance. Ces monstres ont assassiné juridiquement un chef de légion. Ils ont formé un camp de 7,000 hommes aux Brotteaux, mais ces aristocrates casaniers n'attendront pas nos légions valeureuses pour rentrer dans leur repaire. Les canonniers de ligne qu'on voulait retenir sont venus à la nage rejoindre l'étendard de la République. Que ne peut-on en dire autant du 3ᵐᵉ escadron du 9ᵐᵉ régiment de dragons, qui a eu la bassesse d'accompagner les patriotes à la guillotine? Il faut en faire un exemple.

Avignon a dû être attaqué l'avant-dernière nuit : on ne sait rien encore.

Je ne dois pas vous dissimuler que l'on a des difficultés pour mettre en mouvement les campagnes qui, profitant presque seules de la révolution, ne sont occupées qu'à jouir.

Le général Sériziat, convaincu de complicité avec les Lyonnais, vient d'être destitué, arrêté et sera traduit au tribunal révolutionnaire[1].

---

jamais été détenus. Chépy les confond sans doute avec les deux représentants près l'armée d'Italie, Pierre Baille et Beauvais, emprisonnés au fort Lamalgue, à Toulon. (Wallon, *Les représentants en mission*, III, p. 11.)

[1] Non seulement il avait échoué dans sa mission, mais encore, dans son entrevue avec les autorités du département de Rhône-et-

La victoire remportée sur les Espagnols le 17 de ce mois nous met un peu à l'aise[1], parce que de Flers est en état d'attendre ses renforts.

Hier, j'ai demandé aux représentants du peuple à être employé dans l'expédition de Lyon. Je crois qu'ils m'enverront dans le Jura et dans l'Ain, pour y rassembler les forces départementales. Peut-être aussi me laisseront-ils en observation à Grenoble. Quoi qu'il en soit, je me propose de me rendre à Lyon pour y observer la révolution qui va s'y opérer, ainsi que l'armée qui présentera un ensemble. Je vous promets des détails exacts. Le service des postes est prêt à manquer dans toutes ces contrées-ci. Les maîtres de poste rançonnent les voyageurs au point de leur demander cent livres pour deux postes et demie. Que fait le Directoire ?

Chaque jour augmente le discrédit de nos assignats. Les denrées sont d'une cherté effrayante : les souliers se vendent vingt francs. Nous nous élançons rapidement vers l'époque où notre papier tombera au pair des dollars américains. Et cependant la Convention sommeille ! Quel inconcevable vertige ! Il faut un puissant, un vaste effort, pour étouffer la guerre civile et sauver la fortune publique.

Nous avons eu dans la vallée d'Arche (sic), sous les

Loire, il avait laissé paraître, à l'égard des Lyonnais, une sympathie fort explicable de sa part, et qui n'allait pas jusqu'à la complicité. Par arrêté des représentants du peuple, du 26 juillet, il fut suspendu de ses fonctions et mis en état d'arrestation, mais il ne comparut pas devant le tribunal révolutionnaire. (Arch. nat., AF II, 252. Lettre des représentants du 26 juillet 1793.)

[1] Combat du Mas-de-Serre. Voy. sur cette affaire une lettre des représentants du peuple près l'armée des Pyrénées-Orientales, datée de Perpignan, 19 juillet 1793. (*Moniteur*, n° du 26 juillet.)

auspices du brave Carcaradec, un avantage assez considérable pour forcer les Piémontais à nous laisser ranger tranquillement nos affaires intérieures[1].

Le génie de la liberté veille, mais ses enfants ont peine à secouer la torpeur des vieilles habitudes et à s'élever à la hauteur de leur destinée. Vive la République !

P. Chépy,
Agent politique, employé à l'armée des Alpes.

P. S. Je vous prie de m'envoyer mes nouveaux passeports avec le titre de commissaire national qui n'est point dans le premier, et de faire parvenir mes lettres à l'adresse de Rivière, jusqu'à ce que j'en indique une autre.

[*Ibid.*, t. 327, fol. 189-190 v°.]

XLIII

Le Ministre des Affaires Étrangères au citoyen Chépy.

Paris, 27 juillet 1793, le 2ᵐᵉ de la République.

J'ai reçu, Citoyen, vos quatre lettres des 6, 8, 15 et 16 juillet. Il y a eu du retard dans les deux premières, qui ne me sont parvenues que le 19. Je n'ai pas moins envoyé des extraits de chacune d'elles au Comité de Salut public et aux ministres qu'elles peuvent concerner, lorsqu'il en a été besoin.

[1] Attaque du massif de la Tête-Dure par les Français (17, 18 et 19 juillet). Il y eut là une série d'engagements peu meurtriers et dont le résultat fut à peu près nul. (Krebs et Moris, pp. 256-258.)

Votre nouveau passeport est expédié du 25 de ce mois; il se trouve joint à cette lettre.

Je vous remercie de tous les détails dont vous m'instruisez. Continuez-les moi, je vous prie, et choisissez toujours les voies que vous jugerez les plus sûres ou les plus promptes pour me les faire parvenir, puisque vous dites y avoir interception de correspondances par les voies ordinaires.

[*Ibid.*, t. 327, fol. 252. Minute.]

XLIV

Le Ministre des Affaires Étrangères au citoyen Chépy.

Paris, le 28 juillet 1793, le 2me de la République.

J'ai reçu, Citoyen, vos quatre lettres des 10, 19, 20 et 23 de ce mois; ces trois dernières dans leur temps et la première le 22 seulement.

Le Comité du Salut public a été aussitôt instruit des détails et renseignements que vous m'y avez adressés.

Puisqu'une de ces lettres a été retardée en route, comme quelques autres dont je vous ai accusé la réception hier, je vous réitère l'observation contenue en ma précédente, de vous servir de la voie la plus sûre pour que vos lettres me parviennent régulièrement. Au reste, jusqu'à présent, il n'y en a pas encore eu de perdues, car tous les numéros se suivent.

[*Ibid.*, t. 327, fol. 253. Minute.]

XLV

Chépy au Ministre.

Grenoble, ce 28 juillet, l'an 2ᵐᵉ de la République.

Ministre,

C'est aujourd'hui que les Lyonnais délibèrent sur l'acceptation de l'acte constitutionnel. Vaincus par la terreur, ils ont laissé sortir le 3ᵉ escadron de campagne du 9ᵉ régiment de dragons et la compagnie d'artillerie. Ils ont écrit aussi au général Kellermann qu'ils reconnaissaient la Convention, mais qu'ils se constituaient en état de résistance à l'oppression jusqu'au rapport des décrets rendus contre eux [1]. On assure que Birotteau a pris la fuite [2]. Quoi qu'il en soit, on marchera sur eux, et de là sur Marseille et Toulon. Nous n'avons aucune nouvelle de Carteaux, ce qui nous étonne beaucoup. On apprend cependant indirectement que les Marseillais ont coupé la tête à un Allobroge prisonnier [3], et que toute conciliation est devenue impossible. Ces séditieux arrêtent les vivres de l'armée d'Italie, mais ils seront exemplairement châtiés.

---

[1] 24 juillet. Lettre des membres de la Commission de Salut public de Rhône-et-Loire à Kellermann.

[2] Ni Chasset, ni Birotteau n'étaient restés à Lyon ; mais le premier s'était réfugié en Suisse, tandis que Birotteau allait se cacher à Bordeaux où il fut découvert et mis à mort le 27 oct. 1793.

[3] Voy. plus bas, p. 150.

L'attention du Conseil, en attendant cette heureuse époque, doit être de prévenir, par tous les moyens possibles, la tradition de Toulon et de notre marine aux despotes étrangers.

J'ai vu dans le *Moniteur* une vive sortie du Rühl contre les commissaires du pouvoir exécutif[1]. J'ose espérer qu'elle ne peut tomber sur moi.

J'apprends que Dubuisson et Saint-Charles ont des missions particulières en Suisse. J'applaudis au choix du premier, qui a bien mérité de la patrie, mais je m'élève fortement contre le second. C'est un vil intrigant, créature de Dumouriez, et qui, en passant dernièrement à Genève, a scandalisé des patriotes de cette ville par des propos inciviques et immoraux. S'il vient à l'armée prendre son grade d'adjudant-général, il sera bien reçu par les commissaires. Cet homme est tellement suspect qu'un article de mes instructions rédigées par votre prédécesseur me prescrit de me défier de lui.

Au surplus, je vous renvoie, pour ce qui le concerne, au mémoire adressé contre lui par le citoyen Grenus au Comité de Salut public. Qu'il me soit permis, en finissant cet article, d'observer qu'il est pénible pour moi, qui suis sur les lieux, et qui exerce une mission analogue, de n'avoir point été appelé à coopérer aux dernières mesures. J'ose croire, Citoyen ministre, qu'en

---

[1] Séance du 20 juillet (*Moniteur*, XVII, 185). « RUHL : Il est connu que beaucoup de commissaires du Conseil exécutif sont répandus dans les départements; il est connu que tous ne marchent pas sur la même ligne que les commissaires de la Convention. Ce grand nombre d'agents coûte beaucoup à la République, et lui est inutile, puisqu'il y a des représentants du peuple partout où l'intérêt de la République le demande. Je propose à la Convention de les faire rappeler. »

attendant la vacance d'un emploi dans le corps diplomatique, vous m'enverrez un supplément d'instructions et de pouvoirs et que vous me fournirez une occasion de servir mon pays d'une manière encore plus active.

Depuis quinze jours je ne cesse d'écrire en Valais et à Genève, et j'en ai (*sic*) aucune réponse. Je ne sais à quoi attribuer ce silence; mais il me tue parce que momentanément il me condamne à quelque inactivité.

Je me recommande à vos souvenirs.   P. Chépy.

P. S. J'attends toujours, avec une très vive impatience, un nouveau passeport. Sans lui je ne puis faire un pas qui ne m'expose au soupçon et à toutes ses fâcheuses conséquences.

[*Ibid.*, t. 327, fol. 266-267 v°.]

XLVI

Grenoble, ce 1er août, l'an 2me de la République.

Ministre,

Les représentants du peuple et le général Kellermann sont partis d'ici, hier, pour se rendre à Bourg et de là marcher sur Lyon. Tous les officiers ont suivi, et il n'est resté ici que l'ordonnateur et les administrations militaires. La totalité des gardes nationales sédentaires, requises pour cette expédition, se monte à 13,200. Le contingent de Grenoble est 408; pour l'obtenir, il a fallu recourir au sort, et je ne dois pas vous dissimuler que la mauvaise volonté domine chez ceux qu'il a indiqués. Au reste, on ne doit avoir aucune inquiétude, car on n'en a pas besoin : douze bataillons de troupes réglées qui marchent suffisent, et au-delà.

D'après les renseignements que j'ai pu recueillir, Lyon est partagé entre la crainte et le désir impie de se mesurer contre la puissance nationale. D'un côté, il laisse sortir les dragons du 9ᵉ régiment, de l'autre, il retient les chevaux d'un détachement Allobroge pour monter quelques fédéralistes muscadins. D'un côté, il manifeste l'intention d'aller au devant de l'armée, l'olivier à la main, de l'autre, dresse des batteries, fait couper des ponts, etc. Quoi qu'il en soit, les représentants sont bien disposés à rétablir l'empire des lois et à faire triompher le sans-culottisme dans cette dangereuse cité. Après l'avoir réduite, les troupes descendront le Rhône jusqu'à Avignon, iront joindre l'armée Carteaux [1] et marcheront de là sur Aix, Toulon, Marseille, et, après avoir rattaché ces villes au système saint de l'indivisibilité, elles se fondront dans l'armée de Brunet, emporteront Saorgio [2] et termineront ainsi la campagne contre les Piémontais d'une manière très glorieuse.

Carteaux est maître de l'Isle [3] et d'Avignon. Les Marseillais se sont conduits comme des brigands ; avant d'évacuer Avignon, ils ont égorgé ou emmené en captivité tous les patriotes.

A l'Isle, la légion Allobroge a passé la garnison d'Aix et

---

[1] La suppression de la préposition *de* dans les locutions de ce genre était fréquente à cette époque.

[2] Saorge (Alpes-Maritimes, arr. de Nice, canton de Breil). Les Piémontais avaient établi à Saorgio un camp retranché qui gardait la route du col de Tende.

[3] L'Isle-sur-Sorgue (Vaucluse, ch.-l. de canton, arr. d'Avignon).

quelques habitants au fil de l'épée, parce qu'on avait coupé la tête à leur parlementaire et qu'on avait promené sa tête sur une pique [1]. Ces exemples sanglants devraient nous apprendre combien il est instant d'étouffer nos divisions intestines.

L'ennemi est maître de Mayence [2]. Peut-être s'emparera-t-il de Valenciennes [3], et nous nous déchirons entre nous ! Malheur à ceux qui attisent et perpétuent nos discordes ! Les malheureux événements qui viennent de se passer au Rhin ne peuvent être attribués qu'à l'insuffisance de notre cavalerie. Tous les bons esprits gémissent de l'inexécution du décret rendu depuis si longtemps et qui porte une levée de 30,000 hommes de cheval. Tous les bons citoyens espèrent aussi qu'on verra enfin la tête

---

[1] Nous avons sur cette affaire le rapport officiel de Doppet ; il ne contient rien qui justifie les assertions de Chépy. « J'avais, écrit-il, donné l'ordre à l'officier Allobroge qui commandait l'avant-garde de s'arrêter avec elle, à portée de canon des murs de l'Isle, et de m'y attendre. Trois dragons étaient en avant, ils entrèrent dans l'Isle, demandèrent les pouvoirs constitués, pour leur annoncer l'arrivée des soldats de la République et leur mission légale ; mais on leur fit feu dessus dans la ville, un d'eux fut tué, deux rebroussèrent chemin et me rejoignirent. Ils me firent leur rapport. Les dragons allobroges, irrités et indignés de la réception de leurs frères à l'Isle, voulaient se précipiter dans la ville. Je parvins à contenir leur fureur. L'indignation avait gagné les autres bataillons et l'artillerie. » L'affaire reprit le lendemain (23 juillet) et fut assez chaude. Des excès furent commis, que Doppet cherche à peine à dissimuler. « La troupe exerçait, il est vrai, pendant ce temps, des actes de vengeance. Ne trouvant pas les rebelles, le soldat crut que leur asile pouvait être livré au pillage, etc. » (A. G. Armée des Alpes. Rapport adressé par Doppet au général Carteaux, le 25 juillet. — Cf. Folliet, *Les Volontaires de la Savoie*, p. 30.)

[2] Mayence avait capitulé le 23 juillet.

[3] Valenciennes, assiégée depuis deux mois, s'était rendue aux Autrichiens le 28 juillet.

de Custine et adhérents rouler sur l'échafaud. L'idée de secourir Valenciennes est grande et belle, mais il faut bien mesurer son exécution, car de là dépend peut-être le sort de toute la guerre.

Il y a dans les affaires de la Vendée une marche qui inquiète tous les hommes de bonne foi. Il faut que le Comité de Salut public et le Conseil s'expriment enfin franchement, s'ils ne veulent pas aliéner totalement la confiance publique.

Permettez-moi de vous soumettre une idée dont on peut tirer quelque parti. Quand, au 10 août, les députés des communes jureront, au Champ de Mars, sous le dôme du ciel, le maintien de la constitution nouvelle, quand cet évangile de liberté sera proclamé solennellement, et paraîtra brillant de l'acceptation universelle et fort de la volonté publique, alors que le président profite de l'enthousiasme qu'une pareille cérémonie fait naître, qu'il propose à tous ces représentants momentanés du zèle national de s'ébranler en masse et de marcher contre les rebelles de la Vendée. Vous aurez le précieux avantage d'avoir improvisé une force imposante dont la composition sera pure et l'intérêt à combattre immense. Joignez à cela la superbe commotion que doivent voir le Rhin, la Meuse et l'Escaut, et il sera vrai de dire que, pour commémorer le triomphe de l'égalité, la nation s'est levée tout entière et a écrasé les tyrans.

J'ai vu avec une surprise mêlée d'indignation que des représentants trompés avaient suspendu le général Lavalette[1]. C'est mon ami, c'est lui qui a déjoué le complot de

---

[1] Louis-Jean-Baptiste Thomas, marquis de Lavalette, né en 1744 ; commandant du bataillon de la section des Gardes-Françaises ;

Dumouriez. On ne l'a puni que d'avoir aussi déjoué celui de ses dignes imitateurs. Je réponds de son innocence sur ma tête, et je jure qu'on lui doit, non des fers, mais une couronne civique.

Je n'ai point voulu me rendre à Bourg, parce que ce circuit était inutile et dispendieux à la République. J'aime mieux me rendre sous les murs de Lyon directement, par Bourgoin. J'ose espérer que vous approuverez ma conduite.

J'attends toujours mes nouveaux passeports. Je ne reçois ni ces titres importants, ni lettres de vous : je ne sais à quoi l'attribuer. J'ose cependant croire que je ne vous ai donné aucun sujet de mécontentement.

La liberté vous garde. P. CHÉPY.

[*Ibid.*, t. 327, fol. 297-300.]

XLVII

Grenoble, le 2 août, l'an 2me de la République.

Ministre,

Hier, une compagnie de patriotes lyonnais réfugiés est

général de brigade à l'armée du Nord. Suspendu par les représentants du peuple Duhem et Lesage-Senault à la suite de différends survenus entre lui et le général Lamarlière, il fut défendu par Robespierre. En conséquence, Duhem fut rappelé, l'arrêté pris par lui et son collègue renvoyé au Comité de Salut public. Les choses allèrent même plus loin, car, sur un rapport favorable à Lavalette (31 juillet), Lamarlière était traduit devant le tribunal révolutionnaire. Le 9 thermidor an II Lavalette était le lieutenant d'Hanriot dont il partagea le sort ; il fut guillotiné le lendemain. (*Moniteur*, XVII, 211, 283-284. — Wallon, *Hist. du tribunal révol. de Paris*, V, 252.)

partie de cette ville pour reconquérir ses foyers. Les citoyennes du club leur ont fait présent d'un drapeau. On s'est rassemblé autour de l'arbre de la liberté, on s'est embrassé, on a prononcé des discours patriotiques; enfin, la fête a été charmante, parce que la fraternité en faisait tous les frais.

Les difficultés que font les citoyens requis de marcher sur Lyon, viennent moins d'une intention perverse que de ce qu'on n'a pas suivi exactement la loi qui détermine le mode de réquisition de la force publique. Contrairement aux dispositions du décret, on a demandé 40 hommes aux compagnies de grenadiers, composées de 80; mais les premiers murmures sont passés, les obstacles s'aplanissent et les complots de l'aristocratie seront déjoués.

Pour comprimer l'élan du civisme chez tous les citoyens, les malveillants ont fait répandre le bruit de la prise de Perpignan. Ils ont insinué avec perfidie qu'on ne laisserait rentrer de longtemps les citoyens requis dans leurs foyers, qu'on les traînerait contre les Espagnols, les Piémontais et les rebelles de la Vendée, etc., etc. Mais toutes ces suggestions n'ont eu presque aucun effet.

Le décret contre les accapareurs a été reçu ici avec transport[1]. C'est un remède violent, mais nécessaire, puisque le corps social est gangrené.

On assure que les Espagnols se sont emparés d'un grand convoi de blé destiné pour Marseille. Quand donc s'occupera-t-on de notre armement de la Méditerranée?

L'assemblée conventionnelle vient de rendre un décret qui fixe à deux le nombre des commissaires du pouvoir exécutif près de chaque armée. Je ne prétends pas

---

[1] Décret du 26 juillet 1793. — *Moniteur*, XVII, 247.

préjuger votre décision, mais j'espère tout de votre justice. Quelque chose que vous prononciez sur mon sort, je vous prie de me le faire connaître le plus promptement possible. L'incertitude est un état affreux. Au surplus, si votre choix et celui du Conseil venait à honorer mes efforts et mon zèle, je vous observe qu'il serait nécessaire de m'envoyer des instructions et une commission en forme, mes passeports ne portant autre chose que *chargé d'une mission du gouvernement*. Dans tous les cas, étant attaché par inclination et par état au corps diplomatique, je me recommande à vos souvenirs préférablement pour cette partie.

On annonce que la ci-devant Provence est ferme et inébranlable dans ses projets de fédéralisme, que toutes les communes sont soulevées, qu'en un mot l'égarement est à son comble.

Comptez sur moi à la vie et à la mort.   P. CHÉPY.

P. S. Je passe mon temps à échauffer l'esprit public et à parler de liberté et d'égalité dans la Société populaire.

[*Ibid.*, t. 327, fol. 301-302 v°.]

XLVIII

Le Ministre des Affaires Étrangères au citoyen Chépy.

Paris, 3 août 1793, le 2me de la République.

J'ai reçu, Citoyen, avec votre dépêche numérotée 27, sous la date du 25 juillet, celle numérotée 21, datée du 13. Les détails que contenait cette dernière ayant perdu de leur intérêt par ceux que renferment vos lettres plus récentes, je me suis borné à communiquer ceux-ci au Comité de Salut public et aux ministres qui les concernent (sic).

Continuez d'apporter dans votre mission cette surveillance, que les circonstances du moment rendent plus urgente que jamais, et la liberté menacée triomphera de tous les obstacles.

P. S. Je compte vous envoyer sous peu de jours de nouvelles instructions et, quelle que soit votre misssion, la République applaudira sans doute à votre zèle et à votre dévouement.

[*Ibid.*, t. 327, fol. 329. Minute.]

XLIX

Grenoble, ce 6 août, l'an 2me de la République.

Ministre,

Le contingent de Grenoble est parti avant-hier ; il y avait un peu de gaîté et de courage.

J'ai vu avec peine la dénonciation contre Kellermann. Il y donne le démenti le plus complet en marchant contre Lyon, de sa personne. Kellermann est un bon homme, un franc soldat ; il ne connaît ni l'intrigue, ni la politique, et, par conséquent, il peut être jeté facilement hors la voie, mais son cœur loyal et son sens droit l'y ramènent. Ses talents militaires sont précieux ; il faut les ménager pour la République. Peut-être est-il destiné à rétablir la gloire de nos armes, dans une autre journée de Valmy. D'ailleurs, il est redouté des alliés, et notamment des Prussiens, et c'est quelque chose dans un général que la puissance de la réputation.

La prise de Mayence a causé ici une vive douleur et un découragement universel. Je ne doute point qu'elle n'ait produit ailleurs les mêmes effets. Il n'est qu'un moyen d'y remédier, c'est de faire un grand exemple. Que d'Oyré[1] et les officiers de l'État-Major tombent avec Custine sous le glaive de la loi, que les représentants du peuple ne soient point épargnés, s'ils ont accédé à cette infâme capitulation. Tous les bons esprits s'accordent à demander que la garnison, épurée au creuset de la guerre, forme le noyau d'une nouvelle armée contre la Vendée et que l'on licencie avec ignominie tous les héros à cinq cents livres[2]. Je vous conjure, au nom de notre commune patrie, de fixer votre attention sur cet objet.

Nous n'avons aucunes nouvelles positives de l'armée Carteaux. Voici ce que j'ai pu recueillir :

---

[1] François-Ignace-Ervoil d'Oyré, né à Sédan le 27 mai 1739 ; élève à l'École du génie de Mézières, 1er juin 1756 ; ingénieur 1er janvier 1759 ; colonel, à Metz, 8 fév. 1792 ; maréchal-de-camp provisoire, 9 oct. 1792 ; à Mayence, 9 nov. 1792 ; maréchal-de-camp titulaire, 6 déc. 1792 ; décrété d'arrestation, après la reddition de la place, 28 juillet 1793 ; en otage après le siège ; rentré en France, le 23 déc. 1794 ; en retraite, le 31 mars 1796. Il était le beau-frère de Dubois-Crancé, qui avait épousé sa sœur le 20 août 1763. (Iung, *Dubois-Crancé*, I, 67 et n. 1, où l'on trouvera les états de service complets. — Voy. aussi Arthur Chuquet, *Mayence (1792-1793)*. Paris, Cerf, 1892, in-12, surtout pp. 150-152.)

[2] On surnommait ainsi les volontaires grassement payés, envoyés dans l'Ouest par la Commune de Paris, qui avait revendiqué l'honneur d'écraser les *brigands* de la Vendée.

L'armée est campée à Saint-Rémy près Lambesc[1]. Elle a été grossie de patriotes provençaux. Les canonniers d'Aix restent fidèles à la Convention. La garnison de Toulon et les commandants des forts sont dans les meilleures dispositions. Les Marseillais sont généralement haïs et méprisés. Ils se préparent à une vigoureuse défense, mais il y a plus de jactance que de véritable résolution dans leur conduite. L'armée de Brunet est entre trois feux. Les fédéralistes lui ont arrêté son argent et ses vivres. Il écrivait dernièrement qu'il n'avait de l'argent que pour quinze jours et des vivres pour dix. On est obligé de lui faire passer l'un et l'autre par la montagne. Armons à Toulon et faisons un grand effort pour réduire Marseille, ou d'incalculables malheurs fondront sur nous.

J'ai reçu le passeport et les exemplaires que vous m'avez adressés. Je ferai de ces derniers le meilleur usage possible.

La liberté vous garde. P. Chépy.

[*Ibid.*, t. 327, fol. 346-347 v°.]

L

Grenoble, ce 7 août, l'an 2ᵐᵉ de la République.

P. Chépy, agent politique et commissaire national près l'armée des Alpes, au Ministre des Affaires Étrangères.

Je viens de recevoir un rapport détaillé relativement à

---

[1] Saint-Rémy, Bouches-du-Rhône; ch.-l. de canton, arr. d'Arles. — Lambesc; même départ., même arr., ch.-l. de canton.

la position des ennemis sur le Petit-Saint-Bernard. Je le fais passer au général Kellermann, par le même ordinaire [1]. Il en résulte en substance que les ennemis sont tellement affaiblis par la désertion et la maladie que le régiment de Rocmondel (sic)[2] est réduit à quatre cents hommes et que les douze régiments qui se trouvent, soit dans la cité d'Aoste, soit aux postes du Petit-Saint-Bernard, soit aux environs, forment à peine un total de trois mille combattants effectifs.

Les nouvelles du Var et des Bouches-du-Rhône sont assez satisfaisantes. L'armée de Carteaux, par l'effet de ses réquisitions, est forte au moins de vingt-cinq mille hommes. Des villages entiers viennent s'y réunir. Les habitants d'Aix disent hautement qu'ils iront au devant des troupes, qu'ils leur demandent l'acte constitutionnel pour l'examiner, qu'ensuite ils marcheront avec elles contre Marseille. Six mille hommes de l'armée de Nice sont en marche pour joindre Carteaux. J'espère que dans un mois il ne sera plus question de la coalition méridionale.

On a découvert chez des négociants de cette ville beaucoup de tabac et de savon, qu'on fera vendre sur la place publique.

Le pain manque ici, et le laboureur, qui vraiment est insatiable, attribue cette disette au défaut de bras pour battre. Un commissaire des guerres, le patriote Bourgeois [3],

---

[1] Le même courrier.
[2] Lisez : Rockmondet ; régiment suisse, au service du roi de Piémont, recruté dans le canton de Berne.
[3] Charles-Louis Bourgeois, né à Versailles en 1762. Entré le 1er janv. 1788 dans les bureaux de la guerre comme élève. Avait servi

a trouvé un moyen fort ingénieux d'y remédier. Il y a encore, pour le recrutement complet de l'armée des Alpes, un contingent de huit mille hommes à fournir. Il propose de les organiser en bataillons réguliers, et, avant de les armer, de les envoyer, par détachements, dans les campagnes, où ils feraient, moyennant un léger supplément de solde, les travaux accoutumés. Quand ils seraient achevés, on donnerait des fusils à ces volontaires, qui, exercés pendant l'hiver, pourraient entrer en ligne au mois de mars. On se plaint beaucoup du défaut de tentes et d'effets de campement.

Cette armée-ci est, relativement aux ennemis qu'elle a en front, trop bien approvisionnée en bons officiers. On y compte Kellermann, Saint-Rémy, du Muy, Carcaradec et Dubourg, en divisionnaires; en généraux brigadiers, Gouvion, Badelaune[2], Rivaz, tous militaires de la plus grande

---

dans la garde nationale comme aide-major. Nommé commissaire des guerres par le ministre Duportail, en oct. 1791. Avait rempli les fonctions d'ordonnateur à Besançon et à Grenoble, de mai 1792 à avril 1793. Chargé alors du recrutement de l'armée des Alpes. Commissaire ordinaire de 1re classe en l'an VIII. (Arch. nat., AF II, 339.)

[1] Louis-Jean-Baptiste Gouvion, qu'il ne faut pas confondre avec le maréchal Gouvion Saint-Cyr. Né à Toul en 1752, mort à Paris le 22 nov. 1823. — Avait d'abord servi comme général de brigade à l'armée du Nord, passa ensuite à l'armée d'Italie et revint, en 1799, à celle du Nord, où il fut fait général de division sur le champ de bataille de Berghem. — Sénateur sous l'Empire (1er fév. 1805) et pair de France sous la Restauration.

[2] Nicolas Debas, dit Badelaune, né à Paris le 20 fév. 1756. — Avait débuté dans la marine et fait la campagne, de 1779 à 1783, comme lieutenant de vaisseau en Hollande. En 1786, il quitta le service. Au début de la Révolution, il figura, je ne sais avec quel grade, dans la garde nationale du faubourg Saint-Marceau. Capitaine d'artillerie de la marine en mai 1792. Adjudant-général chef de bataillon

distinction. Il me semble qu'on pourrait en détacher quelques-uns pour des postes plus périlleux.

On est ici consterné de la nomination du général Rossignol[1].

La liberté vous garde. P. CHÉPY.

[*Ibid.*, t. 329, fol. 1-2 v°.]

LI

Grenoble, ce 8 août, l'an 2me de la République

P. Chépy au Ministre des Affaires Étrangères.

Non seulement des citoyens de Grenoble, indiqués par le sort, ne sont point partis pour l'expédition de Lyon ; mais même, de ceux qui ont obéi à la réquisition, plusieurs reviennent avec armes et bagages dans leurs foyers. Instruit de cette infâme conduite, sachant d'ailleurs combien elle peut influer sur l'esprit public, j'ai dénoncé ces lâches fuyards au commandant de la place, en le sommant de les faire arrêter comme déserteurs. Il s'est

---

le 12 avril 1792 ; employé à l'armée des Alpes depuis le 12 oct. 1792. Adjudant-général chef de brigade, 5 juin 1793 (arrêté des représentants du peuple). Général de brigade, 21 juin 1793 (nomination provisoire) ; ce dernier grade lui fut confirmé par le pouvoir exécutif, le 5 floréal an II. (Arch. nat., AF. II, 336 et 252. — A. G. Armée des Alpes.)

[1] Il s'agit de sa nomination au commandement de l'armée des Côtes de la Rochelle (27 juillet). — Voy. *Moniteur*, XVII, 258.

concerté avec les autorités constituées et il sera pris, j'espère, des mesures réprimantes et efficaces.

Depuis Saint-Laurent[1] jusqu'à Lyon, aucune commune n'a voulu marcher. Les municipalités campagnardes, très atteintes de la maladie du fédéralisme, ont affecté de donner de très mauvais logements aux troupes, et surtout à celles de réquisition. Plusieurs ont refusé l'inscription volontaire des patriotes dont le zèle excédait le contingent assigné. Montbrison et Saint-Étienne ont fourni à Lyon douze cents hommes qu'on a casernés[2]. Huit cents hommes sont postés à la Croix-Rousse; deux mille sont campés à la Pape avec vingt-deux pièces de canon. Ils ont abattu l'allée Morand et la Maison de vengeance (?). Il n'y a pas de mal à cela. Puisque nous sommes arrivés à la crise décisive, il faut qu'un peu de résistance rende la leçon plus touchante et plus terrible.

La trahison de Valenciennes a augmenté beaucoup ici le découragement. Cependant, si l'Assemblée persiste dans sa marche ferme et vigoureuse, l'esprit public se soutiendra.

J'ai retrouvé avec un vif plaisir, dans le dernier décret rendu sur le rapport du Comité de Salut public, toutes les propositions que je lui ai faites il y a plus d'un mois. Cela m'engage à lui écrire pour lui demander de disposer de moi dans un poste plus actif et plus périlleux.

[1] Saint-Laurent-du-Pont, ch.-l. de canton, arr. de Grenoble, ou Saint-Laurent-de-Mure, ch.-l. de canton, arr. de Vienne, beaucoup plus rapproché de Lyon.

[2] En marge, on lit cette note au crayon : « Est-ce pour ou contre? » C'est *pour* qu'il faut lire, mais la phrase de Chépy est, en effet, à double entente.

Vous trouverez ci-inclus l'adresse que j'ai rédigée au nom de la Société populaire de Grenoble; elle vous donnera la mesure de mes sentiments et de ma manière de remplir la mission dont on m'a honoré.

La liberté vous garde.   P. CHÉPY,
Commissaire national et agent politique près l'armée des Alpes.

[*Ibid.*, t. 320, fol. 25-26.]

LII

Grenoble, ce 10 août, l'an 2me de la République française.

P. Chépy, commissaire national et agent politique employé près l'armée des Alpes, au Ministre des Affaires Étrangères.

La désertion est considérable dans tous les corps de l'armée, notamment dans le 4me bataillon du département du Mont-Blanc. Depuis un mois, il a perdu cent cinquante hommes. Chaque jour, la gendarmerie nationale ramène quinze ou seize fuyards. On vend tout : draps, habits, armes, chaussures, et tous ces délits restent impunis, grâce à la mauvaise organisation des cours martiales et aux interminables délais pour l'érection des tribunaux militaires, décrétés depuis si longtemps et si impérieusement demandés par l'utilité publique.

Il n'y a point, au moins, de reproche à faire à l'ordonnateur Denniée, qui fait les fonctions de grand-juge. C'est un patriote zélé et pur[1].

Hier, le Département a fait exécuter le décret concernant les agents de l'administration de l'habillement et autres. Les deux commissaires Mutrecy et Maurin ont été mis en état d'arrestation. On travaille à remplir les formalités de la loi. Chacun voit avec douleur que cette mesure générale ne les ait point épargnés. Ce sont des hommes d'une probité et d'un patriotisme rare, qui ont fait admirablement leur devoir et qui sont chéris de l'armée et des représentants du peuple. Je vous prie de fixer sur ces deux citoyens l'attention du Ministre de la Guerre[2].

Au moment où je vous écris, on se bat à Lyon depuis environ vingt-quatre heures[3]. On n'a aucun détail. Il paraît cependant que l'aristocratie lyonnaise, se croyant destinée au supplice et au pillage, veut se défendre jusqu'à la dernière extrémité. Il est parti pour l'armée de la République un gros convoi d'artillerie, contenant des pièces de 24, de 16, et des mortiers.

J'ai reçu avec joie la lettre par laquelle vous me promettez de nouvelles instructions. Je vous assure d'avance

---

[1] Denniée, commissaire-ordonnateur à l'armée des Alpes. Nommé inspecteur en chef aux revues le 16 messidor an X (5 juillet 1802).

[2] Maurin, Mutrecy et Nadal étaient « préposés par le Conseil exécutif à l'achat et à la confection des objets d'habillement, d'équipement et de campement ». (A. G. — Armée des Alpes.)

[3] On ne se battait pas, car dans les deux camps on célébrait la fête du 10 août. L'avant-veille, une première rencontre avait eu lieu, près de Montessuy, entre l'avant-garde du général Petit-Guillaume et une forte patrouille lyonnaise. Le 9 août, Kellermann avait fait canonner sans grands résultats les environs de Montessuy et l'entrée de Saint-Clair. (Krebs et Moris, *op. cit.*, pp. 317-318.)

que je les remplirai dans toute leur étendue, dussé-je périr.

Voici des propositions que je vous prie de soumettre de ma part au Comité de Salut public :

1° Oter aux officiers d'infanterie, excepté aux chefs de corps, leurs chevaux, les acheter pour le compte de la République, et cependant, pour adoucir cette privation, leur payer leurs rations en argent. J'y trouve le double avantage, d'avoir environ six mille chevaux (et c'est précieux quand la pénurie est aussi effrayante) et de diminuer les bagages par lesquels les armées périssent toujours.

2° D'employer *(sic)* tous les armuriers et autres ouvriers en fer pour le compte de la République; on en a le droit puisqu'on les a dispensés du recrutement.

3° Adopter les propositions de Robespierre, d'ouvrir des ateliers sur la place publique, pour que le danger de la patrie retentisse toujours, avec les marteaux, aux oreilles de tous les citoyens.

4° S'occuper d'un plan de défense générale du territoire, qui indique les lieux de rassemblement, les endroits où il faudra élever les signaux, parquer les bestiaux et retirer les effets précieux.

5° Examiner la question de la déportation de tous les ci-devant privilégiés.

6° Les chasser tous de nos armées, sauf à la Convention nationale à en rappeler quelques-uns par appel nominal. Cette espèce de baptême politique effacera la tache originelle de la naissance.

7° Ajouter au décret qui fixe les cas où il est permis aux républicains de capituler.

8° S'occuper sérieusement de faire exécuter la loi concernant les chevaux de luxe.

Il me reste encore quelques propositions à faire, que je vous transmettrai quand je les aurai mûries par la réflexion.

La liberté vous garde.   P. Chépy.

[*Ibid.*, t. 329, fol. 39-40 v°.]

LIII

Le Ministre des Affaires Étrangères au citoyen Chépy.

Paris, 13 août 1793, le 2ᵐᵉ de la République.

J'ai reçu, Citoyen, vos dépêches des 28 juillet dernier, 1ᵉʳ, 2, 6 et 7 août présent mois. Il y a eu du retard dans les deux premières qui me sont parvenues en même temps que les autres.

Je vous remercie de tous les détails que vous m'avez communiqués sur l'état de nos armées, sur ses (sic) mouvements, sur ce qu'il y a à en espérer, et enfin sur la position de nos ennemis intérieurs et extérieurs. J'ai fait part du tout, par des extraits exacts, au Comité de Salut public et aux ministres qui devaient en avoir connaissance.

Le Conseil ne s'est point encore occupé du décret, qui réduit à deux le nombre des commissaires dans chaque armée. Vous devez assez vous reposer sur votre activité et votre travail pour espérer d'être conservé. Quand le Conseil aura pris un parti à ce sujet, je vous en ferai part, et jusque-là je dois suspendre les nouvelles instructions que vous désirez et que je vous avais annoncées prématurément. En attendant, continuez votre surveillance sur tous les objets de votre mission, et je vous recommande surtout de faire en sorte de ne point vous laisser devancer dans l'annonce que vous me faites des faits et des événements. Vous n'ignorez point que c'est souvent à la rapidité de leur cours qu'est due l'efficacité des mesures qu'ils indiquent.

[*Ibid.*, t. 329, fol. 44-44 v°. Minute.]

LIV

Grenoble, ce 13 août, l'an 2ᵐᵉ de la République.

P. Chépy, commissaire national et agent politique employé près l'armée des Alpes, au Ministre des Affaires Étrangères.

Nous avons célébré ici la fête du 10 août avec pompe, mais sans gaîté et sans enthousiasme. Les événements de Lyon et les désastres du Nord ont flétri les esprits. Il y avait bien loin de cette fête à celle du 14 juillet.

Nous apprenons par des voies qui paraissent sûres que Carteaux est entré dans Aix. On dit que les Marseillais s'opiniâtrent de plus en plus dans leurs projets de résistance. Ils viennent d'écrire au département de la Drôme qu'il fallait se réunir contre l'ennemi extérieur, et que d'*Albarade*[1] était dans le complot de livrer notre marine aux despotes étrangers, et ce sont ceux qui affament l'armée de Nice qui tiennent un pareil langage.

Le décret contre les accapareurs n'a point fait baisser encore le prix des denrées. Elles sont ici d'une inconcevable cherté et d'une rareté extraordinaire. Les malveillants persuadent aux habitants des campagnes de ne rien apporter aux marchés, parce que, disent-ils, ils ne recevraient en échange qu'un papier qui va être anéanti. Pour achever de les aigrir, ces scélérats ont fait afficher une réquisition de Carteaux, que les représentants du peuple avait annulée et qui devait rester ensevelie dans l'oubli[2]. L'aristocratie s'agitait aussi beaucoup dans les sections, mais la municipalité patriote vient d'en anéantir la permanence. On s'occupe aussi d'un nouveau désarmement d'hommes suspects.

Le bombardement de Lyon a dû commencer le 10 août, à deux heures.

On assure qu'il y a eu des escarmouches, fatales pour la plupart aux muscadins de Lyon, que nous nous sommes emparés du poste important de la Croix-Rousse[3], qu'enfin

---

[1] Le ministre de la marine. Il avait remplacé Monge le 10 avril 1793. (*Moniteur*, XVI, 103.)

[2] Probablement l'ordre donné par Carteaux, le 3 juillet, aux gardes nationaux de l'Isère, de se rendre « incontinent » à Valence. Cette réquisition fut annulée dès le lendemain par les représentants Albitte et Dubois-Crancé. (Arch. nat., AF. II, 111.) — Une autre réquisition, par laquelle Carteaux demandait l'envoi immédiat au Pont-Saint-Esprit de la plus grande partie des gardes nationales dont on pourrait disposer (18 juillet), eut le même sort (20 juillet).

[3] Nouvelle inexacte. Le 13 août (date à laquelle Chépy écrit cette lettre) on avait, après un feu très vif d'artillerie et de mousqueterie, dirigé une attaque infructueuse contre les maisons crénelées de la Croix-Rousse. (Krebs et Moris, *op. cit.*, p. 318.)

il y a eu une trêve pour parlementer. Nous en saurons, j'espère, bientôt davantage.

Un bon patriote de ce pays, voyant avec frayeur la disette artificielle ou véritable des cuirs, désirerait qu'on fit travailler, pour le compte de la nation, les cuirs provenant des bestiaux consommés par l'armée. Cette idée me paraît mériter quelque examen.

Le citoyen Barthélemy vient de m'informer de l'attentat horrible commis dans la personne des citoyens Maret et Sémonville. Je lui donnerai ici la plus grande publicité, pour augmenter encore l'horreur contre la maison d'Autriche, et j'ose croire que vous en tirerez tout le parti possible.

La liberté vous garde.   P. CHÉPY.

[*Ibid.*, t. 329, fol. 45-46 v°.]

LV

Grenoble, ce 19 août, l'an 2ᵐᵉ de la République

Ministre,

Notre position est critique. Les Piémontais ont fait une invasion dans le Mont-Blanc sur trois colonnes[1]. On dit

---

[1] On trouvera dans l'ouvrage de MM. Krebs et Moris une relation très complète de la campagne de 1793, sur la frontière des Alpes (pp. 266-291). Si, sans entrer dans le détail des opérations, on veut en avoir une idée d'ensemble, il suffira de consulter le « précis raisonné », rédigé par Kellermann lui-même pour le ministre de la Guerre (*Op. cit.*, Pièces justific., pp. LXXXVII-XC). Je me bornerai ici à quelques brèves indications, nécessaires pour l'intelligence du

que Montesquiou accompagne le comte de Cordon[1]. Bramans, Termignon, Villard, Lanslebourg, Saint-André et autres postes importants, sont en leur pouvoir[2]. Ils s'avancent à grand pas. Je me suis transporté au Département, pour me concerter avec lui sur les mesures à prendre. On

texte. — A la fin de juillet, le roi de Piémont, informé de la situation précaire de l'armée des Alpes, affaiblie par les détachements qu'elle avait dû envoyer aux Pyrénées, à Lyon et dans le Midi, voulant aussi favoriser par une diversion l'expédition projetée, de concert avec les Anglais, dans le comté de Nice, se décida à prendre l'offensive. Une triple attaque fut dirigée contre le Mont-Blanc (ancienne Savoie). Un premier corps piémontais, sous les ordres du comte de Revel, violant la neutralité du Valais avec la complicité au moins tacite des autorités locales, pénétra dans le Faucigny, et s'avança jusque vers Sallanches et Cluses. D'autre part, le marquis de Cordon descendit du Mont-Cenis dans la Maurienne, et le duc de Montferrat envahit, à la tête des troupes concentrées aux environs du Petit-Saint-Bernard, la vallée de la Tarentaise. Le général Le Doyen commandait en Maurienne; le général Badelaune, en Tarentaise. Dans un conseil de guerre, tenu le 14 février 1793, Kellermann avait assuré, ainsi qu'il suit, la défense de ces deux vallées (*op. cit.*, p. 239). *Tarentaise.* Première position : en arrière de Séez, au débouché du Petit-Saint-Bernard. Deuxième position : Conflans, derrière l'Arly, au confluent de cette rivière avec l'Isère. — *Maurienne.* Une seule position indiquée : les plateaux de Termignon et de Bramans, ainsi que les hauteurs de Sardières qui les relient. Ce n'est que plus tard, au cours de la campagne, qu'une seconde position fut choisie à Montailleur, en avant de Montmélian, pour éviter la retraite immédiate sur Barraux et Grenoble.

[1] Propos de gens affolés.
[2] Bramans, Termignon, Lans-le-Villard, Lanslebourg, Saint-André ; Savoie, arr. de Saint-Jean-de-Maurienne. Le marquis de Cordon avait commencé son mouvement offensif dans la nuit du 29 au 30 juillet ; mais ce n'est que le 12 août qu'il attaqua les positions françaises. Ne pouvant tenir contre des forces supérieures, le général Le Doyen, après une belle défense, évacue Lanslebourg, Termignon (14 août) et Bramans (15 août), et se replie sur Saint-André et Saint-Michel (19-20 août), sauvant son artillerie et ses magasins.

en a adopté d'assez vigoureuses. Nous allons pourvoir à la défense du fort Barraux et à l'évacuation des magasins. Je suis instruit qu'on est parvenu à sauver ceux de la Maurienne. Les habitants de Bramans ont voulu faire feu sur nos troupes dans leur retraite. Les Piémontais amènent avec eux beaucoup de prêtres fanatiques. Du côté de Carouge, les habitants ont pris les armes et se sont prononcés pour nous. Il paraît qu'il y a eu de la trahison. On doit arrêter ce soir un officier qu'on en accuse. J'espère que Kellermann et les représentants vont prendre un parti. On nous annonce que l'armée d'Italie manque de vivres. Les Pyrénées sont aussi fort pressées. Les séditieux Charrier se remontrent dans la Lozère et l'Aveyron [1]. La conspiration est générale, mais nous tiendrons nos serments. Nous ne recevons, depuis cinq ordinaires, aucunes nouvelles de Paris. Nous sommes dans les inquiétudes les plus vives. Malheur à Lyon, qui est la cause de tous nos maux, et qui n'est point prêt à capituler!

Il ne reste ici que huit cents fusils et cinq milliers de poudre. On va réparer le camp retranché de Villars devant Barraux. La désertion s'augmente chaque jour dans le 5ᵉ bataillon du Mont-Blanc. Dans la circonstance, ce n'est point une troupe sûre. Le général Coustard vient d'arriver [2]. J'aurai avec lui ce soir une conférence.

En vérité, sans nouvelles et sans instructions précises, je ne vis plus que de mon zèle et de mon dévouement.

Comptez sur moi à la vie et à la mort.   P. CHÉPY.

---

[1] Au mois d'octobre 1793, on redoutait encore, mais sans grand fondement, le réveil de l'insurrection dans la Lozère. (Wallon. *La Révolution du 31 mai*, II, 200-201.)

[2] Guy, chevalier de Coustard-de-Saint-Lô, né à Saint-Domingue

P. S. On assure que les Valaisans ont donné passage à quatre-vingts mulets chargés de fusils et escortés par quatre-cents Piémontais[1]. Ceux-ci s'en sont servis pour armer les paysans qui déjà étaient fort mal disposés à notre égard. Je l'avais prévu, et je n'ai rien négligé pour le prévenir. A demain de plus grands détails, s'il nous en arrive.

On expédie à l'instant un courrier extraordinaire au département de la Drôme pour lui demander des secours.

Les gardes nationales de la 2ᵉ et de la 3ᵉ classe sont mises en réquisition. Il est ordonné aux communes de fournir avec leur contingent quinze sacs de farine. On emmanche les piques, on ferre les bâtons, faute de mieux.

[*Ibid.*, t., 329, fol. 66-64 v°.]

---

le 12 août 1748, mousquetaire le 28 mars 1763; capitaine de cavalerie, le 17 janv. 1773; chef d'escadron, le 10 mai 1789; lieutenant-colonel au 2ᵉ chasseurs, le 6 nov. 1791; maréchal-de-camp, le 15 sept. 1792; général de division, le 15 mai 1793; suspendu de ses fonctions, le 7 oct. 1793; membre du Directoire central des hôpitaux en l'an VIII; retraité le 7 juillet 1811; mort à Paris le 19 nov. 1825. (Charavay, *Corresp. gén. de Carnot*, I, 55, n 7.) M. Wallon (*Les représentants en mission*, III, 36, n. 4) l'a confondu avec un autre Coustard, condamné à mort par le tribunal révolutionnaire de Paris, le 16 brumaire an II.

[1] Deux cent cinquante hommes du régiment de Verceil, déguisés en paysans, et conduisant chacun un mulet, porteur de caisses pleines de fusils, avaient franchi le col du Grand-Saint-Bernard, sous la conduite du comte de Revel, officier du régiment de Chablais-Réformé (vers le 10 août; le 11, ils sont à Sambrancher).

LVI

Grenoble, ce 22 août, l'an 2ᵐᵉ de la République.

P. Chépy, commissaire national au Ministre des Affaires Étrangères.

Les colonnes ennemies qui ont attaqué le Mont-Blanc forment un total de quinze mille hommes[1]. La force effective que nous avons à leur opposer est de six mille hommes[2]. Cette réduction est l'effet des cruelles maladies qui règnent dans la Maurienne et dans la Tarentaise. Nous avons eu un avantage assez considérable près Moustier, mais notre infériorité nous a ôté les moyens d'en profiter et nous nous replions.

---

[1] Ce chiffre est assez exact. Dans l'ouvrage de MM. Krebs et Moris, les forces du marquis de Cordon sont évaluées à 7,000 hommes, celles du duc de Montferrat à 8,000. Il faut y ajouter la petite troupe envoyée dans le Faucigny, d'un faible effectif, mais qui avait pour mission de soulever et d'armer les paysans (p. 267 et n. 3, p. 269, n. 3).

[2] Même remarque. Badelaune avait au plus 4,000 combattants sous ses ordres, Le Doyen environ 4,500 ; il faut y ajouter 1,500 hommes répartis dans le Chablais et le Faucigny, plutôt pour prêter main-forte aux nouvelles autorités républicaines que pour surveiller la frontière du Valais. Ces trois chiffres donnent un total de 10,000 hommes, mais sur le papier seulement. (Krebs et Moris, pp. 264-265.)

Les ordres sont de disputer le terrain pied à pied, et de se retirer sur Montmélian. Là, le général Kellermann dit avoir trouvé une position vraiment inexpugnable. Cependant, l'évacuation du Mont-Blanc peut avoir de si graves inconvénients qu'on y pensera mûrement avant de l'effectuer.

Le général Kellermann et le représentant Gauthier se sont rendus à Chambéry; leur présence a ranimé le courage des habitants. Les opérations de Lyon nous sont peu connues. Tout ce que je sais, c'est que cette diversion nous fait un tort incalculable et qu'il faut en finir, à quelque prix que ce soit.

On parle d'une nouvelle levée. Présentez, je vous prie, de ma part, au Comité de Salut public, les propositions suivantes :

1º Ne former aucun nouveau corps sous quelque prétexte que ce soit.

2º Réformer les cent derniers bataillons et les refondre dans les anciens.

3º Porter les régiments ci-devant de ligne à quatre bataillons, en dédoublant les deux bataillons existants, et les corps volontaires à quinze cents hommes. J'observe que la Prusse et l'Autriche se servent avec avantage de ces masses militaires.

4º Porter les régiments de hussards à huit escadrons, les chasseurs *item*, les dragons et les cavaliers à six.

5º Accélérer le plus possible la levée, tant de fantassins que de cavaliers, pour pouvoir les manœuvrer (*sic*) dans la morte-saison.

6º Ordonner aux départements d'exercer activement la première classe de la force publique.

7º Examiner le plan de défense du territoire proposé, lors de l'invasion du 2 septembre, par Kersaint[1];

8° Faire de redoutables lignes à Péronne et fortifier la position de [Pont] Sainte-Maxence[2].

Je crois ces articles importants. Je vous prie de les prendre en considération sérieuse.

Que devient notre armement de la Méditerranée? Que fait-on pour la Vendée?

J'attends avec impatience vos instructions. Mettez-moi à même de faire et je jure que toutes vos intentions seront remplies.

La liberté vous garde.   P. CHÉPY.

[*Ibid.*, t. 329, fol. 78-79 v°.]

LVII

Grenoble, ce 23 août, l'an 2ᵐᵉ de la République.

P. Chépy, commissaire national au Ministre des Affaires Étrangères. Salut.

J'ai cru qu'il était de mon devoir de recueillir et de pré-

---

[1] Armand-Guy-Simon Kersaint, ancien officier de marine, député à la Législative et à la Convention; démissionnaire le 18 janv. 1793; condamné à mort, par le tribunal révolutionnaire de Paris, le 4 déc. de la même année. — Le plan de défense, auquel Chépy fait allusion, avait été proposé à une date un peu antérieure. On lit, en effet, dans le compte rendu de la séance de l'Assemblée législative, du 13 juillet 1792, ce qui suit : « M. Kersaint propose un projet d'instruction générale de défense locale, à l'usage des habitants des villes et campagnes qui pourraient être attaqués par l'ennemi, etc. » (*Moniteur*, XIII, 139.)

[2] Pont-Sainte-Maxence; Oise, ch.-l. de canton, arr. de Senlis.

senter au Conseil tous les renseignements possibles sur notre armée de la Maurienne et de la Tarentaise. Voici des particularités sur l'exactitude desquelles on peut compter.

Il règne dans nos troupes une grande dysenterie. Le bataillon des Landes a quatre cents malades; la seule compagnie des chasseurs du 5º bataillon de la Gironde en compte vingt. Cette dysenterie provient : 1º de ce qu'il n'y a dans cet affreux pays aucun comestible bon et salubre, pas même un fruit; 2º de ce que l'on n'a donné constamment au soldat que de la viande, quoiqu'il y eût en magasin des légumes ; les troupes se plaignent de ce qu'on les a jetés à l'eau dans la retraite; 3º de ce que les soldats, bivouaquant depuis un mois, n'ont bu d'autre eau que celle qu'ils exprimaient de la neige et de la glace qu'ils foulaient aux pieds. Les troupes sont horriblement fatiguées et hors d'état de passer l'hiver dans cet affreux pays. Elles y sont depuis dix mois; il faut les relever.

Constamment les Piémontais ont été vigoureusement repoussés. On leur a fait des prisonniers, on leur a tué beaucoup du monde (sic). Nous, au contraire, nous avons perdu peu d'hommes, mais nous en avons eu beaucoup de blessés. Les Piémontais, malgré la grande supériorité du nombre, n'ont jamais osé tenir la vallée. Ils se sont toujours fixés sur les hauteurs, d'où ils ont fait tomber une pluie de bombes et d'obus.

On assure que le général Doyen est destitué. Tous les blessés et malades qui reviennent de l'armée en murmurent hautement. Ils disent qu'il s'est très bien conduit, etc., etc. C'est ce qu'il faudra examiner[1].

---

[1] Le Doyen n'était pas destitué, mais on lui reprochait d'avoir

Le général de brigade Badelaune a fait des merveilles. C'est à la fois un des meilleurs patriotes et un des meilleurs officiers de France.

Kellermann vient de requérir quatre cents hommes du département de l'Isère, pour protéger l'évacuation de nos magasins à Chambéry et aux environs. Les dispositions douteuses des Savoyards rendent cette mesure nécessaire.

On a fait entrer à Barraux une compagnie d'artillerie qui était à Chambéry, et on a fait revenir à Grenoble, pour travailler à l'arsenal, la demi-compagnie qui se trouvait à Barraux.

Les juges et l'accusateur militaire sont arrivés. Ils ont déjà jeté un œil de surveillance sur le régime affreux des prisons. J'espère qu'ils rétabliront enfin dans l'armée la discipline qui est si nécessaire.

Proposez, de ma part, au Comité de Salut public, par suite au plan que j'ai tracé hier :

1º De rendre aux dragons leurs fusils, parce qu'ils sont mauvaise cavalerie légère et détestable cavalerie pesante.

2º D'ôter aux officiers d'infanterie leurs chevaux, excepté aux chefs de corps et aux officiers infirmes ou âgés de plus de cinquante ans.

La liberté vous garde.   P. CHÉPY.

[*Ibid.*, t. 329, fol. 110-111 vº.]

---

effectué une retraite, que les circonstances imposaient et qu'il avait très heureusement dirigée. Des poursuites furent commencées contre lui, mais, après un premier interrogatoire, on renonça à le traduire devant un conseil de guerre. (Voy. la lettre de Chépy, du 23 septembre.)

LVIII

Grenoble, ce 24 août, l'an 2ᵐᵉ de la République.

P. Chépy, commissaire national, au Ministre des Affaires Étrangères. Salut.

Les Piémontais sont maîtres de Cluses[1]. Un grand nombre de montagnards s'est joint à eux. A Annecy, les femmes ont coupé l'arbre de la liberté et brûlé les archives du club et de la commune. A Chambéry, le peuple en a voulu faire autant, mais on a fait prendre les armes aux malades de l'hôpital ; on l'a contenu. Nos assignats ne passent plus en Savoie.

Aujourd'hui les bataillons Savoyards, qu'on n'a point dépaysés, malgré mes vives et continuelles sollicitations, vont se dissoudre.

L'évacuation du Mont-Blanc, quoique momentanée, me paraît contraire à nos véritables intérêts.

1° Le pays se désaffectionnera entièrement.

2° Il pourra s'opérer à Genève une révolution aristocratique, dont les chances ne peuvent être pour nous que très fâcheuses.

3° Il est à craindre que les Savoyards, furieux de se voir abandonnés, ne se joignent à leur ancien tyran et ne

---

[1] Cluses : Haute-Savoie, arr. de Bonneville, ch.-l. de canton. Les Piémontais y étaient entrés le 21 août.

rachètent, par mille efforts contre nous, une réunion par eux instantanément consentie.

4° Enfin, il est possible que le Valais, et même les Suisses, soient encouragés par cette retraite à nous donner le coup de pied de l'âne.

On travaille activement à sauver nos magasins. Tout se replie sur Barraux. Nous avons à mettre à couvert six mille quintaux de farine.

Le décret qui démonnaye (sic) les assignats au-dessus de 100 [livres], portant l'effigie du tyran, fait ici quelque mauvais effet parmi les officiers[1]. Beaucoup d'entre eux se voient, avec ce papier désormais inutile, dans l'impossibilité de rejoindre leur corps. Il faudrait aviser aux moyens d'un échange prompt et facile, dans des cas semblables.

Les départements environnants sont toujours très travaillés. A Gap, on dit hautement que les brigands de la Vendée ne sont point des rebelles, puisqu'ils ne veulent qu'un roi constitutionnel. A Barcelonnette, même sentiment; à Briançon, Brissotisme renforcé. Dans les campagnes, fanatisme, cupidité et avidité de jouir, sans rien faire pour conserver. Digne était dans le même état, à peu près; mais le peuple s'est prononcé, et le sans-culottisme triomphe.

La dysenterie règne au camp de Tournoux[2].

Le service de l'artillerie est en mauvais état. Les canonniers se plaignent de manquer des outils les plus nécessaires.

---

[1] Décret du 30 juillet. Art. 1. « A compter de ce jour, les assignats à face royale au-dessous de 100 livres n'auront plus un cours forcé de monnaie. » (*Moniteur*, XVII, 280.)

[2] Le camp de Tournoux, près de Barcelonnette.

En général, nous n'avons ici ni armes, ni munitions de guerre, ni chevaux, ni voitures. L'affaire de Lyon et la baisse de l'eau font un tort irréparable à nos approvisionnements et l'armée est sur le point de manquer (sic).

Comptez sur moi à la vie et à la mort.

La liberté vous garde. P. CHÉPY.

P. S. J'attends, avec la plus vive impatience, les instructions que vous m'avez promises. Je suis dévoré du besoin d'être utile.

[*Ibid.*, t. 329, fol. 93-94 v°.]

LIX

Grenoble, ce 25 août, l'an 2me de la République.

P. Chépy, commissaire national, au Ministre des Affaires Étrangères.

L'insurrection d'Annecy dont je vous ai rendu compte avait été provoquée par quelques gagistes de l'aristocratie. Trois ont été saisis et mis à mort. L'arbre de la liberté a été relevé dans une douzaine de communes.

Tout le monde s'accorde à dire que nos troupes font des prodiges de valeur et de constance. On leur envoie un renfort de trois cents hussards et de deux bataillons qui passent par la montagne. Puisse ce léger secours leur faciliter les moyens d'attendre l'armée campée devant Lyon !

Les Piémontais avancent avec lenteur, parce qu'ils attendent leurs canons et qu'ils sont obligés de faire porter à dos de mulets toutes leurs munitions de guerre et de bouche. Les montagnards du haut Faucigny sont en pleine révolte. Les représentants du peuple viennent de réintégrer d'Ornac. C'est, je crois, une mauvaise mesure.

Les opérations de Lyon se poursuivent avec vigueur. Le quartier Saint-Clair est en feu. Les citoyens honnêtes quittent de toutes parts cette criminelle cité. L'aristocratie s'opiniâtre à la résistance. Il faut espérer qu'elle sera bientôt vaincue et terrassée. Quatre cents hommes vont partir de cette ville pour protéger l'évacuation de nos magasins à Chambéry. Deux cents, de la vallée, suivront bientôt. Nous attendons à Grenoble plus de vingt mille hommes de réquisition. C'est un prélude du grand mouvement décrété par la Convention.

Je suis fort pour les propositions. Je vous prie de faire, de ma part, au Comité de Salut public, celles qui suivent :

1° Donner à la garnison de Mayence, pendant toute la durée de la guerre, la demi-solde en sus pour récompense de sa bravoure, de sa courageuse patience et pour dédommagement des maux qu'elle a soufferts. Cette gratification, juste sous tous les rapports, peut enflammer tous nos guerriers de la plus utile et de la plus brûlante émulation.

2° Transporter à l'armée des Alpes, en poste, la garnison de Valenciennes, soit pour finir le siège de Lyon, soit pour reconquérir à la liberté les importantes villes de Toulon et de Marseille, pour ensuite être envoyée aux Pyrénées ou à la Vendée.

La liberté vous garde.   P. CHÉPY.

(*Ibid.*, t. 329, fol. 95-96.)

LX

Grenoble, ce 27 août, l'an 2me de la République.

P. Chépy, agent politique et commissaire national près l'armée des Alpes, au Ministre des Affaires Étrangères.

Je viens de voir arriver ici les citoyens Prière et Chevrillon : je leur ai demandé quelle était leur mission. Ils m'ont appris qu'en exécution du dernier décret ils étaient envoyés comme commissaires du pouvoir exécutif[1]. J'ai été frappé d'étonnement de ce que je n'avais point été prévenu de leur arrivée, de ce qu'on ne m'avait pas dit si je devais leur céder la place oui ou non, si j'étais conservé comme agent politique, ou si j'étais rendu à une inaction douloureuse autant qu'imméritée[2]. Je suis encore, au

---

[1] Ils étaient plus particulièrement les agents du ministère de la Guerre, comme le prouve leur correspondance avec le secrétaire général de ce ministère, le citoyen Vincent. On trouve, à la date du 23 ventôse an II (13 mars 1794), dans le registre du Conseil exécutif, les renseignements suivants sur ces deux obscurs personnages : « Chevrillon, homme intelligent et patriote, de la section de l'Arsenal ; Prière, marchand de vin, jacobin depuis 1789. » (Voy. H. Wallon, *Les représentants du peuple en mission*, t. IV, p. 438.)

[2] Si l'arrivée de Prière et de Chevrillon causa de l'étonnement à Chépy, ils ne furent pas moins surpris de rencontrer à Grenoble

moment où j'écris, dans la même perplexité. Elle m'accable. Daignez m'en arracher le plus promptement possible.

Mes principes sont trop connus, ma surveillance a été trop active, ma conduite trop loyale et trop ferme pour que les gouvernants aient eu l'idée de m'éliminer de mes fonctions. Peut-être ont-ils entendu me laisser ici dans mon poste politique que pour observer la Suisse et les États voisins, ce à quoi je me sens très propre. Alors, je souscris volontiers à un arrangement qui, ne me laissant dans l'intérieur d'autre soin que l'observation, me permettrait de travailler très activement à l'extérieur. Peut-être aussi veut-on me transférer dans une autre partie de la République. J'attends avec résignation et dévouement les ordres qui pourront m'être transmis.

Telles sont les conjectures que je forme. Daignez fixer ma pensée par des explications précises, car l'incertitude est un état affreux. Ce qui ajoute à mes inquiétudes, c'est que, depuis plus de quinze jours, je n'ai reçu de vous aucunes lettres. Je demande que vous prononciez promptement sur mon sort, quel qu'il soit.

La liberté vous garde. P. CHÉPY.

[*Ibid.*, t. 329, fol. 100-101.]

---

un autre agent du pouvoir exécutif, dont ils ne s'expliquaient pas la mission. Le 27 août, ils écrivaient à Vincent : « Ycy nous avont trouvé Chepy fils, qui ce dit chargé d'une commission du Comité de Salu publique. Nous l'observerons », et en *post-scriptum* (de la main de Chevrillon) : « Dit nous un peu, ce qu'est un nommé Chepy, qui est dans ce pays, et dit nous, s'il est possible, quel peut être sa mission politique. » (Arch. de la Guerre. Armée des Alpes, à la date.)

LXI

Grenoble, ce 23 août, l'an 2ᵐᵉ de la République.

P. Chépy au Ministre des Affaires Étrangères. Salut.

Le fond du régiment de Berchény, hussards[1], est arrivé ici. La totalité de ce corps est de plus de douze cents hommes. L'incorporation des hussards du Calvados l'a porté au-delà du complet de guerre ; mais il est dénué de tout. Il lui manque plus de cinq cents chevaux, autant de sabres, carabines et une grande quantité d'effets d'équipement. La chose en est au point que beaucoup de hussards du détachement de guerre, soit à la Pape, soit dans le Mont-Blanc, n'ont ni carabines, ni bottines. Il est temps que le Conseil s'occupe sérieusement de remonter et d'armer en guerre tous nos corps de cavalerie. C'est uniquement à cela que tient tout le succès de nos armes.

L'esprit de ce corps paraît, en général, tracassier et querelleur. Il a eu à Dôle de sanglantes rixes avec un bataillon de volontaires. Il s'est comporté hier envers la municipalité d'une manière assez irrespectueuse au sujet des logements. On se plaint déjà, dans les cabarets et dans les auberges, de quelques violences. J'examinerai froidement le tout et vous en rendrai compte.

Le bataillon du Mont-Blanc est toujours ici, toujours

---

[1] Le 1ᵉʳ régiment de hussards ou Hussards de Berchény.

affligé de la maladie de la désertion. Il y a longtemps que je l'ai demandé au Comité de Salut public, et les officiers eux-mêmes le demandent aujourd'hui : dépaysez ce bataillon. Les préjugés territoriaux, le voisinage de ses parents et des Piémontais, tout y répand le plus mauvais esprit. Les bataillons du Mont-Blanc, qui par le courage se rapprochent des Suisses, seront excellents aux Pyrénées et dangereux sur les bords de l'Isère.

Il vient de partir une compagnie de canonniers pour Lyon. Cette ville, au moment où j'écris, doit être réduite en cendres[1]. Puisse ce terrible exemple imprimer à l'aristocratie et au fédéralisme une salutaire épouvante !

Carteaux se conduit à ravir. Vous connaissez ses incroyables succès et l'heureuse révolution de Toulon[2]. Je ne vous ferai point de répétition fastidieuse, mais que le Conseil profite de ces événements, et surtout qu'il pense à notre flotte de la Méditerranée[3].

Tout va bien aussi dans le Mont-Blanc. Si l'on n'eût point arrêté l'ardeur des légions départementales, cinquante mille hommes s'y portaient en masse.

J'ai vu les nouveaux commissaires du pouvoir exécutif[4].

---

[1] Le bombardement, commencé le 22 août, à onze heures du soir, avait continué sans interruption, les jours suivants, avec la plus grande violence ; mais les Lyonnais n'étaient nullement ébranlés, ni la ville en cendres, quoique de nombreux incendies y eussent été allumés.

[2] Allusion à l'attitude prise par la population ouvrière de Toulon, à la nouvelle des premiers revers des Marseillais. Il en résulta une émeute, promptement réprimée, et qui ne put changer le cours des événements.

[3] Il était déjà trop tard. Le jour même où cette lettre fut écrite, la flotte française était livrée aux Anglais.

[4] Prière et Chevrillon.

Je leur ai donné tous les renseignements locaux que je pouvais avoir. Je ne négligerai rien pour les mettre à même d'être le plus utiles possible.

On dit que Saint-Charles est destitué et a reçu l'ordre de s'éloigner de vingt lieues des frontières. Les bons citoyens s'en réjouissent.

J'attends avec impatience que vous prononciez sur mon sort. L'inquiétude me dévore, la perplexité me tue. Dans tous les cas, comptez à la vie et à la mort sur

Votre concitoyen.   P. CHÉPY.

[*Ibid.*, t. 329, fol. 107-108 v°.]

LXII

Grenoble, ce 29 août, l'an 2ᵐᵉ de la République.

P. Chépy, agent politique employé près l'armée des Alpes, au Ministre des Affaires Étrangères.

Les troupes qu'on a fait passer par le col du Galibier ont fait leur jonction avec notre petite armée de la Maurienne[1]. Deux cents hussards de Berchény sont arrivés à l'Hôpital[2] et ont fortifié le corps de la Tarentaise[3]. Ainsi, l'invasion des Piémontais devient peu inquiétante, et les premières neiges les forceront à repasser des monts, dont

---

[1] Le col du Galibier établit la communication entre Briançon et la Maurienne.

[2] *L'Hôpital*, sur la rive droite de l'Arly, petit bourg, dont la réunion à *Conflans* (rive gauche de l'Arly), constitue depuis 1845 une seule localité appelée Albertville, du nom du roi Charles-Albert.

[3] La position d'Albertville est la clef de la Tarentaise, comme celle d'Aiguebelle est la clef de la Maurienne.

ils n'avaient osé descendre que parce qu'ils nous croyaient entièrement absorbés par nos discordes civiles.

Voici une anecdote que je vous garantis et que je vous prie de faire insérer dans les feuilles publiques. Nous avions environ quatre cents malades à Saint-Jean-de-Maurienne. Le bruit se répand que les Piémontais avancent ; dans un seul jour, trois cents demandent leur billet de sortie, en disant que leur poste n'est point sur un lit, mais au champ de bataille. Cent cinquante seulement pouvaient sortir sans inconvénients. Un canonnier, dévoré par une fièvre maligne, vient demander un billet de sortie. On lui représente son fâcheux état. « *Je veux mourir auprès de ma pièce* » est la seule réponse qu'on en peut tirer. On l'a laissé sortir, et, ce qui paraîtra incroyable, quatre jours après, sa situation était sensiblement améliorée. Tremblez, despostes! De pareils hommes ne sont pas faits pour être vaincus.

Les troupes, qui se sont le plus distinguées dans le Mont-Blanc, sont le 5ᵐᵉ bataillon de la Gironde, le bataillon du 23 et 79ᵐᵉ régiment (*sic*), les chasseurs des Vosges et un bataillon de grenadiers. On fait quelques reproches à la légion des Alpes.

Je dois dire, pour rendre hommage à la vérité, que les Savoyards se montrent absolument indignes de notre assistance. Fanatisme et traîtresse pusillanimité, voilà leur caractère dominant. On avait envoyé quatorze hommes du 4ᵐᵉ bataillon du Mont-Blanc dans un village, pour empêcher des dégradations. Ils ont tous déserté, après avoir voulu assassiner leur sergent. Ce bataillon est perdu, s'il reste encore quinze jours à Grenoble.

Le régiment de Berchény a reçu hier le détachement qu'il avait à l'armée des Ardennes. Un hussard, entraîné par Dumouriez, est venu, à pied, rejoindre son étendard à Mâcon. Ce corps a besoin d'être maintenu. Il renferme beaucoup d'hommes indisciplinés et tapageurs. Il y en a déjà plus de quinze en prison, et ils sont arrivés à peine. J'ai vu les officiers principaux. Ils m'ont paru animés d'un bon esprit et épurés au creuset des événements. Cependant j'ai vu régner chez les jeunes un ton d'insolence et de morgue qui rappelle l'ancien régime.

Beaucoup d'officiers ont été promus par les représentants du peuple aux grades supérieurs, et depuis deux mois n'ont point encore reçu leurs brevets. Il faudrait en faire l'expédition. Pour qui connaît l'esprit militaire, ces choses ne paraissent point indifférentes. On sait que des bagatelles et de simples formalités ont souvent sur les actions des hommes une très puissante influence.

La nomination de Gilot à l'armée du Rhin m'a consterné. C'est une commère, à qui on n'a pas même voulu laisser la défense de Landau[1]. Méditez, songez un peu à Kellermann et à une foule d'autres officiers de distinction, qui sont entassés dans cette armée, tandis que, sur d'autres points plus importants, il en manque.

La liberté vous garde.   P. CHÉPY.

[*Ibid.*, t. 329, fol. 112-113 v°.]

---

[1] Joseph Gilot, né à Châtenay (Isère), le 16 avril 1734, fit d'abord la guerre de *Sept ans*, et assista à la prise de Port-Mahon (1755), comme simple soldat. Lieutenant avant la Révolution, il fut promu maréchal-de-camp le 6 déc. 1792. Investi du commandement de la place de Landau, il la défendit avec succès contre les coalisés, et, avant même que le siège ne fût levé, il fut fait général de division et commandant de l'armée du Rhin (27 mai 1793). Mort en 1812, commandant de la 4ᵉ Division militaire (Rochas, *Biogr. dauph.*). Rien ne paraît justifier le dédain que Chépy montre à son endroit.

LXIII

Paris, le 30 août 1793, le 2ᵐᵉ de la République.

Le Ministre des Affaires Étrangères au citoyen Chépy.

J'ai reçu, Citoyen, les nᵒˢ 34, 35, 36, 37 et 38 de vos dépêches, en date des 10, 13, 19, 22 et 25 août présent mois.

Je vous remercie de votre zèle à me transmettre tous les détails, avis et renseignements qu'elles contiennent. Je les ai communiqués au Comité de Salut public et aux différents ministres qu'elles concernent.

Vous trouverez ci-joint un extrait de la réponse du Ministre de la Guerre à un extrait d'une de vos lettres que je lui avais adressé. Vous y verrez que vous avez été probablement induit en erreur sur l'opinion que vous vous êtes faite des talents et du civisme d'un grand nombre d'officiers de l'armée des Alpes. Il paraît que le Ministre les a appréciés, et c'est un avis pour vous de ne point trop croire sur parole en pareille matière[1].

Je vous aurais déjà fait parvenir les nouvelles instructions que vous me demandez, si un décret de la Convention ne venait pas de supprimer tous les commissaires nationaux

---

[1] On ne pourrait qu'applaudir à ce langage, si l'on ne savait, comme j'aurai l'occasion de le montrer plus loin, que Chépy était fort mal vu au ministère de la Guerre où les montagnards étaient devenus tout puissants, grâce à la connivence de Bouchotte.

— 186 —

du pouvoir exécutif. Il est vrai qu'un autre décret ultérieur renvoie à un comité l'examen de l'exécution sans compromettre nos relations politiques intérieures. Dans le doute si le décret aura lieu, je suspends l'envoi de ces instructions qui vous deviendraient inutiles, si vous étiez rappelé, ou même si vous aviez une autre destination de la part du Comité de Salut public.

[*Ibid.*, t. 320, fol. 120-120 v°.]

LXIV

Grenoble, le 31 août, l'an 2ᵐᵉ de la République.

P. Chépy, commissaire national et agent politique aux Alpes, au Ministre des Affaires Étrangères. Salut.

L'armée de Carteaux, après s'être emparée de Marseille[1], marche sur Toulon. Cette dernière ville, où il s'est déjà fait une violente réaction, ne peut tenir[2]. Ainsi voilà le fédéralisme expirant. Je désire qu'après cette expédition on rende ce corps de troupes à sa première destination, c'est-à-dire aux Pyrénées où les renforts sont plus nécessaires que jamais.

Examinons maintenant si, pour le bien du service, on

---

[1] Le 25 août.
[2] Malheureusement le désespoir inspira aux Toulonnais la pire résolution qu'ils pussent prendre. La défaite irrévocable de Marseille précipita les négociations déjà entamées avec l'ennemi. Le 28 août, le port et la flotte de Toulon étaient aux mains des Anglais.

ne pourrait rien tirer de cette armée-ci. Nous avons en cavalerie :

Le 9ᵐᵉ régiment de dragons.......	800 hommes.
Le 5ᵐᵉ — de cavalerie.......	800 —
Hussards de Berchény............	1.300 —
Nouveau corps de chasseurs à cheval, qui se forme................	400 —

Si l'on examine la position des lieux, le genre de guerre que nous faisons, on reconnaîtra :

1° que, pour le présent, on peut envoyer à l'armée du Nord le régiment de dragons tout entier ;

2° que, dans quelques mois, quand le nouveau corps de chasseurs de la légion montagnarde sera équipé, on pourra renvoyer aussi le régiment de Berchény.

L'évacuation de Chambéry se fait peu à peu. Il paraît, d'après tous les préposés que j'ai interrogés, que nous n'avons presque rien laissé aux Piémontais.

Toute l'armée se plaint amèrement de la mauvaise construction des voitures qui servent d'hôpital ambulant. Les blessés y expirent souvent dans les angoisses les plus affreuses. Il est bien temps que le Conseil fixe sur cet objet une philanthropique sollicitude.

On se plaint aussi, en général, de la tenue des hôpitaux et du régime des prisons. Ce dernier surtout est horrible. Ici, à Grenoble, on n'a pas honte d'entasser des militaires coupables de fautes légères avec des scélérats qui méritent la mort. Qu'en arrive-t-il? Que le soldat, qui était entré pur dans ce repaire des forfaits, en sort corrompu et vicié. Le concierge leur refusait de la paille, « *parce que*, disait-il, *elle était trop chère* ». Ah! l'humanité commande impérieusement la réforme de pareils abus.

Voici quelques notes sur divers commissaires des guerres employés dans cette armée.

Alexandre, intelligent, actif, impérieux, opposé aux mesures du 31 mai et du 2 juin et à toutes leurs conséquences, le siège de Lyon par exemple, aimant au fond sa patrie et la liberté, qu'il a servie, le 10 août, à la tête du faubourg Saint-Marceau.

Dénniée, ordonnateur; probe, intelligent, actif, patriote sincère, voulant le bien, mais non révolutionnaire.

Pascalis, ordonnateur de division ; très instruit dans son métier, très attaché à sa patrie, ami de l'humanité, austèrement honnête, mais non révolutionnaire.

Foulet, intelligent, travailleur, hautain, aristocrate.

Bourgeois, travailleur, intelligent, sans-culotte[1].

Bersonnet, très intelligent, très laborieux, très bien intentionné, patriote inébranlable.

Catus, un peu petit-maître, mais bon patriote.

Jonquet, un peu neuf, original, mais bon partisan de la Révolution.

Claverie, être nul, ci-devant chevalier de Saint-Louis, connaissant la triture de son métier et le faisant exactement[2].

Chevalier, bon révolutionnaire, mais inexpérimenté[3].

Laran, très intelligent, aussi bon révolutionnaire que peut l'être un ancien secrétaire d'intendance[4].

---

[1] Commissaire ordinaire de 1re classe en l'an VIII.
[2] Même situation que le précédent en l'an VIII.
[3] Entré dans le corps des commissaires en août 1792. Était à cette époque quartier-maître du 3e bataillon des volontaires nationaux de l'Isère.
[4] Laran, nommé à la même époque, était 1er secrétaire de Montesquiou.

Nadaud, bon patriote et qui promet[1].

Aman, très intelligent, très laborieux, homme à principes sûrs.

Lemarquant, patriote, faisant régulièrement son métier[2].

Autres renseignements importants :

La pharmacie de l'armée est très bien composée. Le directeur de l'hôpital de Saint-Jean-de-Maurienne est patriote. On est assez content des médecins ; on se plaint un peu des chirurgiens, quoiqu'il y en ait un assez grand nombre d'expérimentés. La mortalité n'est pas grande. Dans l'évacuation de Chambéry on n'a perdu que deux hommes. Encore ne peut-on attribuer leur trépas qu'à la mauvaise fabrication des voitures de transport.

J'attends avec impatience votre décision et des instructions, au cas qu'elle soit favorable.

La liberté vous garde.

P. CHÉPY.

[*Ibid.*, t. 320, fol. 121-123 v°.]

---

[1] Pierre Nadaud, né à Limoges le 20 nov. 1750. Secrétaire de l'Intendance de Limoges. Quartier-maître du « bataillon de vigilance et de sûreté » à Grenoble, de juin à juillet 1793. Nommé commissaire des guerres à l'armée des Alpes, le 23 juillet 1793. (Arch. nat., AF.II, 353.)

[2] Lemarquant, nommé commissaire des guerres, le 20 août 1792, par les commissaires de l'Assemblée législative, Lacombe Saint-Michel, Gasparin et Rouyer, dont il était secrétaire. Commissaire ordinaire à la 10ᵉ division militaire en l'an X.

LXV

Grenoble, ce 1ᵉʳ septembre, l'an 2ᵐᵉ de la République.

P. Chépy, agent politique employé près l'armée des Alpes, au Ministre des Affaires Étrangères.

Je dois vous rendre compte de particularités intéressantes que je tiens de très bonne part.

Les seigneurs piémontais, instruits que le roi Sarde était dans l'intention d'affranchir la Savoie du joug qui pesait sur elle depuis si longtemps, et de briser les entraves de son industrie, ont pressé vivement ce prince de ne point sacrifier son armée pour la reconquérir. Il y avait, disaient-ils, la certitude que sans effort il la recouvrerait au traité de paix. D'autres, plus sages encore, voulaient qu'il l'abandonnât entièrement. Amédée a paru ébranlé. Cependant, il s'est décidé pour le système offensif. Quoi qu'il en soit, on peut croire que peut-être il ne serait pas fort éloigné de recevoir en dédommagement quelque somme d'argent ou une autre possession comme l'État de Parme, ce dont mes instructions m'ordonnent de faire la recherche, et ce qu'il est très important de savoir.

Nous manquons de chevaux et nous avons besoin de cavalerie. Le Mecklembourg et le Holstein nous sont fermés. Dans la position où nous sommes, la République doit faire des sacrifices. Je propose de faire faire des achats en espèces sonnantes dans la Suisse. Je suis parfaitement informé qu'on y trouvera avec facilité plusieurs milliers d'excellents chevaux. On y trouverait aussi des armes.

J'ai lu le décret qui ordonne le rappel des commissaires du pouvoir exécutif[1]. Je crois qu'il ne me concerne pas :

1° parce je suis agent politique, chargé de veiller sur Gênes, Genève, le Valais, le Piémont et la Suisse.

2° parce que le titre de commissaire national, porté secondairement dans mon passeport, n'était qu'un manteau pour couvrir mes véritables fonctions à l'extérieur et mon rôle d'observateur au dedans.

3° Il faut bien que le Conseil ait dans chaque armée au moins un délégué qui l'instruise immédiatement de ce qu'il doit savoir, et c'est une économie pour la nation, car je serai sentinelle surveillante en dedans, je remplirai les fonctions de commissaire du pouvoir exécutif sans en avoir le titre, et, d'un autre côté, je soignerai nos relations extérieures qui, sur ce point, ont un grand intérêt de circonstance.

Je crois qu'il n'est pas de l'intérêt de la République de me rappeler.

1° Je tiens dans mes mains le fil d'une correspondance secrète dans les pays voisins.

---

[1] Séance du 23 août 1793 (*Moniteur*, XVII, 478) : « Sur le rapport de Mallarmé, la Convention nationale décrète que tous les commissaires et agents envoyés par le Conseil exécutif dans les départements, seront rappelés, et que leurs fonctions cesseront à compter de la notification qui leur sera faite, sans délai, du présent décret, sauf au Comité de Salut public à envoyer partout où il le trouvera utile à la chose publique, tels commissaires ou agents qu'il jugera convenable. »

2° J'ai mis plusieurs hommes en campagne, qui ne connaissent que moi et qui ne sont point de retour.

3° Je me suis assuré d'un homme dans le Valais, qui a découvert son nom à moi seul, qui, dans ses quittances, en a pris un supposé, et qui ne se découvrirait pas à un autre, quelque prix qu'on offrît à son dévouement.

4° Je suis estimé du gouvernement de Genève. Je m'harmonise parfaitement avec les membres influents et avec plusieurs de nos agents.

5° Je me crois né pour être missionnaire. J'ai monté l'esprit public à Genève et j'espère que j'y suis encore nécessaire.

Je vous ai exposé ma pensée toute nue, je n'y ai point mis de fausse modestie, parce qu'elle est indigne d'un républicain. Jugez-moi.

Si vous me continuez dans mes fonctions, si vous m'envoyez les instructions que vous m'avez promises, je me propose d'aller à Genève, où j'espère faire de bonne besogne. Je crois que ma présence dans le Mont-Blanc sera aussi très utile pour y régénérer l'esprit public. Dans tous les cas, mandez-moi vos intentions par écrit. J'attendrai à Grenoble une réponse positive.

P. CHÉPY.

[*Ibid.*, t. 329, fol. 130-131 v°.]

LXVI

Grenoble, ce 2 septembre, l'an 2me de la République.

P. Chépy, agent politique, au Ministre des Affaires Étrangères.

Le général Kellermann, et par suite le général Carcaradec, ont donné leur démission[1]. On doit l'attribuer au représentant du peuple d'Herbez[2], qui a contremandé des dispositions militaires d'une haute importance et dont l'effet devait être de mettre les Piémontais entre deux feux. C'est un malheur pour la République de perdre à la fois ces deux excellents officiers dans un moment où l'invasion de notre territoire est certaine et imminente.

Le général du Muy a été destitué[3]. On peut regretter ses talents, si l'on ne peut exalter son civisme. C'est le général Coustard qui commande devant Lyon ; c'est un homme d'or.

Les Piémontais ne s'étaient retirés que pour s'approvisionner. Aujourd'hui, revenus en force, ils ont contraint notre armée, affaiblie par les maladies et excédée par les fatigues, de se replier sur Montmélian. Le général Kellermann est parti aujourd'hui de Grenoble pour aller défendre le Mont-Blanc[4], où Simond et Dumaz sont

---

[1] Ces démissions furent sans doute retirées presque aussitôt.

[2] Pierre-Jacques d'Herbez-Latour, né à Barcelonnette (Basses-Alpes) le 13 sept. 1735 ; mort dans cette ville le 6 mars 1809. Avocat à Barcelonnette ; député des Basses-Alpes à la Législative et à la Convention ; dans le procès de Louis XVI, vote pour la mort ; en mission dans le Midi après le 31 mai. (*Dict. des parlementaires français,* par Adolphe Robert, Edgard Bourloton et Gaston Cougny. Paris, 1890, in-8°.)

[3] Du Muy commandait en chef l'armée réunie pour le siège de Lyon.

[4] Sur les instances de leurs collègues, Dumaz et Simond, les représentants du peuple Dubois-Crancé et Gauthier avaient enfin consenti à laisser le général Kellermann prendre la direction personnelle des opérations militaires contre l'armée sarde. Il quitta donc le château de la Pape le 31 août, à onze heures du soir, se rendit successivement à Grenoble, Chambéry et Montmélian, pour rassurer les autorités et organiser la défense, et établit son quartier-général aux Marches (Krebs et Moris, pp. 276-277).

arrivés. Les Piémontais sont à Aiguebelle[1]. On tient toujours au projet de se retirer sous Barraux.

L'évacuation du Mont-Blanc paraît décidée. Dès lors, le département de l'Ain est ouvert à l'ennemi. Il est sans défense ; les canons du fort Pierre-Châtel sont démontés. C'est le duc d'Aoste qui commande l'armée Piémontaise. La confiance avec laquelle elle descend vers nos frontières, à la saison des neiges, fait voir que son dessein est d'hiverner sur notre territoire, et qu'il y a un grand complot ourdi pour lui en donner les moyens.

Toulon s'est livré aux Anglais avec notre marine (cela paraît très sûr). Si l'on n'eût pas négligé mes avis et méprisé mes prédictions, cet irréparable malheur ne serait pas arrivé. D'un seul coup, nous perdons notre crédit à la Porte, la Corse, notre commerce des Échelles, notre immémoriale supériorité sur la Méditerranée, le comté de Nice, deux cents millions peut-être en vaisseaux, magasins, agrès, etc.

(En marge) Nota. — Je mets tous les événements au pire, parce que c'est toujours ainsi qu'on doit les voir quand on veut prendre des mesures sérieuses et efficaces.

L'armée piémontaise fera sa jonction avec les troupes débarquées des flottes combinées, qui s'élèvent à cent trente voiles, et, forte de cette réunion, envahira la Provence et marchera sur Lyon, tandis que d'autres corps agiront avec vigueur, tant sur Barcelonnette que sur le point de Barraux. Vous voyez que ces départements sont dans le danger le plus imminent.

[1] Inexact. Les troupes du marquis de Cordon n'allèrent pas plus loin qu'Argentine, à quelques kilomètres en amont d'Aiguebelle ; encore n'atteignirent-elles ce point que le 11 sept. Au commencement de septembre, les avant-postes des Piémontais dans la Maurienne étaient à la Chambre.

Le remède à tous ces maux est de nourrir l'esprit public et de bien exécuter la loi du 23 août[1]. C'est à quoi je m'occupe infatigablement. J'échauffe, je rassure, j'électrise. J'ai fait adopter à la Société populaire des mesures vigoureuses, qui, si elles étaient généralisées, sauveraient la République. Toutes ces mesures sont comme des conséquences de la loi du 23.

Le dépôt du 5ᵐᵉ régiment de cavalerie est ici en passage. Il manque d'armes et de selles. Ce dénuement fait bouillonner d'indignation, quand on songe que la République a besoin de tous ses défenseurs.

L'affaire de Lyon a déconcerté tout notre système des subsistances militaires. On manque de farines et *surtout d'avoine*. On voit le mal et personne ne peut appliquer le remède. Les Lyonnais ont fait sortir toutes leurs bouches inutiles et paraissent résolus à se défendre jusqu'à la dernière extrémité. Il est clair qu'ils comptent sur les secours des armées étrangères[2]. Lyon étant le réservoir de nos trois armées, des Alpes, d'Italie et des Pyrénées, Lyon interceptant toutes nos subsistances, recelant des munitions et des approvisionnements dont nous avons besoin, il faut qu'il soit réduit, à quelque prix que ce soit.

Je propose au Comité de Salut public de faire décréter que le tocsin sera sonné à quinze lieues à la ronde, que la ville sera sommée une dernière fois de se rendre, et que,

---

[1] Loi du 23 août 1793, sur « la réquisition des forces nationales ». (*Moniteur*, XVII, 478). — Voy. aussi le long rapport de Barère (*ibid.*, pp. 474-478.)

[2] Dans tous les cas, il paraît bien établi qu'aucune entente n'exista entre les Lyonnais et le cabinet de Turin (Krebs et Moris, p. 266, n. 1).

faute par elle de le faire, elle sera brûlée, rasée de fond en comble, et ses habitants passés au fil de l'épée. Les demi-mesures nous tueront, si nous ne savons point nous en affranchir. Il est encore un objet d'une grande importance. Je voudrais qu'il fût enjoint à tout fermier, métayer, exploitant domaine, de se munir d'un sabre, d'un pistolet, de se monter avec un de ses chevaux de labour, pour former une milice à cheval à la manière des Cosaques, laquelle protégerait dans l'intérieur les convois, les subsistances, servirait à la correspondance dans les cas pressants, dissiperait les attroupements séditieux, permettrait de renforcer les divisions de gendarmerie aux frontières, harcelerait l'ennemi en cas de trouée, et marcherait, au besoin, pour un coup de main offensif[1]. Je vous prie d'examiner mûrement cet aperçu.

On brûle nos arsenaux. Songez à Plymouth et à Portsmouth. Ils ne sont point incombustibles. Les tyrans veulent nous écraser. Songez que la liberté peut trouver des Scévolas, et doit les employer quand elle en trouve. Fixez votre attention sur Brest. La présence des députés fugitifs dans le département du Finistère doit vous avertir qu'on y médite une trahison aussi noire que celle de Toulon.

Comptez sur moi à la vie et à la mort.

P. Chépy.

[*Ibid.*, t. 329, fol. 135-138.]

---

[1] Il n'aurait fallu qu'une chose pour la réussite de ce projet, c'est que les paysans français fussent des Cosaques.

LXVII

Grenoble, ce 4 septembre, l'an 2ᵐᵉ de la République.

P. Chépy, agent politique près l'armée des Alpes, au Ministre des Affaires Étrangères.

Le régiment de Berchény était parti avant-hier d'ici. C'est avec la plus grande surprise que je l'ai vu rentrer ce matin en ville. Il devait se rendre à Vienne. Je ne sais point les raisons du contre-ordre, mais je sais que des mouvements pareils fatiguent et dégoûtent les troupes, et coûtent beaucoup en étapes à la République. Le dépôt du 5ᵐᵉ régiment de cavalerie, qu'on avait tiré des cantonnements d'Eybens pour remplacer les hussards, est obligé d'y retourner.

Le général Lajolais vient commander ici. Il est de la dernière promotion des représentants du peuple.

Le citoyen Noël, bon patriote, a été fait adjudant-général[1], ainsi que le citoyen Levasseur[2].

Après une démission donnée au moment du danger de la patrie, un général est toujours suspect. Aussi l'accusateur militaire et moi nous surveillons de près Kellermann. Soyez certain que, s'il a quelque projet de trahison (ce

---

[1] Jean-Baptiste-Charles Noël, né à Auterive (Haute-Garonne), le 15 janv. 1761. Officier au 1ᵉʳ dragons, le 5 mars 1782; capitaine, le 24 nov. 1792. En fév. 1793, il était employé comme « adjoint à l'État-major » de l'armée des Alpes.

[2] Adjudant-général, chef de brigade.

que personnellement je ne crois pas), nous saurons les déjouer.

La nouvelle de Toulon (sic) n'est point confirmée, mais, en supposant qu'elle fût fausse, j'aurais encore eu raison de prendre l'alarme et de prédire les maux incalculables qui pourraient en résulter. Si nous avons le bonheur de rattacher Toulon à l'indivisibilité de la République, il faut y envoyer à poste fixe des hommes sûrs pour en faire chasser les étrangers, pour surveiller les malveillants, aider au scrutin épuratoire de la marine, et enfin préserver de tout danger ce grand atelier de la puissance française. L'objet important est de mettre dans cette ville une garnison nombreuse, sûre, et un commandant sans-culotte.

Les Piémontais sont campés en avant d'Aiguebelle. Je crois qu'ils se porteront sur Chambéry par les Bauges. Ils exercent de grandes cruautés, de grandes vexations. Ils ont pendu plusieurs maires. Quarante-cinq aristocrates du Mont-Blanc ont été transférés ici. Ils seront suivis bientôt de vingt-cinq autres. C'est autant d'otages. La colonne de la Maurienne est de 8,000 hommes environ. Jamais l'ennemi n'ose descendre en plaine; seulement il tourne nos postes, tient toujours la hauteur et nous lance, sans que nous puissions le voir, une pluie de bombes et d'obus.

Du côté de Carouge, les habitants se montrent bien. Conjointement avec quelques troupes réglées, ils ont formé une petite armée qui tient tête aux rebelles du Faucigny et à des Piémontais auxiliaires. Carouge a envoyé des députés dans le Valais et en Suisse. Dans ce dernier pays, ils ont été bien reçus et ont reçu beaucoup de belles protestations. Il faut avoir l'air de s'y fier et agir comme ne s'y fiant pas.

L'esprit public se soutient ici à merveille: la Société populaire va bien.

Vive la motion de Basire! Elle a sauvé l'État des malignes influences du Feuillantisme[1].

Lyon résiste toujours. Je ne sais quand finira cette expédition. Nous manquons de poudres, d'armes, de subsistances, et cependant ça ira et ça va.

La liberté vous garde.   P. Chépy.

P.-S. — Si vous me conservez dans mes fonctions, ce que je crois raisonnable et utile, je me rendrai sur-le-champ dans le Mont-Blanc et à Genève. J'espère y faire beaucoup de bien.

[*Ibid.*, t. 329, fol. 149-150 v°.]

LXVIII

Grenoble, ce 5 septembre, l'an 2ᵐᵉ de la République.

P. Chépy, agent politique, au Ministre
des Affaires Étrangères.

Il y eut hier une rixe violente entre les hussards-guides et les hussards de Berchény. Elle a été heureusement

---

[1] Séance du 28 août. Après avoir dénoncé le « feuillantisme », qui déjà « relevait la tête », Basire ajouta : « Je demande que vous déclariez formellement que la France est en révolution jusqu'au moment où son indépendance sera reconnue ; que le Comité de Sûreté générale vous présente une rédaction de cette déclaration, et un projet de décret qui rende à la police municipale de sûreté toute la force que les malveillants sont parvenus à lui faire perdre. » (*Moniteur*, XVII, 519, n° du 30 août.)

apaisée par le général Lajolais, les municipaux et les officiers des deux corps. Le général Kellermann vient de prendre une excellente mesure. Il a ordonné aux vérolés et aux galeux d'évacuer les hôpitaux et de s'aller battre. Il est arrivé hier environ cent recrues du Cantal, bien habillées, bien équipées. Ils ont joint aujourd'hui avec gaîté et une volonté franche.

Mieux informé, je vous annonce que nous tenons encore Aiguebelle, malgré une pluie d'obus et de bombes dont les Piémontais ne cessent de nous inonder. Ils ont des mortiers et des petits canons à vis, qui se démontent et qu'ils portent sur des mulets. Nos troupes, en Tarentaise, tiennent toujours ferme à l'Hôpital. On va poster cent cinquante hussards du côté de Chambéry. Ces braves gens brûlent de se battre, mais ils manquent de tout. Les Piémontais ont poussé quelques patrouilles jusque dans le département de l'Isère. Ils ont fait mine de menacer la manufacture d'Allevard, où l'on fait actuellement des boulets. Cela a déterminé le général à requérir 1,600 hommes, dont 600 de Grenoble. Quatre cents seront placés à Barraux ; 400 à Allevard ; 400 à Montmélian ; 400 dans un endroit dont le nom m'échappe.

L'esprit public est bon. Les paysans voudraient tous partir. On a plus besoin de les retenir que de les exciter. Mais les subsistances et les armes manquent. Le département produit du fer égal à celui de Suède et d'Espagne. Il a les plus belles usines possibles, telles que la Chartreuse, etc. Il a aussi de bons ouvriers. Il ne s'agit que de mettre en œuvre ces précieux moyens. Le département demande cent mille écus aux représentants du peuple. J'espère que le Ministre de la Guerre ne négligera rien pour tirer parti de ces importantes ressources.

Je presse de toutes mes forces l'exécution de la loi du 23 août. Je viens de réorganiser la Société populaire; délivrée des membres qui la souillaient, elle n'en sera que plus utile à la chose publique.

Des lettres de Marseille, du 31, et de Lambesc, du 1er, nous donnent la nouvelle de Toulon comme vraie. Vite aux mesures! Rien de nouveau de Lyon. C'est une ville infâme dont il ne faut laisser que le souvenir.

Les commissaires Prière et Chevrillon (qui sont d'excellents républicains) sont partis pour Briançon. Je me suis concerté avec eux, et je crois que nous ferons le bien.

L'arrivée du citoyen Voland a complété le tribunal militaire[1]. Je crois qu'il va entrer en fonctions.

Je travaille à un mémoire d'une haute importance pour le Comité de Salut public. Tous mes moments sont consacrés à la sainte cause de l'égalité.

Comptez sur moi à la vie et à la mort. J'attends avec impatience que vous prononciez sur mon sort.

P. Chépy.

[*Ibid.*, t. 329, fol. 152-153 v°.]

LXIX

Le Ministre des Affaires Étrangères au citoyen Chépy.

Paris, 7 septembre 1793, le 2me de la République.

J'ai reçu, Citoyen, vos lettres des 24, 25, 27, 28 et 31 août, et 1er et 2 du présent mois. J'en ai transmis à fur

---

[1] Paul-Ambroise Voland, substitut de l'accusateur militaire près le tribunal criminel militaire.

et à mesure les détails au Comité de Salut public et aux Ministres auxquels ils pouvaient être utiles.

J'aperçois dans votre dernière lettre deux versions, qui se contrarient et suspendent l'opinion sur le général Kellermann qui en est l'objet. Vous annoncez qu'il a donné sa démission et plus loin vous dites qu'il est allé défendre le Mont-Blanc. Sans doute que ce n'est que jusqu'à ce que sa démission soit acceptée. Procurez m'en au plus tôt les véritables motifs, ainsi que de celle du général Carcaradec. J'apprends avec le plus vif intérêt que le général Coustard, selon vous, le remplace avantageusement devant Lyon.

Malgré la foule d'objets dont vous m'entretenez, je n'ai que peu de chose à vous répondre, puisque vos lettres, pour la plupart, roulent sur des faits, des avis, des propositions et des aperçus sur tout ce qui vous environne, et qu'il suffit de mettre en évidence pour conduire au but que nous nous proposons tous : *le bien public*.

Sans prononcer sur votre manière d'envisager les choses qui paraissent quelquefois plus ou moins ce qu'elles sont, selon le point où l'on est placé, je me bornerai à encourager votre zèle par tout ce qui en est susceptible, je veux dire par l'exemple du civisme énergique et soutenu qui anime et dirige Paris en ce moment.

Plus les circonstances sont graves, et plus j'aime à le penser, elles vous trouveront toujours inaccessible à tout sentiment qui ne s'élèverait pas à leur hauteur. Il est de l'essence du vrai républicain de ne jamais douter de son salut, et, quelle que soit l'apparence de l'adversité du jour, un peuple, qui a juré et goûté la liberté, saura toujours la maintenir et se la perpétuer, quelque atteinte qui lui soit portée.

La nouvelle de la reddition de Toulon, que vous m'annoncez, nous était déjà parvenue. Elle est l'effet de la plus infâme trahison qui ait jamais été tramée contre nous; mais ce malheur n'est pas irréparable, comme vous paraissez le craindre. Ce que nous avons obtenu à Marseille, ce que vous espérez de Lyon, ce qui est infaillible dans la Vendée, pour la cause de la justice suprême du peuple, tout nous prépare une vengeance éclatante, tout nous présage un dédommagement très prochain à nos revers.

Continuez toujours le cours de votre laborieuse mission, quelque incertaine qu'elle vous paraisse. La Convention, ni le Conseil, n'ont encore rien statué sur votre requête. Ce silence ne peut que vous être favorable. Lorsque l'une ou l'autre de ces autorités aura pris une détermination à votre égard, je m'empresserai, pour satisfaire à votre juste impatience, de vous en faire part.

J'espère beaucoup de votre surveillance sur Gênes, Genève, le Valais, la Suisse, etc., et, en effet, les séjours que vous vous proposez dans les principaux endroits ne pourront que vous faciliter les moyens d'obtenir les détails politiques que vous promettez. Ne négligez rien sur ce point important.

[*Ibid.*, t. 329, fol. 172. Minute.]

LXX

Grenoble, ce 7 septembre, l'an 2me de la République.

P. Chépy, agent politique, au Ministre des Affaires Étrangères. Salut.

Enfin, on vient d'envoyer à Lyon le 4me bataillon

du Mont-Blanc. C'était le seul moyen de le conserver. Ces Savoisiens avaient l'air joyeux, au moins à leur départ. Berchény ne tardera pas non plus à partir. Les corps administratifs le désirent, parce qu'il vexe les communes des environs et même les habitants de la cité. On s'expose toujours à des désordres semblables, quand on tient des hussards inactifs et loin de l'ennemi.

Les Piémontais montrent quelques têtes de colonnes du côté de Briançon, mais ce n'est qu'une feinte. Cette place est très forte, ils sont hors d'état d'entreprendre un siège. Cependant il faut observer que la ville n'est approvisionnée que jusqu'au 1er novembre. Les pluies abondantes, qui nous inondent depuis trois jours, auront couronné les Alpes d'un épais diadème de neige. Cette difficulté naturelle et la contenance de nos troupes détermineront probablement les hordes sardes à regrimper précipitamment sur le Cenis et sur le Saint-Bernard. J'ai cependant certains avis, d'assez bonne main, qui m'apprennent qu'ils veulent insulter le fort Barraux qu'on répare à force, mais dont la défense est difficile et la position mauvaise. Cent cinquante hommes partent aujourd'hui d'ici.

La municipalité va faire mettre en état d'arrestation douze des principaux égoïstes, qui n'ont pas satisfait aux dernières réquisitions. Il faut faire des exemples pour contenir les lâches et les traîtres.

Toulon étant décidément livré, voici les mesures que je propose.

1º Arrêter toutes les pensions, annuités, rentes, dues par l'État aux Toulonnais.

2º Déclarer tous les biens qu'ils peuvent posséder dans l'intérieur acquis et confisqués à la République.

3° Vouer cette ville et les traîtres de la flotte au mépris des contemporains et à l'exécration de la postérité.

4° Envoyer bien vite dans l'armée d'Italie des commissaires des guerres, des officiers généraux et des approvisionnements, pour pouvoir organiser et mettre en mouvement la masse qui va s'ébranler pour reconquérir cette ville.

5° Ordonner à l'armée de Lyon, aussitôt après l'expédition, de descendre le Rhône jusqu'à Avignon, et de là de marcher droit sur Toulon, excepté quatre mille hommes qui seront envoyés à la garde du Mont-Blanc.

6° Envoyer des hommes sûrs dans les ports de Lorient, Port-Libre et Brest, que les Anglais ont achetés comme celui de Toulon.

7° Prévenir et étouffer à Bordeaux le complot y formé d'introduire les Anglais dans la rivière et dans la ville.

8° Si le cas l'exige, disposer d'une partie des troupes de la Vendée pour le Midi, qui est la partie de la République la plus imminement (sic) menacée.

Je réponds, par le même courrier, à la lettre très extraordinaire de l'adjoint du ministre. Je n'ai point cru sur parole, je vous le jure, et je le lui prouverai.

Je n'ai fait aucun remboursement au citoyen Vendesteen [1], et il est à ma connaissance parfaite qu'il a fait des avances pour l'intérêt public, soit pour envoyer dans les campagnes des apôtres du patriotisme, soit pour expé-

---

[1] Érasme Van de Steene, ex-secrétaire du Comité secret de Bruxelles, présidé par J.-F. Vonck. Il était prêtre, ce qui ne l'empêcha pas de demander et d'obtenir, le 19 brumaire an II, l'autorisation de changer son nom d'*Érasme* en celui d'*Apostat*. (Aulard, *Le culte de la raison et le culte de l'être suprême (1793-1794). Essai historique.* Paris, Alcan, 1892, p. 50, n. 2.)

dier des courriers dans des moments pressants, soit pour imprimer des ouvrages utiles, etc.

Il me reste maintenant à vous rendre compte d'une tracasserie que je viens d'éprouver et qui a tourné tout entière à ma gloire et à mon avantage. Les aristocrates me détestent, les modérés *idem*. Ils ont profité de ce que mes fonctions étaient secrètes ici, de ce que l'on ne savait pas pourquoi j'étais à Grenoble, pour me rendre suspect aux autorités constituées. La municipalité, composée de sans-culottes et soupçonneuse comme la liberté, a ordonné que les papiers de tous les étrangers logés dans les maisons de Rivière et Labarre seraient visités. Je me suis trouvé compris dans cette mesure de sûreté. Tout a été visité avec un soin incroyable. Ensuite, les municipaux, émerveillés de ma correspondance et de tout ce qu'ils ont trouvé de patriotique dans mon portefeuille, m'ont donné le certificat le plus flatteur. Je le joins ici. J'attribue encore cet orage à quelques intrigants, qui ont vu avec peine que je morcelais leur popularité. Je vous prie de communiquer au Comité de Salut public cette pièce, dès qu'il s'agira du remplacement des agents actuels. Je crois qu'elle me donne quelques droits de plus à sa confiance et à la vôtre. D'ailleurs je ne me lasserai pas de vous le répéter, je suis agent politique et je ne puis me croire compris dans le décret.

Comptez sur moi, à la vie et à la mort.   P. CHÉPY.

[*Ibid.*, t. 329, fol. 175-177.]

Certificat de la municipalité de Grenoble.

« La municipalité de Grenoble déclare qu'après les perquisitions les plus exactes faites dans tous les papiers du citoyen Chépy, agent politique près l'armée des Alpes, elle n'y a rien trouvé qui ne dénote le zèle civique le plus pur, le plus actif et le plus intelligent.

Fait à Grenoble, dans la maison commune, le six septembre mil sept cent quatre-vingt-treize, l'an 2ᵉ de la République. Barral, maire; Camille Teisseire, procureur de la commune; Dumas, officier municipal; Giroud, officier municipal; Compagnon, officier municipal; Marseau, notable; Pellerin fils, notable; Clément, officier municipal; Michal, officier municipal; Nyer, greffier. »

[*Ibid.*, fol. 178.]

LXXI

Grenoble, ce 8 septembre, l'an 2ᵐᵉ de la République.

P. Chépy, agent politique, au Ministre des Affaires Étrangères.

Berchény est parti pour Vienne et n'a laissé ici qu'un détachement de cinquante hommes pour aider au service de la place. Nous avons le dépôt du 5ᵐᵉ régiment de cavalerie; il y a deux cents hommes et soixante chevaux. Les selles, les brides, les bottes, les sabres, tout manque. J'ose croire que le Comité de Salut public y pourvoira, car le succès de la guerre tient à nous procurer une cavalerie formidable.

Chaque jour, le contingent des campagnes nous arrive. C'est la fleur de la jeunesse, car on doit observer que dans le recrutement des trois cent mille hommes, les communes ont donné leur rebut. Il règne partout un grand empressement de marcher.

La récolte du blé a été magnifique ; celle du vin promet une abondance inconnue depuis vingt ans, et cependant ces denrées subissent chaque jour une hausse effrayante, parce que des scélérats travaillent infatigablement au discrédit de notre papier-monnaie et profitent des trahisons, et surtout de celle de Toulon, pour faire croire au paysan que bientôt il sera annulé.

Les habitants de Toulon, après avoir porté pendant trois jours la cocarde blanche, l'ont quittée et n'en arborent plus aucune. On dit que les Anglais sèment l'or à grands flots dans cette ville et y disent hautement que la France n'aura de repos que quand, reprenant la Constitution de 1789, elle élèvera le duc d'York sur le trône.

J'ai vu le général Kellermann hier. J'ai été satisfait de ses loyales explications. Il m'a promis de chasser les Piémontais avec perte et de reconquérir Toulon à la République, sitôt que l'affaire de Lyon serait terminée. Je le crois capable de tenir ce qu'il promet. Surveillons-le de près, pour éclairer l'opinion publique et asseoir la confiance, mais employons-le parce qu'il est en état de commander une armée. Il va arriver ici, le 15, un bataillon de nouvelle formation, sous le titre de chasseurs des Hautes-Alpes. Il fourmille de déserteurs, Croates, Turcs, Polonais, Bosniaques, Serviens, Hongrois, Autrichiens, Espagnols, Piémontais. Je l'examinerai de près, pour en solliciter la dissolution, si elle me paraît nécessaire.

Les habitants du Mont-Blanc ne montrent aucune bonne volonté, ni aucun courage. Il est même vrai de dire que la contre-révolution à Chambéry est faite dans les esprits. Quoi qu'il en soit, ils n'auront point, au moins cette année, la consolation de reprendre leurs fers.

J'ai réfléchi profondément sur la perfidie des Anglais, sur la manière lâche et traîtresse avec laquelle ils nous font la guerre, sur leurs crimes envers la liberté et l'égalité. J'ai bien senti qu'Albion était un colosse d'or avec des pieds d'argile, qu'il était facile de le renverser. En voici les moyens.

1º Envoyer dans l'Inde des forces suffisantes pour aider Tippoo Sahib, qui est peu disposé à tenir ses derniers engagements.

Nota. — C'est frapper le pied d'argile.

2º Aussitôt après la fin de la guerre de la Vendée, qui coïncidera avec celle de l'équinoxe, faire une descente, soit sur les planes atterrissements du canal Saint-Georges, soit en Irlande, qu'il n'est pas difficile de soulever. Pour cet effet, presser les armements à Rochefort, à Lorient, à Brest. Attaqués au cœur de leur domination, les Anglais rappelleront le duc d'York, leur flotte de la Méditerranée, et cette puissante diversion ne contribuera pas peu à la conclusion glorieuse de la campagne.

P. Chépy.

P.-S. J'attends avec impatience vos ordres. Je voudrais être autorisé à suivre le quartier-général en Provence, où il sera transporté. Je crois que j'y ferais du bien.

[*Ibid.*, t. 329, fol. 188-189 vº.]

LXXII

Grenoble, ce 11 septembre, l'an 2me de la République.

P. Chépy, agent politique près l'armée des Alpes, au Ministre des Affaires Étrangères.

Je me suis transporté hier, comme observateur, au magasin de l'administration de l'habillement et de l'équipement. Tout y est dans un ordre admirable; la qualité des fournitures m'a paru excellente. Il y a pour habiller 50,000 hommes et pour en équiper 32,000. Cependant il n'y a plus une seule paire de souliers et il manque de baudriers (sic). Tout le reste est en abondance. Je n'ai jamais vu de magasin aussi bien tenu.

Je vous ai parlé de la facilité qu'il y aurait d'établir des manufactures d'armes dans ce département. Je vous dois quelques détails. Allevard et la Grande-Chartreuse sont des emplacements qui semblent faits exprès. Il y a dans le voisinage, en abondance, d'excellent minerai et des bois très propres à faire le meilleur charbon. Le fer est d'une qualité supérieure à celui de Saint-Étienne. On trouve dans ces établissements de la gueuse fondue, peut-être pour deux ans, des forges, des enclumes, des marteaux tout prêts. C'est à l'argent à imprimer le mouvement. Le Département a fait demander 300,000 livres aux représentants du peuple. Donnez ces renseignements au Comité de Salut public.

On chauffe vigoureusement Lyon. Avant peu l'on fera l'attaque de vive force. J'ose croire que vous vous êtes souvenu de mon tocsin à douze lieues à la ronde [1].

Nos troupes tiennent ferme à Aiguebelle. On garnit les derrières de troupes de réquisition. On va, je crois, s'avancer et attaquer les Piémontais. Au surplus, je puis vous assurer très positivement *qu'il n'y a rien à craindre pour le département du Mont-Blanc, et qu'au 15 octobre il n'y aura point un Piémontais.*

Je ne puis me dispenser de vous dire qu'il est urgent et indispensable de relever les troupes de la Maurienne et de la Tarentaise, après l'expédition de Lyon. Depuis quarante jours, les soldats couchent sur la neige et ne boivent que de l'eau de neige. Ils sont accablés de fatigue et travaillés par la dyssenterie. Il serait à craindre que le découragement et le désespoir ne se glissassent dans ces braves légions.

Je sais que des méchants les ont déjà remués et presque égarés au sujet du général Doyen, qui fut frappé de destitution, mais que son armée força à conserver le commandement. Je sais que la souffrance, le malaise, ont déjà fait tenir, dans le camp, des propos indiscrets et alarmants. Le remède est simple ; appliquez-le.

Les biens des émigrés se vendent ici au mieux. Comme le Département les a sagement divisés en petits lots et mis à la portée de la médiocrité et presque de l'indigence, c'est un concours, une fureur, dont vous ne pouvez vous faire une idée. N'en a pas qui veut. Le paysan veut placer ses assignats qu'il a entassés, et les enchères sont presque folles.

---

[1] Voy. lettre du 2 septembre

L'esprit public se soutient ici parfaitement bien. Je vais toujours assidûment à la Société populaire, et je crois que ma présence n'est point inutile.

J'attends vos ordres avec impatience. La liberté m'appelle dans le Mont-Blanc et ensuite dans la Provence.

La liberté vous garde. P. CHÉPY.

[*Ibid.*, t. 329, fol. 216-217 v°.]

LXXIII

Le Ministre des Affaires Étrangères au citoyen Chépy.

Paris, 12 septembre 1793, le 2me de la République.

J'ai reçu, Citoyen, les n°s 43, 47 et 48 de vos lettres, sous les dates des 29 août, 4 et 5 septembre présent mois. J'ai transmis aux autorités constituées tous les objets intéressants auxquelles ils pouvaient être utiles (sic).

C'est avec quelque surprise que j'ai vu dans votre lettre du 4, que l'on révoquait encore en doute, à Grenoble, à cette époque, la malheureuse affaire de Toulon, lorsque toute la France indignée s'occupait déjà des puissants moyens de s'en venger. Il y a lieu de croire que votre surveillance était dirigée sur d'autres objets, et que toute communication vous était fermée de ce côté-là. Comme en ce moment il ne doit vous rester aucun doute sur l'horrible trahison de cette ville, je vous exhorte à concourir à tous les moyens qui seront mis en usage, pour la restituer à la République et à la Liberté.

Je reçois à l'instant votre lettre du 7 de ce mois, qui me confirme la certitude que vous avez enfin de la prise de Toulon. Je vais transmettre au Comité de Salut public les diverses propositions que cet événement vous a suggérées. Qu'elles ne vous dispensent pas de vous concerter, avec les représentants du peuple et les généraux, sur les plus promptes et les plus vigoureuses mesures à employer pour reconquérir ce poste important. L'expérience de notre Révolution et de tous les temps atteste que ce qui est l'ouvrage du crime et de la trahison est toujours sans effet pour leur auteur. Pénétrons-nous tous de cette vérité, et Toulon, comme Marseille, ne sera bientôt plus souillé de la rébellion que dans notre souvenir.

[*Ibid.*, t. 329, fol. 223-223 v°.]

LXXIV

Grenoble, ce 15 septembre, l'an 2ᵐᵉ de la République.

P. Chépy, agent politique, au Ministre des Affaires Étrangères. Salut.

Chaque jour nous amène une nombreuse jeunesse, qui vient se ranger sous les drapeaux de la patrie. Beaucoup d'hommes arrivent armés. Je vis dernièrement un détachement du district de Saint-Marcellin, qui avait la bonne apparence d'une troupe de ligne. On ne peut nier que cette dernière levée ne mette en mouvement la fleur de la nation. Si la levée des 300,000 hommes avait été ainsi remplie par les municipalités, il eût été inutile de recourir à des expédients extraordinaires.

Je désapprouve fort la formation de nouveaux bataillons :

1° parce qu'elle entraîne la formation d'états-majors ruineux ;

2° parce qu'il y a disette d'officiers ;

3° parce qu'il est bien reconnu aujourd'hui qu'il faut, non pas multiplier les cadres, mais fortifier ceux qui existent ; qu'il n'existe déjà en France que trop de bataillons, et que les grosses masses militaires sont celles qui promettent le plus de succès.

L'état du Mont-Blanc est de plus en plus rassurant. Les Piémontais se tiennent lâchement sur des hauteurs, et nos braves cohortes sont pour eux des barrières impénétrables. Il y a de temps en temps quelques canonnades, qui ne décident rien et qui consomment inutilement leurs munitions de guerre.

Le siège de Lyon traîne en longueur. Il paraît que, parmi les divers agents qui le conduisent, il en est qui montrent peu de chaleur. On assure que ce n'est que par la trahison de quelques chefs d'artillerie, que le radeau goudronné et les moulins pleins de combustibles, qu'on avait lancés contre le pont Morand, ont manqué leur effet[1].

---

[1] « Le 6 septembre, un radeau triangulaire, chargé de matières incendiaires, est lancé et vient, en tournoyant, s'encastrer entre les piles du pont (Morand). Mais, en trois coups de fusil, la mèche est coupée, avant d'avoir communiqué le feu aux artifices. Des brûlots lancés le lendemain, puis le 11, échouent sur les bancs de sable, ou sont accrochés par les Lyonnais et amarrés sur la rive droite du Rhône, et se consument avant d'atteindre le pont. Une

Plusieurs citoyens assurent que plus de six cents bombes, depuis quelques jours, sont tombées dans le Rhône. Notre artillerie fait du dégât dans la ville, mais n'y met plus le feu.

Il faut donc en venir à une attaque de vive force. Les représentants du peuple y répugnent par deux raisons bien respectables. La première est la crainte que la ville ne soit pillée et saccagée par une armée furieuse et fatiguée d'une si opiniâtre résistance. La seconde est l'appréhension bien fondée que le soldat, gorgé de butin, ne perde l'esprit de subordination et de discipline, et que l'armée ne se dissolve. Ces deux inconvénients méritent une considération sérieuse. Il faut tout faire pour les éviter, mais, dans tous les cas possibles, il faut attaquer de vive force, avec la précaution de faire sonner le tocsin à douze lieues de rayon.

Voici mes motifs. A Lyon se rattachent toutes les espérances du hideux fédéralisme et de l'aristocratie : elles s'écrouleront avec lui. Lyon est le dernier retranchement de l'esprit mercantile. Lyon soumis, cet irréconciliable ennemi de la Révolution succombe. Lyon nous occupe des forces que la ci-devant Provence réclame impérieusement. Lyon renferme des magasins, des marchandises, une artillerie et une quantité immense de fusils dont vous avez un besoin actuel et pressant. J'ose espérer que vous prendrez en considération ces motifs et que le Comité de Salut public les pèsera.

Avant-hier, j'ai lu une adresse à la Société populaire ;

---

coupure y est alors pratiquée, et une file de pieux, reliés par des chaînes, établie à quelque distance en amont. » (Krebs et Moris, p. 356.)

on en a demandé l'impression qui, faute de fonds, n'a pu être accordée. Je prends occasion de là de me plaindre, avec l'Hercule révolutionnaire Danton, de ce que l'on n'a point assez mis en œuvre les Sociétés populaires, de ce que le Comité de Salut public, trop parcimonieux et trop craintif sur le maniement des deniers publics, n'a pas réparti un million entre ces associations utiles, pour subvenir aux frais de leurs impressions et de leurs correspondances. Je vous prie de conférer sur cet article important avec le Comité et le Ministre de l'Intérieur.

La liberté vous garde. P. CHÉPY.

[*Ibid.*, t. 329, fol. 257-259.]

LXXV

Grenoble, ce 15 septembre, l'an 2ᵐᵉ de la République.

P. Chépy, agent politique, au Ministre des Affaires Étrangères.

Il y a eu à la Tour-du-Pin quelques troubles et quelques excès commis. Le général vient d'y envoyer 50 cavaliers et 30 chasseurs. J'augure bien de cette mesure.

Hier on a fait encore partir 300 jeunes gens de la nouvelle réquisition. On ne saurait rendre trop hommage au citoyen Alary, commissaire du pouvoir exécutif pour le recrutement, et qui dirige toutes ces opérations.

Les recrues qui forment le dépôt du 5ᵉ régiment de

cavalerie sont de la plus belle espèce. C'est dommage que, faute de chevaux, ils ne soient point exercés.

Le bataillon léger dont je vous ai parlé hier est arrivé ici. Il n'est encore que de 250 hommes, mais on a envoyé un officier chercher, pour son complément, 800 recrues du Puy-de-Dôme. Son commandant, Dassier, genevois, est un *bon sans-culotte, instituteur de la Société des Marseillais, à Genève*. Outre cela, c'est un ancien militaire. Quoiqu'il y ait beaucoup de déserteurs, je n'ai point encore entendu parler de plaintes. Cependant, la discipline française a besoin d'être resserrée pour ces hommes, accoutumés au bâton, et pour qui un cachot est une habitation délicieuse, parce qu'ils peuvent y croupir dans l'oisiveté. Les hommes de ce bataillon sont d'une taille colossale et, avec des soins *qu'on prend*, il peut devenir l'exemple de l'armée pour la belle tenue.

Le général Lajolais se montre bien. Il fait exécuter avec vigueur les décrets, et surtout celui de l'uniforme. Il vient de chasser des prisons et des hôpitaux tous les hommes qui peuvent se battre. Il a fait arrêter tous les officiers et soldats, qui étaient venus en ville sans causes légitimes. Les patriotes sont fort contents de lui.

La plupart des officiers généraux assurent qu'il n'y aura pas dans le Mont-Blanc un seul Piémontais au 14 octobre. L'attaque générale se dispose[1], et elle aurait

---

[1] Le 10 septembre, dans un conseil de guerre tenu à Grésy-sur-Isère, il fut décidé que, vu l'inaction où se renfermait l'ennemi, malgré sa supériorité numérique et les premiers avantages obtenus, il serait fait un grand effort pour le rejeter hors de la Savoie. Le plan des opérations, qui devaient commencer par la Tarentaise, fut arrêté avec une remarquable précision. (Krebs et Moris, pp. 277-278.)

peut-être été déjà effectuée sans la lenteur de Santerre[1], *colonel* d'infanterie, dont on n'est point *content*, et que Kellermann a menacé de suspension.

Je me suis vivement réjoui de nos succès dans la Belgique[2]. Si l'on est décidé d'y pénétrer, je me propose pour y être employé. Je crois que mes connaissances locales et mes intelligences avec quelques principaux

[1] Louis-Jacques Ruelle de Santerre, né à Versailles le 22 sept. 1739. Volontaire au régiment de Colonel-général, dragons, le 28 nov. 1756 ; après des mutations qu'il est sans intérêt de relever, on le retrouve enseigne au 2ᵉ bataillon de Languedoc, le 15 oct. 1759 ; il est fait lieutenant au corps, le 21 déc. 1764, et capitaine, le 24 mars 1769. Lieutenant-colonel du 35ᵉ régiment d'infanterie, le 5 fév. 1792, il en devient le colonel quelques mois plus tard, le 29 juin. (*Infanterie de la Républ. fr. Services des officiers de tous grades.* 1793.) A la fin de juin 1793, il était encore colonel du même régiment et placé sous les ordres du général de brigade Camille Rossi. C'est peu après les événements qui amenèrent l'arrestation de Rossi, qu'il fut élevé lui-même au grade de général de brigade. En tout cas, sa nomination était récente, puisque Chépy paraît l'ignorer. Kellermann l'avait fait venir du camp de Tournoux, pour commander les troupes réunies dans le Faucigny, et qui, provisoirement, avaient été sous les ordres de l'adjudant-général Sarret, aide-de-camp du général en chef. Santerre resta, à ce qu'il semble, absolument au-dessous de sa tâche. (Voy. ci-après les lettres des 26 sept., 1ᵉʳ, 13 et 16 oct.) Le représentant Simond, qui le traitait de « général imbécile », le destitua le 7 octobre. M. Wallon lui a consacré une longue note, sous ce titre : *Un Sosie de Santerre à l'armée des Alpes* (*Les représentants en mission*, III, 415-418). En effet, le nom de Santerre évoque immédiatement le souvenir du fameux brasseur parisien qui commandait une division en Vendée et se fit honteusement battre à Vihiers (18 juillet) et à Coron (18 sept.). Mais aucune confusion n'est possible entre ces deux personnages, faciles, comme on le voit, à distinguer l'un de l'autre.

[2] Le 8 septembre, le général Houchard avait battu les Anglais à Hondschoote, et la nuit suivante ceux-ci levaient le siège de Dunkerque. (Voy. la lettre de Houchard au Ministre de la Guerre. Dunkerque, 10 sept. — *Moniteur*, XVII, 636.)

habitants peuvent être utiles. J'ai parlé hier à la Société populaire sur les procédés à suivre dans les pays conquis. Je me propose de traiter cette grande question dans un mémoire particulier adressé au Comité de Salut public.

Je resterai à Grenoble jusqu'au moment où j'aurai reçu des nouvelles positives de votre part. De ce point je continuerai à observer, à propager la lumière et à corroborer le patriotisme.

Comptez sur moi à la vie et à la mort.   P. Chépy.

[*Ibid.*, t. 329, fol. 274-275 v°.]

LXXVI

Le Ministre des Affaires Étrangères au citoyen Chépy.

Paris, 18 septembre 1793, le 2ᵐᵉ de la République.

J'ai reçu, Citoyen, vos nᵒˢ 50 et 51 de vos lettres en date des 8 et 11 septembre présent mois.

J'ai fait extraire les différents renseignements qui y étaient contenus et les ai fait passer au Comité de Salut public et aux Ministres de la Guerre et des Contributions publiques. J'ai insisté auprès de ces derniers pour deux choses qui m'ont paru pressantes; l'une de relever les troupes de la Maurienne et de la Tarentaise, et l'autre, pour mettre en activité les manufactures d'armes.

Vous attendez toujours vos instructions, mais je me réfère à ma réponse du 7 de ce mois, qui vous explique la cause du retard que vous éprouvez à ce sujet. Lorsque cette cause cessera, je m'empresserai de vous satisfaire. N'en redoublez pas moins de zèle et d'activité dans les occurrences où nous nous trouvons. Plus elles sont graves et plus nous avons droit d'espérer de les faire tourner à notre avantage, en joignant au courage et à une surveillance continue dans les opérations, la sagesse qui doit toujours les diriger.

[*Ibid.*, t. 329, fol. 279.]

LXXVII

Grenoble, ce 19 septembre, l'an 2me de la République.

P. Chépy, agent politique, au Ministre des Affaires Étrangères.

La vente des biens des émigrés se continue avec le plus grand succès. A l'adjudication d'hier, une partie estimée 800 livres a été vendue 4,475 livres ; une autre, estimée 1,200, a été vendue 1,200 (sic). Les paysans crient hautement contre tous les administrateurs qui ne font point assez de diligence. C'est un empressement vraiment curieux pour le philosophe observateur, et qui prouve bien quelles racines profondes la Révolution a jetées dans l'esprit du peuple.

La destitution de Kellermann, que l'opinion publique avait usé, n'a fait ici aucune sensation marquée[1]. Les

---

[1] Kellermann fut destitué le 10 septembre par le Conseil exécutif et remplacé par Doppet, mais il ne fut informé de cette double

bons esprits ont regretté seulement qu'on le renvoyât au moment même où il venait de remporter sur les Piémontais des avantages décisifs. Son successeur Doppet est un excellent sans-culotte. Chacun désire que ses moyens militaires répondent à la pureté de son civisme.

On applaudit à la nomination de Carteaux [1]. Les philosophes sont ravis de voir enfin le commandement des armes passer en des mains plébéiennes qui, adonnées aux arts et aux sciences avant la Révolution [2], ne se sont instruites au métier des combats que pour la défendre. C'est une de ces métamorphoses que produit seule la liberté. J'examinerai quel effet ces promotions inattendues produiront sur les autres officiers généraux. Ceux qui les repousseront par l'amour-propre et l'ascendant des vieilles habitudes ne sont pas dignes de servir la République.

---

décision qu'au mois d'octobre ; ce n'est que le 16 de ce mois qu'il remit le commandement au général d'Ornac. Le 6 novembre, il était enfermé à l'Abbaye où il resta pendant toute une année. (*Moniteur*, XVII, 634, 11 sept. — Krebs et Moris, 294. — Wallon, *Les représentants, etc.*, III, 36.)

[1] A la même date (10 sept.), le Conseil exécutif avait nommé le général Carteaux « à la place de général de l'armée d'Italie, vacante par l'arrestation de Brunet ». L'arrestation de Brunet remontait au 7 août. L'intérim avait été fait par Dumerbion.

[2] On sait que Carteaux s'était livré, pendant quelque temps, à l'étude de la peinture. Les soldats, moins « philosophes » que Chépy, estimaient que c'était là une médiocre préparation pour l'homme chargé de les mener au feu. Aussi, après avoir souffert de l'insuffisance, pour ne pas dire de la nullité de Carteaux et de son émule Doppet, s'écriaient-ils avec colère : « Quand cessera-t-on de nous envoyer des peintres et des médecins (allusion aux premières études de Doppet) pour nous commander ? » (*Mémoires pour servir à l'hist. de France sous Napoléon, etc.* [Mémoires de Montholon], Paris, Didot, 1823, t. III, p. 24.)

L'adjudant-général Palasson, bon citoyen et bon officier, est parti hier pour Briançon. Il va y chercher une grande quantité de poudres, de boulets et de bombes, et trente nouvelles pièces de tout calibre, pour terminer l'affaire de Lyon. On vient de mettre, dans le département des Hautes-Alpes et [dans celui] de l'Isère, 1,300 chevaux en réquisition pour cet objet. Sans la trahison de *Saint-Houder*[1], qui vient d'être guillotiné devant Lyon, nous aurions pu nous passer de cette ressource extraordinaire, et qui pèse beaucoup sur les campagnes au moment des semailles.

Nous avons ici, parmi les fonctionnaires publics, un certain nombre d'hommes gangrenés. La Société, hier, sur ma motion, a arrêté qu'elle les dénoncerait nominativement aux représentants du peuple et qu'elle provoquerait, de leur part, l'exercice prompt des pouvoirs spéciaux que leur a délégués la Convention.

Dans le département du Mont-Blanc, l'armée manque absolument d'avoine. Kellermann vient d'en demander avec insistance. Six voitures partiront aujourd'hui, douze demain. Il est temps de pressurer un peu ce département bâtard, qui, au moment de l'invasion, à l'exception du canton de Carouge, n'a montré que de la lâcheté et de la traîtrise. Les paysans de l'Isère sont furieux contre les Savoyards, parce que ceux-ci discréditent les assignats.

On a amené avant-hier vingt-huit prisonniers Piémontais ; on en attend bien davantage. Je sais, à n'en pouvoir douter, qu'ils traitent fort bien nos prisonniers. Tous nos officiers sont renvoyés sur leur parole. Je ne vous parlerai point de nos succès dans tout le Midi ; vous les con-

---

[1] Je ne garantis point la forme exacte de ce nom, en partie illisible.

naissez. Je vous rappellerai seulement qu'il faut mettre à profit l'enthousiasme national, et qu'en frappant fort, on peut éviter une troisième campagne.

Ci-joint une adresse que j'ai rédigée au nom de la Société populaire. Elle vous justifiera de l'emploi de mon temps. Un décret autorise les Ministres à avoir des agents près les armées. J'attends tout de votre justice.

Pensez aux immenses préparatifs du siège de Toulon qu'on ne peut ouvrir qu'après la réduction de Lyon.

La liberté vous garde. P. CHÉPY.

[*Ibid.*, t. 329, fol. 285-286 v°.]

Adresse des citoyens composant la Société populaire de Grenoble à la Convention nationale.

(Imprimé de 6 pages, petit in-12. Grenoble, de l'imprimerie de J. Allier.)

« Délibéré à Grenoble, le 11 septembre 1793, l'an 2me de la République française. Signé : Delisle, président ; Granier, secrétaire ; Abraham, volontaire de Clermont, secrétaire. »

L'adresse a été dictée par Chépy et est relative aux événements de Toulon.

[*Ibid.*, fol. 287-289 v°.]

LXXVIII

Grenoble, ce 22 septembre, l'an 2me de la République.

P. Chépy, agent politique, au Ministre des Affaires Étrangères.

Notre jeunesse, belle de patriotisme et de santé, arrive

toujours avec le même empressement et la même affluence. Elle est, sur-le-champ, formée en compagnies, et envoyée à la garde de quelque poste. Ce spectacle vous ferait verser des larmes. Il en est de même à Gap et dans les autres chefs-lieux. L'enthousiasme se communique dans tout le Midi, excepté dans le territoire de Bordeaux et dans le ci-devant Roussillon.

Le district de Toulouse marche en masse contre les Espagnols. L'Aude en fait de même ; le Gard fournit 8,000 hommes contre Toulon ; le département de Vaucluse s'exécute aussi, et même les muscadins de Montpellier commencent à s'ébranler. Il est temps enfin de songer à Bordeaux et à Perpignan, qu'on a eu l'air pendant quelque temps de vouloir livrer à Dom Ricardos[1].

Il est passé ici, hier, un nouveau convoi d'artillerie pour Lyon. Quand celui qu'on attend de Briançon sera arrivé, on déploiera des moyens imposants qui réduiront cette cité rebelle.

Notre situation dans le Mont-Blanc est excellente. Indépendamment des intempéries de la saison, qui nous secondent à merveille, l'armée des Piémontais manque de vivres et de courage. On ne sait rien encore de l'attaque générale qui a dû avoir lieu avant-hier ou hier ; mais je puis assurer qu'elle aura complètement réussi. Les Piémontais comptaient sur la diversion de Lyon plus que

---

[1] Don Antonio Ricardos Carrillo de Albornoz, né en 1727 ; capitaine-général des armées du Roi et du principat de Catalogne ; général en chef de l'armée du Roussillon ; mort à Madrid, le 13 mars 1794. — En l'appelant *Dom Ricardos*, Chépy commet une double faute ; *dom*, qui devrait s'écrire *don*, ne se met jamais, en espagnol, devant un nom de famille tel que *Ricardos*, qui n'est pas précédé d'un prénom : *don Antonio Ricardos*, etc.

sur leurs efforts. Ils étaient venus pour profiter de la trahison, mais non pour se battre.

J'ai interrogé hier deux officiers, l'un d'infanterie, l'autre de chasseurs, que les Piémontais avaient faits prisonniers, et qu'ils ont renvoyés, selon la coutume, sur leur parole. J'en ai tiré les particularités suivantes.

Les prisonniers français sont, en général, passablement traités. Eux furent dépouillés par le baron de La Tour[1], quoique les soldats qui avaient fait la capture fussent d'avis qu'on leur rendît tout. Ils ont porté plainte au général autrichien, qui a promis de punir *M. le Baron*. En Piémont, ils ont été obligés de quitter leurs cocardes pour éviter la fureur du peuple, instigé (sic) par les prêtres.

Ils ont trouvé dans l'armée piémontaise une haute opinion de la valeur des Français, dans le peuple, un reste d'enthousiasme pour la fin de cette ruineuse campagne, mais beaucoup de dispositions à s'indigner contre une troisième. Les généraux et les officiers ennemis les ont fait asseoir à leur table. Les officiers de volontaires sont traités avec un peu moins d'égards. Ces généraux et ces officiers leur ont prédit la livraison de Toulon, dont ils connaissaient parfaitement l'infâme projet. Ils ont paru beaucoup compter sur Lyon. Ils calculaient le temps de sa résistance, et ne laissaient pas ignorer qu'on avait fourni des armes à cette ville rebelle. Ils disaient : *Nous ne voulons point entamer votre territoire, mais seulement reprendre la Savoie et le comté de Nice. Si vous n'aviez point de divisions intestines, nous n'y réussirions pas; mais avec vos troubles, notre affaire est sûre.*

---

[1] Frère du marquis de Cordon et employé dans son état-major.

Ces deux officiers ont été présentés au roi et l'ont accompagné jusqu'à Coni. En les quittant, il leur a dit : *Messieurs, vous pouvez prévenir le général français que je l'attaquerai le 8* [1]. La présence du tyran n'a pas empêché ses satellites d'être terrassés. Ces deux officiers, qui passent dans leur corps pour de braves gens, ont trouvé l'armée sarde forte de 15,000 hommes et de la plus déplorable apparence. On fait laisser aux dragons leurs chevaux en Piémont, et on les fait servir à pied sur les hauteurs. Ces deux officiers ont vu, parmi les officiers piémontais, un certain nombre de démocrates, et notamment le commandant du col de Tende.

La liberté vous garde. P. Chépy.

[*Ibid.*, t. 326, fol. 21-22 v°.]

LXXIX

Grenoble, ce 23 septembre, l'an 2ᵐᵉ de la République.

P. Chépy, agent politique, au Ministre des Affaires Étrangères. Salut.

Nos troupes de la Maurienne sont à Saint-Jean. Les Piémontais sont repoussés à une lieue et demie [2]. Je ne

---

[1] Le roi avait dû dire : le 7. Il avait tenu, en effet, à ce que l'attaque du comté de Nice eût lieu à cette date (7 sept.), parce que c'était à pareil jour qu'en 1706 la capitale de ses États avait été délivrée grâce à l'énergique habileté de son aïeul, et les Français obligés de lever le siège de Turin. (Krebs et Moris, p. 307.)

[2] A la suite d'un combat livré le 15 septembre et où il avait perdu

doute point que nous ne les forcions à se cacher sur le sommet sourcilleux du Cenis. Le temps nous sert admirablement bien pour cela. Je ne sais encore rien de l'attaque de la Tarentaise[1]. Celle du Faucigny a très bien réussi. Nos troupes ont remporté la victoire après une résistance opiniâtre des Piémontais et des fanatiques[2]. J'espère que cette petite Vendée aura le sort de la grande. A Briançon, la garnison, renforcée par les habitants qui se sont levés en masse, a chassé les Piémontais de plusieurs hauteurs, à la faveur desquelles ces lâches voulaient tourner un bataillon d'infanterie, que nous avions (je crois) à Valloire[3].

Vous voyez que les armes de la République sont partout triomphantes sur cette frontière. Si l'énergie nationale continue à se développer, il en sera de même partout, mais il ne faut pas laisser refroidir l'enthousiasme : il faut avant le 1er novembre frapper de grands coups. Il est arrivé ici, avant-hier, de Metz, deux compagnies

---

ses positions les plus avancées dans la Maurienne, le marquis de Cordon avait commencé son mouvement de retraite, en évacuant ses magasins de Saint-Jean-de-Maurienne sur Saint-Michel. (Krebs et Moris, pp. 281-282.)

[1] A cette date, elle n'était pas encore commencée.

[2] Santerre s'était mis en marche de Bonneville dans la nuit du 14 au 15 septembre ; le 15, il refoulait les Piémontais et occupait Cluses le lendemain. Il n'alla pas au-delà. Le 17, il était arrêté dans les défilés de l'Arve et contraint de revenir à Cluses. Cet échec entraîna sa destitution et son remplacement par l'adjudant-général Verdelin (21 sept.).

[3] Le poste important de Valloire, qui établissait la communication entre le Briançonnais et la Maurienne, n'avait pu être enlevé par les Piémontais. C'est ce qui avait rendu plus circonspecte la marche en avant du marquis de Cordon, toujours menacé sur son flanc gauche.

d'artilleurs parisiens. J'espère qu'on ne les laissera point dans l'oisiveté et qu'on les enverra au siège de Toulon.

Coustard va commander à Briançon. Le vieux Lestrade était noble, bien patriote et bien infirme[1].

Il n'y a qu'une voix sur Doyen comme militaire. Toujours le premier à l'attaque, toujours le dernier à la retraite, marchant comme le soldat, avec le sac, la gourde d'eau-de-vie et un morceau de pain de munition, couchant sur la dure. On le dit cependant compromis relativement à la ville de Lyon[2]. Le siège s'en presse avec

---

[1] Presqu'à la même date (26 septembre), le général L'Estrade adressait au président du Comité de Sûreté générale une lettre qui justifie absolument le jugement de Chépy : « Trouvés bon, cher président, que je vous fasse part de mes regrets. Les représentants du peuple, Dubois-Crancé et Gauthier, m'ont requis d'aller prendre le commandement de l'armée de Lyon. J'ai soixante et dix ans, je suis presque cul-de-jatte ; mes infirmités, mes blessures, m'incommodent à l'excès. Je ne puis plus monter à cheval, et je ne fais même pas cent pas à pied. D'après ces incommodités physiques et réelles, je tromperois la nation, si je me chargois (sic) d'une opération si laborieuse. Je ne suis plus propre qu'a deffendre des remparts, des retranchements ou des redoutes, parce que je ne puis plus aller ; ainsi, mon cher président, faites valoir mes raisons invincibles dans votre Comité. Vieux, usé et fini comme je suis, je me retirerai dans ma barraque, quoique animé du plus sincère patriotisme, depuis le 28 juillet 1789, où j'ai constamment tenu la queue de la poële jusqu'à cet (sic) époque... » Dans un long postscriptum, qui est plutôt une nouvelle lettre, il donne les raisons de son patriotisme. « Quoique ex-noble, j'ai porté le sac pendant trois ans et je ne suis parvenu au grade où je suis que par le canon et la mousqueterie, car je ne connois ni Paris, ni Versailles et je déteste à l'excès tous les porteurs de talons rouges, parce qu'ils m'ont toujours annoncé, après cinquante-quatre ans de service consécutif, comme un très bon caporal de grenadiers, ce qui a retardé mon avancement, etc. » (Arch. de la Guerre. — Armée des Alpes.)

[2] Il se trouvait à Lyon le 29 mai et il paraît qu'il aurait qualifié

vigueur. La redoute du cimetière est emportée d'hier, à dix heures du matin[1]; l'affaire doit finir cette semaine. Deux traits sont bons à connaître. On a arrêté un nommé Philippon, capitaine au bataillon franc, et dans les poches duquel on a trouvé une correspondance avec les Lyonnais; mais ce qui prouve que ce n'est point le seul traître de l'armée, c'est ce qui suit. On tirait sur Lyon avec des pièces de seize; une est égueulée par l'artillerie rebelle; une demi-heure après, la sentinelle avancée des Lyonnais crie à celui (sic) de la République : « Va dire à ton f.... g... (sic) de Crancé qu'il tire avec sa pièce de seize ». Vous voyez que ces brigands sont bien instruits[2].

Autre fait. Un Autrichien a passé le Rhône à la nage et s'est présenté à Crancé. Il lui a dit qu'on lui avait fait accroire que servir sous les drapeaux de Lyon, c'était servir la liberté, mais qu'il avait bien vu qu'on le trompait, et qu'il s'était échappé. Ce brave homme, après des renseignements pris, a été incorporé dans le 3me de l'Isère.

la municipalité de *municipalité scélérate*, ce dont il se justifiait en faisant observer qu'au début la situation avait paru assez peu claire pour que les représentants du peuple eux-mêmes hésitassent à se prononcer dans un sens plutôt que dans un autre. — Quant à sa conduite militaire, elle avait été irréprochable, et après un premier interrogatoire (Aiguebelle, 26 sept.) les poursuites commencées contre lui furent abandonnées. Voy. cet interrogatoire et une lettre très élogieuse de Dumaz, en date du même jour. (Bibl. de Lyon, fonds Coste, 4616.)

[1] Il s'agit du poste du cimetière de *Cuires*, défendu par 25 Lyonnais et que le général Petit-Guillaume avait attaqué avec 2,000 hommes, pendant que, sur un point opposé, Dubois-Crancé enlevait le pont d'Oullins. (Guillon de Montléon, t. II, p. 123.)

[2] Il est inutile, je crois, de faire ressortir la faiblesse de cet argument.

Le fanatisme commence à remontrer son front hideux dans ce département. A Beaurepaire, le curé Depaget a célébré la messe dans une cave; on a fait des perquisitions exactes, on n'a trouvé que les ornements sacerdotaux. Vous ne sauriez croire à quel point les campagnes sont dans l'ignorance. Les municipaux aristocrates ne ne leur laissent connaître ni décret, ni proclamation, ni écrits instructifs. Plusieurs municipalités ont refusé de célébrer la fête du 10 août.

Je vous dénonce un grand abus. Quand les municipalités de campagne reçoivent un acte de l'autorité publique, au lieu de le faire afficher à l'abri de tout accident, elles l'attachent à un mur avec une épingle ou un pain à cacheter. Autant en emporte le vent. Le président du Département, Planta[1], dans une tournée, s'en étant aperçu, donna des ordres pour que la publication des lois se fît avec plus de soin; mais on les a méprisés. Le moyen d'obvier à cet inconvénient est de décréter que tous les actes de l'autorité publique seront lus chaque semaine au temple par les ministres des divers cultes.

J'avais écrit au citoyen Soulavie, au moins six fois, pour l'inviter à correspondre avec moi comme le citoyen Delhorme. Il vient de me répondre qu'il n'a pas reçu d'ordre là-dessus. Je vous prie de lui en faire passer. Le bien du service l'exige[2].

[1] Falquet-Planta (Jacques). Ancien conseiller-maître en la Chambre des Comptes de Dauphiné. Notable de la commune de Grenoble en février 1790; membre du Directoire et président de l'Administration du département, le 16 nov. 1790; il remplit ces fonctions jusqu'au 27 mai 1794, époque où il fut destitué par arrêté des représentants Laporte et Albitte. Fut plus tard maire de Sassenage et membre du Conseil général du département, qu'il présida de 1800 à 1803. Mort vers 1804. (A. Gras, *Op. cit.*, pp. 172-173.)

[2] Le 23 août, Soulavie écrivait, de Genève, au ministre des

(En marge). *Nota.* — Le ministre Lebrun avait donné des ordres à toutes les agences politiques voisines de le faire.

La liberté vous garde.   P. CHÉPY.

[*Ibid.*, t. 326, fol. 23-24 v°.]

LXXX

Du 26 septembre, l'an 2ᵐᵉ de la République.

P. Chépy, agent politique près l'armée des Alpes, au Ministre des Affaires Étrangères.

Je m'empresse de rectifier quelques faits sur lesquels j'avais été induit moi-même en erreur.

Le vieux L'Estrade va commander à Lyon. Il est noble et infirme, mais il est patriote, actif, et bon officier.

Les Lyonnais n'ont point demandé la restitution de leurs prisonniers comme préalable de capitulation, mais seulement l'échange.

Affaires Étrangères : « Chépy, en sa qualité *d'agent politique et de commissaire national près l'armée des Alpes,* titre qu'il prend dans la lettre que je reçois de luy, me demande de l'informer *de tout ce qui me paraîtra mériter quelque attention dans la résidence environnée de beaucoup d'événemens,* et il croit que *d'après ce que luy a écrit le ministre, je ne m'y refuseray pas.* — N'ayant reçu aucun ordre du département des Affaires Étrangères, et mon devoir me prescrivant le plus profond silence, je vous prie, Citoyen ministre, de m'authoriser à communiquer avec le citoyen Chépy. » (Aff. Étrang., Genève, t. 99, pièce 103.)

Philippon a été arrêté, non pour intelligences avec les Lyonnais, mais pour escroqueries.

L'attaque générale dans le Mont-Blanc, qui avait été fixée du 20 au 22, n'a point eu lieu par la faute de Santerre, dont on continue à se plaindre vivement. S'il eût suivi les ordres qui lui avaient été donnés, il aurait enveloppé les rebelles du Faucigny, dont les forces ne forment pas la moitié des siennes. Il est entré dans Cluses; il pouvait faire beaucoup plus.

Les échelles et les planches fabriquées dans le département de l'Ain, pour l'attaque ouverte de Lyon, arrivent au camp jeudi. L'affaire ne peut point traîner en longueur.

Le général Lajolais continue à purger les hôpitaux de tous les fainéants qui y végètent, et la ville de tous les officiers qui font la guerre dans les cafés.

Le 4e bataillon du Mont-Blanc passe à l'armée des Pyrénées. Son dépôt est parti aujourd'hui pour le joindre. C'est une excellente opération.

L'on a déjà expédié deux mille six cents jeunes gens bien armés pour renforcer nos troupes.

Le département a obtenu 500,000 livres pour les nouvelles manufactures d'armes à établir à Allevard et à la Grande-Chartreuse. Elles seront incessamment en activité.

Je désirerais bien que vous me donniez les moyens de correspondre avec le patriote Dubuisson, en Suisse. Ce pourrait être fort avantageux pour le service.

On s'occupe de préparer ici les maisons nationales pour recevoir les suspects.

Le procureur de la commune, le patriote Teisseire, va se rendre à Paris pour solliciter l'établissement à Grenoble d'un arsenal de construction et de dépôt. Vous appuyerez la demande, quand vous aurez vu les moyens d'exécution et quand vous vous souviendrez que le but est d'ôter, par cette translation, à la ville de Lyon les moyens de nuire. Je vous avais promis des renseignements sur le nouveau bataillon de chasseurs des Hautes-Alpes. Je vous envoie une note qui en contient de fort précis et de fort intéressants. Je vous prie de la communiquer de suite au Ministre de la Guerre et au Comité de Salut public. Vous verrez :

1º qu'on s'est absolument éloigné de l'intention du décret;

2º que Kellermann mérite, dans cette affaire, des reproches très graves.

Si j'eusse su plus tôt ces faits, je me serais hâté de les dénoncer. On ne m'accusera pas de composer avec les épaulettes au détriment des vrais principes.

J'attends maintenant vos ordres ultérieurs avec calme, persuadé que, sans égard pour la calomnie et les insinuations de mes ennemis, vous me jugerez sur mes actions.

La liberté vous garde.   P. CHÉPY.

[*Ibid.*, t. 326, fol. 83-84 vº.]

Note sur le bataillon de chasseurs des Hautes-Alpes, décrété en avril et levé par l'autorisation des représentants du peuple à l'armée des Alpes, Dubois de Crancé et Gauthier, en juillet.

A la suite de la lettre précédente, fol. 85-86. C'est une dénonciation en règle contre Kellermann (il est traité de

« despote oriental »), fortement appuyée par Chépy, qui a ajouté, de sa main, en tête : « A communiquer au Ministre de la Guerre », et à la fin : « Je recommande vivement au Ministre de la Guerre l'examen de cette note qui contient des faits exacts et des renseignements importants. »

Autre note sur le bataillon de chasseurs :

A la suite, fol. 87. — « Kellermann fils » commandait ce bataillon avec le grade de lieutenant-colonel[1]. Il n'avait pas paru au corps depuis sa formation.

LXXXI

Grenoble, ce 27 septembre, l'an 2ᵐᵉ de la République.

P. Chépy, agent politique employé près l'armée des Alpes, au Ministre des Affaires Étrangères.

Nous éprouvons ici, Citoyen, la disette la plus absolue de souliers. Au magasin d'habillement, qui est la ressource de toute l'armée des Alpes, il n'y en a point une seule paire, et ce faute d'ouvriers, car il y a bien des matières premières pour 16,000 paires. Les commissaires Maurin et Mutrécy avaient demandé à Kellermann de

---

[1] François-Étienne Kellermann, né à Metz en 1770 ; officier de cavalerie ; général de division, 1814 ; mort en 1835.

leur envoyer les ouvriers répandus dans les divers corps militaires. Il l'avait promis et n'en a rien fait. Pour obvier à cet inconvénient, peut-être faudrait-il une loi qui ordonnât aux généraux de fournir aux administrateurs de l'habillement et de l'équipement, sur leur réquisition, tous les ouvriers nécessaires pour les confections et qui pourraient se trouver sous les drapeaux de la République.

Tandis que l'on s'occupe de purger les diverses branches d'administration, je ne puis m'empêcher d'être surpris qu'on n'ait pas porté la hache réformatrice dans les subsistances. Les employés subalternes sont des muscadins incurables, les employés supérieurs sont des aristocrates prononcés. Il est tout aussi rare de trouver parmi eux un patriote qu'un honnête homme. Quand ils parlent de la Révolution, c'est avec une indifférence, un mépris déguisé, qu'on ne saurait concevoir. Salicon, qui se fait appeler Salion, et Billion des Gayères, chefs de cette partie dans cette armée, sont des aristocrates véritables, de ces honnêtes gens de l'ancien régime qui ont tout juste de probité ce qu'il faut pour ne pas être pendu. Ni eux, ni leurs préposés, ne viennent au club; ils croiraient déroger.

Les charrois et les hôpitaux ont aussi leurs muscadins, mais le nombre en est un peu moins grand et leur impudence moins révoltante.

On est ici, en général, peu content du nouveau tribunal militaire. On doit, à la vérité, convenir qu'il a veillé paternellement sur les abus des prisons, mais il a de la hauteur, de l'impéritie et un vernis un peu muscadin. On eût pu certainement choisir des membres plus éclairés et plus sans-culottes.

Les Piémontais reculent toujours. La levée en masse va s'effectuer dans le Mont-Blanc.

On a enlevé deux nouveaux postes aux Lyonnais. Les grands coups se frapperont la semaine prochaine.

La levée de la première classe va toujours ici parfaitement bien.

Les représentants viennent de nommer juge militaire l'abbé Grange, ex-vicaire épiscopal. C'est le plus fort révolutionnaire du département; c'est un homme à employer [1].

Le voyage du citoyen Delhorme à Paris, les scrupules diplomatiques du citoyen Soulavie, pour savoir s'il devait correspondre avec moi sans un ordre précis, la mutation d'Helfflinger, tout a concouru à déranger un peu mon système de surveillance extérieure. Mais je viens de m'occuper activement de le consolider et je crois que cet hiver il ira rondement. Grâce aux indications du patriote *Dassier*, je vais avoir un correspondant à Genève, un dans le Valais et peut-être un autre dans le pays de Vaud. Ces relations avaient déjà été procurées à Kellermann par ce brave Genevois, mais il les a négligées et rom-

---

[1] Grange (Louis), né à Vienne, ex-prieur de Saint-Martin, dans les Cévennes. Vicaire-épiscopal de l'évêque constitutionnel de l'Isère et notable de la commune de Grenoble (1791-1793); désarmé en 1795 comme terroriste; se marie peu après avec la veuve d'un chapelier et se livre lui-même, pendant quelque temps, au commerce de la chapellerie. Administrateur de la commune de Grenoble (1797), puis commissaire du pouvoir exécutif près l'administration municipale du canton (11 nov. même année); adjoint au maire Barral (1801). Français de Nantes le fit nommer, en l'an XIII, receveur des droits réunis à Carcassonne, et bientôt après il fut chargé d'organiser le service des droits réunis en Italie. Mis à la retraite au retour des Bourbons; mort sous la Restauration. (A. Gras, *Deux années de l'hist. de Grenoble*, p. 175.)

pues, je ne sais pourquoi. Je n'en ferai pas de même.

Je vous envoie ci-jointes deux notes fort importantes, que je vous prie de communiquer au Comité de Salut public. Je crois qu'on peut en tirer quelque parti.

Je continue à ne rien négliger pour former l'esprit public. Je m'occupe beaucoup dans ce moment de la rédaction d'un mémoire sur la question de savoir quand et comment nous devons faire la paix. Je me propose de vous en envoyer un double, attendu que je le destine pour le Comité de Salut public.

La liberté vous garde.   P. CHÉPY.

[*Ibid.*, t. 326, fol. 97-98 v°.]

Suivent (fol. 99-100) les deux notes annoncées. La première, intitulée « Note importante », est relative aux dîmes du pays de Gex, dont les Genevois se sont emparés en 1534, au moment de la Réforme. Totalisées depuis cette époque, elles vaudraient bien 30 millions. On pourrait peser sur les Genevois, en les menaçant d'une restitution dont ils ont su jusqu'à ce jour écarter le péril.

La seconde note est une dénonciation contre Reybaz, ministre de la République de Genève à Paris et ancien rédacteur de Clavière[1].

Ces deux documents sont apostillés par Chépy dans les termes suivants : « Je recommande au Comité de Salut public l'examen de ces deux notes, dont on peut tirer, je crois, un excellent parti. »

[1] On trouve dans les cartons de l'armée des Alpes, à la date du 20 sept. 1793, une autre dénonciation contre ce même Reybaz. Il aurait passé en Angleterre, en 1792, et s'y serait lié avec Pitt. A Paris, il logerait dans la maison de Tronchin, réfugié en Angleterre, et muni de pouvoirs par le roi d'Angleterre. (A. G.)

LXXXII

Grenoble, ce 30 septembre, l'an 2ᵐᵉ de la République.

P. Chépy, agent politique employé près l'armée des Alpes, au Ministre des Affaires Étrangères. Salut.

Infatigablement occupé de la propagation des principes républicains, je me suis abouché avec les directeurs du théâtre de cette ville pour les engager à représenter des ouvrages patriotiques. Ils m'ont dit que leur bonne volonté était franche et entière, mais que leurs moyens n'y répondaient pas, que les auteurs exigeaient des rétributions exorbitantes, et qu'ils ne pouvaient monter aucun ouvrage révolutionnaire, s'ils n'étaient secondés par le gouvernement. J'ai promis d'en écrire au Conseil et je tiens ma parole.

Si l'on veut faire entrer les théâtres dans le vaste système de l'instruction publique, si on veut faire servir au soutien de la liberté ces *écoles primaires des grands enfants*, il faut que le gouvernement traite avec les auteurs, achète de bons ouvrages et les fasse passer aux directions départementales, pour y être joués deux fois par semaine, l'une gratis pour la classe laborieuse et indigente, l'autre pour le reste du public. Je vous prie de communiquer au Comité de Salut public cette proposition.

L'artillerie de Briançon, destinée à écraser Lyon, est arrivée ici hier. Vous ne sauriez croire combien à Embrun, et même dans le département de l'Isère, le fédéralisme et l'aristocratie ont entravé sa marche. A Embrun, les malveillants ont détaché les chevilles des voitures. A Vizille, près Grenoble, le commandant de la garde nationale a refusé main-forte. Maintenant, ce formidable convoi est arrêté ici par des dispositions nouvelles des représentants. Je ne sais quand il partira. On porte en ce moment de la grosse artillerie sur Valence; elle est sans doute destinée pour le siège de Toulon. On devrait bien y envoyer les deux excellentes compagnies d'artilleurs parisiens que nous avons ici.

J'apprends par des avis certains que les dispositions des Valaisans à notre endroit s'améliorent chaque jour. Dites au Comité de Salut public qu'avec un peu d'argent on ferait dans le bas Valais tout ce que l'on jugerait convenable. On assure aussi que la Suisse va expulser totalement les émigrés. Je n'en serais pas surpris, vu les partisans nombreux que le spectacle de leur bassesse nous a acquis dans le pays de Vaud. Nos amis, dans ces contrées lèvent la tête depuis le succès de Dunkerque[1]. Malheur à Houchard, s'il n'en profitait pas, car, je ne cesserai de le répéter, les grands coups doivent se porter cette année !

Les Piémontais continuent à rétrograder. Nous sommes maîtres du col de la Madeleine qui formait la communi-

---

[1] Battus par Houchard à Hondschoote, les Anglais avaient levé, dans la nuit du 8 au 9 septembre, le siège de Dunkerque.

cation entre leur armée de la Maurienne et de la Tarentaise[1]. Cette position est, vous le sentez, extrêmement avantageuse. Eux-mêmes ne dissimulent plus aux habitants du pays l'intention où ils sont de regagner les montagnes avant la saison des grosses neiges. Je crois cependant que, malgré leur prudence, ils nous laisseront leurs bagages et leur artillerie.

Je suis étonné qu'on n'ait pas encore songé à un moyen fort simple, mais fort efficace, de réduire à rien les conquêtes de nos ennemis. Comme le territoire n'est rien sans les individus qui l'habitent, je proposerais de décréter que tout Français qui n'abandonnera pas, avec sa femme et ses enfants, un bien occupé par l'ennemi, et ce dans le mois qui suivra l'invasion, sera déclaré avoir consenti tacitement à une domination étrangère et traité comme émigré.

Nota. — Je prie le Ministre de communiquer textuellement ma proposition au Comité de Salut public.

Je vous envoie l'état des services du patriote genevois Dassier. Je crois qu'il est juste de le promouvoir au grade de général de brigade ; c'est aussi fort utile, surtout si on le fait commander à Thonon ou à Carouge, car, étant le fondateur du club *marseillais*[2] à Genève et ayant des intelligences très étendues en Suisse et en Valais, il pourra faire avec moi et avec le général Doppet, qui connaît le pays, de très bonne besogne. Il a les attestations les plus

---

[1] Le Doyen l'avait atteint le 29 septembre.
[2] « Marseillais. C'est une agrégation de patriotes énergiques, sincères et uniques amis des Français. » (Note de Chépy.)

honorables, et c'est un sans-culotte auquel les citoyens Simond et Hérault rendront témoignage.

(En marge) *Nota*. — Je prie de communiquer au Ministre de la Guerre cette demande *avec ses motifs*.

Je combats toujours avec vigueur l'aristocratie.

Comptez sur moi à la vie à la mort.   P. CHÉPY.

[*Ibid.*, t. 326, fol. 111-112 v°.]

Suivent les états de service de Pierre Dassier, né à Genève, âgé de 54 ans, ancien officier au régiment suisse de Sonnenberg, présentement lieutenant-colonel du bataillon des chasseurs des Alpes.

LXXXIII

Grenoble, ce 1er octobre, l'an 2me de la République.

P. Chépy, agent politique employé près l'armée des Alpes, au Ministre des Affaires Étrangères.

Les Brotteaux sont emportés. La cavalerie lyonnaise a été taillée en pièces [1]. Nous serons dans la cité rebelle du 4 au 7.

---

[1] Chépy veut évidemment parler de l'attaque générale du 29 septembre, dirigée par Doppet, et qui avait porté sur trois points à la fois : Sainte-Foy-Saint-Irénée, la Mulatière et les Brotteaux. Partout elle avait échoué, grâce à l'énergie et à l'habileté de la défense. Les assiégeants avaient eu 1,200 hommes tués ou blessés, sans compter 200 prisonniers. Quant à la cavalerie lyonnaise, forte de 150 à 200 hommes seulement, elle avait fourni, sous les ordres de Précy lui-même, une charge des plus brillantes, sur la chaussée

Depuis huit jours, les Piémontais n'ont pas cessé d'être battus. Ils repasseront les monts avant *huit jours*. Sur les trois points de la Maurienne, de la Tarentaise et du Faucigny, ils ont été menés très rudement. Le 29 surtout, il y a eu en Tarentaise une affaire très vive où leur perte en tués, blessés et prisonniers s'élève à 600 hommes. La nôtre, quoique douloureuse, a été bien moins considérable. La confusion et la consternation sont parmi les satellites des despotes. Plusieurs de leurs régiments n'avaient consenti à marcher que dans l'espérance de rentrer dans leurs foyers sans coup férir, par exemple le régiment genevois et celui de Chablais. Frustrés dans leur attente, ces Savoyards désertent en foule et ils annoncent que dans trois jours le projet de leurs corps est de déserter en masse. Un officier instruit dont je tiens ces détails, évalue la perte totale des Piémontais depuis le 20 septembre à 1,400 hommes. La nôtre est environ de 350.

Le détachement de Berchény et, en général, toutes les troupes ont fait des prodiges. Elle méritent bien un peu de repos.

Le général Doyen n'a cessé d'être au bivouac, de manger le pain noir et de boire la goutte d'eau-de-vie. On n'a pas d'idée d'une pareille intrépidité. Tout cela ne me rassure pas sur la pureté de ses principes.

Kellermann s'est mis à la tête des colonnes et a montré une grande activité. Le général d'Ornac s'est aussi fort

---

de Perrache, rejeté les républicains dans la redoute de la Mulatière dont ils venaient de s'emparer et qu'ils furent obligés d'abandonner à sept heures du soir pour repasser sur la rive droite de la Saône. Cette journée du 29 septembre « est l'acte final, mais héroïque, de la résistance des Lyonnais ». (Krebs et Moris, p. 365.)

bien conduit, mais il n'y a pas dans tout cela un vrai sans-culotte. On est toujours fort mécontent de Santerre qui s'adonise, et qui dans le commencement de cette campagne retardait de trois heures la marche de son régiment pour avoir le temps de bien se friser.

Agde et Cette devaient être livrées aux flottes combinées, ainsi que Martigue. Joignez à cela les efforts des Espagnols et des Piémontais, la scélératesse de Brunet, et vous verrez que le Midi était livré. Une tartane a échoué à Cette : on a trouvé toutes les preuves du complot. Vous apprendrez avec plaisir que dans cette correspondance liberticide le général Dagobert était fort maltraité.

La trahison de Houchard et consorts a excité ici une indignation profonde. J'ai proposé à la Société de grandes mesures pour l'épurement de l'armée; je les rédigerai en adresse et je vous les ferai passer séparément.

Telle est la situation du Midi, que j'éprouve le besoin d'y rester et que j'ai la conscience d'y être fort utile.

Je viens de recevoir une lettre de Barthélemy dont je communiquerai les résultats au général en chef et aux représentants. J'espère bientôt avoir des choses intéressantes à vous apprendre du Valais.

La liberté vous garde.   P. Chépy.

P.-S. Je travaille les muscadins des administrations militaires. Je viens d'envoyer directement au Ministre de la Guerre une dénonciation *en bonne forme contre un d'eux.*

[*Ibid.*, t. 326, fol. 135-136 v°.]

LXXXIV

Grenoble, ce 3 octobre, l'an 2ᵐᵉ de la République.

P. Chépy, agent politique près l'armée des Alpes, au Ministre des Affaires Étrangères.

On a découvert ici un accaparement de cuirs fait par un Lyonnais. Les marchandises saisies vont être mises en vente.

L'affaire de la Tour-du-Pin est heureusement terminée. Huit paysans des plus acharnés ont été arrêtés. Dans le détachement qui a marché pour réprimer ces troubles, il y avait des déserteurs. Trois, Autrichiens de naissance, ont voulu décamper, mais ils ont été rattrapés et sont maintenant dans les prisons militaires.

Le bataillon des chasseurs des Hautes-Alpes dont ce détachement avait été tiré se conduit assez bien. Il est tranquille et fait le service avec une sorte d'exactitude. Cependant, je vous prie de vous référer sur ce corps aux amples renseignements que je vous ai fournis.

Pour correspondre à ce corps d'infanterie légère, les représentants et le général ont érigé la compagnie des hussards-guides en un corps de chasseurs à cheval. Il se forme sous les auspices du lieutenant-colonel Blanc[1]. Il a

---

[1] Un arrêté des représentants, du 29 juillet, avait autorisé le capitaine Blanc à former, avec sa compagnie de guides, 2 escadrons de chasseurs, qu'il commanderait avec le grade de chef d'escadrons. (Arch. nat., AF. II, 252.)

trois fois plus de chevaux que d'hommes, contre l'ordinaire des formations, mais je crois qu'il se complètera facilement. Je presse avec la dernière instance le département de fournir son contingent de 405 hommes de cavalerie.

La loi sur les gens suspects n'est arrivée qu'avant-hier. Je ne conçois point ce retard.

Voici le duplicata des propositions que j'ai envoyées directement au Comité de Salut public et que je vous prie de faire copier textuellement pour le Ministre de la Guerre.

Propositions :

1° Destituer tous les États-majors; profiter de la morte-saison où le soldat se repose et le législateur médite, pour les renouveler de la manière suivante.

1° Exclure les nobles;

2° tous ceux qui, sous l'ancien régime, ont obtenu des grâces et de l'avancement.

3° Placer de préférence ceux qui ont été vexés par le despotisme.

4° Exclure les étrangers.

5° Faire le travail sur les renseignements fournis par les Sociétés populaires et les Comités de surveillance.

6° Renfermer jusqu'à la paix ceux qui seront renvoyés.

7° Briser dans les choix le préjugé de la hiérarchie militaire.

8° Demander aux Sociétés populaires et Comités de surveillance des renseignements sur tous les employés des administrations militaires, et surtout sur les officiers de santé.

9° Faire passer tous les agents au creuset de la Révolution du 31 mai.

10° Ordonner que tout général condamné à mort sera exécuté au milieu de l'armée qu'il aura trahie, que son corps sera pendu par les pieds sur le territoire ennemi, avec cette inscription : « Ce monstre s'était vendu aux ennemis de la patrie. La vengeance du peuple français, qui s'est saisie de sa tête, abandonne ses restes aux oiseaux de proie et aux tyrans. »

11° Ordonner que les maisons des généraux traîtres seront rasées.

12° Envoyer au mois de novembre dans chaque armée cinq commissaires, chargés de prendre des notes sur les officiers particuliers, d'en faire le rapport aux représentants du peuple, qui destitueront ou enverront en jugement suivant l'exigence des cas.

13° Accorder une prime à tous les déserteurs ouvriers qui voudront s'attacher aux divers ateliers de confection.

Nota. Ils se franciseront par l'exercice de leur industrie.

14° Incorporer la jeunesse de nouvelle réquisition dans les cadres existants, sauf à former l'excédent en bataillons.

J'ose espérer que vous prendrez ces divers articles dans la plus sérieuse considération.

Comptez sur moi à la vie et à la mort. P. Chépy.

[*Ibid.*, t. 326, fol. 150-151 v°.]

LXXXV

Grenoble, ce 4 octobre, l'an 2ᵐᵉ de la République.

P. Chépy, agent politique employé à l'armée des Alpes, au Ministre des Affaires Étrangères.

Cette dépêche sera consacrée presque entièrement aux relations extérieures. Elles me paraissent mériter, sur ce point de la République, une considération sérieuse.

La Suisse chasse les émigrés. Voilà un fait positif. Est-ce un acte de bonne foi? Toutes les inductions mènent à croire que non. Il paraît certain, au contraire, qu'on ne fait mine de les expulser du territoire helvétique que pour qu'ils se jettent en avant, dans le pays de Gex, dans le Doubs et le Jura, et renouvellent les horreurs de la Vendée. Les représentants du peuple savent, et c'est un fait constant, que l'intention des Lyonnais est de pousser, en désespoir de cause, vers ces départements, une colonne de 6 à 7,000 hommes, pour se réunir aux émigrés, aux fanatiques, et former un noyau de contre-révolution, mais les mesures sont prises et leurs efforts seront déjoués[1].

---

[1] Précy n'avait pas d'aussi vastes projets. Le seul qu'il ait jamais conçu et essayé de mettre à exécution consistait à remonter la rive droite de la Saône jusqu'au-dessus de Villefranche, à passer cette rivière à la hauteur de Montmerle et à gagner la Suisse par le nord du département de l'Ain et le Jura. La route de Genève

D'un autre côté, la coalition des puissances travaille très activement à entraîner dans la ligue impie la Suisse, le Valais et même Genève. Je ne parlerai point des dispositions des deux premiers États, je ne parlerai que de la corruption sensible qui commence à s'introduire dans l'opinion politique du dernier.

Vous savez que Genève est divisée en quatre partis : le parti aristocrate helvétien, le parti aristocrate piémontais, le parti marseillais et le parti du grand-club. Les deux premiers se sont unis, ont singulièrement ébranlé le dernier et paraissent vouloir écraser absolument le troisième. Lors de mon séjour, le grand-club allait assez bien, à l'horreur pour la francisation près. Aujourd'hui, il est feuillantisé, il s'épouvante de nos revers, des trahisons que nous essuyons sans cesse, et, autant par le vice des principes qui le dirigent que par peur, se tourne peu à peu vers nos ennemis.

Janot, que je reconnais maintenant pour un intrigant, Janot qui veut absolument regagner les bonnes grâces du Corps helvétique, Janot qui trouverait fort son compte à resserrer l'union de sa patrie avec la Suisse, à l'y incorporer même, parce qu'il échangerait la misère contre une existence publique, solide et brillante, Janot, dis-je, est le moteur invisible de tous ces ressorts[1]. On dit hautement à Genève qu'on sera bientôt débarrassé de ces coquins de Français, et que les troupes ennemies seront reçues dans les murs.

étant fermée, c'était là le seul parti à prendre, non pour continuer une lutte impossible, mais pour soustraire à une vengeance impitoyable la partie la plus compromise de l'armée lyonnaise. (Guillon de Montléon, II, 225.)

[1] Janot, président du Comité provisoire de sûreté de Genève.

Le gouvernement a commis une faute, c'est de ne pas donner plus de marques de considération au parti marseillais. Il est temps de la réparer. Cette société, pour s'étendre et se fortifier, n'attend que des encouragements; il faut lui en donner. Il faut ordonner à Soulavie d'avoir constamment égard à ses recommandations, de témoigner de l'amitié et une confiance particulière à ses principaux chefs. Il faut que tout Genevois, qui entrera en France avec son diplôme (de Marseillais), soit bien accueilli, et que celui qui n'en sera pas muni soit incommodément surveillé. Vous recueillerez bientôt le fruit de ces mesures.

Il est quelque chose de plus essentiel. Il faut absolument placer à Carouge un corps de douze cents hommes d'élite et en donner le commandement à un officier patriote et sûr. Dassier, je le répète, par la pureté de ses principes et comme fondateur du club marseillais, me paraît le plus propre à ces fonctions. Dans le cas où l'aristocratie voudrait introduire les troupes ennemies, les Marseillais sont assez forts pour se saisir de la Porte-Neuve et pour faciliter l'entrée des Français. Dassier se fait fort de faire naître pendant l'hiver des motifs assez puissants pour déterminer les Genevois eux-mêmes à nous solliciter de leur mettre garnison. Je vous prie de communiquer tout cela au Comité de Salut public.

La formation des nouveaux chasseurs à cheval se fera à Romans. Les éléments de ce corps sont partis aujourd'hui pour s'y rendre.

Beaucoup d'officiers et de soldats parlent déjà de se retirer chez eux après la campagne, sous prétexte qu'ils ont passé l'âge de vingt-cinq ans et qu'il y aura assez de monde. Il faut prendre des mesures à l'avance pour n'être pas pris, comme l'année dernière, au dépourvu.

La haine des aristocrates, muscadins, prêtres, boutiquiers, hommes de loi, contre moi, se renforce chaque jour ; ils me prodiguent les épithètes de scélérat, incendiaire, etc. Je m'en honore et je ferai tous mes efforts pour les mériter de plus en plus.

La liberté vous garde.   P. CHÉPY.

[*Ibid.*, t. 326, fol. 162-163 v°.]

LXXXVI

Grenoble, ce 7 octobre, l'an 2me de la République.

P. Chépy, agent politique employé près l'armée des Alpes, au Ministre des Affaires Étrangères.

Le décret sur le maximum a été ici reçu avec allégresse par les consommateurs, avec rage par les marchands. Il a causé une certaine fermentation parmi les gens des campagnes, habitués depuis deux ans à un gain arbitraire et monstrueux. Cependant ces obstacles seront levés, j'espère. On sent que, pour exécuter la loi, il faut déployer du zèle et répandre beaucoup d'instruction. On le fera.

Le décret sur les gens suspects va aussi bientôt recevoir une pleine et franche exécution.

Kellermann mène fort rudement les lâches satellites du roi des marmottes[1]. Il croit pouvoir leur couper la re-

[1] Carnot a encore plus d'esprit que Chépy. Le 3 prairial an II =

traite. Ceci doit faire un peu réfléchir sur son compte. Cet homme, bon et loyal au fond, a toujours été mal entouré ; à cette armée, Saint-Remy le dominait. Il faut examiner si, en l'entourant de bons sans-culottes, on ne pourrait point tirer quelque parti de ses talents et de sa réputation, sur les frontières septentrionales.

Voici les notes que j'ai recueillies sur les opérations de Lyon, d'un patriote sûr et éclairé, qui est resté deux mois en réquisition sous ses murs.

Les officiers du génie, là comme ailleurs, ont été parfaitement mal. L'artillerie ne montrait pas une grande vigueur avant l'arrivée des canonniers de Paris ; mais depuis ce temps toutes les armes sont électrisées.

Les officiers sont mauvais. Les Brotteaux ont été emportés par le soldat qui, à son ordinaire, a vaincu, mais non *par ordre*.

Vaubois fait assez peu et boit beaucoup[1].

Rivaz va bien ; Lécuyer, adjudant-général, aussi[2].

---

22 mai 1794, il écrit aux représentants du peuple près l'armée des Alpes : « Continuez à resserrer de plus en plus *le roitelet des marmotes.* » (A. G. — Minute de la main de Carnot.)

[1] Claude Belgrand de Vaubois, né le 1er oct. 1748, à Saint-Laurent, près Lonchamp-les-Clairvaux (Aube). Aspirant d'artillerie, le 18 juillet 1768 ; élève, le 10 déc. 1769 ; lieutenant, le 7 juin 1770, au 4e régiment ; capitaine, le 4 juillet 1784. Employé comme chef de bataillon de volontaires nationaux. Général de brigade en juin ou juillet 1793, il prend part au siège de Lyon ; il commande l'artillerie et, sous les ordres de Coustard-Saint-Lô, une des colonnes de l'armée assiégeante. Fait général de division, le 6 sept. 1793. Connu par sa belle défense de Malte contre les Anglais (1800). Sénateur sous l'Empire ; pair de France en 1814 ; mort le 14 juillet 1839.

[2] Jean-Rémy Lécuyer, né à Crécy (Aisne), le 7 fév. 1758. Soldat, le 1er juillet 1771 ; capitaine au 75e régiment d'infanterie, le 18 mai

En général, le sans-culottisme domine dans l'armée, mais il y a des malveillants qui, secrètement, paralysent les opérations et cherchent à attiédir l'enthousiasme.

Mayer, Suisse, chef du bataillon franc [1], ne dort jamais. Il est bon pour le soldat, sévère pour l'officier.

Le brave Massol, commandant du brave bataillon de l'Ariège [2], fait aussi des merveilles.

Il y a des dilapidations énormes, soit dans les fourrages, soit dans les subsistances. On s'est aperçu que les artilleurs, après avoir vidé un baril de poudre, se l'approprient et le vendent 20 sols à leur profit.

On demande si c'est dans l'ordre : au mépris du décret, une foule incroyable de femmes empoisonne les divers cantonnements. Il est bon de rappeler l'exécution de cette loi.

Les nouvelles de Toulon m'ont causé une joie bien vive. Il faut pousser avec vigueur les opérations, car le premier mouvement provençal ne veut point être ralenti.

Je viens d'apprendre que Moras, ci-devant médecin à l'armée des Alpes, vient d'être nommé médecin en chef de l'armée de l'Ouest. Je vous le dénonce comme ayant empoisonné l'esprit public à Chambéry de tout le virus du plus puant brissotisme. Avisez-en le Ministre de la Guerre.

J'attends de l'étranger des nouvelles importantes. J'ai informé les représentants du peuple de tout ce dont j'ai été informé jusqu'ici, et je me suis concerté avec eux

---

1792 ; adjoint à l'État-major de l'armée des Alpes ; adjudant-général chef de bataillon, le 17 juillet 1793.

[1] Ex sous-lieutenant au régiment suisse de Salis ; nommé par Kellermann au commandement du bataillon franc.

[2] Sic : lisez : *de l'Ardèche*.

pour les mesures à prendre. Quelques masques peut-être vont être arrachés. Je m'attache toujours, comme la sangsue, aux muscadins, modérés, etc., etc., et surtout aux prêtres, qui sont tout ici, même dans la Révolution, qui président le club, etc., et dont je me défie outre mesure.

Comptez sur moi à la vie et à la mort.   P. Chépy.

[*Ibid.*, t. 326, fol. 191-192 v°.]

LXXXVII

Grenoble, ce 9 octobre, l'an 2me de la République.

P. Chépy, agent politique près l'armée des Alpes, au Ministre des Affaires Étrangères.

Le 5e bataillon du Mont-Blanc est passé avant-hier par cette ville. La formation était de 8 à 900 hommes ; il est réduit aujourd'hui par la désertion à 300. On l'envoie à Valence. On eût évité tout cela si on l'eût dépaysé. Les deux réquisitions de Grenoble, qu'on avait envoyées à Annecy, à Aix et à Chambéry, sont rentrées dans leurs foyers, gaies, contentes, et toutes disposées à marcher encore, si le besoin l'exigeait.

On craint toujours une sortie de la part des Lyonnais. En conséquence, pour couvrir le département de l'Isère, le général Lajolais fait fortifier l'inattaquable gorge de Voreppe et fait construire deux redoutes sur les flancs, pour que cette excellente position ne puisse être tournée. On place en batterie quelques canons de fer. En voilà assez pour rendre inutiles tous les efforts réunis des Lyonnais, des Piémontais et de tous les fédéralistes du Midi.

J'ai tant crié qu'enfin j'ai obtenu qu'il serait ouvert un registre, à la Maison commune, pour la formation du nouveau contingent de cavalerie. J'ai prononcé aussi au club une instruction improvisée sur la loi du maximum, qui a produit un si bon effet qu'on m'a prié de la répéter à trois séances consécutives.

Pour exécuter la loi du maximum, il faut un recensement préalable des grains, etc. Le Département fait partir pour ces opérations trente-cinq commissaires. Je leur ai donné mes idées sur la marche qu'ils doivent suivre. Ils ont paru les goûter et j'espère qu'elles seront utiles. Il est aussi un décret à rendre qui faciliterait beaucoup l'exécution de la loi, c'est de prononcer la résiliation des baux. Il le faut pour l'exploitateur (*sic*) et pour le propriétaire.

D'après mes réclamations continuelles, on se dispose à travailler vigoureusement les gens suspects. Les maisons nationales sont préparées et les ordres envoyés aux districts de dresser les listes.

Deux ou trois municipaux faibles avaient accordé des passeports à Duport, l'infâme secrétaire du Département[1], et à quelques autres suppôts du fédéralisme. Ils ont été

---

[1] Duport (Jean-Victor), avoué à Grenoble, secrétaire général de l'administration du département de l'Isère (1790-1793); suspendu de ses fonctions comme fédéraliste, le 27 juin 1793, par les représentants Dubois-Crancé, Albitte et Gauthier. (A. Gras, *Deux années de l'histoire de Grenoble,* pp. 87, 172.)

rapportés le même jour en conseil général. J'ai montré l'article de la loi qui mettait au nombre des gens suspects les fonctionnaires publics suspendus et non réintégrés. J'espère que ces Messieurs seront renfermés jusqu'à la paix.

J'ai dans ce moment l'œil fixé sur la Suisse. L'expulsion des émigrés ne me paraît pas naturelle ; au surplus, les précautions sont prises de ce côté pour qu'ils ne se jettent pas sur le territoire de la République. Il est à souhaiter que sur les frontières du Doubs et du Jura on mette la même exactitude.

Le détachement du 5ᵉ régiment de cavalerie qui est ici se plaint amèrement de deux cents selles, qu'on lui a délivrées dernièrement, et qui ont été faites sur un marché passé par un commissaire des guerres. Elles doivent être déposées dans le magasin de l'habillement. Il en reste dix-huit cents à livrer. Peut-être faudrait-il arrêter cette fourniture qui est extrêmement défectueuse. De toutes parts on me dénonce La Roque, neveu du général d'Ornac et colonel de ce régiment. On m'a promis des faits positifs, je vous les transmettrai.

On me dénonce aussi fortement Beaumont, colonel du 9ᵉ régiment de dragons. On l'accuse d'être aristocrate et d'entraver les opérations à Lyon, en ayant l'air de se mêler de toutes. Tout ce que je puis dire personnellement, c'est qu'il est tout couvert d'un vernis muscadin, c'est que je l'ai vu ramper dans toutes les antichambres, et notamment dans celle des représentants du peuple, qu'enfin il n'a ni l'allure, ni les habitudes d'un sans-culotte.

Une chose à remarquer, c'est que c'est surtout dans les officiers de cavalerie que l'aristocratie domine ; aussi faut-il s'occuper autant de l'épuration que de l'augmentation de cette partie de la force publique.

La liberté vous garde. P. CHÉPY.

[*Ibid.*, t. 326, fol. 210-211 v°.]

LXXXVIII

Grenoble, ce 10 octobre, l'an 2ᵐᵉ de la République.

P. Chépy, agent politique, au Ministre des Affaires Étrangères.

Comme je l'avais prévu, les Lyonnais ont fait un mouvement[1] pour se réunir aux émigrés venus des frontières de la Suisse. Ceux-ci ont été repoussés. Le général Kellermann, à l'instant même, fait marcher de nouvelles troupes pour en faire une totale déconfiture. Tous les principaux postes des Lyonnais étaient hier en notre pouvoir, et il est presque certain qu'au moment où je vous écris, nos troupes sont maîtresses de cette infâme cité[2].

Si, sans perdre de temps, on marche sur Toulon, je

---

[1] C'est le 9 octobre, à six heures du matin, que Précy avait effectué sa sortie par le faubourg de Vaise.

[2] Doppet et les représentants du peuple étaient entrés à Lyon, le 9 octobre, à quatre heures du soir ; mais Chépy n'en était certainement pas informé. Il est vraisemblable qu'il fait allusion aux événements du 8 octobre : prise du faubourg de Saint-Irénée par le général Rivaz, négociations entamées entre les représentants du peuple et les commissaires des sections.

regarde le Midi comme entièrement sauvé et la République comme triomphante.

J'ai oublié hier de vous observer que les colonels Beaumont[1] et La Roque[2] sont tous deux ci-devant nobles. Voici ce que j'ai pu recueillir de positif sur le dernier. Il a dit à un capitaine de son corps, nommé Delorme[3] : *Oh ! la montagne accouchera d'une souris.* Voici quelque chose de plus grave. Parmi les chevaux de luxe qui lui ont été envoyés, il a pris le meilleur pour lui et a mis un des chevaux (sic) à la place[4]. Le conseil d'administration lui a écrit la lettre dont je vous joins copie, et il n'a pas répondu. Vous trouverez aussi ci-jointe une note sur les besoins du 4e bataillon d'infanterie légère. Il s'est bien battu ; il faut veiller paternellement sur lui.

Hier, j'ai déterminé l'adhésion de la Société à l'article 9 du fameux arrêté des soixante-et-onze Sociétés populaires réunies à Valence. Dans cet article, on décide la formation d'une légion montagnarde toute composée de clubistes au-dessus de vingt-cinq ans. Cette détermi-

---

[1] Marc-Antoine de la Bonninière de Beaumont. Né à Beaumont (Indre-et-Loire). Page du roi en 1778 ; capitaine, 1784 ; colonel du 9e régiment de dragons, ci-devant Lorraine, le 7 août 1792 ; promu général de brigade par les représentants Poultier et Beffroy, le 15 germinal an III = 4 avril 1795. (*États de services de tous les officiers. Dragons.* — Arch. nat., AF. II, 336.)

[2] Jean-Jacques d'Ornac de Laroque, neveu du général d'Ornac, colonel du 5e régiment de cavalerie, ci-devant Royal-Pologne.

[3] Pierre Delorme, né aux Grandes-Armoises (Ardennes). Cavalier au corps, le 4 mars 1776 ; sous-lieutenant, 25 janv. 1792 ; capitaine, 1er avril 1793. (*États de services de tous les officiers. 5e régiment de cavalerie.*)

[4] La phrase doit sans doute être complétée ainsi : un des chevaux de peloton, etc.

nation a cela de précieux qu'elle répond victorieusement aux aristocrates qui ne cessaient de dire que les sociétaires prêchaient beaucoup à la tribune, mais jamais d'exemple [1].

Dans la refonte de l'État-major de cette armée, j'ose espérer qu'on réformera, sans préjudice des autres que je pourrai indiquer par la suite : le général d'Ornac, ci-devant noble, déjà suspendu et hors d'état de servir ; Saint-Rémy, ci-devant noble, ami des Lameth, ayant réduit le modérantisme en système, et ayant fait louvoyer Kellermann, sur lequel il a beaucoup trop d'ascendant, dans la grande affaire de Lyon ; L'Estrade, patriote, mais accablé d'âge et d'infirmités.

Il faudra examiner ce qu'il conviendra de faire de Carcaradec, homme probe à la vérité, habile officier, aimé du soldat pour sa justice, mais qui n'est point à la hauteur de la Révolution. Il m'a dit à moi qu'il se souvenait toujours qu'il était Breton, et que, si Paris voulait donner des lois aux cinq départements composant la ci-devant Bretagne, il irait rejoindre ses compatriotes pour soutenir avec eux la cause de la liberté. Il faut observer qu'il a tenu ce propos dans un temps où la vérité ne perçait guère encore dans les armées, et j'avoue que, sans les dernières trahisons de Houchard [2] qui ont mis tout ménagement hors

---

[1] Cette réunion s'était tenue à Valence, les 7 et 8 septembre ; 60 sociétés populaires (c'est le chiffre donné par le procès-verbal officiel ; voy. Arch. nat., AF. II, 184) y étaient représentées. L'art. 9 de l'arrêté visé par Chépy décidait la création d'une légion de montagnards, qui devait se réunir à Avignon, le 25 septembre. Le représentant Boisset avait confirmé et approuvé, le 9 septembre, les décisions de l'assemblée.

[2] Houchard (Jean-Nicolas), né à Forbach (1740), avait de beaux états de service. Engagé à 15 ans au régiment de Royal-Allemand,

de mesure, je n'aurais point relevé ce discours, parce que Carcaradec a bien servi, cette campagne, au camp de Tournoux.

Santerre, que je vous avais dénoncé tant de fois, vient enfin d'être destitué.

Je veille. Reposez-vous sur moi. P. CHÉPY.

[*Ibid.*, t. 326, fol. 217-218 v°.]

A la suite (fol. 219), copie de la lettre écrite par le conseil d'administration du dépôt du 5e régiment de cavalerie au « citoyen commandant » de ce corps (Grenoble, 12 septembre 1793) ; — (fol. 220), note sur les desiderata du 4e bataillon d'infanterie légère, signée : « Le chef dudit bataillon : Masseiy[1] ».

cavalerie, il s'était battu en Allemagne et en Corse. Au moment où éclata la Révolution, dont il adopta les principes, il était lieutenant-colonel et chevalier de Saint-Louis. Maréchal de camp, puis lieutenant-général en 1792, il remplaça Custine, l'année suivante, dans le commandement des armées de la Moselle, du Nord et des Ardennes. Le 8 septembre, il gagnait la bataille de Hondschoote et faisait lever le siége de Dunkerque. On ne lui tint pas compte de ce double succès et on lui reprocha d'avoir mis trop de mollesse dans la poursuite de l'ennemi. Aussi fut-il destitué, traduit devant le tribunal révolutionnaire de Paris et condamné à mort le 17 nov. 1793. (Wallon, *Hist. du trib. révol. de Paris,* II, 80-82.)

[1] Jacques-Louis Masseiy, né à Saint-Florent (Corse), le 22 avril 1749. Sous-lieutenant dans Royal-Corse, le 21 mai 1766 ; commandant, le 8 fév. 1784 ; lieutenant-colonel commandant le 4e bataillon d'infanterie légère, le 7 août 1792.

LXXXIX

Grenoble, ce 11 octobre, l'an 2ᵐᵉ de la République.

P. Chépy, agent politique près l'armée des Alpes, au Ministre des Affaires Étrangères.

Je vous dois un compte exact de toutes les mesures qui ont été prises ici pour empêcher que les muscadins et les émigrés échappés de Lyon ne se répandent dans le département.

Le général, dont l'activité et le zèle ont éclaté en cette circonstance, a envoyé des ordres aux dépôts cantonnés à la Tour-du-Pin et au Pont-de-Beauvoisin de battre continuellement le pays par de fortes patrouilles, et d'arrêter tous ceux qui n'auraient point de passeport en règle. Il a fait partir en diligence une compagnie de nouvelle réquisition pour Pommiers, qui couvre la route des Échelles. Il a fait renforcer le poste de la Chartreuse. Enfin, il a mis sur pied un détachement de cent chasseurs des Hautes-Alpes et de cent gardes nationaux de la ville, vingt-cinq cavaliers et douze houzards. Cette petite troupe se tient prête, et le général a envoyé des courriers extraordinaires à toutes les communes pour qu'elles se missent en permanence, fouillassent les bois, etc. Si dans les départements voisins on a fait ce qu'on a fait ici, pas un muscadin, pas un émigré n'échappera.

La nouvelle de la prise de Lyon nous est arrivée hier à cinq heures ; elle a causé la joie la plus vive, qui n'a été empoisonnée que par la nouvelle du rappel de Dubois-Crancé. Cet incorruptible député a sauvé le Midi, et avec tous les patriotes de ces contrées, je regarde son éloignement comme une calamité publique [1].

(En marge). *Nota.* — Le fait que je vous avais écrit hier au sujet d'une invasion des émigrés, n'est point exact. Je m'empresse de le rectifier. Kellermann a été instruit que des émigrés voulaient pénétrer par le Chablais. Il a envoyé un bataillon à Bonneville et un autre à Carouge. Voilà où en sont les choses.

L'armée d'Italie fait demander au magasin de Grenoble dix mille habits. Les besoins de celle des Alpes n'ont pas permis de les lui fournir. Comme la température et les circonstances feront continuer pendant l'hiver la guerre sur ce point de la République, il faut s'attacher à y réunir des moyens abondants.

Lyon une fois soumis, toute notre attention doit se porter sur la Vendée et sur Toulon. Étant plus près de ce dernier point, je vous en parlerai particulièrement. Il y a dans ce moment autour des murs de cette cité traîtresse 55,000 hommes environ. Il faut renvoyer chez eux tous ceux qui ont plus de bonne volonté que de moyens réels pour servir. Les moyens de subsistance étant fort bornés en Provence, il ne faut garder que ce qui se consomme utilement pour la chose publique.

Il ne faut pas perdre un instant pour faire descendre le Rhône jusqu'à Avignon à la grosse artillerie et aux

---

[1] C'est dans la séance du 15 vendémiaire = 6 octobre, que la Convention décréta le rappel des représentants Dubois-Crancé et Gauthier. Je ne puis entrer ici dans le détail des intrigues qui provoquèrent cette mesure.

600 canonniers qui étaient devant Lyon. Il faut les faire promptement suivre par le 9º régiment de dragons et le 5º régiment de cavalerie, Cartéaux manquant tout à fait des troupes de cette arme.

Il faut employer au siège les moins mauvais ingénieurs possible, car tout dépend de là. Si d'Arçon n'est pas absolument perdu pour la République, il faut l'envoyer soutenir là la réputation qu'il a acquise à Gibraltar[1]. Enfin, il faut ordonner au général de ne rien négliger pour brûler l'escadre anglaise. C'est sur Albion que la haine nationale doit principalement se diriger, et vous savez que, ses vaisseaux étant sa seule ressource et ses seules citadelles, ce serait lui porter un coup mortel et irréparable que [de] détruire la flotte de ce scélérat [de] Hood, qui est venu traîtreusement marchander un de nos principaux ports et notre commerce de la Méditerranée.

La liberté vous garde.   P. Chépy.

P.-S. — Le plus important est d'avoir, dans les divers corps d'armée, pour ce siège, quelques bons sans-culottes surveillants, car je crois qu'au moins dans la division de l'armée d'Italie et dans l'état-major de l'artillerie, il y aura de la part des grosses épaulettes bien des efforts pour retarder cette opération.

---

[1] Jean-Claude-Éléonore Lemiceaud d'Arçon. Ingénieur militaire, né à Pontarlier en 1733, mort à Paris le 1ᵉʳ juillet 1800 ; l'un des principaux collaborateurs de Carnot. Il s'était acquis une grande réputation par la construction des batteries flottantes, qui, en 1782 (13 septembre), avaient été employées, fort inutilement d'ailleurs, au bombardement de Gibraltar. Ses états de service sont donnés par Iung, *Dubois-Crancé*, II, 176, n. 1.

P.-S. — Je viens d'être nommé président de la Société populaire. Je crois que c'est un nouveau motif de confiance.

[*Ibid.*, t. 326, fol. 222-223 v°.]

XC

Grenoble, le 13 octobre, l'an 2ᵐᵉ de la République.

P. Chépy, agent politique employé à l'armée des Alpes, au Ministre des Affaires Étrangères.

J'ai reçu aujourd'hui une lettre venant de Turin ; elle est ancienne, parce que la municipalité de Bourgoin l'a retenue longtemps. Quoique les détails qu'elle contient ne me paraissent pas parfaitement exacts, cependant je vous l'envoie en original, parce qu'au milieu de ce fatras vous pourrez peut-être recueillir quelques renseignements utiles, et, d'ailleurs, pour vous prouver que je ne néglige rien pour me procurer des rapports sur l'extérieur, malgré la paucité (sic) de mes moyens. Quand Delhorme sera de retour, j'aurai plus de facilités. J'ai écrit souvent à Helfflinger, mais il paraît que les voies ordinaires sont parfois interceptées.

Quoique le maximum ne soit pas encore établi, j'ai vu avec satisfaction que le blé aujourd'hui, au marché, était déjà bien diminué. J'espère que le zèle des commissaires dont j'ai déjà parlé fera le reste.

Depuis que je préside la Société populaire, j'ai donné à sa marche plus de promptitude et de régularité. Le peuple afflue aux séances ; l'esprit public se corrobore, l'aristocratie et l'hypocrite modérantisme, pire encore, tremblent.

Voici la note sommaire des objets dont nous nous sommes occupés.

Adresse à la Convention pour demander la conservation de Dubois-Crancé et de Gauthier. Les autorités constituées et les sections ont émis le même vœu. Le patriote Billaud-de-Varennes a été trompé, et bientôt la vérité percera.

Établissement à l'extérieur de la salle d'une boîte où les citoyens pourront mettre tout ce qu'ils croiront utile à la chose publique, avec ou sans signature. C'est un bon acheminement pour l'exécution de la loi sur les gens suspects.

Discussion intéressante sur ce qu'on doit faire des déserteurs.

Adhésion solennelle aux nouvelles mesures de sûreté et de salut public, décrétées sur le rapport d'Amar.

Déclaration qui voue la mémoire de Précy[1] et Virieu[2]

---

[1] Louis-François Perrin, comte de Précy, né à Anzy-le-Château (Saône-et-Loire), le 15 janv. 1742. Enseigne au régiment colonel-général, 21 mai 1757 ; lieutenant, 22 mai 1758 ; capitaine, 29 mars 1775 ; major aux chasseurs des Vosges, 21 août 1784 ; lieutenant-colonel (en second), 4 déc. 1785 ; lieutenant-colonel, commandant le bataillon de chasseurs (des Vosges), 1er mai 1788 ; colonel du 35e régiment d'infanterie, 21 oct. 1791 ; lieutenant-colonel dans la garde constitutionnelle, 23 nov. 1791 ; licencié, 5 juin 1792 ; lieutenant-général, 13 août 1814 ; commandant en chef la garde nationale de Lyon, 27 août 1814 ; retraité, 5 juin 1815 ; décédé à Marcigny-sur-Loire, 25 août 1820 (Iung, *Dubois-Crancé*, I, 399, n. 1). C'est le 19 juillet 1793 que la *Commission populaire républicaine* de Lyon lui avait déféré et qu'il avait accepté le commandement général de toutes les forces militaires du département de Rhône-et-Loire. (Guillon de Montléon, I, 298-299.)

[2] François-Henri, comte de Virieu, né à Grenoble en 1754, ancien

à l'exécration des contemporains et des siècles à venir. Demande que leurs maisons soient rasées.

Remerciements à l'armée qui a réduit Lyon, et demande pour elle d'une gratification prise sur les biens des rebelles.

Joignez à cela une foule de discussions particulières tendant toujours au maintien des principes, et vous aurez une idée de l'esprit qui règne ici. Je me plais à y séjourner parce que c'est un point important qui, comme berceau de la première Révolution, a une grande influence sur tout le Midi.

Le citoyen Grange, ex-vicaire épiscopal, grand révolutionnaire, était déjà entré comme capitaine dans les chasseurs des Hautes-Alpes. Le citoyen Berton, excellent révolutionnaire et ex-vicaire comme lui, vient d'obtenir aussi dans ce corps une compagnie. Si le Ministre refait les nominations, je recommande ces deux précieux sans-culottes à son souvenir.

Ce Santerre, que je vous ai dénoncé plus d'une fois, vient enfin d'être arrêté et constitué prisonnier au fort Barraux par ordres des braves représentants Simond et Dumaz[1].

colonel du régiment de Limousin, très connu par le rôle qu'il joua à l'Assemblée constituante. Il se rendit à Lyon après la révolution du 29 mai et y passa tout le temps du siège. Dans la nuit du 8 au 9 octobre, Précy lui donna le commandement de l'arrière-garde de la colonne, qui essaya de se faire jour à travers l'armée républicaine. Assaillie, près de la Duchère, par des forces considérables, la petite troupe de Virieu, qui se composait de 500 hommes seulement, fut entièrement détruite ; son chef, après s'être défendu avec une grande bravoure, périt les armes à la main. (Rochas, *Biographie dauphinoise.* — Krebs et Moris, p. 366.)

[1] Cette détention fut de courte durée, mais le 13 floréal an II = 2 mai 1794, un arrêté du Comité de Salut public enjoignait à Albitte

Salion, régisseur des subsistances, a donné sa démission. Pour purger [cette administration], il faudrait renvoyer l'aristocrate Billion des Gayères. On paraît assez content de la nomination de Bersonnet à la place de commissaire-ordonnateur.

On annonce de brillantes nouvelles du Mont-Blanc ; je n'ose encore les croire.

Comptez sur moi à la vie et à la mort.   P. CHÉPY.

Nota. — Ces nouvelles confirmeraient, si elles sont exactes, la prédiction que je vous ai faite, il y a quelque temps, d'une désertion en masse dans l'armée sarde.

On est généralement satisfait ici d'avoir enfin pour général un sans-culotte.

(Fol. 252). 15 octobre 1793. — Adresse imprimée des « citoyens composant la Société populaire de Grenoble aux représentants du peuple à la Convention nationale ». Signé : Chépy, président; Berton, secrétaire. — Protestation contre les traitements barbares infligés par les Autrichiens à leurs prisonniers, notamment aux soldats de la garnison de Condé, qui auraient été vendus comme esclaves en Hongrie et en Turquie, attelés à la charrue, etc.

de faire arrêter et conduire à la Conciergerie « Santerre, général de brigade, maintenant à Grenoble ». (Arch. nat. AF. II, 304.)

XCI

Circulaire adressée par le Ministre des Affaires Étrangères aux agents politiques de son département.

Paris, le 23ᵉ jour du 1ᵉʳ mois, l'an 2 de la République une et indivisible [23 vendémiaire = 14 octobre].

Les événements qui se pressent les uns sur les autres, Citoyen, la position difficile où se trouve la République, exigent de tous les agents chargés de veiller à ses intérêts une surveillance continuelle. Vous devez l'étendre sur tout ce qui vous environne, et, pour remplir utilement la mission qui vous est confiée, vous devez donner à votre correspondance une activité plus soutenue. Je vous engage donc à me transmettre journellement tous les renseignements qui arrivent à votre connaissance et à m'adresser, sans ménagement, toutes vos observations sur les choses et sur les personnes. Les circonstances sont impérieuses, et je dois vous prévenir que la plus légère interruption de votre correspondance me forcera de vous remplacer sur-le-champ.

DEFORGUES.

[*Ibid.*, t. 326, fol. 243. — Minute.]

XCII

Grenoble, le 5ᵉ jour de la 3ᵐᵉ décade du 1ᵉʳ mois de l'an 2ᵐᵉ de la République [25 vendémiaire = 16 octobre 1793].

P. Chépy, agent politique employé près l'armée des Alpes, au Ministre des Affaires Étrangères.

Santerre a été relâché, mais il restera, je crois, destitué pour négligence et impéritie.

Nous sommes à la recherche des muscadins échappés de Lyon. Hier soir, nous en avons fait saisir deux. Nous allons prendre des précautions telles qu'aucun ne nous échappera[1]. Nous enverrons aux Sociétés populaires le signalement des Grenoblois qu'on suppose avoir combattu dans cette cité pour la contre-révolution.

Hier, on a joué au théâtre l'*Eugénie* de l'immoral Beaumarchais[2]; je vais aujourd'hui faire mettre la direction à l'ordre du jour et faire former un comité pour retrancher des anciennes pièces tout ce qui est inconve-

---

[1] « Douze Lyonnais patriotes, réfugiés à Grenoble, formaient un Comité de surveillance et devaient signaler à l'autorité ceux de leurs concitoyens d'un patriotisme douteux qui se rendaient dans notre ville ». (Albin Gras, *Deux années de l'hist. de Grenoble*, p. 92.)

[2] Jouée pour la première fois au Théâtre-Français, le 29 janv. 1767.

nant. Il faut par toute la France épurer aussi les répertoires. *Eugénie* me fournit une proposition additionnelle au décret de Barère contre le commerce anglais, c'est d'interdire la représentation de toutes les pièces dont le sujet serait anglais : c'est essentiel.

Ne conviendrait-il point en même temps d'accorder des avantages commerciaux aux Anglo-américains, pour montrer à l'Europe quelle différence le peuple français met entre des esclaves et des hommes libres? Ne conviendrait-il point aussi d'étendre le décret à toutes les marchandises fabriquées chez les puissances avec lesquelles nous sommes en guerre?

On a demandé un mode de représailles pour l'assassinat de Beauvais. Voici celui que je proposerais. Je désirerais qu'au milieu de la place de la Révolution on fît *pendre* le beau-frère de Georges et que l'instrument fût brisé immédiatement après l'exécution pour prouver que les Français n'ont été poussés à cet acte inusité de rigueur que par la furie du despotisme délirant.

On parle de nouveaux troubles dans la Lozère. J'espère que le général L'Estrade qui va y commander les étouffera promptement.

Je vous dénonce un grand abus. Il existe ici entre les soldats et les commissaires de l'habillement un intermédiaire nommé Poulain. Sa place entrave l'administration; c'est un être parasite; on s'en plaint beaucoup. Qui le croirait? il n'a qu'un brevet signé de Capet.

J'ai appris qu'on destinait à Alexandre l'ambassade extraordinaire de Philadelphie. Je le dirai avec franchise : sans doute ce n'est pas un ennemi de la Révolution, mais il n'est point sans-culotte. Il blâmait l'expédition de Lyon, et d'ailleurs il n'a point dans le caractère cette franche bonhomie et ce liant qui assurent le succès chez les bons Anglo-américains. Quant à Foulet, ce n'est qu'un cri contre lui.

Noubliez pas de faire relever l'armée du Mont-Blanc. On transporte à Chambéry le fort des hôpitaux.

La Société continue toujours à marcher vigoureusement ; chaque jour accroît son zèle et améliore l'esprit public. J'ai expliqué la dernière loi sur les Anglais, et j'ai eu la douceur de fortifier dans le cœur de ces bons patriotes le respect et l'amour pour la Convention nationale.

Un autre coup mortel et décisif à porter à l'Angleterre, c'est d'envoyer une flotte aux Indes orientales pour aider Tippoo à recommencer la guerre. Vous êtes trop versé dans la matière pour que je me permette d'en dire davantage.

Grenoble, par sa position, a beaucoup d'influence sur le Midi. La Société n'a pas de quoi fournir à ses dépenses. Avec une dizaine de mille livres on en ferait le foyer du sans-culottisme méridional. Je me chargerais avec cette avance de lui faire opérer des prodiges. Examinez mûrement et consultez le Comité de Salut public. Détruisez la Vendée, anéantissez Toulon, secondez en tout les Sociétés populaires et la Révolution est consommée.

La liberté vous garde.   P. CHÉPY.

[*Ibid.*, t. 326, fol. 266-267 v°.]

XCIII

Grenoble, le 5ᵉ jour de la 3ᵉ décade du 1ᵉʳ mois, l'an 2ᵐᵉ de la République (25 vendémiaire = 16 octobre.)

P. Chépy, agent politique employé près l'armée des Alpes, au Ministre des Affaires Étrangères.

Je viens d'adresser directement au Comité de Salut public un mémoire sur divers objets civils et militaires. Cet envoi rendra cette dépêche plus courte. J'ai reçu du Valais des nouvelles qui m'apprennent en substance : 1° qu'il paraît que les chefs Valaisans n'ont point participé au passage des Piémontais sur le territoire de cet État, mais que leur surveillance a été beaucoup trop froide; 2° que les démarches que nous avons faites près du Corps helvétique ont produit un bon effet; 3° que le gouvernement du Valais a adressé au roi Sarde une demande en réparation de la violation du territoire; 4° que le Gouvernement mettra sa frontière dans un état à repousser toute violation de cette nature; 5° que le Corps helvétique met un grand intérêt à ce qu'on nous donne une explication prompte et décisive sur ce point; 6° que quelques articles de journaux ont eu le mauvais effet de refroidir le canton de Berne qui commençait à se rapprocher beaucoup de nous et qui le manifestait assez hautement.

De ces renseignements, qui sont bien fondés et bien justes, il résulte : 1° qu'il convient de rassurer le Gouvernement valaisan sur toutes les inquiétudes que nous lui avons inspirées depuis longtemps; 2° qu'il faut faire commander sur cette frontière un officier patriote et prudent qui sache entretenir le bon voisinage; 3° qu'en négociant cet hiver avec franchise et vigueur, il n'est pas impossible de déterminer les Suisses à se déclarer la campagne prochaine, et à s'unir à nous avec la Suède, le Danemark, l'Amérique, Gênes et la Porte, pour résister à cette infâme ligue qui veut faire disparaître tous les petits États et toutes les Républiques de la terre pour arrondir de despotiques monarchies.

On a envoyé ici des arsenaux de l'intérieur, des boulets non calibrés. On demande la permission de les vendre; en attendant on va les faire enterrer. On a découvert que les lenteurs du siège de Lyon ne peuvent être attribuées qu'à la perfidie des directeurs d'artillerie à Auxonne ou de ceux qui leur ont donné des ordres, qui ont fait passer par Clermont et Valence les munitions de guerre qu'ils envoyaient à Lyon.

Nota. — Cette affaire est suivie par la Société; on donnera au Comité de Salut public tous les détails. Les entrepreneurs des charrois de l'artillerie sont aussi convaincus d'avoir attaché trois chevaux à un caisson, et d'en avoir attaché à ce dernier six autres sans chevaux. Cette sordide économie de bêtes de trait a causé la fracture des caissons qui sont arrivés tout fracassés et hors d'état de service.

Les places fortes de cette frontière sont absolument dépourvues depuis le siège de Lyon. Il y a, dans les trois départements seulement 300 milliers de poudre, tandis que dans la seule ville de Briançon il en faudrait 900 milliers pour un siège de trois mois.

On va établir ici deux manufactures d'armes blanches. Celles d'armes à feu seront en activité au 15 novembre ou au 1er décembre au plus tard.

Pour faciliter la loi du maximum, le Département a mis un embargo provisoire sur toutes les marchandises et a ordonné aux marchands en gros de justifier de leurs achats et ventes avec le nom des acheteurs, et aux détaillistes de tenir registre de vente. Les fixations se sont faites hier et avant-hier aux termes de la loi. Les accapareurs et aristocrates boutiquiers ne rient pas. Je crains bien que le département du Mont-Blanc ne suive pas cet exemple et ne fasse du tort à ses voisins.

Les biens des émigrés se vendent toujours à merveille; n'en a pas qui veut.

La liberté vous garde. P. Chépy.

[*Ibid.*, t. 326, fol. 268-269.]

XCIV

Le Ministre des Affaires Étrangères au citoyen Chépy.

Paris, le 26e jour du 1er mois de l'an second de la République une et indivisible [26 vendémiaire = 17 octobre.]

La Nation vous a confié, Citoyen, un poste que vous ne pouvez manquer de regarder comme extrêmement important. Mais une position aussi favorable deviendrait inutile à la République, si vous n'aviez pas un centre où vous puissiez faire aboutir le résultat de vos opérations.

Je vous invite donc, au nom de la Patrie, de me transmettre *journellement*, autant que vous le pourrez, tous les renseignements que vous croiriez utiles au salut public. Je vous adresse à cet effet un tableau indicatif de quelques objets essentiels. Vous y en ajouterez sans doute beaucoup d'autres, que le temps et l'expérience vous feront paraître également nécessaires à transmettre.

Je n'ai pas besoin de vous dire que je pourvoirai aux dépenses et aux indemnités que ce travail nécessitera. Je vous engage seulement à m'en faire passer l'aperçu, et tous les mois je ferai arrêter et acquitter ces dépenses. Je sens bien qu'il est quelques frais qu'on ne peut pas fixer, tels que ceux de l'observation de l'armée ennemie et de l'envoi des courriers dans les circonstances pressantes; aussi je ne vous demande qu'un aperçu.

[*Ibid.*, t. 326, fol. 290. Minute.]

XCV

Grenoble, ce 7ᵉ jour de la 3ᵉ décade du 1ᵉʳ mois de l'an 2ᵐᵉ de la République [27 vendémiaire = 18 octobre.]

P. Chépy, agent politique employé près l'armée des Alpes, et président de la Société populaire de Grenoble, au Ministre des Affaires Étrangères.

La Société des Montagnards de Sisteron vient de dénoncer à celle de Grenoble tout le corps des officiers du bataillon des chasseurs des Hautes-Alpes, excepté le brave commandant, et notamment le capitaine Caire, le lieutenant Faure et le quartier-maître. Comme ils sont accusés d'avoir ouvertement soutenu le fédéralisme sectionnaire contre une municipalité sans-culotte, ils ont été mis aux arrêts forcés. Copie de la dénonciation a été envoyée au Ministre de la Guerre, au Comité de Salut public, etc. J'espère qu'on suivra cette affaire. On reproche au commandant d'avoir promu au grade de *sous-officiers* beaucoup de déserteurs; c'est un tort, et je crois qu'il faut le réparer.

Je vous dois une remarque intéressante. Tous les déserteurs français qui sont revenus de Piémont dans leur patrie servent en général bien. On peut même dire que sans eux le 5ᵉ bataillon du Mont-Blanc, dont ils forment la compagnie de grenadiers presque entière, serait débandé.

Le détachement grenoblois qui avait marché contre Lyon est revenu aujourd'hui dans ses foyers. Les municipaux et les sans-culottes ont été à sa rencontre; cette fête a été civique et fraternelle.

On parle de laisser à Lyon le 9ᵉ régiment de dragons. C'est une mauvaise opération : 1° parce que ce régiment était à Lyon sous le règne de l'aristocratie; 2° parce que nous avons besoin de cavalerie pour couvrir le siège de Toulon. Cette seconde raison est applicable au 5ᵉ régiment de cavalerie qu'on veut placer à Bourg ou ici.

On voudrait aussi mettre dans la ville, l'hiver, un bataillon de ligne ou un ancien bataillon de volontaires en garnison. Les troupes de réquisition y conviennent mieux, à cause des besoins de l'armée Carteaux.

Un administrateur du district, Poignent, vient d'être convaincu d'avoir entravé à Voreppe la loi du maximum. La Société le poursuit avec la dernière vigueur. Sur ma motion, elle a arrêté que tout citoyen, convaincu d'avoir désapprouvé et combattu la loi du maximum, sera exclu de son sein, s'il est membre, et déclaré inhabile à le devenir, s'il ne l'est pas. Je vous prie de faire insérer dans les papiers publics cette délibération.

Nous avons arrêté une souscription pour placer le buste de Marat à la place aux Herbes : elle sera bientôt remplie. On va aussi transporter la Société dans un local plus commode. Le Département a arrêté qu'un de ses membres assisterait chaque jour aux délibérations. C'est un exemple bon à suivre.

Chevrillon, commissaire du Conseil, est de retour ici ; je me concerterai avec lui[1].

Je travaille avec un zèle infatigable à électriser ce pays

---

[1] L'activité de Chépy avait évidemment fait une vive impression sur Chevrillon. On s'en aperçoit en lisant la lettre, assez embarrassée d'ailleurs, que presque à la même date (19 octobre) il adressait à Vincent, secrétaire général de la guerre, créature de Bouchotte et montagnard prononcé : « Je suis enfin de retour de l'armée des Alpes, Citoyen, et le premier instant est pour te donner de nos nouvelles. Prière est à Marseille, il a crut devoir faire ce voyage. Le citoyen Chépy m'a paru bien affecté de la réception que tu a faitte à son père ; il m'a demandé si je te connoissoit. Je lui ay repondu que oui et que j'étois on ne peut plus étonné de ce qu'il m'aprenoit, en lui assurant que tu étois incapable de manquer à personne, et surtout au père d'un homme qui travail aussi bien que lui pour la chose publique, et cela est vrai. A notre passage à Grenoble, la Société populaire alloit très doucement ; aujourd'huy qu'il la préside elle marche avec une rapidité étonnante, le maximum est exécuté dans tout son contenu. Le pain ne vaut que 3 sous 3 deniers la livre, les soulliers 6 livres au lieu de 30 livres, la viande 8 sous au lieu de 20, le vin 5 sous au lieu de 45 sous. Ainsi des autres denrées en proportion. Aujourd'huy je fait dessendre les cloches et disparoitre tous les signes de féodalitées. — Maintenant, je te prie de me marquer ce que tu pense sur le compte de Chépy. Si il est coupable, aprend-le moi ; si il est ino-

qui est d'un calme désespérant. J'y réussis et l'œuvre sera complète, si l'on m'en donne le temps et les moyens.

La liberté vous garde. P. CHÉPY.

Nota. — Si cette dépêche n'est pas plus pleine, c'est que j'ai envoyé directement une lettre au Comité de Salut public sur divers objets importants.

Nota. La manufacture d'armes de la Grande-Chartreuse est déjà en activité.

[*Ibid.*, t 326, fol. 293-294 v°.]

XCVI

Paris, 28e jour du 1er mois de l'an II
[28 vendémiaire = 19 octobre].

Extrait des instructions adressées par « le Ministre des Affaires Étrangères au citoyen Sibuet, accusateur militaire » à Grenoble[1].

Le citoyen Chépy reste à Grenoble, et je vous invite à vous entendre ensemble sur les moyens d'opérer, de

cent, même invitation. Ce qu'il y a de vrai, c'est que sans lui la ville de Grenoble ne seroit pas à la hauteur où elle est. »
Chevrillon s'adressait mal pour faire l'éloge de Chépy. La réponse de Vincent, libellée entre les lignes de la lettre qu'on vient de lire, est courte, mais rude : « Chépy est feuillant. Il a toujours été reconnu pour tel. En Belgique, Gateau et d'autres républicains l'ont entendu défendre Capet et Dumourier. Les Chépy ont été les agents de le Brun. Défie-toi de leur feuillantisme, et, si tu cesses de bien aller, je te mettrai sur leur liste. » (Arch. de la Guerre. — Armée des Alpes.)
[1] Georges Sibuet, homme de loi, originaire du département de

concert, le bien que j'attends de vous et de lui. Par ce moyen, vous ne serez pas distrait des devoirs de votre mission ostensible, et néanmoins votre correspondance me procurera tous les avantages que je m'en suis promis.

[*Ibid.*, t. 326, fol. 311.]

XCVII

Grenoble, ce 29e jour du 1er mois de l'an 2me de la République
[29 vendémiaire = 20 octobre].

P. Chépy, agent politique employé près l'armée des Alpes, au Ministre des Affaires Étrangères.

J'ai reçu hier vos dépêches des 21 et 23e jour du 1er mois. L'une m'ordonne de ne rien négliger pour accélérer la réduction de Toulon ; en relisant ma correspondance, vous vous convaincrez que j'ai prévenu vos intentions. L'autre, qui m'eût beaucoup affligé, si elle n'eût été circulaire, m'ordonne de donner à la correspondance une activité plus soutenue et me menace de remplacement en cas de l'interruption la plus légère. Je crois que ce n'est pas par rapport à moi que cette mesure a été prise. Je crois avoir rempli mes devoirs avec toute l'exactitude possible. Au surplus, je vais redoubler de zèle et d'efforts pour mériter votre confiance.

Kellermann vient d'être mis en état d'arrestation ; il n'y

l'Ain. Défenseur officieux près les tribunaux criminels et le tribunal de Cassation ; commissaire national dans la Belgique, sollicitait, le 26 avril 1793, la place « de grand accusateur près l'armée des Alpes ». (Arch. Guerre. — Armée des Alpes.)

a pas de mal (sic) que sa conduite soit sévèrement examinée. Peut-être, malgré ses dernières victoires, se trouvera-t-il traître comme les autres.

Saint-Rémy est destitué; c'était un feuillant cuirassé de pédantisme. Tout le monde en est content. D'Ornac, Doyen et Badelaune ont eu le même sort. Il n'y a que le dernier qu'on regrette. Il paraissait franc et chaud patriote.

On peut reprocher à Kellermann de n'avoir point correspondu avec Doppet, de s'être formé des troupes combattant dans le Mont-Blanc une armée isolée, de s'être créé un état-major particulier, enfin d'avoir éludé par tous les moyens possibles le décret de destitution.

On dit Coustard aussi destitué. Jusqu'ici je ne connais encore que *sa noblesse*, qui puisse justifier cette mesure. Valette, fait dernièrement général de brigade, et que le ministre Bouchotte envoie commander à Briançon, est un excellent officier qui, au camp de Carouge, a tenu parfaitement son bataillon de grenadiers, qui à Lyon s'est conduit d'une manière signalée, mais que je ne crois point à la hauteur du sans-culottisme. On l'accuse de n'avoir eu, pendant son séjour à Carouge, que des liaisons aristocratiques.

J'apprends par une voie très sûre que la prise de Lyon a fort intimidé les Suisses.

Barnave, que le représentant du peuple Gauthier avait fait conduire à Barraux et qu'on en a ôté lors de l'invasion piémontaise, est aujourd'hui à Tullins. Le département de l'Isère voudrait bien en être débarrassé; rappelez-le au souvenir du Comité de Salut public; qu'on le traduise devant les tribunaux[1].

---

[1] Décrété d'arrestation après le 10 août, Barnave fut d'abord

L'administrateur Poignent est dans les prisons[1]. On y a transféré aussi, sur notre demande, les trois officiers du bataillon de chasseurs, dénoncés par la Société de Sisteron. Hâtez-vous de refondre le corps des officiers et de chasser les déserteurs, si vous voulez conserver le bataillon.

Ici, il y a un calme désespérant. On y a de l'amour pour la Révolution, de la bonne volonté, mais point de chaleur, mais point de grands mouvements. Je les électrise chaque jour, j'use pour cela mes moyens physiques et moraux. J'espère recueillir les fruits de tant de peines.

La liberté vous garde.   P. CHÉPY.

[*Ibid.*, t. 326, fol. 340-341 v°.]

XCVIII

Le Ministre des Affaires Étrangères au citoyen Chépy.

Paris, le 30⁰ jour du 1ᵉʳ mois de l'an 2 de la République française (30 vendémiaire = 21 octobre).

Les n⁰ˢ 63, 64, 65 et 66 de vos dépêches[2], Citoyen, me

conduit dans les prisons de Grenoble ; après une détention de dix mois, on le transféra au fort Barraux, puis à Saint-Marcellin (Voy. l'arrêté de Gauthier, en date du 19 août, dans Arch. nat., AF. II, 111) ; enfin, le 3 nov. 1793, arriva l'ordre de sa translation à Paris. Condamné à mort par le tribunal révolutionnaire, le 28 novembre, il fut exécuté le lendemain. (Rochas, *Biogr. dauph.*)

[1] Jean-Eustache Poignent, enfermé à Sainte-Marie, ne fut mis en liberté que le 19 messidor an II. (Arch. nat., AF. II, 111.)

[2] Dépêches des 7, 9, 10 et 11 octobre, reçues à Paris, les deux premières les 11 et 14 octobre, les deux dernières le même jour, le 15.

sont parvenus dans leur temps. J'en ai fait faire au fur et à mesure les extraits qui m'ont paru utiles au Comité de Salut public et aux Ministres, et je les leur ai aussitôt adressés.

Lyon étant enfin réduite (sic) va vous permettre de diriger votre active surveillance sur un autre point non moins important ; c'est sur Toulon, cette odieuse conquête de l'odieux Pitt, que doit se fixer toute l'attention publique. Déjà des forces imposantes l'environnent, et, lorsque les troupes victorieuses de Lyon les auront secondées, il y a tout lieu d'espérer que les vœux de la République seront bientôt satisfaits à cet égard, et que nos frères d'armes se signaleront devant Toulon, comme ils ont fait devant Marseille et Lyon.

S'ils avaient besoin d'encouragement, dites-leur, et à qui pourra vous entendre, que de grands avantages récemment acquis sur les rebelles de la Vendée, dans le Nord, près de Maubeuge, et aux Pyrénées, nous sont de sûrs garants de nouveaux succès sur la Méditerranée. Mais non ; des guerriers républicains s'électrisent, même par l'adversité. Dites-leur plutôt que sur le Rhin les postes de Wissembourg et Lauterbourg viennent de nous être pris, par le seul moyen que nos lâches ennemis ont toujours employé... la trahison. Mais des mesures vigoureuses ont été prises sur-le-champ par le Comité de Salut public, pour repousser loin de ces lignes importantes les hordes d'esclaves qui les occupent en ce moment.

J'attends de votre sévère surveillance tous les renseignements que vous serez à même de me procurer sur Toulon, sans perdre de vue les autres objets dont vous vous êtes toujours occupé.

[*Ibid.*, t. 325, fol. 274-275.]

XCIX

Grenoble, le 1ᵉʳ jour du 2ᵐᵉ mois de l'an 2ᵐᵉ de la République
[1ᵉʳ brumaire = 22 octobre].

P. Chépy, agent politique employé près l'armée des Alpes.

La loi du maximum est enfin exécutée ici par les autorités constituées[1], mais l'aristocratie mercantile l'élude et prend mille moyens pour l'anéantir. Les boulangers ne cuisent pas, les habitants des campagnes n'apportent point de blé, les marchands enfouissent leurs marchandises chez eux, ou les font recéler par des voisins officieux, ou les exportent. Il est clair qu'on fonde sur cette loi l'espérance de beaucoup de troubles. La Convention, qui doit dans ce moment ne frapper que de grands coups, a, je pense, à décréter que tout marchand qui, pour soustraire ses marchandises à la délivrance du maximum, les enfouira, et que toute personne qui, à la faveur d'achats supposés, les recélera, seront punis de mort.

Nous sommes ici dans la disette la plus effrayante de souliers. Avant-hier, il n'y en avait que six paires en magasin, et il y avait des demandes pressantes, environ pour

---

[1] Des arrêtés municipaux, des 15 et 10 octobre, fixèrent le prix des grains et des principales marchandises soumises aux tarifs. (A. Gras, *Deux années de l'hist. de Grenoble*, pp. 99-100.)

5,000. Le Département, pressé par la Société populaire, a pris les mesures les plus urgentes, mais le service, dans cette partie, ne sera jamais assuré que quand la Convention aura déclaré :

1° que tout cordonnier de profession est exempt de réquisition pour la défense des frontières ;

2° qu'il est en réquisition forcée pour les travaux de son métier ;

3° que tous les ouvriers cordonniers qui sont dans les diverses armes seront retirés de leurs corps pour être attachés aux ateliers de confection ;

4° qu'il sera accordé une prime pour attirer des ouvriers étrangers ;

5° que tout déserteur ouvrier ne pourra être admis qu'à travailler aux ateliers ;

6° que toutes les marchandises de cuir et buffleterie sont, dans toute l'étendue de la République, mises à la disposition du Ministre de la Guerre ;

7° qu'il sera accordé des avantages commerciaux à tous les navires neutres qui importeront de ces sortes de marchandises.

Je vous prie de prendre en prompte et sérieuse considération ces propositions. La vue de mes frères d'armes sans chaussure me déchire le cœur ; vous ne pouvez imaginer à quel point la misère est portée en ce genre.

L'avoine et le fourrage manquent aussi. La paille est hachée courte et d'une qualité très défectueuse.

Un bataillon de Neustrie est passé par ici pour se rendre à Toulon. Ce brave corps est bien fatigué et aurait bien envie de se reposer quelques jours.

Vous ne pouvez concevoir à quel point l'instruction des campagnes est négligée. Elles sont à la merci de quelques hommes de loi et de quelques prêtres hypocrites ; rien n'est moins avancé. A Allevard, on a abattu l'arbre de la liberté, parce qu'il était surmonté d'une fleur de lys. On en a coupé un autre sur la montagne, mais les habitants, aristocrates comme bien d'autres, le laissent dormir dans la boue et ne veulent point l'élever dans les airs. Je vous dénonce la municipalité de cet endroit.

Il existe une foule de communes ainsi égarées, malveillantes ou tièdes. Je ne puis pas m'y transporter, parce que ma présence continue est absolument nécessaire à Grenoble, pour y maintenir l'esprit public. Mais, pour y suppléer, j'ai fait arrêter à la Société qu'elle enverrait des apôtres ambulants dans les campagnes. Deux ont déjà fait à Voreppe une petite mission civique qui a produit le meilleur effet. Comme président, j'ai mis pour cet objet en réquisition les vieillards patriotes, aux termes de la loi du 23 août.

La Société vient d'épurer, par une discussion franche et publique, les divers comités de surveillance nouvellement nommés. Il se trouve un tiers de mauvais membres ; mais les sections, et surtout celles surnommées Pitt et Cobourg, paraissent résolues à les maintenir. J'espère cependant faire prendre aux choses la tournure la plus favorable.

La liberté vous garde. P. CHÉPY.

[*Ibid.*, t. 332, fol. 8-9 v°.]

C

Grenoble, ce 2ᵐᵉ jour de la 1ʳᵉ décade du 2ᵐᵉ mois de l'an 2 de la République française [23 octobre.]

P. Chépy, agent politique employé près l'armée des Alpes, au Ministre des Affaires Étrangères.

Je vous fais passer ci-incluse une dépêche pour le Comité de Salut public, que je vous prie de lui envoyer par les voies les plus promptes et les plus sûres. Elle mérite, je crois, quelque attention et j'attache beaucoup d'importance à ce qu'elle ne reste point ensevelie dans la poussière des bureaux du Comité.

Un bataillon de grenadiers, qui a vaincu en Maurienne, est passé aujourd'hui ici pour se rendre à Grasse; ce bataillon, comme celui de Neustrie[1], était dans un état déplorable. Il n'avait point d'habits, mais surtout point de *souliers*.

Je vous envoie ci-inclus quelques exemplaires d'une adresse délibérée par la Société populaire. Vous jugerez de l'esprit qui l'anime.

Le maximum s'établit avec des difficultés incroyables. Les deux derniers marchés ont été absolument dégarnis; tous les magasins sont vides ou paraissent tels. Aujourd'hui, les habitants des campagnes n'ont apporté aucune denrée. Dans cette effrayante position, la Société a mûre-

---

[1] Le régiment de Neustrie était devenu le 10ᵉ régiment d'infanterie.

ment délibéré. On a trouvé les causes de la disette dans la conduite du département du Mont-Blanc, qui, non content de ne point avoir établi le maximum, laisse avec le papier-assignat les écus et même la monnaie piémontaise en concurrence ; dans les exportations faites par les cupides monopoleurs de l'Isère dans le département du Mont-Blanc, tant pour sa consommation que pour faire passer à Genève et en Suisse, par le lac ; dans les manœuvres des ennemis intérieurs.

Pour remédier à tant de maux, la Société a arrêté de demander aux représentants du peuple :

1º qu'il fût placé, tout le long de la frontière de l'Isère regardant le Mont-Blanc, un cordon pour empêcher toute exportation jusqu'à l'établissement du maximum ;

2º qu'après même l'établissement du maximum, on fixât d'une manière précise la quotité des exportations, pour que les denrées ne fussent pas livrées à Genève et à la Suisse ;

3º que les municipalités frontières, les chefs de corps et les commandants de détachements fussent déclarés responsables de toutes exportations frauduleuses ;

4º que les marchés, sis dans les municipalités frontières, fussent reculés dans l'intérieur du département ;

5º que la monnaie piémontaise fût interdite dans le Mont-Blanc. On y donne cent cinquante livres en assignats pour un franc d'or ; il faut penser cependant à mettre à l'ordre ce pays qui absorbe tout sans rien rendre et qui est le vampire des départements voisins.

Quant à l'approvisionnement de Grenoble, la Société a envoyé au Directoire du département une députation qui lui a déclaré que la Société populaire remettait l'approvisionnement de Grenoble sous la responsabilité collective et individuelle des administrateurs, et que, pour les empêcher d'alléguer l'insuffisance de leurs moyens, elle était prête à marcher en masse comme noyau d'armée révolutionnaire, pour réprimer l'agiotage et assurer le succès des mesures de l'autorité publique.

Le District est ici fort mauvais. Il a été dénoncé hier ; je vous donnerai des détails positifs.

Les commissaires du pouvoir exécutif près cette armée, Prière et Chevrillon, ont reçu une expédition du décret qui rappelle ces fonctionnaires, une expédition de celui qui permet aux ministres d'avoir près des armées et des départements des agents[1] ; ils ont reçu en même temps une commission en forme d'agents. Moi, qui ai fait mon devoir avec tout le zèle possible, moi, qui ai été utile et crois être encore nécessaire, je n'ai qu'un passeport comme chargé de mission et des instructions signées *Lebrun*, ce qui n'est pas fort recommandable. Je vous prie, Citoyen ministre, si vous êtes content de mes services, et j'ose m'en flatter, de me faire expédier une commission semblable, et de l'accompagner, s'il est possible, d'instructions particulières. Au cas que vous jugiez à propos

---

[1] Le 23 août, la Convention avait décrété, sur le rapport de Mallarmé, le rappel de tous les commissaires et agents envoyés par le Conseil exécutif dans les départements et dans les armées ; mais en même temps elle donnait au Comité de Salut public le droit d'en envoyer partout où il le jugerait utile. Toutefois, comme on ne pouvait pas renfermer absolument l'action du Conseil exécutif dans Paris, on lui rendit, quinze à vingt jours après, le droit d'envoyer des agents aux armées et dans l'intérieur, mais « sous la surveillance immédiate du Comité de Salut public », auquel il devait être « rendu compte tous les huit jours du nombre de ces agents et de l'objet de leur mission » [11 septembre]. (Wallon, *Les représentants du peuple en mission*, etc., t. 1. Paris, 1889, in-8°, pp. 22-23.)

de me l'accorder, vous voudrez bien y joindre un nouveau passeport, et décider si je dois le faire viser par les représentants du peuple.

La liberté vous garde.   P. CHÉPY.

P.-S. — Je vous observe que cette commission, en consolidant mon existence dans le département de l'Isère, me mettra à même de faire plus de bien.

[*Ibid.*, t. 332, fol. 28-29 v°.]

CI

Grenoble, ce 4ᵐᵉ jour de la 1ʳᵉ décade du 2ᵐᵉ mois de l'an 2 de la République [4 brumaire = 25 octobre.]

P. Chépy, agent politique employé près l'armée des Alpes, au Ministre des Affaires Étrangères.

Cette ville était encore souillée par une infinité d'emblèmes royaux et féodaux. On va en anéantir jusqu'au dernier vestige. Toutes les maisons pour recevoir les voyageurs et qui, par le souvenir du vieux régime, s'appelaient encore *hôtels*, vont prendre le nom plus sans-culotte d'*auberges*. Tout ce qui rappelle l'existence du peuple anglais va disparaître. Les cloches se fondront dans le creuset national, et, au lieu d'ennuyer les vivants pour honorer les morts, elles serviront à la destruction de la tyrannie. Dans six jours, toutes celles qui ne sont point exceptées par le décret seront descendues et morcelées.

Les grilles des chapelles, promenades, jardins, se métamorphosent en fusils et en piques.

L'évêque du département[1] avait été dénoncé : il est venu se justifier au club, de manière à réveiller le fanatisme en prouvant qu'il était fédéraliste et ennemi de la révolution du 31 mai. Les esprits étaient flottants. Un reste de vénération pour l'épiscopat et des réponses mielleuses allaient lui assurer un triomphe funeste à la liberté. Je me suis levé, je me suis précipité sur lui comme la foudre. Je l'ai broyé par la force de mon discours, et j'ai obtenu qu'il lui serait interdit de faire une visite pastorale qu'il projetait pour le lendemain. Il est sous la main de la loi. Attendons les représentants.

Je vous envoie ci-joint un fragment de chanson incendiaire que des malveillants ont jeté dans le quartier du bataillon de chasseurs. Les soldats indignés l'ont remis au capitaine Berton, excellent patriote[2], qui s'est empressé de me le remettre.

Quelques sections, celles nos 3, 6, 2 et 4[3], avaient passé feuillantinement à l'ordre du jour sur les notes marginales apposées aux noms de quelques membres de leurs comi-

---

[1] Henri Reymond, ancien curé de la paroisse de Saint-Georges de Vienne, élu évêque de Grenoble, le 17 nov. 1792, par l'assemblée électorale tenue à Saint-Marcellin, à la place de Joseph Pouchot, décédé. Arrêté comme suspect, sur l'ordre du Comité des Vingt-et-un, à la suite de l'incident relaté par Chépy, il ne sortit de prison que le 22 oct. 1794. — Il reprit ses fonctions épiscopales en 1797, et fut, après la conclusion du Concordat, transféré sur le siège de Dijon. (Rochas, *Biogr. dauph.*)

[2] Ancien vicaire épiscopal.

[3] Grenoble était partagé en trois arrondissements et sept sections. On trouvera dans Albin Gras (*Deux années de l'hist. de Grenoble*, pp. 149-150) la délimitation de ces différentes circonscriptions.

tés de surveillance. J'ai parlé avec tant de force sur la puissance de l'opinion, j'ai fait prendre à la Société une attitude si fière et si rude, que toutes les sections ont cédé, excepté celle n° 4[1], qui depuis la Révolution s'est montrée incurable. J'espère cependant la vaincre cette fois-ci ; le sans-culottisme est un torrent qui doit tout entraîner.

Toujours mêmes difficultés pour l'exécution de la loi du maximum, toujours même âpreté de courage pour les surmonter.

Le représentant du peuple Petit-Jean[2] est arrivé ici pour la levée extraordinaire de chevaux, récemment décrétée. Je me suis concerté avec lui et je lui ai donné tous les renseignements que je pouvais avoir.

Le général Badelaune n'est point destitué, comme je vous l'avais annoncé. Je dis *tant mieux* autant qu'on peut le dire d'un homme *dans une révolution*.

Le jeune Sarret, qui dans le Faucigny a improvisé une armée et des succès, vient d'être nommé à la place de Carcaradec, pour commander le camp de Tournoux. Il est bon de récompenser promptement les grands services et de renvoyer dans leurs foyers tous ceux qui n'ont pas pour garants de leur conduite leurs principes politiques.

---

[1] Dite primitivement : *Section de la place Saint-André* et plus tard *Section de Mably*.

[2] Claude-Lazare Petit-Jean, né à Bourbon-l'Archambault (Allier), le 22 mars 1748, mort dans la même localité le 8 mars 1794. — Notaire à Bourbon avant la Révolution ; membre du Directoire de l'Allier (1791) ; député de ce département à la Convention, où il prend place à la Montagne, et vote, lors du procès de Louis XVI, « la mort dans les 24 heures ». En mission dans la Creuse (mars 1793), pour la levée des 300,000 hommes, et dans l'Isère. (*Dict. des parlem. français.*)

J'ai une proposition à vous faire que je crois fort utile. Veuillez la transmettre au Ministre de la Guerre et au Comité de Salut public. Les subsistances militaires, vu le nombre considérable des défenseurs de la patrie, ne peuvent être ménagées avec trop de soin. Les voituriers de l'armée reçoivent en nature deux rations de pain. Je propose de leur en conserver une en nature et de leur donner l'autre en argent.

Toujours même confusion dans la ville de Lyon, toujours même longueur dans la justice populaire, toujours même malveillance et même virus aristocratique dans les esprits. Il y a encore beaucoup d'hommes inconnus et suspects. On ferait un bon coup de filet en descendant dans les auberges à l'heure des tables d'hôtes. Hâtez-vous d'envoyer une colonie de Jacobins, hâtez-vous de régénérer cette population corrompue.

(En marge de l'alinéa). J'ai écrit sur cet objet au Comité de Salut public et je n'en parle ici que par continuation.

La liberté vous garde. P. CHÉPY.

[*Ibid.*, t. 322, fol. 73-74 v°.]

CII

Grenoble, ce 6me jour de la 1re décade du 2me mois de l'an 2me de la République (6 brumaire = 27 octobre).

P. Chépy, agent politique employé près l'armée des Alpes, au Ministre des Affaires Étrangères.

L'esprit public se corrobore chaque jour. Hier on a

démoli une croix qui s'élevait sur la place dite de la Constitution[1]. Tous les signes extérieurs du culte auront bientôt le même sort.

Vous savez que les sections avaient nommé sept comités de surveillance. Quoique épurés par le club, ils alarmaient les sans-culottes, qui prévoyaient qu'il n'y aurait point d'unité d'action et de vues. Le représentant du peuple Petit-Jean[2] a fait un arrêté, par lequel il ordonne qu'il n'y aura à Grenoble qu'un seul comité composé de vingt-un membres. Cette mesure est excellente et assure le triomphe du sans-culottisme. Aujourd'hui, tous les citoyens s'assemblent aux ci-devant Dominicains. Les vingt-un membres seront pris sur la totalité des individus nommés par les sections et non notés par la Société patriotique. La quatrième section, qui a bravé l'opinion publique, sera, je crois, privée de l'honneur de concourir à la formation de ce Comité. Les aristocrates sont glacés d'effroi, et les modérés n'osent ouvrir la bouche que dans l'endroit le plus reculé de leurs foyers.

Le département de l'Isère, le 26 août, c'est-à-dire deux jours avant qu'on connût à Grenoble la loi du 23, avait

---

[1] Place Saint-André.
[2] Dans sa correspondance avec le Comité de Salut public, Petit-Jean mentionne, d'une façon assez sommaire, cette réorganisation du *Comité de surveillance* : « Le 3ᵉ arrêté, écrit-il le 27 octobre, est relatif au Comité de surveillance qui n'étoit point encor en activité dans la ville de Grenoble, ce qui fait qu'il n'y a presque pas de gens suspects en arrestation, quoique le pays fourmille de malveillans et d'aristocrates, qui se sont répandus dans les campagnes et en fanatisent l'opinion tout à leur aise. J'ai assisté aujourd'hui à l'exécution de mon arrêté, et le Comité de surveillance est enfin formé au gré des meilleurs patriotes et la loy du 17 septembre dernier va enfin recevoir son exécution. » (Arch. nat., AF. II, 111.)

mis en réquisition trois mille deux cents hommes. Les représentants du peuple, pendant le siège de Lyon, avaient fixé définitivement la levée à trois mille six cents. Le Département, au lieu de faire lever toute la jeunesse depuis dix-huit jusqu'à vingt-cinq ans, s'est contenté d'envoyer des ordres dans les districts pour fournir les quatre cents hommes complémentaires. Le représentant du peuple Petit-Jean, sentant que cette infraction à la loi priverait la République de quinze mille défenseurs et ferait crier les départements voisins, a ordonné l'exécution intégrale et textuelle de la loi.

On s'occupe de lever les hommes pour le renforcement de la cavalerie.

Je dois vous instruire que les frères Richaud, entrepreneurs pour les transports des subsistances militaires, ont offert à la patrie un cavalier monté, équipé et armé. Quand la Société, qui vient tout récemment d'ouvrir deux souscriptions, aura repris un peu haleine, j'espère lui faire imiter un si bel exemple.

Les subsistances manquent absolument dans ce département. L'Ardèche et le Mont-Blanc absorbent tout. Du côté du Pont-de-Beauvoisin, les blatiers[1] mettent leurs grains sur les radeaux et l'envoient trouver, en Savoie, la monnaie piémontaise, en dépit de toutes les précautions. Les cultivateurs se montrent très hostiles contre les villes et la loi du maximum. Rien ne se fera sans un corps d'armée révolutionnaire. Aussi venons-nous de le demander aux représentants du peuple.

(En marge). J'écris aujourd'hui au Comité de Salut public plus en détail sur cet objet.

[1] Marchands de grains.

J'ai fourni au représentant du peuple Petit-Jean un moyen de se procurer trois cents bons chevaux.

J'ai eu une conférence avec Doyen, général, et Prisye, adjudant-général [1], fort intéressante [2]. Ils ont assuré qu'il y avait eu de la trahison dans le Mont-Blanc, et de la part de l'administration des subsistances, et de la part de l'état-major de l'artillerie. Voici des faits qu'ils m'ont cités. Les boulets allaient expirer à peu de distance ; les obus, dont la portée est de 1,600 toises, n'allaient qu'à 300. On doit attribuer cela à la mauvaise qualité de la poudre. A qui s'en prendre ?

Les officiers supérieurs de génie et d'artillerie sont ici détestables, comme partout ailleurs. Du Teil, l'aîné [3], et

---

[1] Gilbert-Marie Prisye, né à Nevers, le 8 mai 1757 ; sous-lieutenant au 52e régiment d'infanterie, le 13 fév. 1773 ; lieutenant-colonel au corps, le 14 janv. 1793 ; adjudant-général chef de bataillon, le 8 fév. 1793 ; adjudant-général chef de brigade à l'armée des Alpes, le 10 août 1793. Lors de l'invasion piémontaise, il reçut le commandement des troupes du poste de la Valloire et se comporta avec beaucoup de distinction. Le 9 oct. 1793, Kellermann et les représentants du peuple, Simond et Dumaz, l'avaient proposé pour le grade de général de brigade, qu'il n'obtint pas. Inspecteur aux revues, 6 frimaire an XII. Retraité, 19 décembre 1815 ; mort, 11 janv. 1822.

[2] En marge : « Il faudroit tirer de ces officiers des renseignements précis. »

[3] Le baron Jean-Pierre du Teil. Lieutenant d'artillerie en 1735 ; capitaine, 1748 ; lieutenant-colonel, 1768 ; colonel, 1776 ; brigadier, 1780 ; maréchal-de-camp, 1784 ; lieutenant-général et inspecteur d'artillerie, 1791. — Il avait dans son commandement les places de la direction de Grenoble, l'école de Valence et la manufacture d'armes de Saint-Étienne. Depuis longtemps suspect au parti révolutionnaire, il fut arrêté en 1793 et condamné à mort par la Commission militaire de Lyon, le 22 fév. 1794. (Wallon, *Hist. du tribunal révolut. de Paris*, V, 66. — *État militaire du corps royal de l'artillerie de France*, pour 1787 et 1788.)

Lagrée[1] passent pour très mauvais. Du Teil, le jeune, est regardé comme patriote[2]. Lyon et les lenteurs du siège doivent fixer vos idées sur les chefs de ces corps. Prenez-bien garde à Ville-Affranchie. Les habitants sont vaincus, mais non convertis. Point de rapport du décret[3], colonie de sans-culottes et justice populaire frappant à coups pressés. Ou je me trompe fort, ou il s'ourdit encore dans cette cité de nouvelles trames.

J'ai vu dernièrement dans les journaux que les commis de votre département avaient consenti à une retenue sur leurs honoraires pour les frais de la guerre. Je vous supplie de m'associer à leur dévouement et à leur patriotique munificence. J'offre une déduction proportionnelle sur

---

[1] Doudart de Lagrée, colonel d'artillerie, sous-chef de la direction de Grenoble. Lieutenant, 1756; capitaine, 1766; chef de brigade, 1782. Il figurait sur la liste des personnes notoirement suspectes, dressée pour l'arrondissement de Grenoble. On y avait porté également un « de Lagrée, père, ex-procureur-général en la Chambre des Comptes », et un « de Lagrée, fils, prêtre [demeurant] auprès de son père », probablement le neveu du colonel. (P. Thibaud, *Étude sur l'hist. de Grenoble et du département de l'Isère pendant la Terreur*, pp. 179-180.)

[2] Le chevalier Jean du Teil, frère du baron du Teil. Né en 1738; lieutenant d'artillerie, 1748; capitaine, 1763; major, 1776; lieutenant-colonel, 1788; colonel, 1790; maréchal-de-camp, 1791; général de division en 1793, il reçoit le commandement de l'artillerie du siège de Toulon. Il le quitte pour aller remplir les mêmes fonctions à l'armée des Alpes. Employé en 1794 contre les Vendéens. Obligé de s'éloigner du service comme noble, il n'y rentre que sous le Consulat. Mort à Ancy-sur-Moselle, le 25 avril 1820.

[3] Le monstrueux décret qui condamnait la ville de Lyon à l'extermination. Il avait été adopté par la Convention, le 21 vendémiaire = 12 octobre, mais on l'avait antidaté du 18 vendémiaire = 9 octobre, c'est-à-dire du jour même de la prise de la ville. (Wallon, *Les représentants en mission*, t. III, pp. 103-105.)

mon traitement. Je vous prie de me mander si je suis assez heureux pour que ce don civique soit accepté.

La liberté vous garde.   P. Chépy.

P.-S. — Au cas que mon offre soit reçue, je vous prie de la faire porter sur tout ce qui peut m'être dû par la caisse de votre département.

[*Ibid.*, t. 332, fol. 95-96 v°].

CIII

Grenoble, ce 8ᵐᵉ jour de la 1ʳᵉ décade du 2ᵐᵉ mois de l'an 2ᵐᵉ de la République [8 brumaire = 29 octobre].

P. Chépy, agent politique employé près l'armée des Alpes, au Ministre des Affaires Étrangères.

Mes efforts sont couronnés des plus brillants succès. L'enthousiasme est dans tous les cœurs. Hier et avant-hier les dons patriotiques ont afflué. Ces deux premières séances ont produit plus de 10,000 livres.

Hier, plein de joie de la destruction totale des rebelles de la Vendée[1], je me suis présenté comme pétitionnaire

---

[1] Battus successivement à Châtillon, Cholet et Beaupréau, privés, par la mort de Bonchamp et d'Elbée, de leurs deux meilleurs chefs, les Vendéens avaient pris la funeste détermination de passer sur la rive droite de la Loire. Voy. *Moniteur*, XVII, 196 et 207, nᵒˢ des 24 et 25 octobre. Quoique très affaiblis, ils étaient loin d'être détruits, car, avant d'être exterminés aux deux batailles du Mans et de Savenay (10, 22 décembre), ils purent encore remporter sur Kléber la victoire de Laval (26 octobre).

à la barre de la municipalité. J'ai demandé que les succès de la République fussent proclamés solennellement sur la place publique et qu'on improvisât une fête républicaine. J'ai tout obtenu. Demain se fera cette cérémonie. J'ai demandé en outre que, mettant à profit la joie universelle, on ouvrît, sur l'autel même de la Patrie, un registre pour recevoir les offrandes des citoyens, destinées à l'anéantissement de la puissance anglaise [1]. Je me promets les plus heureux résultats de cette mesure. Tous les cœurs ici sont dans l'ivresse. Quant à moi, je suis pénétré de la satisfaction la plus vive, et des siècles de douleur ne me feraient point oublier les sensations de bonheur que m'a fait éprouver la défaite totale des brigands de l'Ouest.

Cette souscription patriotique, que j'ai proposée, s'étendra dans tout le département, et, si vous la propagez, dans la République entière, et peut-être aurai-je la douceur d'avoir enrichi le trésor national et individualisé la guerre contre Albion, ce qui est décisif dans les circonstances où nous sommes. Le cri que j'ai mis ici à la mode est : *Vive la République! Périssent les Anglais!* Puisse-t-il être répété dans toute la France!

Je reçois de tous les districts du département des invitations pressantes de m'y transporter pour y ranimer l'esprit public. J'attends une commission en forme pour y déférer.

---

[1] Petit-Jean écrivait, à la date du 27 octobre : « La Société populaire est dans les meilleurs principes. Le citoyen Chépy, agent politique du pouvoir exécutif, les anime et les excite à se prononcer. Dans la séance de ce soir, ils ont arrêté l'ouverture d'une souscription volontaire pour la guerre contre les Anglais. » (Arch. nat., AF. II, 111.)

Je n'oublie aucun moyen pour aviver la Société populaire ; le chant est un des principaux moyens que j'emploie. Chaque jour, je leur donne quelques hymnes patriotiques. Cela fait le meilleur effet.

Nous attendons avec grande impatience le retour des commissaires que nous avons envoyés vers les représentants du peuple, pour leur demander une armée révolutionnaire. Nous en avons un besoin incalculable. L'embarras des subsistances augmente chaque jour ; on ne peut plus avoir de pain, les boulangers renversent leurs fours ou ne cuisent pas ; les marchands cachent leurs denrées ou veulent les porter au dehors du département ; des malveillants les recèlent ; le cultivateur égaré dit tout haut que le maximum ne tiendra point et qu'il vendra son blé 40 fr. dans trois mois. Il n'y eut jamais de position plus pénible ; mais que la guillotine, le tribunal ambulant et la force révolutionnaire marchent, et tout ira au mieux.

Parmi les dons patriotiques, j'ai remarqué celui qu'a fait l'évêque Reymond, dénoncé et fanatique reconnu. Il a déposé sa croix pectorale, en or, en disant qu'il en ferait faire une plus modeste et d'un métal moins précieux.

Nous avons arrêté hier une adresse à la Convention, pour lui demander de faire fondre dans le creuset national tous les vases d'or et d'argent et autres ornements employés par le culte catholique, sauf à en fournir de matière plus simple et plus analogue à l'esprit évangélique. Un bon citoyen, ayant entendu cette proposition, a apporté sur mon bureau trois calices et deux burettes en cristal de roche. Je les ai remis à la municipalité pour qu'elle les donne à l'église dite paroissiale, et en retirer en échange de quoi grossir notre don patriotique.

Les aristocrates, ici comme ailleurs, commencent à délier les cordons de leurs bourses pour racheter leurs iniquités politiques. Un d'eux, nommé Millot-Périer, a donné à la commune 24,000 livres, moitié pour le complément de la cavalerie, moitié pour les veuves et orphelins des Grenoblois défenseurs de la patrie.

P. CHÉPY.

P.-S. — Je vous remercie d'avoir fait partir Barnave pour Paris. Dans ma première dépêche je vous parlerai de Toulon.

[*Ibid.*, t. 332, fol. 138-139 v°.]

CIV

Grenoble, ce 12me jour du 2me mois de l'an 2me de la République [12 brumaire = 2 novembre].

P. Chépy, agent politique employé près l'armée des Alpes, au Ministre des Affaires Étrangères.

La proclamation des succès de la République dans la Vendée s'est faite avec une pompe solennelle, sur la place publique, malgré le mauvais temps. La joie a été sentie. Les dons patriotiques continuent toujours à affluer. Ils montent déjà à plus de 40,000 livres.

Les représentants du peuple, Simond, Dumaz et Albitte, sont arrivés ici avec le général Doppet. Ils ont été parfaitement contents de la hauteur à laquelle j'ai mis Grenoble. Les deux premiers m'ont avoué que le spectacle de la Société, que j'ai recréée, avait fait sur eux la plus vive impression. J'ai concerté avec les deux derniers toutes les mesures relatives à Toulon. Celle d'appeler d'Arçon au siège leur a paru bonne.

La loi sur les gens suspects commence à s'exécuter ; plusieurs sont déjà frappés de mandats d'arrêt.

Le général Doppet a harangué la garnison en *style* de sans-culotte.

On va épurer les officiers du bataillon des chasseurs des Hautes-Alpes. Trois cents hommes de ce corps marchent à Toulon, ainsi que les braves canonniers de Paris et une grande portion de l'artillerie de ligne. Pour la remplacer, je vais presser le département de former la compagnie de canonniers que lui demande la loi.

Dix mille hommes marcheront de l'armée des Alpes. Les troupes de la Maurienne et de la Tarentaise vont être renouvelées. On enverra dans la Lozère la garnison de Valenciennes, qui a refusé de marcher à Toulon à cause du serment prêté aux alliés.

Nous avons toujours de l'embarras pour le maximum. Cependant les obstacles s'aplaniront avec de la patience et du courage.

Proposez de ma part au Comité de Salut public les mesures suivantes, relatives à Ville-Affranchie.

1° Y transporter une colonie d'ouvriers sans-culottes de Paris, pour régénérer la population, alimenter les fabriques déclarées nationales, et communiquer par le contact le mal de nos faubourgs.

2° Briser la servitude des métiers, déclarer que tout fabricant sera tenu de donner à ses ouvriers deux heures par jour pour vaquer aux exercices révolutionnaires.

3° Organiser à Lyon un enseignement révolutionnaire salarié par le trésor public.

4° Y faire un congrès de Sociétés populaires et y laisser, moyennant une indemnité, un noyau de missionnaires politiques.

5° Condamner à une déportation perpétuelle tous ceux qui, à Lyon, ont empoisonné l'opinion publique, et qui, cependant, n'ont point été pris les armes à la main.

J'attends toujours une commission quelconque de votre part ou au moins un passeport qui puisse autoriser ici mon séjour. Le représentant du peuple Petit-Jean a écrit à vous et au Comité de Salut public sur mon compte. Interrogez Dubois-Crancé, interrogez Gauthier, interrogez Simond et Dumaz, quand ils seront de retour. J'offre, en outre, de vous représenter une attestation la plus authentique de la Société populaire. Interrogez tous les habitants de Grenoble; tous se lèveront en ma faveur, tous iront me rendre témoignage à la barre [1].

La liberté vous garde.   P. CHÉPY.

[*Ibid.*, t. 332, fol. 206-207 v°.]

---

[1] Les révolutionnaires seulement. Voy. plus loin les démarches qui furent faites par la Société populaire pour que Chépy restât à Grenoble.

CV

Grenoble, ce 14ᵐᵉ jour du 2ᵐᵉ mois de l'an 2ᵐᵉ de la
République [14 brumaire = 4 novembre].

P. Chépy au Ministre des Affaires Étrangères.

Je ne néglige rien pour m'informer de tout ce qui peut intéresser la chose publique à Ville-Affranchie. Je viens de découvrir que les aristocrates comptent sur la garnison de Valenciennes, et surtout sur les *officiers*, et qu'ils se font une fête de la conserver dans leurs murs. J'espère qu'ils seront déjoués par les mesures qu'on adoptera. Une quantité immense d'ouvriers de cette cité rebelle refluent dans nos contrées. Il faudrait chercher à les occuper.

Le représentant du peuple Albitte est reparti avec Doppet. Simond et Dumaz ont repris la route de Paris. L'organisation de l'armée révolutionnaire est arrêtée. Deux registres d'inscriptions sont ouverts, l'un à la Société populaire, l'autre à la municipalité. Il y aura, après l'inscription, scrutin épuratoire. Les officiers seront nommés par les volontaires. Je crois que dans huit jours cette armée sera en mouvement. Les monopoleurs commencent à trembler, et les malveillants, qui comptaient beaucoup sur le maximum pour exciter des troubles, seront encore trompés dans leurs homicides espérances.

Nous allons aussi envoyer à Ville-Affranchie des commissaires pris dans notre Société.

Le don patriotique que j'ai provoqué se monte actuellement à 50,000 livres. L'ardeur ni l'enthousiasme ne sont point ralentis. Nous faisons imprimer ici force chansons patriotiques. Cela fait bien.

J'ai vu ici un Suisse qui arrive des États héréditaires. Il a vu nos malheureux prisonniers conduits en Bohême par des sbires trévirois[1]; on leur donnait en très petite quantité un pain dont des chiens n'auraient point voulu. Ils étaient sans souliers, sans vêtements. Les satellites du despote archevêque les chargeaient de coups pour les faire descendre des bateaux. Ils en ont tué plusieurs, trop exténués de fatigues pour pouvoir se traîner sur la rive du fleuve. Quand donc viendra le jour des représailles? Ce même Helvétien m'a assuré que dans tous les pays qu'il a parcourus on est extrêmement las de la guerre, que l'épuisement et la misère sont quintuples de ce que nous souffrons en France.

La liberté vous garde.   P. CHÉPY.

[*Ibid.*, t. 332, fol. 226-227 v°.]

CVI

Grenoble, sextidi, 2me décade de brumaire, l'an 2me de la République [16 brumaire = 6 novembre.]

P. Chépy, agent politique, au Ministre des Affaires Étrangères.

Vous venez de me fixer à Grenoble. Je vous remercie

---
[1] De l'archevêque de Trèves.

de cette nouvelle marque de confiance et je jure que je vais redoubler d'efforts pour la mériter[1]. Les instructions que j'ai reçues[2] et que je voudrais qu'on m'envoyât signées, avec un passeport *autorisant séjour*[3], me permettent de m'adjoindre un sans-culotte avec 3,600 livres de traitement[4]. Je vous prie de m'en envoyer un de Paris, plus encore comme *surveillant* que comme *auxiliaire*. C'est ainsi que je veux dissiper quelques préventions, que des patriotes ont encore sur mon compte.

La fête en l'honneur de Beauvais sera célébrée au prochain décadi. Je me suis chargé de l'oraison funèbre.

---

[1] Je n'ai pas retrouvé la lettre du Ministre notifiant à Chépy la décision prise à son égard. Il est probable qu'elle accompagnait les instructions dont il sera question dans la note suivante. En tout cas, on trouve dans une lettre écrite par le Ministre des Affaires Étrangères à l'accusateur militaire Sibuet la preuve qu'il avait été statué sur le sort de Chépy et qu'on s'était décidé à le maintenir à Grenoble. (Voy. plus haut, n° XCVI.)

[2] Ces instructions avaient été ou furent envoyées à tous les agents du ministère. On en trouvera le texte au t. 322 du fonds *France*, fol. 33-36 v°. Elles sont intitulées : « Instructions pour les agents envoyés par le Ministre des Affaires Étrangères ». Elles sont complétées par un « tableau à joindre aux instructions des agents secrets », sorte de questionnaire partagé en six colonnes où devaient être classés des renseignements de tout genre. Voy. l'inventaire des papiers trouvés chez Chépy au moment de son arrestation. « 5° Une instruction pour les agens envoyés par le Ministre des Affaires Étrangères, sur deux feuilles à mi-marge, dont sept pages garnies, un tableau joint à ladite instruction ». (Arch. de l'Isère, L. 75.)

[3] Le passeport lui fut expédié, à la date du 19 frimaire (9 décembre).

[4] Art. 5 des instructions : « Trois cents livres par mois feront le sort d'un brave patriote, et cet établissement imprimera aux opérations de tous nos agens un caractère de célérité bien essentiel, etc. »

La Société a procédé aujourd'hui à l'épuration des citoyens inscrits pour l'armée révolutionnaire ; elle sera bien composée. La Société envoie encore dans les campagnes voisines des commissaires, pour y diriger une semblable inscription et épuration.

La Société a aussi arrêté que l'enfance, espérance de la patrie, aurait un emplacement marqué dans le local nouveau qu'elle va occuper, que l'on ouvrirait dans son sein un registre où se feraient coucher les vieillards et autres patriotes, qui voudraient instruire les enfants dans la science de la Révolution ; qu'après une épuration, la salle de la Société serait mise, jusqu'à l'heure des séances, à la disposition de ces professeurs de civisme, que ceux-ci seraient tenus de tenir un livre où viendraient s'inscrire les jeunes auditeurs, ce qui a le double avantage, et de mettre en évidence l'aristocratie des parents qui n'enverraient pas leurs enfants à ces prônes civiques, et de servir comme de mémorial et de dépôt pour les principes politiques de la génération naissante. Je me suis fait inscrire le premier, et je me propose de tenir quelques conférences familières sur l'évangile des droits de l'homme. Je vous invite à faire connaître cet arrêté par la voie des journaux.

Vous êtes sans doute informé qu'il vient de s'opérer un grand changement dans les dispositions du canton de Berne. On a renvoyé l'aristocrate d'Erlach, bailli de Lausanne, surnommé la providence des émigrés. Un bailli, démocrate *pour un Suisse*, lui succède. On s'est enfin bien persuadé de cette grande vérité, que la coalition en veut aux Républiques, même les plus *aristocratiques*, et que le système favori est l'arrondissement des dévorantes monarchies. D'après les renseignements qui me sont parvenus, je suis convaincu que la Suisse se déclarerait avant deux mois pour nous, si nous lui garantissions des subsistances, et si nous la mettions [à même] de se passer de la Souabe, etc., etc.

Je viens de m'assurer à Genève d'un excellent correspondant, le citoyen Blanc, membre de l'Assemblée nationale. Les patriotes de cette petite République paraissent assez satisfaits de *Soulavie*. On dit qu'il se donne beaucoup de peine, mais il donne trop accès près de lui à un petit intrigant du Grand-Club, nommé Adam, et à Grenus, qui, depuis quelque temps, paraît avoir beaucoup dévié ou faibli.

Le général Lajolais est parti pour Strasbourg. Ses connaissances locales utiliseront le séjour momentané qu'il y pourra faire. La Commission militaire, substituée provisoirement au tribunal militaire, est en pleine activité.

Je vais maintenant vous parler d'un objet fort important. Vingt-six compagnies, requises le 28 août dans l'Isère, pour la défense du Mont-Blanc, sont maintenant sur les cols des montagnes, sans souliers, sans vêtements, sans effets d'équipement, etc. Il est mort quatre volontaires de dénuement, au Bourg-d'Oisans. Ces compagnies, aux termes de la loi du 23 août, doivent être renvoyées à leurs districts respectifs pour se fondre dans la masse de dix-huit à vingt-cinq ans. Le Département et l'agent supérieur du recrutement ont fait de vains efforts pour l'obtenir. D'un autre côté, ils ont voulu les équiper. Le commissaire-ordonnateur *Alexandre* leur a déclaré qu'il ne donnerait rien que quand ces compagnies seraient formées en bataillon, ce qui est impossible dans l'état actuel.

Le Département espérait puiser dans le magasin de

l'habillement ; mais, secondé de Poulain, garde-magasin, parasite intermédiaire et commissionné par Capet et son digne ministre d'Abancourt[1], le commissaire-ordonnateur a surpris un arrêté à Dumaz et à Simond, qui défend au garde-magasin de rien délivrer sans une ordonnance du commissaire-ordonnateur général. La chose en est au point qu'un commissaire ordinaire ne peut plus donner une paire de souliers à un soldat qui passe, mais seulement 6 livres 15 sous, avec lesquels il ne peut trouver à se chausser. Le département n'a plus que la ressource de faire confectionner pour lui, mais il y a le grand inconvénient d'élever atelier départemental contre atelier national, etc. Le département est donc réduit à voir consumer dans la misère une portion de sa florissante jeunesse.

Je vous dénonce cet état de choses qui ne peut tenir. Le Directoire en écrit au Comité de Salut public. C'est par une semblable tactique qu'on dégoûte la première classe. Je vous dénonce encore une infraction à la loi. Celle du [7] septembre ordonne que la première classe sera répartie dans les villes fortes, etc., pour s'y exercer, etc. Et ces vingt-six compagnies sont depuis deux mois à la frontière, sans souliers, sans vêtements, au milieu de la neige. C'est à vous à examiner sur qui doit tomber la responsabilité. Tout ce que je puis vous dire, c'est que beaucoup de ces malheureux jeunes gens, rebutés par tant de souffrances, reviennent chez eux et portent le découragement dans le cœur des autres.

La liberté vous garde.   P. CHÉPY.

---

[1] D'Abancourt, ministre de la Guerre du 23 juillet au 10 août 1792.

P.-S. — Je vous préviens que je me dispose à faire un petit voyage de quatre jours à La Côte-Saint-André, tant pour me remettre un peu de mes fatigues que pour ranimer l'esprit public dans cette importante partie du département de l'Isère.

(En marge). *Nota.* — Ci-joint un mémoire bon à renvoyer au Ministre de l'Intérieur.

[*Ibid*, t. 332, fol. 267-268 v°.]

CVII

Grenoble, septidi, 2ᵐᵉ décade de brumaire, l'an 2ᵐᵉ de la République [17 brumaire = 7 novembre.]

P. Chépy, agent politique, au Ministre des Affaires Étrangères.

Le jugement des Vingt-et-un[1] a causé ici la joie la plus vive. La Société a adhéré, par une adresse, à ce grand acte de justice publique. Les cloches sont enfin en morceaux. Les rues vont être débaptisées, et leurs noms rappelleront des souvenirs révolutionnaires.

On vient de découvrir chez un habitant de la ville une vingtaine de malles remplies de linge et d'ornements précieux d'église, appartenant aux ci-devant Chartreux. On a indiqué encore au Comité de surveillance quelques

[1] De Brissot et de ses complices, au nombre de 20 (21 accusés en tout), condamnés à mort par le tribunal révolutionnaire de Paris, le 9 brumaire = 30 octobre, et exécutés le lendemain. (*Moniteur*, XVII, 308.)

autres cachettes. Il marche avec vigueur. Il y a déjà plus de vingt-cinq mandats d'arrêt décernés contre des hommes suspects. J'espère que dans un mois il n'y en aura pas un qui ne soit convenablement logé.

Les patriotes sont enchantés de ce que Collot, Fouché[1] et Montaut[2] viennent à Ville-Affranchie. On aime à croire qu'avec de tels hommes les mesures ne faibliront point.

J'ai fait arrêter hier par la Société un nouveau scrutin épuratoire. Nous avons déjà à peu près reçu cent citoyens pour l'armée révolutionnaire. Les représentants du peuple ont pris une excellente mesure, que j'avais proposée depuis longtemps, c'est de dépayser les forces révolutionnaires et de les faire agir dans les départements voisins. C'est l'armée de la Drôme qui opérera dans l'Isère. Celle de l'Isère travaillera dans le Mont-Blanc.

Je vous envoie ci-joint une note sur la mauvaise qualité de la remonte du 5me régiment de cavalerie.

Il est encore arrivé ici hier une nouvelle compagnie de canonniers. Je m'indigne de voir qu'on laisse dans l'inaction ceux de Paris, qui s'impatientent fort de ne pas se battre contre les Anglais. Voudrait-on ajourner nos succès devant Toulon ?

---

[1] Collot-d'Herbois et Fouché avaient été choisis par la Convention pour presser l'exécution du décret du 21 vendémiaire (12 octobre). Collot arriva à Lyon le 14 brumaire = 4 novembre; Fouché ne le rejoignit que le 20 brumaire.

[2] Louis de Maribon de Montaut, né au château de Montaut (Gers, commune de Mont-Réal). Ancien mousquetaire; administrateur du district de Condom (1791) et lieutenant-colonel de la garde nationale du Gers. Député du Gers à la Législative et réélu à la Convention, où il vote avec les révolutionnaires les plus avancés; prend part aux insurrections de germinal et de prairial an III (1er et 18 avril 1795); amnistié en 1796. Réfugié en Suisse de 1816 à 1830 ; mort au château de Montaut en juillet 1842. — Je ne vois pas que Montaut ait jamais été en mission à Lyon.

Je vous ai parlé hier de l'instruction révolutionnaire pour la jeunesse, et des moyens que la Société avait pris pour y pourvoir. Eh bien, comme j'ai ici plus d'influence que je n'en désirerais, pour mettre la chose en train, j'ouvrirai aujourd'hui même la première conférence, et je continuerai chaque jour. Des vieillards patriotes me seconderont, et ça ira !

La compagnie de canonniers, décrétée en juin, va être formée sur la levée de la première classe, faute de volontaires inscriptions.

Aux termes de la loi du 23 août, qui ordonne l'établissement d'ateliers d'armes sur la place publique, les corps constitués ont requis des enclumes et soufflets. Plusieurs particuliers ont résisté à ces réquisitions : ils seront dénoncés au Comité de Salut public.

Le marché d'hier a été assez bien fourni; nous vaincrons tous les obstacles avec notre patience. Je prêche le maximum aux habitants des campagnes, sur le marché; je suis imité et tout ira bien. Les dons vont toujours parfaitement bien.

Hâtez-vous de faire finir la guerre entre Alexandre et Poulain, commissionné par Capet, et les commissaires de l'habillement, car le service en souffre beaucoup.

La liberté vous garde. P. CHÉPY.

P.-S. — Vous trouverez ci-jointe l'adresse énonciative des vigoureuses mesures que j'ai fait adopter relativement aux satellites du Gouvernement anglais.

[*Ibid.*, t. 332, fol. 274-275.]

Fol. 276-277 v°. — Adresse imprimée de « la Société populaire de Grenoble à toutes les Sociétés populaires de la République » (6 brumaire an II). C'est un factum violent et déclamatoire contre les Anglais, accusés de tous les crimes, et notamment d'être les assassins de Beauvais. Signé : Chépy, président; Breton, Fantin, secrétaires.

CVIII

Grenoble, ce 20ᵐᵉ jour de brumaire, l'an 2ᵐᵉ de la République [10 novembre.]

P. Chépy, agent politique, au Ministre des Affaires Étrangères.

Les canonniers de Paris ont enfin reçu l'ordre de partir pour Toulon. Ils tressaillaient de joie. Ils sont venus faire leurs adieux à la Société et j'ai donné à leur orateur le baiser de la fraternité. La scène a été touchante.

Infatigablement occupé de la propagation des principes, je me suis présenté à la barre de la municipalité, comme pétitionnaire. Je lui ai notifié le rassemblement fait par moi et des vieillards patriotes et des enfants de la commune; je lui en ai exposé l'objet, je l'ai invitée à passer au scrutin épuratoire les instituteurs et à envoyer aux conférences journalières un de ses membres avec les marques distinctives qu'accorde la loi aux magistrats du peuple. La municipalité a acquiescé à toutes mes demandes. Cette institution que j'ai créée produit déjà le meilleur effet.

La municipalité va faire une proclamation pour engager

tous les citoyens à nous confier leurs enfants. L'affluence est déjà très grande et cela ira toujours croissant. Toute cette jeunesse, rassemblée sous les auspices des vieillards et écoutant avidement ceux qui lui parlent de la patrie, offre un tableau tout spartiate. J'ose croire que, par cet établissement, je me suis acquis un nouveau droit à la confiance.

Le 6e bataillon du Bec-d'Ambez[1] est passé ici, il y a trois jours. On remarquait dans tous ces braves guerriers cet air de vie et de santé que n'ont point les vils satellites des despotes, et cette allégresse que ressentent des sans-culottes, quand il s'agit de faire danser la carmagnole aux complices de Pitt. Cependant, j'ai vu avec une profonde douleur que quelques-uns de ces généreux défenseurs de la patrie marchaient sans souliers, et seulement avec des bas de laine. A cet aspect, il a éclaté beaucoup d'indignation.

Le don patriotique passe déjà 52,000 livres. La Société a disposé de toutes les offrandes en nature en faveur des vingt-six compagnies dont je t'ai déjà parlé. Je ne dois pas te cacher que, pour grossir notre présent civique, le théâtre a donné une représentation et des artistes un concert. Quoi qu'il en soit, je ne dois pas te dissimuler non plus que l'énergie civique s'affaisse sensiblement. Le patriotisme est une fièvre qui ne prend aux Grenoblois que par accès. Tous les orateurs indigènes vont au siège de Toulon. Je reste seul pour le maintien de l'esprit public. Je jure de m'épuiser, de me consumer pour l'entretenir et le fixer à la hauteur des circonstances, mais, comme j'ai la conscience que, si je quittais un seul jour,

---

[1] C'était le nouveau nom du département de la *Gironde*.

tout s'écroulerait, je renonce au petit voyage dont je t'avais parlé.

Aujourd'hui se célèbre la fête en l'honneur de Beauvais[1]; tu aura des détails.

Je t'enverrai aussi une note exacte des travaux du Comité de surveillance.

Les biens des émigrés se vendent avec un incroyable succès. Un bien acheté, il y a deux ans, par un émigré, 6,000 livres en assignats, a été vendu 25,000 livres. Le reste est en proportion. On peut dire que les biens des émigrés se vendent encore une fois mieux que ceux du clergé. Cela vient de la sage distribution en petits lots.

La liberté te garde.   P. CHÉPY.

P.-S. — J'attends de Paris le sans-culotte que je t'ai demandé comme auxiliaire et surtout comme surveillant.

Tu trouveras ci-joint la note de ce que je te demande conformément aux lettres que j'ai reçues. Je te prie de me faire parvenir dorénavant *les lettres, à l'adresse suivante : Rue Neuve, maison de la veuve Dupuy.*

[*Ibid.*, t. 332, fol. 31-32.]

---

[1] Beauvais de Préaux (Charles-Nicolas), né à Orléans le 1er août 1745, mort à Montpellier le 27 mars 1794. Médecin ; député de Paris à la Législative et à la Convention ; envoyé en mission à l'armée d'Italie (1793), il se trouvait à Toulon au moment où cette ville fut livrée aux Anglais. Jeté dans un cachot, il y resta jusqu'à la fin du siège. On crut, au moins pendant quelque temps, qu'il avait été mis à mort par les Anglais ; une lettre de Marseille, du 27 sept., communiquée à la Convention nationale, donnait formellement cette nouvelle. (*Moniteur*, XVIII, 87. Séance du 18 vendémiaire.) Elle était fausse, mais la captivité avait ruiné la santé de Beauvais, et, quelque mois après la chute de Toulon, il s'éteignait à Montpellier sans avoir pu reprendre ses fonctions de commissaire à l'armée d'Italie.

Fol. 30. — État des demandes faites par Chépy, agent politique à Grenoble, en conformité des lettres qui lui ont été adressées.

Par avance, deux mois de mon traitement.	1.000 livres.
Par avance, pour le traitement de mon auxiliaire sans-culottes	600 »
Pour frais extraordinaires et de bureau, pour impressions, courses, voyages, sauf à justifier	1.200 »
Total....	2.800 livres.

P. Chépy, *agent politique.*

CIX

Grenoble, le 2ᵉ jour de la 3ᵉ décade de brumaire, l'an 2ᵐᵉ de la République [22 brumaire = 12 novembre.]

P. Chépy, agent politique, au Ministre des Affaires Étrangères.

La fête de Beauvais, dont tu trouveras ci-joint le programme, a été vraiment majestueuse, vraiment digne d'un peuple libre, vraiment animée d'un enthousiasme républicain.

Le tombeau du martyr de la liberté était entouré d'enfants et de vieillards armés; il était ombragé de flammes et de drapeaux. La garnison, la garde nationale, les autorités constituées, les députés de la Société populaire, le

Comité de surveillance, occupaient l'enceinte. Un peuple immense inondait les portiques et les parties extérieures de l'édifice. Des chœurs graves et lugubres portaient la douleur dans toutes les âmes, des hymnes patriotiques entremêlés y réveillaient les passions fortes et généreuses ; le canon grondant pendant toute la cérémonie avertissait les spectateurs que les combats et la victoire étaient à l'ordre du jour. J'ai improvisé une oraison funèbre qui a produit un grand effet; bien des fibres mâles ont vibré, bien des patriotes indolents ont rougi de leur nihilisme. Cette nouvelle secousse a réveillé l'esprit public qui commençait, comme je te l'ai dit, à s'assoupir, et qu'il est infiniment difficile de maintenir à la hauteur.

Mais écoute le récit de cette scène admirable. J'avais imaginé, pour produire de vives impressions, de faire placer au-dessous de la tribune une cloche qui, à un signal convenu, sonnerait le tocsin. Après avoir évoqué les mânes de Beauvais, le Pelletier, Marat, Chalier, après les avoir conjurés de voltiger sur les têtes de nos guerriers ou de se placer sur la proue des vaisseaux qui doivent nous porter aux rives d'Albion, je m'écriai : « *Mais déjà j'entends le signal de la vengeance !* » Aussitôt, le tocsin a sonné, le canon a tonné sur les remparts, les tambours ont battu la générale, le refrain chéri : *Aux armes, citoyens!* s'est fait entendre, les armes se sont entrechoquées. Non, jamais on n'aura l'idée d'une pareille scène sans y avoir assisté. Je sais qu'elle a produit chez les aristocrates un sentiment profond d'effroi et chez les patriotes cette irritation révolutionnaire, si menaçante pour les ennemis du peuple, quand elle est un peu durable.

Le 5ᵉ bataillon du Bec-d'Ambez est passé ici il y a trois jours, pour se rendre à Toulon. Il était assez bien vêtu et équipé ; au surplus on y retrouvait le même coloris de santé et de vigueur que chez le 6ᵉ.

Le détachement du bataillon des chasseurs montagnards attend les ordres et ne les reçoit pas. Je crains que le changement du général ne retarde les opérations.

Je t'envoie ci-joint un état du mouvement de l'artillerie de cette armée pour le siège de Toulon. Le directeur, en me le remettant, a eu, je crois, pour but de couvrir sa responsabilité, parce qu'il prétend qu'on dégarnit trop notre partie.

Je viens d'apprendre que l'infâme Roland est en Suisse[1]. Je vais écrire pour voir s'il n'y aurait point quelque mesure à prendre.

Je travaille à force, à l'exemple du brave Dumont[2], à faire partir pour Paris tous les saints, madones d'argent, vases *sacrés* et autres ornements précieux destinés au culte dit *romain*. J'ai proposé un mode de remplace-

---

[1] Roland n'était pas réfugié en Suisse, mais à Rouen, où il se donna la mort le 15 novembre de cette même année, par conséquent avant que la lettre de Chépy fût parvenue à son adresse.

[2] Dumont (André), né à Oisemont (Somme) le 24 mai 1764, mort à Abbeville le 19 oct. 1836. Avocat ; administrateur du département de la Somme (1790), du district d'Amiens (1791) ; député à la Convention où il vota avec la Montagne. En mission dans la Somme (sept. 1793), il s'y fit remarquer par son fanatisme antireligieux. Après le 9 thermidor, il se rangea du côté des vainqueurs. Membre du Conseil des Cinq-Cents ; sous-préfet d'Abbeville, du 14 germinal an VIII à la chute de l'Empire ; préfet du Pas-de-Calais pendant les Cent-Jours. Obligé de quitter la France comme régicide en 1816, il y rentra en 1830 (*Dictionn. des parlem. franç.*). Voy. la lettre grossièrement irréligieuse écrite à la Convention, le 1ᵉʳ oct. 1793, et où il expose ce qu'il a fait à Abbeville. (*Moniteur*, XIX, 48.)

ment : je crois que cela prendra. Cependant, je ne dois pas te dissimuler que la commune de Paris, en arrêtant l'échange de ces objets contre des assignats, a donné un exemple contagieux, dont la cupidité communale pourrait abuser. J'espère y remédier en faisant sentir la différence des besoins.

Dours[1] vient de dénoncer à toutes les Sociétés populaires de ces contrées la garnison de Valenciennes, comme refusant de marcher à Toulon[2]. Je t'instruirai des suites de cet appel au patriotisme.

Notre instruction révolutionnaire va toujours son train. Je fais chanter à cette jeunesse, à la fin de chaque conférence, l'hymne des Marseillais, et je les fais embrasser en signe de fraternité. Si le gouvernement veut, comme

---

[1] Joseph-François Dours, originaire de Bollène, dans le ci-devant Comtat. Il avait servi en France, je ne sais à quel titre, mais en dernier lieu dans les gendarmes de la garde royale. En tout cas, il avait un brevet d'officier, ce qui le faisait qualifier noble, quoiqu'il fût le fils d'un fermier. Dans les années qui précédèrent la Révolution, il se montra assez remuant pour se faire exiler du Comtat. Carteaux le rencontra à Bollène, au cours de son expédition contre les fédéralistes marseillais, et se l'attacha en qualité d'aide-de-camp, quoiqu'il fût déjà âgé et retiré du service. Il fut fait général de division le 19 vendémiaire an II et commanda par intérim l'armée des Alpes (première quinzaine de brumaire), en l'absence de Doppet. (A. G. — Lettre d'Albitte au Ministre de la Guerre, du 28 juillet 1793. — Lettre de Dours au Ministre, 17 mars 1794.)

[2] La garnison de Valenciennes avait évidemment plus que le général Dours, le sentiment de l'honneur militaire, car elle avait fait le serment de ne plus porter les armes contre la coalition. Dours abusa donc de son autorité en la contraignant, sous peine de flétrissure, de marcher contre Toulon. Voy. une lettre écrite de Lyon, le 9 brumaire. Il semble en résulter qu'à la date à laquelle écrivait Chépy toute difficulté était aplanie. (A. G. — Armée de Lyon.)

je n'en doute pas, favoriser cette institution, qu'il satisfasse sans délai aux deux demandes suivantes.

1º M'envoyer exactement l'ouvrage du Comité d'instruction publique, dit : *Les vertus des citoyens français.*

2º M'envoyer des exemplaires de la Constitution, pour distribuer gratuitement à cette jeunesse sans-culotte qui veut l'apprendre par cœur.

Envoie-moi le bon sans-culotte auxiliaire et surveillant que je t'ai demandé; envoie-moi mes instructions signées, une commission ou au moins un *passeport autorisant séjour* et repose-toi sur moi.

Je jure que tu n'auras jamais à te repentir de m'avoir donné ta confiance.

La liberté te garde.   P. CHÉPY.

[*Ibid.*, t. 325, fol. 75-77.]

On trouve à la suite : (fol. 77-78 vº) l' « État de ce que vont fournir à l'armée devant Toulon les places de la direction de Grenoble » ; — (fol. 79-80 vº) un « Arrêté (imprimé) de la Commission pour la fête funèbre en l'honneur de Beauvais ». Cette fête aura lieu le 2e décadi de brumaire [20 brumaire = 10 novembre], à trois heures du soir, dans le local des ci-devant Jacobins. De nombreuses députations y assisteront. Je crois utile de reproduire ici un article de ce programme, pour montrer à quel point tous les détails de la mise en scène avaient été réglés à l'avance.

« Art. XII. — A la fin de la cérémonie, une cloche, disposée à cet effet, sonnera le tocsin. A ce signal, le refrein (sic) sacré : *Aux armes! Citoyens,* sera entonné, le canon grondera, les armes seront agitées, et tous les assistants, la main tendue vers le sarcophage, prêteront serment d'exterminer les assassins de Beauvais. »

Parmi les membres de la Commission figure naturellement *P. Chépy, président de la Société populaire.*

CX

Grenoble, quartidi de la 3ᵐᵉ décade de brumaire l'an 2ᵐᵉ de la République [24 brumaire = 14 novembre].

P. Chépy, agent politique employé à l'armée des Alpes, au Ministre des Affaires Étrangères.

Je t'envoie ci-inclus un mémoire d'économie militaire que je recommande à ta considération la plus sérieuse.

Tu trouveras y jointe une note des travaux du Comité de surveillance ; je t'en promets la continuation. Je me suis transporté hier à ce Comité ; je lui ai dénoncé l'évêque pour le caractère duquel il restait une sorte de vénération. Le soir même il a été logé avec les suspects ; c'est un bon coup porté au fanatisme. J'ai dénoncé encore au même Comité quelques Crassus matadors de l'aristocratie et du fédéralisme, notamment *Savoye-Rollin, ex-avocat général,* et *Périer dit Milord* (sic)[1]. Je lui ai dit qu'il ne mettait pas assez la terreur à l'ordre du jour, qu'il fallait

---

[1] Appelé dans une lettre précédente *Millot Périer.* C'est Claude Périer (1742-1801), l'acquéreur du château de Vizille, le père de Casimir Périer. Voy. sa notice dans Rochas, *Biogr. dauph.* Ses deux filles épousèrent, l'une Savoye-Rollin, l'autre C. Teisseire.

Savoye-Rollin (Jacques-Fortunat), né à Grenoble, le 18 déc. 1751 ;

frapper les grosses têtes, enfin je lui ai donné quelques conseils qu'il a accueillis très sansculottiquement (sic).

Le soir j'ai fait lire à la Société l'abdication de l'évêque de Paris et de ses vicaires épiscopaux, etc [1]. Un membre de la Société, prêtre de son métier, nommé Bourjeat, a osé dire que les abdicateurs étaient de mauvais prêtres et des charlatans. Les applaudissements des fanatiques et des superstitieux commençaient à se faire entendre. Je me suis élancé à la tribune, j'ai ramené les assistants égarés et j'ai fait chasser l'homme noir avec ignominie. Immédiatement, à cette scène en a succédé une autre plus touchante. Les citoyens Berton, ci-devant vicaire épiscopal et aujourd'hui capitaine, et Gardon, aussi vicaire épiscopal [2], ont remis leurs lettres de prêtrise. J'espère qu'ils auront des imitateurs.

J'ai fait arrêter par la Société que les receveurs du don patriotique, *qui va toujours bien,* ouvriraient une colonne pour ces chiffons sacerdotaux, et que, malgré leur peu de

---

avocat général au Parlement de Grenoble (1780-1789); administrateur du département de l'Isère; membre du Tribunat; substitut du procureur-général près de la Haute-Cour (1804); préfet de l'Eure (1805-1806), de la Seine-Inférieure (1806-1812); des Deux-Nèthes (1812-1813); député de l'Isère de 1815 à sa mort (31 juillet 1823). Voy. Rochas, *Biogr. Dauph.*

[1] Le 17 brumaire (7 novembre), l'évêque de Paris, Gobel, ses grands vicaires, plusieurs autres évêques constitutionnels, et Julien de Toulouse, ministre protestant, tous conventionnels, avaient renoncé à leurs fonctions et déclaré qu'il ne devait plus y avoir « d'autre culte public que celui de la liberté et de la sainte égalité ». (Aulard, *Le Culte de la raison,* p. 45.)

[2] Gardon (Antoine), prieur-curé du Petit-Mort, puis vicaire épiscopal en 1793; membre du Comité des *Vingt-et-un,* en 1793, et du Comité des *Douze,* en 1794. Désarmé comme terroriste, le 11 août 1795; employé plus tard dans l'Administration des vivres. (Albin Gras, *op. cit.,* p. 173.)

valeur intrinsèque, ils y seraient reçus pour comptant.

Le bataillon des grenadiers de Paris, faisant partie de la garnison de Valenciennes, est arrivé ici. Je ne sais si nous le conserverons dans nos murs. La jeunesse qui compose ce corps est bouillante, indisciplinée, mais révolutionnaire. Je te déclare que je m'en servirai, *avec prudence pourtant,* pour mettre au pas les indolents Grenoblois.

Les subsistances militaires manquent absolument. Il n'y a point d'avoine; il n'y pas de fourrage et de paille pour quatre jours.

Le Département, *faible dans sa marche,* ne fait point remplir les magasins de la République et je ne sais comment on pourra faire. Les subsistances de la commune ne sont pas plus assurées. Les campagnes se sont déclarées en état de guerre contre les villes. L'aristocratie machine. Quand finira cet affreux état de choses?

On a volé à la nation une grande quantité de fromages emmagasinés pour le service des places assiégées. On est sur la trace : le garde-magasin et ses agents pourraient bien être les véritables voleurs. Tous ces employés-là sont infectés des vices de la valetaille du vieux régime.

Il y a trois jours, on a apporté à la Société une culotte du magasin général, dont on a dénoncé la doublure. La Société a nommé des experts; le Comité des Vingt-et-un en a nommé de son côté, qui ont visité l'atelier dit de Sainte-Marie[1]. Ils ont remarqué :

1° que l'ouvrage a été mal confectionné, parce qu'il était remis en des mains ignorantes;

---

[1] Sainte-Marie-d'en-Bas. L'autre couvent de la Visitation (Sainte-Marie-d'en-Haut) avait été converti en prison.

2° qu'il était tellement mal fait que la plupart des culottes avaient une cuisse trois pouces plus longue que l'autre ;

3° que les vérificateurs aux remises étaient des gens absolument inhabiles : l'un est un *ex-frère capucin;*

4° que beaucoup de doublures et d'étoffes étaient d'une qualité très mauvaise.

La déclaration ci-jointe d'un expert te fera connaître un autre inconvénient grave. Je ne doute point que le patriotisme des commissaires Nadal et Mutrécy n'améliorent (sic) cet état de choses, mais il était de mon devoir de t'en instruire.

J'attends toujours avec impatience le surveillant auxiliaire que je t'ai demandé, les instructions signées et la commission ou passeport autorisant séjour que je t'ai demandés.

J'ai reçu hier une lettre du Comité de Salut public qui veut bien applaudir à mon zèle et à mon civisme. Cette flatteuse récompense de mes travaux m'encouragera sans m'enorgueillir, ni m'endormir.

Adieu. La liberté te garde.   P. Chépy.

P.-S. — Je suis à la trace de quelques agents infidèles. Je t'en rendrai bon compte.

[*Ibid.*, t. 325, fol. 134-135 v°.]

A la suite on trouve :

fol. 136-136 v°, un « Journal des opérations du Comité central de surveillance du chef-lieu du département, à Grenoble, département de l'Isère ». C'est le document annoncé par Chépy dans sa lettre du 24 brumaire. —

fol. 137-141, un mémoire présenté par « Walbrecq, contrôleur des dépenses de l'armée des Alpes, aux commissaires de la Trésorerie nationale ». Il est apostillé dans les termes suivants : « Je recommande ce mémoire à la plus sérieuse considération de tous les gouvernants qui veulent sincèrement le bien de la République; il est l'ouvrage du patriotisme et me paraît renfermer des vues d'économie très estimables. A Grenoble, ce 24 brumaire, l'an 2ᵐᵉ de la République. — *Chépy, agent politique employé près l'armée des Alpes* ».

CXI

Grenoble, sextidi de la 3ᵉ décade de brumaire, l'an 2ᵐᵉ de la République [26 brumaire = 16 novembre.]

P. Chépy, agent politique, au Ministre des Affaires Étrangères. Salut.

Épouvanté de la pénurie des subsistances, fatigué des délais de l'organisation de l'armée révolutionnaire, j'ai cherché à en improviser une. J'ai jeté les yeux sur les grenadiers de Paris, d'autant plus propres à ce service qu'ils ne peuvent combattre contre les tyrans coalisés, et que d'ailleurs leur patriotisme a un goût de territoire. J'ai proposé que le Département disposât de ces braves gens : le Département a saisi avec empressement cette ouverture. Il a requis ces braves sans-culottes; demain quatre détachements de cent hommes chacun partent pour les quatre districts.

Il y a grand besoin de ce remède violent. J'ai donné des instructions locales à l'inappréciable Dumoulin, commandant de ces généreux guerriers ; ça ira !

Le fanatique Reymond est enfin incarcéré d'hier, car je vous avais annoncé prématurément son arrestation. L'aristocratie et le modérantisme se sont agités. Le venin a gagné jusqu'au Comité de surveillance lui-même. J'ai vu le moment où le patriotisme allait échouer ; mais par un coup de vigueur, j'ai déconcerté toutes ces perfides trames.

La moitié des membres du Comité s'opposait à l'arrestation ; l'autre moitié, pleine d'énergie, insistait sur sa nécessité ; les débats furent violents, mais ce qui décida la victoire, ce fut un moyen que je suggérai au bon parti. Je leur conseillai de parler *d'appel à leurs commettants.* Alors toute résistance cessa, excepté de la part du président nommé Rivier[1] qui dit *que la religion était perdue, et qu'il en fallait une pour le bas peuple.* Non content de ces coupables propos, il refusa de signer la délibération, brisa la sonnette et sortit avec emportement. Ses collègues ont dressé un procès-verbal, l'ont communiqué à la Société populaire. J'ai demandé sa radiation et l'ai obtenue. C'est un grand point.

Je frappe le monstre du fanatisme à coups pressés. La rage de ses sectateurs est au comble. On parle de poignards. J'ai déjà reçu quelques avis de me tenir sur mes gardes. Je me ris de tout. Je suis roide comme le fer.

---

[1] Joseph Rivier, membre et président du Comité de surveillance de Grenoble. Fils d'un ancien employé dans les fermes du Roi. Né à Grenoble, le 17 déc. 1726 ; mort dans cette ville le 1ᵉʳ frimaire an XII. (Pilot, *Recherches hist. sur le séjour de Chépy à Grenoble*, p. 206, note.)

J'en serai quitte pour porter des pistolets. D'ailleurs, que peut-on ambitionner de plus que de mourir pour une si belle cause?

Il y a trois jours, je me suis présenté à la municipalité comme pétitionnaire. Je lui ai demandé :

1° que l'exercice des cultes fût renfermé dans l'enceinte des temples;

2° que tout signe extérieur fût détruit sans délai;

3° que la municipalité indiquât pour tous les citoyens un lieu de sépulture commune;

4° que les enterremens se fissent sous les auspices d'un officier de police, avec les marques distinctives de la loi, mais sans aucune pompe religieuse;

5° que tout habitant ne pût fermer sa boutique les jours des ci-devant dimanches, et qu'il lui fût libre de la fermer ou de l'ouvrir les trois décadis du mois.

Tout a été reçu avec applaudissements, et hier un vieil accapareur a été enterré dans la nouvelle forme.

Avant-hier j'ai reproché, en pleine Société, aux citoyennes leur inertie. Je leur ai parlé avec vigueur. Comme elles ne sont pas Lacédémoniennes, elles se sont courroucées; mais je m'en ris. J'espère cependant que cela produira un bon effet.

Nous avons encore eu la remise de quelques lettres de prêtrise, brevets, lettres d'approbation, etc. Quant à moi, j'ai écrit à Paris à mon père, pour qu'il remît à ma section mes lettres de bachelier, licencié, et mes patentes d'avocat.

Vive Collot! Il mène les choses d'un bon train à Ville-Affranchie[1].

---

[1] Ceci pouvait malheureusement se justifier de bien des manières, mais il est possible que Chépy ait eu plus particulièrement en vue

J'ai découvert de nouveaux coupables et des sommes à recouvrer sur des rebelles. J'ai fait passer à Dorfeuille tous les documents[1].

Je prépare encore quelques bottes au fanatisme et à l'aristocratie. Je compte qu'elles porteront en plein.

Le général Rivaz est arrivé ici; on voulait l'y fixer comme général divisionnaire. Il a refusé ce grade, parce qu'il ne croit pas pouvoir l'occuper profitablement pour la République[2]. Il m'a développé là-dessus des principes de probité révolutionnaire qui me l'ont fait beaucoup apprécier. D'ailleurs, c'est un des adversaires les plus anciens et les plus prononcés de la ligue brissotine. En haine de ses inclinations montagnardes, le département

---

la création de la *Commission de surveillance républicaine,* instituée par Collot d'Herbois, Fouché et Delaporte, le 20 brumaire (10 novembre).

[1] Dorfeuille, ancien comédien comme Collot d'Herbois, présidait la *Commission de justice populaire,* instituée le 12 octobre, transformée en tribunal révolutionnaire le 21 novembre, et qui tint sa dernière séance le 1er décembre. *La Commission révolutionnaire,* créée par arrêté du 7 frimaire (27 novembre), procédait, en effet, d'une manière bien plus expéditive et rendait toute autre juridiction inutile. Il est bon cependant de faire observer que la *Commission de justice populaire,* dans l'espace d'un mois (2 novembre-1er décembre), avait siégé vingt-cinq fois et jugé cent cinquante-deux accusés, sur lesquels cent treize avaient été condamnés à mort.

[2] Rivaz était général de brigade du 21 juin 1793. Dours, qui l'envoyait à Grenoble, le notait ainsi qu'il suit: « Rivaz est un bon officier général. Je suis sûr de son civisme, mais je trouve que son talent tient un peu de l'ancien régime. Il est indécis sur tout, il tâtonne sans cesse. C'est absolument l'homme aux difficultés. J'ai cru devoir le placer sur un second plan. Je l'envoye à Grenoble, point central, d'où il correspondra avec les généraux de l'avant-garde. Je n'ay pas voulu lui confier le poste de Carrouge, quoique certain de ses principes ; je sçais qu'il est Suisse et ce motif m'a retenu. » (A. G. — Armée des Alpes, 17 brumaire.)

du Mont-Blanc a voulu lui donner quelque désagrément, mais il en est sorti avec honneur.

Pense à moi et compte sur moi.   P. CHÉPY.

P.-S. — Je t'invite à suspendre ton jugement sur l'administration de l'habillement et de l'équipement. On procède à un examen qui fera jaillir la lumière. Dans tous les cas, on ne peut s'en prendre à la volonté des deux commissaires Nadal et Mutrécy, qui sont tous deux très dévoués à la chose publique.

[*Ibid.*, t. 325, fol. 183-184 v°.]

CXII

Grenoble, septidi de la 3e décade de brumaire, l'an 2me de la République [27 brumaire = 17 novembre.]

P. Chépy, agent politique, au Ministre des Affaires Étrangères.

J'ai à t'annoncer de nouveaux efforts, et par conséquent de nouveaux succès contre le fanatisme. Je me suis présenté à la barre de la municipalité comme pétitionnaire et j'y ai demandé :

1° que les cercueils fussent les mêmes pour tous les citoyens ;

2° que les voiles mortuaires servant aux inhumations fussent pareillement les mêmes pour tous et ne représentassent que l'image d'un être endormi [1] ;

---

[1] Tout ce que Chépy propose, au sujet des inhumations, soit dans

3° que le commerce des chapelets et *agnus*, etc., fût défendu au moins dans son exercice public.

J'ai tout obtenu. Je m'en vais voir si les esprits sont assez mûrs pour célébrer la fête de la raison et de la vérité.

La réquisition des chemises a produit ici un bon effet ; j'ai donné l'exemple et j'ai eu de nombreux imitateurs.

Les détachements révolutionnaires du bataillon des grenadiers de Paris sont partis hier ; il était bien temps, car les magasins de l'armée sont vides, et la commune n'a ni blé, ni farine, ni pain. La chose est au point que je suis obligé de vivre d'emprunt et de demander du pain de munition aux personnes attachées à l'armée. Cependant, les subsistances ne manquent pas dans le département ; mais l'agiotage, le monopole et l'aristocratie sont là, et l'abondance ne renaîtra que quand des têtes auront roulé sur la poussière.

Je suis bien aise, en passant, de te dire que tout le mal vient de l'ignorance des campagnes et de l'aristocratie des petites municipalités. Dans l'Isère, les curés sont les meneurs du patriotisme, les fermiers d'émigrés sont les exécuteurs du maximum ; les lois parviennent fort tard ou ne parviennent pas ; les intrigants, les richards dominent. Presque point de sociétés populaires. Voilà l'état de situation. Dans la montagne, le fanatisme règne. On ne sait rien de ce qui se passe, pas même la mort de Beauvais et le guillotinement d'Antoinette.

---

cette lettre, soit dans la précédente, est tiré d'un arrêté pris par Fouché, à Nevers, le 10 oct. 1793. Voy. Aulard, *Le culte de la raison et le culte de l'Être suprême* (1793-1794), etc. Paris, Alcan, 1892, in-12, pp. 27-29.

Le Directoire du département est *faible, très faible.* Le District de Grenoble est *très mauvais.* Des représentants du peuple peuvent seuls améliorer cet état de choses. Il faudrait travailler l'Isère *révolutionnairement.* J'ai bien la puissance de la parole, mais nulle autorité réelle.

On est ici indigné contre la Commission militaire. Elle est présidée par un aristocrate, La Cattonne, chef du 4me bataillon d'artillerie (sic)[1]; il est fortement dénoncé à la Société, je te ferai passer la dénonciation. Elle (la Commission militaire) vient d'acquitter Larcher, accusé de trahison dans le Mont-Blanc, et, ce qui est bien plus révoltant, elle a lavé *l'infâme Rossi,* compatriote et suppôt de Paoli, complice de Montesquiou, etc. Cependant, elle a ordonné que ce général resterait en arrestation jusqu'à une décision ultérieure de la Convention[2]. La Société va demander au Comité de Salut public le renvoi de ce traître au Tribunal révolutionnaire Appuie fortement cette pétition. L'intérêt de la patrie l'exige. La Société a reçu beaucoup de nouveaux renseignements sur la conduite de ce scélérat. Le Comité de surveillance les a recueillis. Ils vont être envoyés.

J'ai eu une conversation sérieuse avec le général Rivaz. Il se plaint, *et avec raison,* de ce qu'en haine de son patriotisme, il n'a cessé d'être persécuté et d'être déplacé continuellement, ce que l'état de sa santé et de sa fortune

---

[1] Jean-François-Innocent-Silvestre de la Cattonne. Né à Embrun le 28 déc. 1745. Élève au corps royal d'artillerie le 17 sept. 1763; sous-lieutenant le 27 oct. 1764; lieut.-colonel, ou chef de bataillon, commandant le dépôt du 1e rég' d'artillerie à Grenoble, le 10 juin 1792. Le régiment comptait six officiers du rang de lieut.-colonel.

[2] Jugement rendu le 26 brumaire an II. Voy. Arch. nat., Tribunal révolut. de Paris, W. 316. Dossier *Rossi.*

lui rend très fâcheux. Aujourd'hui même, on l'envoie à Entrevaux[1]. Il est trop révolutionnaire pour être ainsi relégué. Des renseignements que j'ai tirés de lui et de quelques autres patriotes, il paraît résulter :

1º que le siège de Lyon est une vaste iniquité ;

2º que Du Muy, Kellermann, Coustard, et surtout Saint-Rémy, sont accusables de trahison ;

3º qu'on eût pu prendre Lyon trois semaines plus tôt, avec une consommation de poudre dix fois moindre ;

4º que les chefs de l'artillerie et du génie ont agi traîtreusement ;

5º que le général Rivaz a manqué vingt fois être sacrifié par ses collègues, et que le général Nicolas (autre patriote) *l'a été effectivement*[2].

J'ai pressé Rivaz d'envoyer ses mémoires. Il faut approfondir cette grande affaire, et que la tête des coupables tombe. Ces nouvelles instructions me conduiront à examiner de plus près la conduite du général *Lajolais*, qui, à la vérité, a marché passablement jusqu'ici, mais qui a été premier aide-de-camp de Kellermann, et qui, d'ailleurs, a eu le secret, quoique plus ancien de grade, de se tenir toujours à l'écart. Son successeur provisoire, le citoyen Vaufreland, adjudant-général, a les formes très musca-

---

[1] Entrevaux, Basses-Alpes, arr. de Castellane, ch.-l. de canton. Rivaz passait par conséquent à l'armée d'Italie. — A. G. Armée des Alpes. « Ordre (du 26 brumaire) au général de brigade Rivaz de partir pour Entrevaux, où il prendra le commandement des troupes placées jusque-là sous les ordres de Serrurier. » Rivaz trouva le moyen de se soustraire à l'exécution de cet ordre, car il continue à figurer jusqu'en l'an III sur les états nominatifs des généraux et adjudants-généraux de l'armée des Alpes.

[2] Nicolas est ce général qui s'était fait prendre par les Lyonnais.

dines[1]. Il parle assez bien de liberté, mais ses principes apparents sont contredits par ses habitudes. Voilà ce que je puis dire jusqu'ici.

L'adjudant-général Palasson est un bon officier, et, autant qu'on peut répondre d'un homme en révolution, un bon sans-culotte.

On a fait partir avant-hier en diligence douze voitures de farine pour Chambéry. Le service des troupes était sur le point de manquer. Le mal vient de ce que l'administration des subsistances militaires est entre les mains d'aristocrates, nommés par Beurnonville. Je les ai dénoncés ; ils forment une clique qui se tient. Il faudrait purger en un seul temps l'étable d'Augias.

La liberté te garde.   P. Chépy.

P.-S. — Il sort à l'instant de chez moi un grenadier du 5me bataillon du Mont-Blanc, nommé Caumont, qui charge beaucoup le général L'Étanduère.

[*Ibid.*, t. 325, fol. 185-186 v°.]

État des sommes demandées au Ministre des Affaires étrangères par P. Chépy, agent attaché à son département, en conformité des diverses bases qui lui ont été indiquées.

---

[1] Vaufreland, adjudant-général chef de brigade, du 14 juillet 1793 ; général de brigade le 25 prairial an III (13 juin 1795) ; employé en l'an VIII à l'armée d'Italie.

Pour le traitement du mois de brumaire.	500 livres.
Pour frais de bureaux et fonds de réserve, soit pour impressions, soit pour courses, soit pour objet imprévu, sauf à justifier de l'emploi.	600 »
Total.......	1.100 livres.

Je reconnais avoir reçu ladite somme du Ministre des Affaires Étrangères. Dont quittance à Grenoble, le septidi de la 3me décade de brumaire, l'an 2me de la République. — P. CHÉPY.

J'observe que je ne demande point ici le mois d'octobre, qui m'est dû à raison de 800 livres, parce que j'ai écrit à mon fondé de pouvoir de le toucher au bureau des fonds.

J'observe encore qu'ayant touché mes appointements des six premiers mois, suivant le vieux style, il y a sur le mois de brumaire, neuf jours à retrancher. Si j'ai demandé le montant de l'indemnité pour le mois [de] brumaire tout entier, c'est qu'il faut nécessairement que je me conforme au nouveau calendrier.

[*Ibid.*, fol. 187-187 v°.]

CXIII

Grenoble, 30 brumaire, l'an 2me de la République [20 novembre].

P. Chépy, agent politique, au Ministre des Affaires Étrangères.

J'ai reçu ta lettre ; je m'y conformerai. Tu m'as bien jugé en disant que j'étais incapable de tomber dans les erreurs de l'amour-propre.

Les gendarmes de la résidence de Grenoble sont venus se plaindre à moi de ce qu'on leur laissait des commissions souillées du sceau et du nom de Capet. Ils demandent instamment à les échanger. Parles-en au Ministre de la Guerre.

Depuis que j'ai prêché ici hautement le culte de la raison et de la vérité, le nombre de mes ennemis s'est considérablement accru. Non contents de menaces d'assassinat, d'injures anonymes et des plus basses machinations, ils ont profité de ce que je n'ai point présenté à la municipalité le *passeport autorisant séjour*, que je n'ai point encore reçu et dont j'ai grand besoin. Ils l'ont engagée à me demander mes pouvoirs. Je me rends aujourd'hui à sa barre où je confondrai la malveillance, mais je te conjure de m'envoyer sans délai un *passeport autorisant séjour*, qui puisse me faire jouir d'une tranquillité inaltérable, sans laquelle je ne puis travailler. J'ai à consommer la Révolution.

Je te le répète, Grenoble est un point important. C'est un foyer d'aristocratie, de fanatisme et d'aristocratie (*sic*). On y prépare des troubles religieux par l'effrayante pénurie des subsistances. Seul, depuis quatre mois, j'ai tout contenu ; seul, si tu veux me couvrir de l'égide des formes, je réponds encore de tout. J'espère, d'ailleurs, que bientôt des représentants du peuple viendront me seconder.

Je t'annonce qu'hier on a fait un auto-da-fé des titres de la ci-devant Chambre des comptes[1].

---

[1] Quelques semaines auparavant (26 octobre), on avait brûlé également avec tout l'appareil d'un auto-da-fé, « soixante-cinq pièces de tapisseries fleur de lisées (*sic*) qui garnissoient les salles du ci-devant parlement » et « un nombre encore plus considérable de portraits des Rois dauphins, princes, papes, évêques et seigneurs

Compte sur mon courage et sur ma probité révolutionnaire.

La liberté te garde.   P. Chépy.

[*Ibid.*, t. 325, fol. 278-278 v°.]

On trouve à la suite (fol. 279) la « copie d'une lettre anonyme écrite à la Société populaire de Grenoble ».

Citoyen président,

La Société s'étonne de voir blanchir l'infâme et traître Rossi. Qu'elle jette les yeux sur ses juges, et elle verra que ce sont la plupart des ennemis de la loi, particulièrement La Cattonne, chef de bataillon du 4° régiment d'artillerie, indigne de commander de braves sans-culottes, qu'il a voulu perdre dans le temps qu'on sacrifia l'infâme Voisins, commandant à Valence. Coupable de tous les crimes[1], ce même La Cattonne fut à Paris pour intriguer le licenciement du régiment, pour n'avoir pas fait feu sur le peuple et épousé la cause du traître Voisins. Il n'a pu réussir dans son entreprise, et a resté deux ans absent, et un scélérat Ministre l'a placé au commandement dudit régiment. Pour vous assurer des preuves [de ce] que

---

décorés d'écussons, etc. ». On trouve, dans la correspondance de Petit-Jean, le procès-verbal officiel de ce que, dans le jargon du temps, on appelait une « brûlure ». (Arch. nat., AF. II, 111.)

[1] Jacques-Rose, vicomte de Voisins, lieutenant d'artillerie en 1743; capitaine, 1755; major, 1768; lieutenant-colonel, 1769; colonel, 1778 (ou 1779); brigadier, 1784; maréchal-de-camp, 1788. Assassiné en mai 1790 par la populace de Valence (il commandait l'école d'artillerie de cette ville), qui avait pris fait et cause pour un homme puni.

j'avance et recueillir des faits plus circonstanciés, je demande que l'on écrive à Valence pour savoir la conduite qu'a tenue La Cattonne lors de la mort de Voisins. Alors vous jugerez que La Cattonne est notoirement suspect. Le poste qu'il occupe est trop important pour être confié à un homme qui n'a jamais marché dans le sentier de la Révolution ; frappons les traîtres, les modérés et les suspects, et celui que nous vous dénonçons a tous ces vices.

Pour copie conforme : P. Chépy. (Ces derniers mots sont seuls de sa main.)

CXIV

Grenoble, tridi 1re décade de frimaire, l'an 2me de la République. [3 frimaire = 23 novembre.]

P. Chépy, agent politique, au Ministre des Affaires Étrangères.

Je t'envoie ci-inclus un procès-verbal qui pourra t'éclairer sur les subsistances de l'armée des Alpes. Je ne ferai aucune réflexion ; tu jugeras. Je t'envoie aussi deux notes auxquelles je te prie de donner prompte réponse et considération sérieuse. Tu trouveras ci-joint un mémoire dont je te prie de faire le renvoi au Ministre de l'Intérieur.

Le général Carteaux est arrivé ici avec le quartier-général. Son entrée a été un peu trop *fastueuse*. Hussards en avant, hussards en arrière, aides-de-camp, adjudants-généraux voltigeant sur les ailes ; je ne trouve pas là la majestueuse simplicité du sans-culottisme. Je dois dire qu'on croit généralement qu'il n'était pour rien dans cette pompe triomphale, et que l'adulation des chefs de la garnison a tout fait.

Il arrive tous les jours dans nos murs une brillante et robuste jeunesse. Nos ennemis seraient frappés d'étonnement et d'épouvante, s'ils pouvaient voir ce spectacle imposant. Je te ferai parvenir avant peu sur cet objet des notions précises.

Le Comité de surveillance va un peu lentement. Je ne sais pas si on ne sera point contraint à la mesure du renouvellement.

L'établissement de l'arsenal à Grenoble a causé beaucoup de joie, et a achevé de gagner les cœurs de la classe indigente et laborieuse. J'ai envoyé directement au Comité de Salut public des notes importantes sur la traîtresse aristocratie des chefs de l'artillerie.

Tu sais que le Département, vu l'avantage incalculable des localités, avait demandé au Comité de Salut public l'établissement de manufactures d'armes nationales à la Grande-Chartreuse et autres endroits. Le Comité a répondu qu'il prétendait s'en reposer sur l'industrie des particuliers, sauf à accorder des encouragements. Aussitôt je me suis élancé à la tribune de la Société populaire, et du haut du *rostrum* j'ai mis en réquisition les moyens et la volonté des Crassus de la commune, en leur déclarant franchement que c'était l'unique moyen de se faire pardonner leur opulence. Cette énergique invitation a produit un grand effet. Il y a déjà pour environ cinquante mille écus de souscriptions.

Il s'est passé dans le sein de la Société une scène touchante dont je te dois compte. Le commissaire des guerres Bourgeois (qui est un excellent sans-culotte, et que l'on tracasse un peu à cause de son patriotisme) nous a présenté six jeunes mousses républicains, nés à Grenoble, et échappés à la rage et à la barbarie des perfides Anglais. Il nous a dit que ces jeunes enfants s'étaient sauvés à la nage, que cinq étaient orphelins, que le sixième n'avait qu'une mère pauvre et chargée de famille ; il a imploré en faveur de ces petits malheureux la bienfaisance de la Société. Aussitôt on a arrêté une collecte, dont le premier produit a passé 300 livres. Ensuite on leur a nommé parmi les membres un père adoptif, le citoyen Alary, et une mère adoptive, la citoyenne Barral, épouse du maire.

Je voudrais que tu fisses publier cet acte de philanthropie par la voie des journaux.

La liberté te garde. P. CHÉPY.

[*Ibid.*, t. 331, fol. 73-74 v°.]

On trouve à la suite (fol. 76-77 v°) deux « projets relatifs aux subsistances, que présente le citoyen Passet, d'Orange, voyageur des citoyens Vian père, Rey et Fabre, de Grenoble » [Grenoble, 2 frimaire an II] ; — (fol. 78-82) le « procès-verbal du conseil de guerre tenu à Ville-Affranchie [le 8 brumaire an II], relativement aux subsistances de l'armée des Alpes ».

CXV

Grenoble, sextidi 1ʳᵉ décade de frimaire, l'an 2ᵐᵉ de la République. [6 frimaire = 26 novembre.]

P. Chépy, agent politique, au Ministre des Affaires Étrangères.

Depuis quelque temps je m'apercevais que le Comité de surveillance de la commune marchait lentement, se laissait entraver par de misérables chicanes et par de vaines formes, que quelques membres violaient le secret de ses délibérations et se laissaient fléchir par de larmoyantes sollicitudes, en un mot que la fermeté et la terreur n'étaient point à l'ordre du jour. J'ai pris le parti de monter à la tribune de la Société. J'ai tonné contre le Comité, j'ai accusé sa paresse, sa torpeur et la faiblesse de ses organes révolutionnaires. J'ai prouvé qu'il n'était point au niveau des circonstances, au moment où la conspiration des nouveaux Brissotins venait de se découvrir.

Je me suis transporté ensuite au Comité. J'ai eu des explications rudes et franches avec lui. Il en est résulté l'incarcération du président convaincu de connivence avec l'aristocratie. Le Comité, après cet acte de vigueur, a promis de prendre une imposante attitude. Je le surveillerai, et, s'il ne tient pas parole, je saurai amener son entier renouvellement.

J'ai déterminé encore la Société : 1° à envoyer un commissaire à Strasbourg ; 2° à écrire une lettre aux Sociétés voisines de la Suisse, pour les inviter à bien se pénétrer de l'esprit du dernier décret, et à bien faire observer la neutralité et les règles du bon voisinage.

Je n'ai point encore vu Carteaux ; je voudrais auparavant avoir mon passeport et, d'ailleurs, en faire un peu le tour. Ce que je puis te dire en général, c'est que je persiste dans mon premier aperçu. Pour un sans-culotte, cet homme n'est point assez simple. S'il va à pied, il est toujours entouré d'un peuple d'épauletiers. S'il va à cheval (comme hier matin par exemple), il a, outre ce troupeau galonné, force hussards et cavaliers, en avant et en arrière. La promenade fastueuse d'hier a fort indisposé les bons Grenoblois. Les officiers de l'État-major ont des épaulettes et des broderies brillantes, des chevaux fringants, des habits de drap très fin. Il semble que le luxe, qui a quitté toutes les autres castes, se soit réfugié dans celle des officiers.

Carteaux a mis à l'ordre aujourd'hui l'exécution de la loi qui éloigne les femmes des camps et cantonnements. On dit hautement qu'il devrait commencer par donner l'exemple[1].

J'ai vu le général Dours. Il a un grand vernis de sans-

---

[1] Ceci ne vise pas, comme on pourrait le supposer, les mœurs de Carteaux, car il était marié et sa femme l'avait suivi ; c'était elle qu'il aurait fallu éloigner, pour se conformer au texte de la loi. Voy. la lettre de Chépy, du 11 frimaire, et la correspondance de Carteaux avec le Ministre de la Guerre. (A. G. Armée des Alpes, frimaire an II.)

culottisme et de la simplicité : il m'a paru bon, mais je l'examinerai de près, car l'expérience m'a appris qu'en révolution on ne devait jamais juger légèrement les hommes. Son aide-de-camp a développé, à la Société, des principes austères.

Le chef de l'État-major, le général Pouget, est *un peu jeune*. Je l'ai connu à Carouge quand il commandait le bataillon de l'Aude et le camp. J'ai aperçu en lui de l'amour pour la discipline, de la fermeté et de l'intelligence, mais alors (c'était en juin) son opinion politique était faiblement prononcée. Bientôt je vous donnerai des détails précis sur le reste. On annonce des troubles au Puy-en-Velay. Il est parti des canons pour Ville-Affranchie, qui ont sans doute cette destination. On annonce aussi des troubles à Valence. Dours est parti hier pour s'y rendre.

Avant-hier, il est arrivé des canonniers de Paris (section du Luxembourg), faisant partie de la garnison de Valenciennes. Je leur ai fait une bonne exhortation, en qualité de compatriote.

Aujourd'hui le détachement des chasseurs montagnards part pour Toulon. *Il est bien temps.* Il faut savoir qu'on a retenu à Ville-Affranchie, pendant douze jours, des troupes inutiles, qu'il fallait faire marcher sans délai sur cette ville rebelle et exécrable. Ceux qui l'ont fait sont des traîtres à punir.

Dis au Ministre de la Guerre, qui a fait demander à la Société des renseignements sur l'officier d'artillerie Lagrée, qu'il peut s'adresser au Comité de Salut public, et qu'il en trouvera d'importants envoyés par moi, non seulement sur cet officier, mais encore sur beaucoup de ses confrères.

Le fanatisme s'agite toujours. J'ai tellement irrité sa furie, que je ne puis rentrer le soir, qu'escorté par les patriotes.

Je te dois maintenant une explication loyale et naïve. Mon amour pour les lumières et la bouillante ardeur de ma jeunesse m'ont entraîné dans quelques légères erreurs révolutionnaires, qui appartenaient à mon esprit et non à mon cœur. Un patriote de Paris, que je ne connais pas, a écrit à la Société populaire de Grenoble, pour les lui rappeler et fixer sur moi sa surveillance. J'ai parlé franchement, j'ai avoué franchement mes fautes. J'en ai révélé quelques-unes que le patriote, mal instruit, passait sous silence. J'ai fait l'histoire de ma vie révolutionnaire et l'énumération de tous mes services. La Société a écrit à ce patriote une lettre très honorable pour moi et très satisfaisante pour lui. L'aristocratie a ri un moment, mais son triomphe a été de courte durée. Cet événement m'engage à redoubler d'efforts pour mériter de plus en plus ta confiance.

J'attends toujours mon passeport et mon sans-culotte auxiliaire.

P. Chépy.

[*Ibid.*, t. 331, fol. 178-179 v°.]

CXVI

Grenoble, octidi 1re décade de frimaire, l'an 2me de la République. [8 frimaire = 28 nov.]

P. Chépy, agent politique, au Ministre des Affaires Étrangères.

J'ai eu hier une première conférence avec Carteaux. Je

l'ai trouvé travaillant fort. Je me suis aperçu que ses aides-de-camp ne le tutoyaient pas. Je l'ai tutoyé moi, et il n'a pas paru le trouver mauvais. D'abord, je lui ai déclaré que j'avais une mission qui me donnait un point de contact avec lui. Ensuite, je lui ai fait part de la nécessité qu'il y avait de seconder promptement les vues sages du Comité de Salut public et de la Convention, par rapport à la Suisse. Je lui ai remontré l'urgence des ordres à donner à ce sujet sur la frontière. Il est bien entré dans mon sens et m'a promis d'agir sans délai. Je ne le quitterai pas de l'œil, ni ses confrères dorés. Quant à lui, j'espère qu'il marchera droit, mais ici, comme ailleurs, les entours ne me paraissent pas très bons.

L'avoine manque absolument depuis avant-hier. Il y a aussi pénurie des autres objets de subsistance.

Le général Dours s'est rendu à Valence, non pour cause de troubles, mais je crois pour organiser les troupes de réquisition qui affluent. Il a passé par ici un superbe bataillon de jeunes gens du district de Roanne. Aujourd'hui arrive un détachement de hussards du 1er régiment.

Le district de Vienne voulait former plus d'un bataillon. Carteaux l'a rappelé au respect pour la loi..

Les grenadiers de Paris font assez bien le service d'armée révolutionnaire. L'on bat les grains et l'abondance commence à renaître. Le département de l'Isère produit à peine pour sa consommation. Jusqu'à la confection des recensements, l'administration avait arrêté de ne point laisser sortir de grains. La commission temporaire de Ville-Affranchie, pressée sans doute par d'impérieuses circonstances, en a fait enlever d'autorité. Cet acte, dicté sans doute par la nécessité, fait beaucoup crier ici. Je travaillerai à calmer les esprits.

Le tribunal et le jury criminel du département viennent de s'élever à la hauteur des circonstances. Ils ont acquitté des *brûleurs de châteaux*.

Le Comité de surveillance, depuis l'incarcération de son président et depuis ma vigoureuse démarche, a pris une attitude imposante qui se soutient. L'avant-dernière nuit, il a fait arrêter 26 personnes suspectes. Cette expédition a mis un peu la terreur à l'ordre du jour. Je ferai en sorte que le thermomètre ne baisse plus.

La Société a obtenu des représentants du peuple un ordre pour la translation de Rossi. Enfin donc justice sera faite¹ !

La Société vient d'ouvrir un registre d'inscription pour les citoyens et citoyennes qui ne veulent d'autre culte que celui de la raison et de la vérité. Il y a déjà un certain nombre de signatures.

La Société a fait aussi un auto-da-fé de quelques livres superstitieux qui lui ont été remis, mais, il faut l'avouer, c'est maigre en comparaison de la philosophie parisienne. J'ai obtenu qu'on inviterait tous les sans-culottes, qui en auraient de cette espèce, à les remettre, et qu'on accepterait (sans rien préjuger) l'offre d'un aristocrate (Giroud, le libraire), qui se proposait de livrer aux flammes un fonds de boutique assorti en ce genre, valant environ 20,000 livres.

Quoi qu'il en soit, je ne puis te dissimuler que l'état des

---

¹ Elle devait être complète, en effet, car, traduit devant le tribunal révolutionnaire de Paris, le malheureux Rossi fut condamné à mort le 8 pluviôse an II (27 janv. 1794). Au reproche de pusillanimité qu'on ne craignit pas de lui adresser, il répondit en faisant remarquer qu'il comptait 52 ans de service, 8 campagnes, qu'il s'était trouvé à deux batailles et à neuf sièges. (Arch. nat., W. 316. Wallon, *Hist. du tribunal révolut.*, II, 376-377.)

opinions religieuses n'est pas très bon, même dans la ville. Les prêtres constitutionnels travaillent, s'agitent. Les ouailles des insermentés se rallient aux nouveaux pasteurs, parce qu'elles voient la superstition attaquée. Moi, apôtre du culte de la raison et de la vérité, je suis sous le couteau. Dans les campagnes et dans la montagne c'est cent fois pire. Je pense donc qu'il faut agir avec fermeté et prudence. C'est ce que je m'attache à faire.

Quant à cela seulement, j'enraye le char de la Révolution. Je ne pense pas qu'il puisse aller au pas de charge, qui, si justement, est tant à l'ordre du jour pour tout le reste. Cependant, j'ose t'assurer d'avance que dans trois mois les prêtres seront entièrement à bas. Les abjurations ne se multiplient pas. Quant à l'inauguration du temple de la raison et de la vérité, elle ne peut se faire que sous les auspices des représentants et dans quinzaine.

Depuis quatre mois je suis tout seul. J'ai beaucoup fait, mais je ne peux pas tout faire. Tu trouveras ci-jointe l'invitation faite par la Société aux citoyens riches de contribuer à l'établissement des manufactures d'armes.

Compte sur moi à la vie et à la mort.

La liberté te garde.   P. Chépy.

P.-S. — On a fait ici, comme à Paris, une presse de prostituées.

Les biens des émigrés du département viennent d'être estimés à *cent millions*. Je suis convaincu qu'ils seront vendus au moins cent cinquante. Qu'on joigne à cela le rapport de Cambon sur nos finances et que l'Europe tremble [1].

[*Ibid.*, t. 331, fol. 204-205 v°.]

[1] *Moniteur*, XVII, 486-487 (Séance du 1er frimaire). Ce rapport

A la suite (fol. 206) est l'invitation de « la Société populaire de Grenoble aux citoyens de cette ville », annoncée dans la lettre précédente. — Imprimé. Sans date. Signé : Couturier, président[1] ; Téron, secrétaire. — Adhésion du Conseil général du département, en date du 4 frimaire an II. Signé : Planta, président ; B. Royer, secrétaire général provisoire[2].

CXVII

Grenoble, nonidi 1re décade de brumaire (lis. frimaire), l'an 2me de la République française [9 frimaire = 29 novembre].

P. Chépy, agent politique, au Ministre des Affaires Étrangères.

Hier, j'ai eu une seconde conférence avec le général Carteaux ; il a paru y mettre beaucoup de franchise. Il m'a dit qu'il allait visiter tous les points de la frontière, qu'il verrait *Genève*, et qu'il préparerait tout avec vigueur pour des succès à la campagne prochaine. Il m'a assuré qu'il n'avait, *pour aller droit sur Turin*, que quatre postes à enlever ; que la chose était très faisable.

---

contient l'exposé des motifs du *Décret sur les domaines aliénés*, adopté le même jour. (*Ibid.*, pp. 487-488.)

[1] Couturier (Jacques-Nicolas-Joseph), officier municipal de Grenoble et accusateur public près le tribunal criminel de l'Isère. Mort à Grenoble le 3 janvier 1803. (A. Gras, *op. cit.*, p. 169.)

[2] Balthazard Royer, mort à Grenoble le 22 février 1803, secrétaire général de la préfecture de l'Isère. (A. Gras, *ibid.*)

Il m'a avoué, en même temps, qu'il lui fallait avoir Genève, qu'il voulait s'en ménager l'entrée, qu'il voulait y faire travailler avec de bonnes insinuations et de l'argent. Il m'a exposé que, ne connaissant personne dans cette armée, il me choisissait pour remplir cet objet important. Je lui ai répondu par écrit :

1º que j'étais placé à Grenoble à poste fixe ; que, sentinelle du Gouvernement, je ne pouvais quitter ce poste sans être relevé ;

2º que mon existence à Grenoble tenait à un plan de surveillance générale qu'il ne fallait pas désorganiser ;

3º que je ne pouvais me prêter à l'exécution d'aucun plan, à moins qu'il ne fût approuvé par mes commettants et qu'ils ne me déléguassent formellement pour en suivre l'effet ;

4º que la chose publique ne souffrirait point de mon refus, que le département avait et aurait des agents sur le point où il voulait travailler ; que, d'ailleurs, dans l'arrondissement de l'armée qu'il commandait, il se trouvait une quarantaine de Jacobins de Paris, parmi lesquels il pourrait facilement faire un choix.

J'espère que tu approuveras ma réponse et ma conduite. Quoi qu'il en soit, je te déclare que je suis prêt à faire tout ce que me commandera le salut de ma patrie.

La liberté te garde.   P. Chépy.

[*Ibid.*, t. 325, fol. 250-250 vº.]

CXVIII

Grenoble, primidi 2ᵐᵉ décade de frimaire, l'an 2ᵐᵉ de la République [11 frimaire = 1ᵉʳ décembre].

P. Chépy, agent politique, au Ministre des Affaires Étrangères.

Carteaux, que j'observe de près, vient de former un excellent établissement. C'est une école pour les officiers. Les généraux, adjudants-généraux et lui-même y président. Il serait à souhaiter que cette méthode fût adoptée généralement [1]. Je n'ai rien d'ultérieur à te dire sur son compte, si ce n'est que sa femme paraît vouloir prendre une part active aux affaires. Elle est dans la chambre du travail, écrit, surveille les écrivains, et manie avec complaisance les papiers. Elle se mêle aussi de recevoir les officiers, de répondre pour son époux. Elle disait l'autre jour : *Nous transporterons peut-être notre quartier général ailleurs.*

---

[1] Carteaux n'avait pas eu une idée de génie ; il n'innovait même pas, comme Chépy semble le croire. Il suffira, pour s'en convaincre, de lire le texte de l'ordre auquel il est ici fait allusion. « Ordre (du 7 frimaire) à tous les officiers des bataillons composant la garnison de Grenoble de se rendre demain, 8 frimaire, dans la salle des ci-devant Jacobins, et à dix heures du matin, *pour y apprendre la théorie.* Ils sont prévenus que le général en chef de l'armée s'y trouvera pour la première leçon. » (A. G.). Voy. un ordre analogue, du 6 frimaire, pour « les commandants des bataillons de réquisition et autres officiers commandants de compagnies détachées ».

Cela est un peu minutieux, mais je me ressouviens de mes instructions qui m'ordonnent d'entrer dans les plus petits détails.

Je n'ai pu encore acquérir des connaissances précises sur les autres membres de l'État-major.

Foulet et Poulain, que j'ai dénoncés tant de fois, sont enfin arrêtés.

J'ai conféré avec Carteaux sur la nécessité : 1º de destituer Fox, adjudant-général, intrigant, charlatan, homme peu sûr[1] ; 2º d'examiner sévèrement la conduite de Boyer, adjudant-général, accusé par une foule de militaires de *couardise*[2] ; 3º d'accorder sa retraite à Bragard, commandant temporaire de Grenoble[3], homme usé, faible et courbé sous les souvenirs du vieux régime. J'espère que tout se fera à l'avantage de la chose publique.

L'éducation révolutionnaire que j'ai créée, qui avait langui pendant quelque temps, va bien. La jeunesse afflue. Tous les instituteurs y amènent leurs élèves, par ordre de la municipalité. Nous recueillons déjà les plus doux fruits de nos efforts. Tu n'as pas d'idée de ce que promet cette génération naissante.

Je presse le plus que je puis la *conversion* des saints et des madones et le départ des vases d'or et d'argent pour le creuset national. Ça ira !

Le Comité de surveillance soutient passablement sa

---

[1] Fox était adjoint aux adjudants-généraux en septembre 1792 ; il avait dû passer adjudant-général en juin 1793.

[2] Voy. ci-dessus, lettre du 13 juillet. Non compris dans l'organisation de l'an III, mais, remis plus tard en activité, Boyer se distingua à la bataille de Rivoli, ce qui rend assez inexplicable le reproche de couardise que Chépy lui adresse à deux reprises. (Arch. nat., AF. II, 339.)

[3] Bragard, chef de brigade commandant la place de Grenoble.

marche. Il va s'occuper des curés de campagne qui fanatisent à force.

On a fait une nouvelle découverte d'effets appartenant aux Chartreux et qui valent environ 20,000 livres.

Les riches s'exécutent *un peu* pour les manufactures d'armes.

L'armée révolutionnaire fait merveille. On a trouvé dans une seule petite commune : 400 sétiers de blé, 1,200 œufs et 600 livres de beurre. Tout a pris lestement le chemin de Grenoble.

J'ai maintenant à te rendre compte d'une grande victoire que j'ai remportée sur le fanatisme. Avant-hier, j'ai improvisé contre ce monstre un long et énergique discours qui a fait l'impression la plus vive. J'ai fait ensuite la motion que, chaque décadi, le peuple se réunît pour chanter des hymnes civiques, et entendre un discours moral. La proposition en a été adoptée. Je me suis offert pour prononcer le lendemain (jour de décadi) le premier prône de la raison et de la vérité. Hier, j'ai accompli ma promesse dans la salle de la Société.

La garnison, l'État-major, les autorités constituées, tout assistait à la cérémonie. L'affluence des citoyens était immense. J'ai tonné, j'ai déchiré le voile avec courage. J'ai produit un grand effet et je me flatte d'avoir porté un coup mortel au catholicisme, si évidemment incompatible avec la liberté. Le général a paru désirer qu'on se rendît sur la place publique au pied de l'arbre de la liberté. Tout le cortège s'y est transporté. J'ai fait là un second discours, encore plus vigoureux que le premier. On a crié : *A bas le fanatisme ! A bas les prêtres !* Une circonstance heureuse, c'est qu'il y avait beaucoup de cultivateurs attirés par le marché.

Le général a eu une idée bien ingénieuse. Il a dit à la troupe : *Comme tous les hommes sont prêtres de la divinité, je veux que vous communiiez sous les deux espèces. En conséquence, j'ordonne qu'on vous donne à chacun un demi-pain et une bouteille de vin.* Ce sacerdoce d'un nouveau genre a été fort du goût de nos braves frères d'armes.

Le soir, à la Société, j'ai lu encore ce qui nous venait de Paris contre le papisme, et surtout le fameux réquisitoire de l'inébranlable Chaumette. Enfin, je suis sur les dents, ma poitrine est épuisée, et je crains sérieusement de faire une maladie, mais l'amour de ma patrie et de mon devoir l'emportera sur cette crainte.

On a fait la motion de fermer les temples et d'abattre les clochers. Je ne sais si cela sera mis de suite à exécution. Le décadi a été fort bien observé.

Compte toujours sur mon zèle ardent et sur mon imperturbable courage.

Adieu. P. CHÉPY.

Nota. — Il est parti soixante voitures des frères Richaud pour aller chercher à Briançon un gros convoi d'artillerie pour Toulon.

La jeunesse de réquisition arrive à force.

La fête d'hier a failli être troublée. On a fait quelques salves d'artillerie, et des canons, *on ne sait comment*, se sont trouvés chargés à boulets. Heureusement, ils n'ont blessé personne. On va faire des recherches exactes.

[*Ibid.*, t. 331, fol. 284-285 v°.]

CXIX

Grenoble, tridi, 2me décade de frimaire, l'an 2me de la République [13 frimaire = 3 décembre].

P. Chépy, agent politique, au Ministre des Affaires Étrangères.

Je m'empresse de t'annoncer que le chef de bataillon d'artillerie La Cattonne, président de la commission populaire (*sic* : lis. : militaire), qui a acquitté *Rossi, dénoncé* par moi au Comité de Salut public, enfin accusé par beaucoup de citoyens, s'est brûlé hier la cervelle, au moment où des commissaires de la municipalité venaient pour vérifier ses papiers[1]. J'espère qu'on y découvrira quelque trame nouvelle, et peut-être des preuves de la malveillance coalisée des chefs de l'artillerie, sur laquelle j'ai déjà appelé l'attention du Comité de Salut public.

Lagrée est aussi arrêté. Il y a longtemps que les soupçons planaient sur sa tête.

Je ne t'en écris pas davantage pour aujourd'hui. Je vais courir, entendre, voir, observer, surveiller.

La liberté te garde.   P. CHÉPY.

[*Ibid.*, t. 331, fol. 324.]

---

[1] L'ordre d'arrêter la Cattonne et de mettre les scellés sur ses papiers avait été donné par Carteaux, le 12 frimaire. (A. G.)

CXX

Grenoble, quintidi, 2ᵐᵉ décade de frimaire, l'an 2ᵐᵉ de la République [15 frimaire = 5 décembre].

P. Chépy, agent politique, au Ministre des Affaires Étrangères.

Je te dois quelques détails ultérieurs sur La Cattonne et sur Lagrée. L'un et l'autre ont été arrêtés par ordre de *Carteaux* ; le premier, comme président de la *commission prévaricatrice*, qui avait acquitté Rossi ; le deuxième, comme ayant entravé une grande opération par ses lenteurs[1]. La mesure d'arrestation a été étendue à tous les membres de la commission militaire. Exemple utile pour ceux qui ne semblent se revêtir, pendant quelques instants, du saint caractère de juge que pour couronner les plus affreux forfaits.

Je ne sais point encore ce qui est résulté de la fouille des papiers de La Cattonne. Quand j'aurai des notions précises, je te les ferai parvenir.

Les ouvriers de l'arsenal, trompés par un commis et abreuvés sans doute par la partie intéressée, sont venus

---

[1] Ordre du 13 frimaire : « Ordre à l'adjudant-général Sandos de se transporter entre trois et quatre heures du matin, en vertu des ordres du général en chef, accompagné du chef d'escadron de la gendarmerie et d'un officier municipal chez le citoyen Lagrée, ci-devant commandant de l'artillerie, pour faire apposer les scellés sur les papiers et même sur les appartements dudit Lagrée. » Il a dû y avoir un autre ordre pour l'arrestation du prévenu. (A. G.)

à la Société populaire, réclamer Lagrée, *leur bon chef,* avec autant d'acharnement que d'insolence. La Société, pour toute réponse, a chargé son Comité d'observation des lois de s'enquérir du patriotisme des pétitionnaires et de rechercher l'auteur et rédacteur de la pétition pour le faire incarcérer.

Je te préviens, en outre, qu'il a été décacheté à la poste une lettre, qui rend suspects le secrétaire de l'arsenal et le général Du Teil, l'aîné, que je t'ai déjà dénoncé plusieurs fois.

Deux artificiers viennent de partir en poste pour Toulon.

Il est arrivé ici un bataillon de réquisition nouvelle des environs de Villefranche ; il est impossible de voir une plus florissante jeunesse.

L'envoi de 2,000 livres à la Société populaire, de la part du Conseil exécutif, a produit le meilleur effet. Je l'ai fait valoir comme il le fallait. Les aristocrates sont consternés de la protection immédiate qu'accorde le Gouvernement à ces institutions salutaires.

Notre député pour Strasbourg est parti. Ceux pour Ville-Affranchie vont se mettre en route.

Voici les renseignements *certains* que j'ai recueillis sur cette exécrable cité. Les représentants vont très bien. L'armée révolutionnaire va très bien, la commission temporaire va très bien, les commissions de justice populaire vont très bien, mais le peuple va très mal. Au milieu de tant de justes angoisses, les scélérats lyonnais disent tout haut qu'ils regrettent le temps du siège, et que jamais ils ne se seraient rendus s'ils eussent eu des vivres[1]. L'incurable royalisme, l'égoïsme homicide, la

---

[1] Il est certain que les hécatombes prononcées par la Commis-

rage est dans tous les cœurs. Ah! cette population est maudite. Il faut, ou passer la charrue sur la ville, ou y envoyer une colonie de sans-culottes de Paris et des départements voisins. Ces coquins se flattent d'une amnistie. Ils cherchent à apitoyer les soldats de la patrie, ils ont cherché à corrompre la garnison de Valenciennes, et on assure qu'ils ont passablement réussi auprès des officiers. La Société populaire est ardente, mais peu éclairée. Nul ordre dans ses séances, nulle régularité dans ses délibérations. Il faudrait deux ou trois hommes forts pour débrouiller ce chaos.

Il y a à Bourgoin un détachement de quatre membres de la commission temporaire[1]; quelques personnes assurent qu'ils sont assez mal entourés. Cependant, ils marchent avec la vigueur qui caractérise les Jacobins de Paris. On ne leur désirerait qu'une attitude un peu plus imposante. Elle est nécessaire dans le département de l'Isère, où l'homme sans talents et sans tenue ne réussit point.

La liberté te garde.   P. Chépy.

P.-S. — J'attends les 600 livres que je t'ai demandées pour faire imprimer quelques petits écrits sur le vice des religions actuelles. J'attends aussi des constitutions et des ouvrages *élémentaires, pour mes jeunes élèves.*

[*Ibid.*, t. 328, fol. 12-13.]

---

sion révolutionnaire, les « mitraillades » des Brotteaux (elles avaient commencé la veille, 14 frimaire) justifiaient ce langage.

[1] Vauquoy, Sadet, Théret et Paillet. Voy., pour cet épisode de l'histoire de la révolution à Bourgoin, Fochier, *Souvenirs hist. sur Bourgoin*, pp. 237 et suiv.

On doit mentionner ici, à raison de sa date, et bien qu'il soit placé au fol. 280, un « Rapport des commissaires nommés par la Société républicaine de Grenoble, sur l'ordre à établir dans les fêtes civiques qui se célébreront à chaque décadi ». (Imprimé, in-8°, 3 pages). Ce document est suivi d'un « Extrait (également imprimé) du procès-verbal de la séance du 15 frimaire de la Société républicaine de Grenoble ». Il y est dit que la Société « a adopté dans son entier » le rapport précité et « en a ordonné l'impression ».

CXXI

Grenoble, septidi de la 2ᵐᵉ décade de frimaire, l'an 2ᵐᵉ de la République [17 frimaire = 7 décembre].

P. Chépy, agent politique, au Ministre des Affaires Étrangères.

On n'a rien trouvé dans les papiers de La Cattonne. Le scélérat avait eu soin de tout soustraire chez lui, et, s'il s'est tué, c'est qu'il n'attendait point de ses complices la même précaution.

On a trouvé dans les papiers du général Du Teil plusieurs lettres du chef de brigands *Précy*. Le Comité de surveillance va en envoyer des copies certifiées au Comité de Salut public. C'est ainsi que le chef de notre artillerie correspondait avec le chef des rebelles, c'est ainsi que le siège de Lyon (comme je l'ai dit déjà) n'a été qu'une longue trahison. On travaille au dépouillement des papiers de Lagrée.

Carteaux va partir pour faire sa tournée. C'est le général Pellapra qui commandera ici. C'est un vieux soldat ; je ne connais point ses principes. Je sais seulement que, commandant dernièrement à Marseille, il a montré de la fermeté[1].

Le général Lajolais est envoyé à Carouge[2]. Les Prussiens viennent de couper son frère en morceaux, à Wissembourg, et ont dévasté ses propriétés. La soif de la vengeance peut faire espérer de sa part une bonne conduite.

Le général Point, *sans-culotte déterminé*[3], commande

---

[1] Pellapra (Jean-Louis), né le 11 janvier 1739, à Montélimar, où son père était avocat et où il fit ses études. Soldat au régiment de Champagne, le 28 avril 1754, il prit part, de 1757 à 1761, aux campagnes d'Allemagne (Hanovre). Passé au régiment de Bourgogne, le 28 avril 1767, il fut envoyé en Corse où il reçut une blessure qui lui valut le grade de sous-lieutenant (5 mars 1769). Lorsqu'éclata la Révolution, il était, depuis le 20 août 1780, capitaine en second d'une compagnie de grenadiers. Il fit campagne sous Montesquiou en 1792, et contre les rebelles du Midi en 1793. L'année 1793 fut extrêmement favorable à son avancement, car, en moins de quatre mois, il s'éleva du grade de chef de bataillon à celui de général de division (11 juin — 7 octobre). En l'an III, il commandait la 2ᵉ division de l'armée des Alpes. Il fut probablement retraité vers cette époque. La date de sa mort est inconnue. (Arch. nat., AF. II, 853. — Rochas, *Biogr. dauph.*)

[2] C'est Dours qui lui avait donné cette destination, bien qu'il le tînt pour très suspect, en raison de ses relations avec Kellermann. Il se réservait de le faire surveiller par le général de division Badelaune, placé à Chambéry, bon patriote, mais n'ayant pas la finesse voulue pour remplir les fonctions réservées à Lajolais.

[3] François-Hilarion Point, né à Montélimar, le 15 avril 1759, s'engage à 18 ans dans Royal-Champagne, cavalerie, où il parvient au grade d'adjudant sous-officier, 19 janv. 1789. Il se retire alors du service, mais y rentre le 6 nov. 1791 comme capitaine dans le 1ᵉʳ bataillon de l'Isère. Chef en second du 2ᵉ bataillon du Mont-Blanc en 1793, chef de brigade, et général de brigade le 16 vendém.

à Entrevaux où les choses vont bien, puisque nous sommes enfoncés de six lieues sur le territoire ennemi.

Je ne sais quelle destination on donnera à Rivaz[1], à Cézar[2], à Dours.

On trouve les entours de Carteaux un peu jeunes. Fox est suspendu. Priez, directeur des étapes, est arrêté, traduit à Commune-Affranchie. Deux de ses préposés, que je crois plus coupables que lui, sont aussi arrêtés. Il s'agit de retards apportés à l'expédition d'un convoi d'artillerie pour Toulon.

Les fanatiques ont voulu ici abuser des discours profonds de Robespierre contre la philosophie[3], mais ils n'y réussiront point. Je suis là pour commenter.

Deux ou trois communes du département viennent de fermer leurs églises. Quelques curés ont remis leurs lettres de prêtrise. Ceux des vicaires épiscopaux, qui ne s'étaient point exécutés, ont fait hier leur abdication, qui ne nous inspire pas plus de confiance que de raison. L'église cathédrale se trouvant vide, j'ai profité de l'occasion pour improviser un temple à la raison et à la vérité. La municipalité a mis cet édifice à notre disposition, malgré quelques clameurs. Nous y célébrerons les fêtes

---

an II. Prend part au siège de Toulon et fait campagne à l'armée des Pyrénées. Disgracié en 1795, il se retire à Grenoble. Rappelé à l'activité, il sert de nouveau en Italie, sous Bonaparte et sous Championnet, dans le royaume de Naples. Tué le 4 nivôse an VII, près d'Aquila. (*Statist. gén. du départ. de l'Isère*, IV, 324, n. 1.)

[1] Rivaz avait donc obtenu de ne pas aller à Entrevaux.

[2] Cézar, général de brigade, du 16 vendém. an II.

[3] Discours prononcé par Maximilien Robespierre le 1er frimaire = 21 novembre, au club des Jacobins. Il s'y érigeait en défenseur de la liberté religieuse, compromise par les hommes qui venaient d'abolir toute espèce de culte, et déclamait contre l'athéisme auquel il reprochait d'être aristocratique.

civiques, les décadis ; ça ira, sans fanatisme philosophique, sans dragonnades, sans vexations.

Petit-Jean est arrivé. J'espère lui indiquer beaucoup de bien à faire.

Hier, il s'agissait, à la Société, de demander aux représentants du peuple le complètement de l'administration du département. Comme je sais que, malgré la purgation de Dubois-Crancé, il y était resté des fédéralistes, j'ai proposé de discuter si un renouvellement intégral ne serait pas préférable. J'espère que tout se terminera heureusement pour la chose publique.

Je te prie de ne point trouver mauvais le léger ralentissement que pourrait, pendant quinze jours, éprouver ma correspondance. Il ne pourrait être attribué qu'à une maladie cutanée assez grave, que m'ont procurée les fatigues de l'apostolat révolutionnaire.

Compte sur mon courage et sur mon zèle tant qu'il me restera un souffle de vie.

P. Chépy.

P.-S. — Je te prie de te rappeler mes diverses demandes.

(En marge) Ci-joint une lettre anonyme écrite contre moi, qui te prouvera que je marche droit dans la voie révolutionnaire et que je suis digne de ta confiance, puisque la horde fanatique et aristocratique vomit contre moi de semblables horreurs.

[*Ibid.*, t. 328, fol. 88-89.]

Copie fidèle d'une lettre anonyme écrite aux citoyens administrateurs des trois corps constitués réunis à Grenoble.

Citoyens,

N'est-il pas vrai que vous et nous avons accepté la constitution, précédée de la déclaration des droits de l'homme, du 24 juin dernier 1793, et que nous avons tous, à l'unanimité, juré de l'observer ? Je lis, avec la plus grande satisfaction de mon cœur, que l'Assemblée constitutionnelle déclare : 1° la proclamer (la déclaration) en présence de l'Être suprême[1] ; 2° le libre exercice des cultes ne peuvent (sic) être interdit[2] ; 3° le droit de manifester ses opinions[3] ; 4° tout acte exercé contre un homme, sans les formes que la loi détermine, est arbitraire et tyrannique[4] ; 5° ceux qui feraient exécuter des actes arbitraires sont coupables et doivent être punis[5] ; 6° nul ne peut être privé de la moindre portion de sa propriété[6] ; 7° que tout individu qui usurperait la souveraineté soit à l'instant mis à mort[7] ; 8° les délits des mandataires du peuple et de ses agents ne doivent jamais

---

[1] *Déclaration des droits de l'homme et du citoyen.* Préambule.
[2] *Même déclaration.* Art. VII. Il est à remarquer que, dans le texte visé, le verbe est au pluriel, parce qu'il y a plusieurs sujets.
[3] Même article.
[4] Art. XI.
[5] Art. XII.
[6] Art. XIX.
[7] Art. XXVII.

rester impunis ; nul n'a le droit de se prétendre plus inviolable que les autres citoyens[1].

Par quelle fatalité, ou plutôt par quelle faiblesse, souffrez-vous parmi vous, dans la ville, à la Société populaire et ailleurs, un séditieux, qui, au lieu de promulguer et faire connaître au peuple ses salutaires lois, s'y oppose en y substituant à son gré de toutes contraires, pour séduire le peuple en lui prêchant l'athéisme, le pillage et le massacre, dont s'ensuivra la guerre civile, joignant déjà aux fureurs d'un nouveau Catilina la dictature du farouche Sylla, ayant déjà rassemblé sous ses étendards les libertins, les pillards et une foule d'étrangers, qui exécutent, au moindre signe de ce despote, tous ses actes arbitraires ? Ses forfaits sont bien connus et publics. Toutefois, si vous ne voulez pas prendre sur vous de faire arrêter sur l'heure et punir le tyran, appelez le peuple en assemblée populaire à Saint-Louis, et, là, demandez-lui s'il a entendu, oui ou non, tenir les propos suivants au convulsif Chépy, savoir :

S'il a dit que Moïse, Jésus-Christ, le dieu des chrétiens, étaient des êtres imaginaires, et qu'il n'y avait que des imbéciles qui crussent à ces fables, qu'il n'y avait point de Dieu et que nous n'avions point d'âme ;

S'il a dit que la religion catholique n'était qu'un fanatisme, et si, sous ce nom, il ne l'a pas mise à l'ordre du jour permanent, pour la combattre dans ses motions journalières, lui et ses complices (quoique le libre exercice des cultes soit autorisé par la loi) ; s'il n'a pas dit qu'il fallait détruire toutes les croix et tous les prêtres, et abolir la religion catholique et y substituer celle de la philosophie (mot vide de sens) ;

[1] Art. XXXI.

S'il n'a pas, de son autorité privée et contre le droit des gens, chassé de la Société des citoyens qui ont osé être d'un sentiment différent ; s'il n'a pas dit qu'il fallait égaliser, niveler les fortunes, et ne laisser exister aucun riche ;

S'il n'a pas dit qu'il fallait abattre les châteaux et maisons des riches, pour faire des chaumières aux sans-culottes ; ce sont des prétextes ; où est donc le droit de propriété ?

S'il n'a pas dit qu'à Grenoble on n'est pas patriote, et la preuve qu'il en donne, c'est, dit-il, que la guillotine est immobile, tandis qu'elle devrait être en permanence journalière ;

S'il n'a pas accusé plusieurs fois les autorités constituées de ne pas marcher dans le sens de la Révolution, les taxant d'aristocratie et d'inertie.

Voilà, citoyens, les textes de ses harangues incendiaires, d'autant plus dangereuses qu'elles sont débitées avec emphase, en termes qu'il trouve avec volonté et d'une voix tonnante. Or, si les hurlements d'un Thorio (?) sont applaudis de quelques ignorants, quels succès ne doivent pas avoir ceux de ce séditieux à talents ; or, ses harangues ne tendent qu'à inculquer l'athéisme et l'intolérance du catholicisme, la tyrannie des opinions, le pillage des propriétés, les meurtres, dont nécessairement s'ensuivrait la guerre civile, pour résister à cette nouvelle contrerévolution, car il est bon que vous sachiez que ce nouveau Catilina échappé (des pernicieux principes l'ont fait enfermer), chassé de son pays comme perturbateur public, n'a jamais été patriote, et, caché dans vos murs, si le fédéralisme eût eu le dessus, il en aurait été le coryphée. Il a eu le dessous, et il s'est tu. Il prend une autre tournure pour arriver à ses vues ambitieuses. Je laisse à votre sagacité à prévoir les maux incalculables que cet imposteur peut causer, non seulement dans ce département en particulier, mais dans la République en général, et me contenterai de vous sommer à vous éveiller de votre sommeil léthargique à ce sujet, de vous sauver et sauver vos administrés, par le châtiment prompt et sévère du plus coupable des hommes. C'est votre devoir, et alors vous aurez bien mérité de la patrie.

Le républicain Q. SCÆVOLA, jeune.

Grenoble, le 10 frimaire, l'an 2ᵐᵉ de la République française une et indivisible.

Certifié conforme à l'original, par nous, membres du Comité d'observation des lois.

TÉRON, président. BERTRAND.

[*Ibid.*, col. 90-91.]

CXXII

Grenoble, décadi 20 frimaire, l'an 2ᵐᵉ de la République [10 décembre].

P. Chépy, agent politique, au Ministre des Affaires Étrangères.

L'emprunt volontaire va passablement ; il passe déjà 60,000 livres. L'impôt se recouvre avec activité ; les biens des émigrés se vendent merveilleusement. Les riches capitalistes que j'avais mis en réquisition, du haut de la tribune, se sont assemblés. Ils vont former une Société, très avantageuse pour la République. Non seulement ils s'engagent à faire toutes les avances pour la manufacture de fusils, mais même ils abandonnent tout bénéfice.

Il va arriver à Commune-Affranchie deux jacobins auxiliaires[1]. Petit-Jean et moi nous consommerons avec ce secours la Révolution, qui est encore loin de marcher au pas de charge. J'ai donné au représentant du peuple une marche sûre et vigoureuse, fondée sur des notions locales. Ça ira, j'en jure par la liberté. On va d'abord s'occuper de l'épurement du Comité de surveillance, trop facile à s'attiédir, puis du renouvellement du District, attendu que dans le Gouvernement révolutionnaire, ces administrations sont tout. Un membre du District actuel, Giroud, est arrêté[2].

Je fais la chasse aux muscadins lyonnais. J'ai mis le représentant sur les traces de deux.

Le général Dours va commander à Chambéry, le général Petit-Guillaume à Annecy. Ce dernier paraît enragé contre les aristocrates. Son aide de camp, ex-garde française, paraît aussi très prononcé.

---

[1] J'ignore de qui il s'agit. Ces Jacobins auxiliaires ne peuvent être les deux agents envoyés à Lyon par le Ministre des Affaires Étrangères, au commencement de brumaire (passeports du 8 brumaire), et arrivés à destination au plus tard le 23 du même mois. Ceux-ci se nommaient Chartres et Caillard. Leur correspondance est assez insignifiante.

[2] Giroud (Pierre), né à Saint-Marcellin en 1756; notable du corps municipal de Grenoble, 1790; membre du Directoire du district, 1791-1793; receveur général du département de l'Isère sous le Consulat et l'Empire; maire de Grenoble en 1815; mort dans cette ville le 21 février 1841. (A. Gras, *op. cit.*, p. 175.)

Une compagnie d'artillerie est partie hier pour Toulon. L'opinion religieuse s'améliore beaucoup ; des communes de campagne ferment leurs églises. Quant à nous, nous inaugurons aujourd'hui le temple de la raison et de la vérité. L'argenterie dite sacrée ne tardera pas à prendre le chemin de la Monnaie et à rejoindre celle du district de Vienne, que Petit-Jean a régénéré. Hier, on a inhumé plébéiennement un matador du paradis, Saint-Victor, auquel les bonnes âmes avaient une parfaite confiance. Les bonnes femmes s'attendaient à un miracle de la part du saint, déniché de sa châsse. Elles ne peuvent revenir de ce que leur attente n'a point été remplie. Il est bon d'observer que cette prétendue relique n'était point autre chose que le squelette assez frais d'un enfant, avec deux jambes gauches.

Il y a eu, il y a trois jours, du train à la Société, sur une motion faite par un membre, que les militaires n'entrassent point armés. L'État-major s'est récrié *outre-mesure*. Carteaux est entré dans une colère mille fois plus grande que le père Duchesne, il est sorti avec fureur, en faisant un *appel* aux militaires, dont un certain nombre l'ont suivi. Puis, pour se venger, il a fait consigner à sa porte les *bourgeois*. Cette tracasserie n'a point eu de suites fâcheuses. Il y avait des torts respectifs, mais l'anecdote est bonne à savoir.

Compte sur mon zèle et sur mon courage.

P. CHÉPY.

P.-S. — Une compagnie de canonniers est partie hier pour se rendre au siège de Toulon.

[*Ibid.*, t. 328, fol. 148-149 v°.]

CXXIII

Grenoble, tridi, 3ᵐᵉ décade de brumaire [lisez: frimaire],
l'an 2ᵐᵉ de la République [23 frimaire = 13 déc].

P. Chépy, agent politique, au Ministre des Affaires Étrangères.

La destination de Lajolais est changée ; il va sous les murs de Toulon. Je crois qu'il ne sera pas mal placé. Vaubois commandera à Moutiers; Richoud[1] à Saint-Jean-de-Maurienne ; Badelaune, sous Dours, à Chambéry ; Nicolas, qui s'est laissé prendre par les muscadins lyonnais, part aussi pour Toulon. Valette commandera à Briançon ; Sarret[2] et Gouvion (excellent officier), à la vallée de Barcelonnette ; Rivaz et Point, à Entrevaux ; Villemalet[3] à Mende.

Je t'instruirai des changements qui pourront survenir dans ces dispositions ; je t'observe seulement que, par

---

[1] Général de brigade.

[2] Henri Sarret. Il n'était encore que capitaine et aide-de-camp de Kellermann, lorsque les Piémontais, violant la neutralité du Valais, pénétrèrent dans le Faucigny. Aidé du brave Verdelin, capitaine au 79ᵉ régiment d'infanterie, il sut suppléer à l'insuffisance du général Santerre. A la suite de cette campagne, où il s'était conduit d'une façon brillante, les représentants du peuple demandèrent pour lui, comme pour Verdelin, le grade d'adjudant-général chef de brigade. Il l'obtint, et ne tarda pas à être nommé général de brigade. Il fut tué le 17 germinal an II = 6 avril 1794, dans une attaque dirigée contre le Petit Mont-Cenis. (A. G. — Armée des Alpes.)

[3] Général de division. Employé, en l'an III, à l'armée d'Italie.

rapport à l'effectif de l'armée, l'État-major est trop nombreux, et qu'on devrait bien envoyer dans l'intérieur quelques-uns de ces oisifs adjudants-généraux, bien brodés, pour instruire la nouvelle réquisition.

Il vient d'être expédié un ordre de faire rentrer dans l'intérieur, c'est-à-dire dans les départements de Saône-et-Loire et de la Côte-d'Or, tous les prisonniers de guerre ou déserteurs engagés et non engagés. Je remarque :

1º qu'il faut éloigner ces dépôts des départements de l'Ouest infestés par les brigands, et couper la communication ;

2º qu'il faut tenir dans les départements, où de semblables dépôts existent, une force imposante disponible ;

3º qu'il faut employer les déserteurs et les prisonniers à des travaux publics, mais sous une sévère discipline et sous une austère surveillance.

Le représentant du peuple Petit-Jean a fait mettre en état d'arrestation le citoyen Doumé, résidant ici, frère du commandant de Toulon, et ayant à Toulon deux fils, lors de la trahison. Cette mesure a paru nécessaire, quoique Doumé passât pour un bon patriote.

Le représentant du peuple Petit-Jean m'estime, m'aime. Nous marchons parfaitement d'accord. J'espère que nous ferons de la bonne besogne.

L'inauguration du temple de la raison et de la vérité s'est faite le 2me décadi de frimaire. L'accusateur public Couturier a fait un beau discours. Il y avait 3,000 auditeurs. La cérémonie a été auguste, simple et patriotique. C'en est fait : le fanatisme sera terrassé sans convulsions, comme le veut sagement le Comité de Salut public. Je vais travailler à embellir et moraliser ces fêtes civiques. Convaincu que la Révolution ne doit plus marcher qu'au pas de charge, j'ai proposé à Petit-Jean de renouveler tous les fonctionnaires. Il a nommé une Commission d'indication dont je suis président. Déjà, sur nos propositions, il a chassé du Comité de surveillance des Vingt-et-un dix membres faibles, modérés, qu'il a remplacés par de vigoureux sans-culottes. Notre travail sur la régénération du District et du Département est prêt, tout sera consommé dans l'espace d'une décade.

A quatre lieues de Grenoble, vit modestement Montgolfier, auteur des aérostats[1]; il a du génie et du patriotisme. J'ai écrit au Comité de Salut public qu'il fallait mettre en réquisition ses talents, ainsi que ceux de d'Arçon[2] pour le siège de l'infâme Toulon. Il offre de s'élever dans un aérostat au-dessus de cette exécrable cité, et d'y jeter deux énormes bombes chargées d'artifices et pesant 30 milliers. Cela mérite examen.

Le général O'Hara est amené à Valence[3]; je voudrais qu'on lui fît éprouver le même traitement qu'essuye Beauvais, qu'on fait mourir longuement à la citadelle Lamalgue, et qui est couché sur une mauvaise paillasse. Surtout, qu'on réprime un peu dans notre armée de siège l'*anglomanie;* elle y règne.

J'ai eu une conversation à fond avec le commissaire général Alexandre. Elle n'a rien ajouté à l'idée que j'avais de sa probité et de sa sévérité comptables, mais elle a

---

[1] La découverte des aérostats à air échauffé ou *montgolfières* est due aux deux frères Montgolfier, Joseph et Étienne. Il est probable que Chépy veut parler de l'aîné Joseph, qui dirigeait une papeterie à Voiron.

[2] L'ingénieur militaire d'Arçon, dont il a déjà été parlé.

[3] Le général O'Hara fait prisonnier dans une sortie, le 30 novembre 1793, était à cette date le commandant en chef des troupes anglaises qui occupaient Toulon.

dissipé quelques soupçons que j'avais conçus sur la pureté de ses principes révolutionnaires.

Je dois t'instruire d'un fait important. Les canonniers et, en général, les militaires de la garnison de Valenciennes pensent et disent qu'on les réserve pour le siège de Genève. C'est à toi à tirer toutes les inductions que tu jugeras convenables. Tout à Genève commence à marcher à la montagnarde. Si le résident Soulavie voulait se déterminer à correspondre avec moi, cela pourrait faire beaucoup de bien ; mais il a vraisemblablement peur de compromettre sa supériorité hiérarchique. Les assignats perdent 35 pour 100 à Genève, mais on assure qu'ils seront au pair dans quatre ou cinq décades.

La liberté te garde. P. CHÉPY.

P.-S. — Accuse-moi au moins la réception de mes lettres par ordre de numéro.

[*Ibid.*, t. 325, fol. 281-282 v°.]

CXXIV

Grenoble, septidi, 3ᵐᵉ décade de frimaire, l'an 2ᵐᵉ de la République [27 frimaire = 17 décembre].

P. Chépy, agent politique, au Ministre des Affaires Étrangères.

Carteaux est parti pour une tournée dans le Mont-Blanc. Lajolais va à Bourg, et non plus à Toulon. Nicolas se rend sous les murs de cette exécrable cité avec l'adjudant-général Noël.

Le général Cézar (qui paraît brave homme) commande ici sous les ordres de Pellapra, qui paraît un peu bouché.

L'adjudant-général Palasson, patriote solide et excellent officier, suit l'instruction de la nouvelle levée. Elle ne pouvait être remise en de meilleures mains.

L'adjudant-général Lécuyer, attaché au service de la place et qui s'est fait connaître au siège de Lyon, est dans les bons principes et tout entier à son métier.

Le général Badelaune et l'adjudant-général Boyer sont arrêtés. J'avais déjà accusé ce dernier de *couardise*. Appelé à l'honneur de marcher contre Toulon, il s'en est défendu par tous les moyens possibles, n'a pas rougi de demander à Carteaux le changement de sa destination, et a dit à plusieurs personnes qu'il donnerait bien 50 pièces d'or pour ne point aller à ce siège.

Un adjudant-général vient d'être assassiné à Chambéry par les Piémontais déserteurs. Ces coquins-là ont beau mettre le pied sur le sol de la liberté, ils conservent toujours un goût de territoire.

On parle de quelques troubles du côté de Bourgoin. Ils sont suscités par des prêtres[1].

La pénurie de viande commence ici à devenir effrayante. Le maximum et la loi sur l'accaparement, malgré mes foudroyantes réclamations, s'exécutent mal. Nous allons nous concerter là dessus avec le représentant du peuple, qui est bien déterminé à changer cet état de choses.

Notre travail sur le renouvellement des autorités publiques ne sera exécuté que quand on se sera pénétré de l'esprit de l'excellent décret sur le gouvernement révolu-

---

[1] Mais provoqués surtout par les agissements de Vauquoy et de sa bande.

tionnaire. Je l'ai fait lire hier à la Société, où il a été couvert d'applaudissements. Pour nous y confirmer, j'ai fait arrêter le rappel du député que nous avions envoyé à Strasbourg et le renvoi au Comité d'observation des lois, des questions suivantes :

1º Si les députés envoyés par nous à Commune-Affranchie n'étaient pas aussi dans le cas du rappel, quoique simples apôtres de liberté.

2º S'il ne convenait pas de faire rentrer dans la masse de l'armée le bataillon de grenadiers de Paris, employé provisoirement comme armée révolutionnaire.

Quant à moi, je ne négligerai rien pour que nous jouissions du Gouvernement vigoureux que nous a créé le Comité de Salut public.

La raison et la vérité affermissent ici chaque jour leur empire. Il n'y a plus qu'une paroisse ouverte. Aussi le desservant a grande foule et raffine sur les momeries du métier pour la retenir. Plusieurs églises de la vallée sont fermées. Les hommes se plient volontiers, mais en général les femmes sont intraitables ; elles s'arment de piques, fourches, bâtons, etc. Quant à la *montagne*, il serait dangereux de vouloir y implanter actuellement le philosophisme. Point de violence, point de fanatisme, même dans la prédication de la saine doctrine ; de la fermeté, du zèle civique, et ça ira.

Beaucoup de prêtres de ces contrées, fiers d'une métamorphose provoquée par l'impérieuse nécessité des circonstances, venaient en foule se recommander à la Société pour des grades militaires et autres places. J'ai fait passer sèchement à l'ordre du jour, car *timeo Danaos et dona ferentes*.

La liberté te garde.   P. CHÉPY.

P.-S. — Envoie-moi le catéchisme du citoyen français sur la loi naturelle, par Volney[1]. Cet ouvrage est excellent ; je veux le distribuer dans les campagnes ; des livres élémentaires et encore des livres élémentaires !

[*Ibid.*, t. 330, fol. 15-16.]

CXXV

Grenoble, primidi de nivôse, l'an 2me de la République
[1er nivôse = 21 décembre].

P. Chépy, agent politique, au Ministre des Affaires Étrangères.

C'est le général Badelaune qui a été frappé à Chambéry, d'un coup de couteau à la cuisse. Il y a de grandes plaintes contre ce général. Il n'est pas précisément accusé de trahison, mais bien d'une inconcevable négligence et impéritie. Quant à son adjudant-général Boyer, ce n'est qu'un cri contre lui. Toutes les troupes, qui étaient sous ses ordres, le proclament lâche d'une voix unanime.

Le général Dugommier[2] a fait demander de nouveaux renforts. On lui envoie quatre bataillons : celui du 79e, celui de la Drôme, le 4e bataillon de grenadiers et un dont je ne sais pas le nom.

---

[1] *La loi naturelle ou catéchisme du citoyen français*, Paris, 1793, in-16.

[2] Commandant en chef de l'armée d'Italie depuis le 17 novembre, en remplacement de Doppet. Il allait être nommé (fin décembre) au commandement de l'armée des Pyrénées-Orientales.

Il est arrivé ici trois compagnies d'artillerie, l'une de Valenciennes, l'autre de l'Allier, l'autre, légère et volante, commandée par le patriote d'Anthouard [1]. Cette dernière s'est rendue coupable de quelques excès à Moirans, mais les coupables ont été arrêtés et seront punis.

Le décadi a été hier célébré avec succès.

Le Comité de surveillance marche. L'opinion religieuse va bien.

Tous les temples catholiques sont fermés par la *défection des ministres*. Le curé de Saint-Laurent, qui résistait seul, a été incarcéré pour prédication séditieuse.

La liberté te garde. P. CHÉPY.

[*Ibid.*, t. 330, fol. 121-121 v°.]

CXXVI

Grenoble, tridi, 1re décade de nivôse, l'an 2me de la République française [3 nivôse = 23 décembre].

P. Chépy, agent du département politique, au Ministre des Affaires Étrangères.

Les scellés ont été hier apposés à neuf heures du soir chez Carteaux. L'opération s'est faite avec précision, célérité et exactitude.

---

[1] Il y avait, en 1793, deux frères d'Anthouard, tous deux capitaines d'artillerie. Il s'agit probablement ici du cadet, Charles-Nicolas, né le 7 avril 1773, à Verdun ; élève, 1er septembre 1789 ; lieutenant, 30 juillet 1790 ; capitaine, 18 mai 1792 ; il était passé au commandement de la 14e compagnie à cheval.

La prise de Toulon nous a tous plongés dans l'ivresse de la joie[1]. Hier, on s'embrassait en pleurant. Quand on annonça, à la Comédie, cette heureuse nouvelle, l'allégresse fut convulsive. Le soir, on a improvisé une illumination et une fête civique pour *Petit-Jean*, comme représentant la sainte Montagne. Aujourd'hui grande fête; j'y cours et je quitte la plume pour m'abandonner tout entier à l'enthousiasme civique.

La liberté te garde. Périssent les Anglais! P. Chépy.

P.-S. — Je te joins ici un nouvel exemplaire de mon adresse sur Toulon; les mesures sont à l'ordre du jour.

[*Ibid.*, t. 330, fol. 127.]

« Adresse des citoyens composant la Société populaire de Grenoble à la Convention nationale. » C'est le factum imprimé qui a déjà été signalé plus haut. Voy. n° LXXVII.

[*Ibid.*, t. 330, fol. 128-130 v°.]

CXXVII

Grenoble, le 4 nivôse, l'an 2ᵐᵉ de la République française une et indivisible [24 décembre].

Le citoyen Petit-Jean, représentant du peuple près l'armée des Alpes, au citoyen Deforgues, ministre des Affaires Étrangères.

Privés du plaisir de nous voir quelques fois par la dis-

---

[1] Toulon fut repris par les Français le 29 frimaire = 19 décembre.

tance qui nous sépare, dédommageons-nous au moins en nous écrivant quelquefois, surtout lorsque l'intérêt de la République entrera pour quelque chose dans nos entretiens.

Le citoyen Chépy, ton agent dans la commune de Grenoble, et dont je t'ai déjà parlé dans une précédente lettre, est aujourd'hui l'objet de ma lettre. Ce brave et zélé républicain, qui se renferme absolument dans les bornes de la commission qui lui est confiée, ne mérite pas d'être compris au nombre de ceux qui ont excité de justes plaintes, et je me plais à croire que, dans l'état que tu as dû fournir au Comité de Salut public, tu l'auras distingué par les qualités qui le caractérisent.

Je dois ajouter, à ce que tu pourrais avoir dit de favorable pour lui, ce que je vois chaque jour.

Il fait dans cette commune le plus grand bien, et son ardent patriotisme s'étend même sur tout le département de l'Isère. Il a établi une instruction dans les principes républicains pour les jeunes gens, une autre pour les grandes personnes. Ces établissements sont suivis et produisent tout ce qu'on en peut désirer. Il est, à la Société populaire et dans toutes les assemblées de décades, l'orateur de la vérité. Je l'entendis hier, à une fête publique célébrée par les sans-culottes de cette commune en réjouissance de la prise de Toulon, avec un grand plaisir. Son énergie, le patriotisme de son discours enflammèrent tous ceux qui assistaient en grand nombre à la fête. Je termine par te dire que cette commune et le département entier perdraient un apôtre zélé, si on le retirait d'ici, et que les vrais patriotes seraient attristés s'ils ne l'avaient plus avec eux. Je t'engage, au nom du salut de la patrie, à le laisser au poste qu'il occupe avec courage, sagesse et prudence, et à lui continuer la confiance dont il est digne.

Salut, union et confiance.

Petit-Jean.

[*Ibid.*, t. 330, fol. 197-197 v°.]

CXXVIII

Grenoble, 6 nivôse, l'an 2ᵐᵉ de la République [26 décembre].

P. Chépy, agent politique, au Ministre des Affaires Étrangères.

L'arrestation de Carteaux n'a surpris, ni fâché personne ; il n'était point aimé, et on le disait hautement gâté par l'enthousiasme provençal. Amans, son aide de camp, a été aussi arrêté ; il est réputé pour un *insigne intrigant*[1]. On a trouvé dans sa malle un *hausse-col aux armes d'Angleterre*. Ce fait est assez singulier[2].

Pellapra a été reconnu pour général en chef provi-

---

[1] Paul-Serge Amans (de Saint-Amans). Né à Narbonne, le 5 oct. 1763. Chasseur au 6ᵉ régiment de chasseurs à cheval, 20 juill. 1782; retiré avec congé absolu. Sert dans la garde nationale de l'Aude depuis le commencement de la Révolution jusqu'au 25 janv. 1792 ; à cette date, sous-lieutenant au 5ᵉ régiment de cavalerie ; lieutenant, 1ᵉʳ avril 1793. A l'armée de Montesquiou, il avait joué un rôle peu honorable, dénonçant le général en chef et les officiers de son état-major, se faisant l'espion du général Hesse, etc. (A. G. Armée de Savoie). Il devait être au moins capitaine au moment de son arrestation.

[2] Il s'explique le plus facilement du monde, s'agissant d'un officier qui avait pris part au siège de Toulon.

soire ; on ne lui croit point assez de talents et de tenue pour remplir un poste aussi délicat, et il confirme cette opinion, généralement répandue, par son propre aveu. Je pense que l'intérêt public exige de le rendre promptement aux fonctions ordinaires de son grade. Ce qui doit rassurer un peu sur l'exercice de l'intérim, c'est l'expérience de Lécuyer, son adjudant-général, bon garçon, patriote, s'occupant sans intrigues de faire son métier, et un peu gênant pour ses confrères à cause de sa franchise et de sa bonhomie. Il est triste qu'un sujet aussi précieux n'ait point encore reçu du Ministre de la Guerre la confirmation de la nomination provisoire de Crancé et Gauthier, nomination qu'il a justifiée sous les murs de Commune-Affranchie.

Pouget, chef actuel de l'État-major, a une tête trop faible pour conduire l'armée. Son remplacement est décidé ; on balance entre Rivaz et Lajolais. Ce dernier a contre lui une dénonciation terrible sur des actes de vie privée[1]. Je t'instruirai de ce que cela deviendra. Rivaz, dans tous les cas, restera ici.

Les trois bataillons qu'on envoyait en renfort au siège de Toulon ont été contremandés. Un d'entre eux, le bataillon du 79me régiment, a été arrêté ici pour y prendre garnison.

Le bataillon des grenadiers de Paris a été envoyé dans la Maurienne. Le bataillon superbe de Villefranche, nouvelle réquisition, est parti pour Montmélian. Le dépôt du 6me bataillon des Côtes maritimes va rejoindre son corps aux Pyrénées orientales. N'oubliez pas que sur ce point

---

[1] Probablement l'accusation de vol dont il est question dans *Les derniers jours du Consulat*, de Cl. Fauriel, édit. Lalanne, p. 150, n. 1.

il y a un pressant besoin de renforts. Doppet avait fait demander 1,500 hommes de cavalerie ; on n'a pu les lui donner. J'espère qu'on les prendra du côté de l'armée de Toulon. Il y a cependant un dépôt de 300 hussards du 1er régiment, dont on pourrait disposer.

L'esprit public va supérieurement, surtout depuis la prise de Toulon. Il y a dans les districts voisins une fermentation religieuse. Le représentant du peuple va y mettre ordre avec une sage proclamation.

Toujours même résistance au maximum, toujours même disette de denrées de première nécessité.

La loi révolutionnaire s'exécute ; le Conseil général du département s'est dissous. Les options ordonnées par la loi se font, et les autorités publiques vont passer au creuset épuratoire.

Hier, jour de Noël (très vieux style). La physionomie de Grenoble n'était pas par trop catholique. Cependant, les citoyens des campagnes ne sont point venus au marché. Je t'envoie ci-inclus un certificat dont j'ai annoncé l'existence au Comité de Salut public. Je te prie, après l'avoir lu attentivement, de le faire passer à ce même Comité, comme preuve justificative de ton choix, et comme base de la confiance que j'ai le droit d'attendre du gouvernement, que je *sers bien*.

J'ai fait passer directement à ce Comité des renseignements sur la dernière invasion du Mont-Blanc. Je te les aurais envoyés par duplicata, si j'eusse eu le sans-culotte auxiliaire que tu m'avais promis.

A demain d'autres détails sur des objets importants.

P. CHÉPY.

Certificat délivré à Chépy par la Société populaire de Grenoble (4 nivôse, an II.)

La Société populaire de Grenoble certifie que le citoyen Chépy, agent de la République, de résidence dans cette commune depuis environ six mois, n'a donné lieu par sa conduite publique et privée à aucune plainte fondée de la part des citoyens, ni des autorités constituées; qu'il n'a fait usage de ses pouvoirs et de ses talents que pour exciter dans les uns le zèle et les vertus républicaines, pour faire marcher les autres dans la route tracée par les lois révolutionnaires, et donner à tous la leçon et l'exemple du patriotisme le plus pur et le plus ardent, en développant une supériorité de moyens et de talents, qui ont réchauffé dans tous les cœurs l'amour de la liberté, répandu une terreur salutaire dans l'âme de tous ses ennemis, accéléré le développement de l'esprit public, et qui lui assurent pour jamais la reconnaissance des citoyens de Grenoble.

Fait et arrêté dans la Société populaire de Grenoble, le quatre nivôse de l'an second de la République française, une et indivisible.

Signé : Bertrand, président ; François, instituteur, secrétaire ; Bernard, secrétaire ; Balmet, secrétaire ; P. Legrand, J. Ferrier, Capdevielle, P. Chosson, Blancsubé, G. Gros, membres du Comité de l'observation des lois ; Polican.

Vu et approuvé par le Conseil général de la commune de Grenoble, le Comité de surveillance de ladite ville, le Conseil du district de Grenoble et le Conseil du département de l'Isère, le 5 nivôse, an II.

CXXIX

Grenoble, septidi, 1re décade de nivôse, l'an 2me
de la République [7 nivôse = 27 décembre].

*P. Chépy, agent politique, au Ministre des Affaires
Étrangères.*

L'agent supérieur pour l'encadrement, *Liautey*, est arrivé ici. Il paraît intelligent et patriote. De concert avec lui, le représentant du peuple Petit-Jean a arrêté que la réquisition du Mont-Blanc serait renvoyée dans ses foyers, sauf à la faire passer dans une autre armée, car les Savoyards ne sont bons que quand ils sont dépaysés. Tu peux juger du caractère de ces gens-là par le trait suivant. Douze cents jeunes gens se sont mis en marche pour Grenoble; sept cents ont déserté en chemin.

Comme le rassemblement de la nouvelle levée surchargerait, pour le logement, les habitants de cette commune, le représentant du peuple Petit-Jean vient d'arrêter que, dans un délai prescrit, le Directeur du génie réparerait les bâtiments nationaux, sous peine de destitution, et que douze cents fournitures complètes seraient faites par les aristocrates, les riches égoïstes et les fédéralistes du département.

Hier et aujourd'hui, les fanatiques, faute d'église paroissiale, s'étant réunis en très grand nombre dans la chapelle du Collège pour y entendre la messe du Préfet, le représentant du peuple a mis adroitement cet édifice national à la disposition du commissaire des guerres, Bourgeois, pour y loger les eaux-de-vie, vins et vinaigres servant à la consommation de l'armée.

Hier, il est arrivé à l'agent national du district une lettre de l'adjoint du Ministre de la Guerre, Jourdeuil, portant ordre aux commissaires du pouvoir exécutif, qui pourraient se trouver dans l'arrondissement, de cesser leurs fonctions, aux termes de la loi du 23 août, et de se rendre à Paris. L'agent national du district [1], au nom de son administration, qui est aristocrate, qu'on va régénérer, et que ma présence importune, m'a écrit pour me communiquer cet ordre. J'ai répondu :

1º que je n'étais point commissaire du Conseil exécutif;

2º que je ne dépendais point du département de la Guerre ;

3º que la loi du 23 août ne pouvait frapper sur une mission donnée en brumaire, sous l'approbation du Comité de Salut public.

L'agent national a paru se pénétrer de mes raisons, et est convenu que je n'avais aucun rapport avec les dispositions du Ministre de la Guerre.

J'en ai conféré avec Petit-Jean, qui m'a fort approuvé.

Je t'envoie le compte de ma fortune avant et depuis la Révolution. Ce compte, clair et simple, consolidera la confiance que j'ai le droit et le besoin d'obtenir de toi. J'en fais passer le duplicata au Comité de Salut public.

La liberté te garde. P. CHÉPY.

[*Ibid.*, t. 330, fol. 254-255.]

---

[1] Jean-François Hilaire.

Compte rendu par P. Chépy, agent de la République à Grenoble, au Comité de Salut public de la Convention nationale et au Ministre des Affaires Étrangères, de l'état de sa fortune, avant et depuis la Révolution.

Avant la Révolution.... *Rien.*

Je vivais chez mon père, qui a pour apanage une probité sévère et une vertueuse médiocrité.

Depuis la Révolution... En capital : 2,500 livres.

Cette somme est le fruit de mes épargnes sur le traitement que j'ai reçu de la République, comme secrétaire de légation de Liège, en Portugal, comme agent et commissaire national dans la Belgique.

Nota. — J'existe maintenant avec un traitement de 6,000 livres que m'accorde la *République.*

Certifié véritable sous la responsabilité de ma tête. — P. CHÉPY.

[*Ibid.*, fol. 256.]

CXXX

Grenoble, 1er décadi de nivôse, l'an 2me de la République
[10 nivôse = 30 décembre].

P. Chépy, agent politique, au Ministre des Affaires Étrangères.

Liautey, agent supérieur pour le recrutement[1], vient de désigner plusieurs agents secondaires pour le complètement des corps par l'encadrement de la réquisition et pour l'apurement des comptes. Je crois que cette besogne importante ira grand train[2].

Je suis fort content de la nomination d'un général en chef, car Pellapra n'a pas les forces nécessaires pour un si grand fardeau.

Ce Carteaux est bien étourdi et bien présomptueux. Il espère tellement une réintégration honorable, qu'il a écrit au chef de l'État-major d'avoir soin de ses chevaux et de ne pas négliger les placements de troupes qu'il lui avait ordonnés.

Nous avons reçu ici hier, par courrier extraordinaire, le décret sur Toulon. Il a été généralement applaudi.

---

[1] Liautey était sous le Consulat commissaire-ordonnateur à la 6e Division militaire. (*État militaire de la République française,* an X.)

[2] Elle était destinée à préparer le grand travail de l'*embrigadement* ou *amalgame*.

Aujourd'hui, en exécution de la loi nouvelle, fête civique. On attend ici, avec impatience, les représentants du peuple Gaston et Fabre. Nous n'aurons pas trop ici de trois montagnards. Il faut régénérer le département du Mont-Blanc, *qui est vraiment perdu et où la représentation nationale* est dépréciée. Il faut épurer les autorités constituées. Ici ce travail est fait d'hier. L'installation des nouveaux fonctionnaires a eu lieu. Les citoyens, quoique privés pour cette fois du droit d'élire, sont satisfaits.

La Société tenait ses séances chaque jour et s'usait. J'ai fait arrêter qu'il n'y aurait plus que cinq séances par décades, et que les cinq autres seraient employées à des conférences révolutionnaires, où l'on lirait les lois et où l'on expliquerait la Constitution et la Déclaration des droits. Je me suis encore chargé de cette partie de l'instruction. Aussi je suis sur les dents.

Je vais te communiquer un acte de sévérité républicaine que nous venons de faire. Un nommé Bonnureaux, membre de la Société, fut choisi pour expertiser des tentes. Il en expertisa 1,000 et demanda 500 livres de salaire. Notre Comité d'observation des lois lui prouva, en pleine Société, qu'en supposant qu'il n'en eût expertisé que 100 par jour, c'était encore par jour 50 livres, et que c'était un gain illicite pour un républicain. En conséquence, nous l'avons rayé de notre tableau. Tu peux juger par ce fait de l'esprit qui nous anime.

La liberté te garde. P. Chépy.

[*Ibid.*, t. 330, fol. 305-305 v°.]

CXXXI

[Grenoble, 11 nivôse an 2 (31 décembre).]

P. Chépy, au Ministre des Affaires Étrangères.

Il est bien douloureux pour moi de me trouver distrait de ton département, auquel je suis attaché depuis trois ans[1]. Je te prie de m'y rattacher par une mission à l'étranger ou par une place dans une légation quelconque. Je crois que personne n'a plus de titres. Si, par malheur, tu ne pouvais rien faire de ce genre, je te prie alors

---

[1] Chépy venait évidemment de recevoir la « circulaire de rappel », adressée par le Ministre des Affaires Étrangères à tous ses agents, à la date du 1er nivôse. On en trouve le texte dans le tome 322, fol. 23, du fonds *France*, où la minute est par erreur datée du 4 nivôse :

« *Le Ministre des Affaires Étrangères aux Citoyens...*

 « Citoyens,

« Le Conseil exécutif, toujours soumis aux décisions de la Convention nationale, a pris de nouvelles mesures qui rendent désormais votre présence inutile à ..... En conséquence, l'exercice de vos fonctions cesse dès ce moment et, au reçu de la présente, vous vous disposerez à revenir à Paris le plus promptement possible. La Révolution compte encore ici de nombreux ennemis cachés, et je ne doute pas qu'à votre retour, vous ne soyez encore utiles au maintien de la bonne cause ; si les services que vous avez rendus peuvent faire augurer favorablement de ceux que vous pouvez rendre encore, votre intelligence et votre patriotisme seront mis à profit et je contribuerai moi-même à vous faire rendre justice. »

de me recommander au Comité de *Salut public* et à ton collègue *Paré*[1]. J'ai besoin de travailler pour vivre, et surtout j'ai besoin d'être utile à mon pays.

P. CHÉPY.

P.-S. — Les attestations honorables que je t'ai envoyées doivent m'avoir mérité *toute ta confiance*.

[*Ibid.*, t. 330, fol. 320.]

CXXXII

Paris, le 12 nivôse, l'an 2ᵐᵉ de la République [1ᵉʳ janvier 1794].

Le Ministre des Affaires Étrangères au citoyen Petit-Jean, représentant du peuple.

Le témoignage que tu me rends de la conduite du citoyen Chépy est une nouvelle preuve des services qu'il a rendus; comme ils font présumer qu'il peut en rendre encore, il y a lieu de croire qu'on appréciera ses talents et son patriotisme. Je pense, comme toi, que Chépy peut être utile à Grenoble, et c'est dans cette persuasion que, malgré quelques préventions défavorables, j'avais continué de l'employer dans cette ville; mais je n'en ai plus le droit. La preuve en est dans la lettre de rappel que je lui ai écrite le 1ᵉʳ nivôse et que tous ses collègues ont également reçue.

[1] Ministre de l'Intérieur.

A son retour je ferai valoir tous ses titres auprès du Comité du Salut public et je contribuerai de tout mon pouvoir à lui faire rendre justice.

[*Ibid.*, t. 333, fol. 4-4 v°.]

CXXXIII

Grenoble, 16 nivôse, l'an 2ᵐᵉ de la République une et indivisible [5 janvier 1794].

P. Chépy, citoyen français, au Ministre des Affaires Étrangères.

Je me disposais, Citoyen, à obéir à tes ordres, quand le représentant du peuple Petit-Jean a jugé à propos de m'enjoindre, par arrêté, de rester à mon poste jusqu'à ce qu'il en ait été ordonné autrement par le Comité de Salut public. J'attendrai la décision de ce Comité et je m'y soumettrai avec résignation. Quoi qu'il en arrive, je me recommande à ta justice et à ta bienveillance.

La liberté te garde.   P. CHÉPY.

[*Ibid.*, t. 333, fol. 38.]

Je crois utile de donner ici le texte de l'arrêté pris par Petit-Jean, le 12 nivôse, et celui de la lettre qu'il adressa au Comité de Salut public pour expliquer sa décision.

Au nom du peuple français,

Liberté, Égalité,

Le Représentant du peuple près l'armée des Alpes, (sic)
Douze membres députés par la Société populaire de Grenoble, à la tête desquels était le président, se sont transportés chez le représentant du peuple, et ont dit que la Société populaire de la commune de Grenoble, instruite que le citoyen Chépy, qui, depuis environ six mois, remplit en cette commune les fonctions d'agent du Ministre des Affaires Étrangères et d'apôtre de la Liberté, vient d'être rappelé par une lettre de ce ministre, en date du 1er de ce mois ;

Considérant la perte que fait la commune de Grenoble, si ce citoyen abandonne ses murs, au moment où, après un long et dur travail, il est parvenu à élever l'opinion publique à la hauteur de la Révolution, et à former, pour l'instruction de la jeunesse et des citoyens, des établissements utiles, qui, chaque jour, prennent de la consistance et s'accroissent ;

Considérant encore que, l'espoir de cette retraite semblant[1] réveiller le courage, abattu par les soins dudit Chépy, des malveillants de cette commune, qui déjà paraissent se réjouir de ce prochain départ, [la Société populaire] s'est levée en masse et voulait se porter auprès du représentant du peuple ; qu'elle aurait ensuite arrêté d'y

---

[1] Il y a dans le texte : *semble* ; mais la correction que j'ai faite, comme aussi l'addition entre crochets que l'on trouvera plus bas (*la Société populaire*), s'impose, si l'on veut avoir un sens satisfaisant.

envoyer une députation composée de son président et de onze de ses membres, chargés d'exprimer au représentant du peuple ses regrets sur le rappel dudit Chépy, et de lui demander d'en empêcher l'exécution, en vertu de ses pouvoirs, et d'après les connaissances qu'il a lui-même du civisme et du zèle dudit Chépy pour la chose publique; cette députation suivie de pareilles demandes de la part des administrations, du district, du Comité de surveillance et des patriotes les mieux prononcés de cette commune.

Le représentant, qui a, par lui-même, des connaissances certaines de la sagesse, des talents, du civisme et du courage républicain dudit Chépy, considérant combien il importe qu'il continue, non seulement dans cette commune, mais encore dans tout le département de l'Isère, d'y élever l'opinion publique à la hauteur de la Révolution, et d'y répandre les vrais principes de la liberté, égalité et de républicanisme;

Considérant également que la lettre ministérielle qu'il s'est fait présenter n'est pas une loi de la Convention nationale, mais seulement une précaution de la part du Ministre des Affaires Étrangères;

Considérant, en outre, la nécessité qu'il y a d'entretenir, dans les grandes communes, des agents d'une probité reconnue, soit pour la surveillance et l'exécution des lois, soit pour propager l'opinion publique;

Arrête que le citoyen Chépy demeure provisoirement à son poste et continuera sa surveillance et ses soins pour la chose publique, sous telle indemnité qu'il appartiendra, jusqu'à ce qu'il en ait été autrement ordonné par le Comité de Salut public de la Convention nationale, auquel sera adressée copie du présent arrêté, avec invitation d'accorder audit Chépy une commission ou de lui en faire donner une par le Ministre de l'Intérieur.

Fait en commission, à Grenoble, le 12 nivôse, l'an II de la République française une et indivisible. Signé : Petit-Jean. Par le représentant, Signé : Débanne. Pour copie conforme à l'original. Le représentant du peuple près l'armée des Alpes : Petit-Jean.

[Arch. nat., AF II, 186.]

Grenoble, le 13 nivôse, l'an 2 de la République française une et indivisible[1].

Le représentant du peuple près l'armée des Alpes aux citoyens membres composant le Comité de Salut public près la Convention nationale.

Le citoyen Chépy, agent politique du Ministre des Affaires Étrangères, et dont je vous ai parlé dans une de mes précédentes [lettres], ayant reçu la révocation de ses pouvoirs et son rappel de la part du Ministre, la Société populaire, les autorités constituées et enfin tous les patriotes de cette commune, en ont témoigné les plus vifs regrets, et pendant un jour entier j'ai été assailli de députations pour suspendre ce départ qui, en affligeant les patriotes, réjouissait les malveillants et relevait leur espoir, surtout des fanatiques. Connaissant moi-même la sagesse, le zèle, le patriotisme et le courage républicain de ce citoyen[2], j'ai pris l'arrêté dont je vous envoie copie, par

[1] Lettre reçue le 20 nivôse.
[2] Un mois plus tard, Chépy était devenu un client compromettant, et Petit-Jean ne s'exprimait plus à son égard qu'avec beaucoup

lequel je [le] retiens provisoirement à son poste, et jusqu'à ce que vous en ayez autrement ordonné ou que vous lui fassiez passer une commission de votre part ou de celle du Ministre des Affaires Étrangères. Salut, union et fraternité. Votre collègue : Petit-Jean[1].

[*Ibid.*, AF II, 186.]

CXXXIV

Paris, le 22 ventôse, l'an 2me de la République une, indivisible et impérissable [12 mars 1794].

P. Chépy au Ministre des Affaires Étrangères.

Accusé et traduit au tribunal révolutionnaire, j'ai indispensablement besoin de la copie exacte de ma correspondance avec le ministre Lebrun, soit dans ma mission dans la Belgique, soit dans ma mission dans l'Isère. Cette

---

de réserve et de froideur. Voici ce qu'il écrivait de Burges-les-Bains [Bourbon-l'Archambault] (Allier) au Comité de Salut public, le 15 pluviôse an II (3 fév. 1794) : « Je ne sais pas grand'chose à vous dire sur le nommé Chépy. Tout ce que je vous ai écrit à son égard a été l'effort des demandes et sollicitations de la Société populaire et des autorités constituées de Grenoble, qui ont même envoyé à la Convention nationale des commissaires chargés de le justifier. Il s'est fort bien comporté pendant tout le temps que je l'ai vu. Sa conduite antérieure m'était inconnue. Il y a plus d'un mois qu'il a été enlevé par ordre du Comité de Sûreté générale, et il y a longtemps qu'il doit être à Paris. » (Arch. nat., AF. II, 252.)

[1] Chépy n'est pas le seul agent qui ait mis peu d'empressement à obéir aux ordres du Ministre ou essayé de se faire maintenir à son poste par les représentants du peuple. Voy. fonds *France*, t. 333, fol. 52, 104, 105, 188.

correspondance est ma propriété ; les ressources m'ont manqué pour en garder minute, et on ne peut me refuser de m'en aider, quand elle est nécessaire pour prouver mon patriotisme et mon innocence. En conséquence, je te prie de permettre *qu'à mes frais*, j'en fasse tirer copie. Je n'attends que cela pour mettre en état mon affaire.

Je recommande à ta bienveillance un jeune patriote, qui subit en ce moment une épreuve terrible, mais qui sera rendu un jour à son pays, à la chose publique, et qui peut-être est capable de rendre, dans ton département, d'importants services.

Salut et fraternité. Mort au Gouvernement anglais !

P. CHÉPY.

[Aff. Étrang., *France*, t. 333, fol. 243-243 v°.]

TABLE GÉNÉRALE

DE LA CORRESPONDANCE DE CHÉPY

ABANCOURT (Charles-Xav.-Jos. de Franqueville d'), ministre de la guerre sous Louis XVI, 307 et n. 1.
Abjuration des prêtres assermentés, 344.
Abraham, secrétaire de la Société populaire de Grenoble, 223.
Accaparement, 244 ; — (loi sur l'), 369.
Accapareurs, 150, 164, 273.
Accusateur militaire de Grenoble, 173, 197.
Acte constitutionnel (l') = Constitution de 1793, 126, 137, 143, 155.
ADAM, membre du Grand Club de Genève, 306.
Adjoint au ministre de la Guerre, (l'), 205, 380. Voy. Jourdeuil.
Adjudants généraux, 80, 123, 335, 347, 366, 369.
Administrateurs de l'habillement et de l'équipement, 235.
Administrateurs du département de l'Isère, 287 ; — du district de Grenoble, 380.
Affaires étrangères (département des), 102.
Agde (Hérault), 243.

Agents des ministres près les armées, 287.
Agent national du district de Grenoble, 380. Voy. Hilaire.
Agiotage, 287.
Aide-de-camp (l') du général Dours, 340.
Aides-de-camp (les) du général Carteaux, 342.
Aiguebelle (Savoie), 194, 198, 200, 211.
Ain (département de l'), 132, 134, 140, 194, 232.
Aix (Bouches-du-Rhône), 146, 163, 253 ; — (canonniers d'), 133, 154 ; — (habitants d'), 155.
ALARY, commissaire du pouvoir exécutif à Grenoble, pour le recrutement, 216, 337.
ALBARADE (d') = Dalbarade, ministre de la Marine, 164 et n. 1.
Albion, 84, 209, 262, 297, 315.
ALBITTE, député à la Convention nationale, 8 et n. 2, 117, 299, 302.
ALEXANDRE, commissaire ordonnateur en chef à l'armée des Alpes, 113 et n. 3, 130, 188, 269, 306, 310, 367.
Allée-Blanche (Piémont), 67 et n. 3, 68.

Allemagne, 84, 136.
Allevard (Isère), 200, 210, 232, 284.
Allier (compagnie d'artillerie du département de l'), 372.
Allobroge (prisonnier), massacré par les fédéralistes marseillais, 143 ; — (légion), 146.
Allobroges (les = Légion des), 63, 76, 120, 132 ; — (chasseurs), 11, 134 ; — (légion des), 19, 40 et n. 1, 49, 61, 87.
Alpes (les), 57, 76, 204.
Alpes (Basses-), 128.
Alpes (Hautes-), 128, 222.
Alpes (légion des), 76, 116.
AMAN, commissaire des guerres à l'armée des Alpes, 57, 58 et n. 1, 80, 189.
AMANS, aide-de-camp du général Carteaux, 375 et n. 1.
AMAR, député à la Convention nationale, 264.
AMÉDÉE (Victor — III), roi de Sardaigne, 190.
Amérique, 121, 272.
Anglais (commerce), 269 ; — (gouvernement), 310, 391 ; — (peuple), 288 ; — (les), 36, 83, 194, 205, 208, 209, 270, 297, 309, 311, 337, 373.
Angleterre, 59, 71, 270.
Anglo-Américains, 269, 270.
Annecy, 84, 174, 176, 253, 363 ; — (club d'), 42.
ANTOINETTE (Marie-), 328.
ANTHOUARD (d'), capitaine d'artillerie, 372 et n. 1.
Aoste (Piémont), 64, 65, 66, 67, 69, 70 ; — (cité d'), 66, 67, 68, 70, 74, 117, 155 ; — (duc d'), 194 ; — (duché d'), 38, 39, 65 ; — (vallée d'), 5, 44.
Arche (vallée d'). Voy. Larche.
Archevêque (le despote) = l'archevêque de Trèves, 303.
ARÇON (d'), ingénieur militaire, 262 et n. 1, 300, 367.
Ardèche (département de l'), 120, 293.
Aristocrate (libraire), de Grenoble = Giroud, 343.
Aristocrates, 26, 29, 46, 63, 134, 138, 198, 206, 235, 250, 258, 292, 299, 315, 353, 363, 379 ; — (boutiquiers), 273.

Aristocratie, 150, 164, 176, 177, 181, 215, 239, 241, 249, 255, 263, 264, 275, 305, 319, 321, 324, 326, 333, 336, 338, 341, 361 ; — des municipalités de l'Isère, 328 ; — lyonnaise, 160 ; — mercantile, 282.
Armée (L') = Armée des Alpes, 3, 109, 133, 146, 160, 176, 187, 222, 229, 252, 328, 380 ; — catholique de la Vendée, 110 ; — de Carteaux, 146, 153, 155, 186, 275 ; — de Lyon, 205, 265 ; — de l'Ouest, 83, 252 ; — de la Maurienne et de la Tarentaise, 172 ; — d'Espagne, 83 ; — de Toulon, 377 ; — devant Toulon, 318 ; — de la République = de Lyon, 160 ; — de Nice, 155, 164 ; — des Alpes, 1, 15, 28, 41, 44, 50, 53, 57, 70, 83, 90, 91, 102, 125, 126, 135, 144, 156, 177, 185, 195, 207, 234, 252, 261, 300, 323, 335, 337, 367 ; — des Ardennes, 183 ; — des Pyrénées, 49, 61, 63, 133, 195, 232 ; — d'Italie, 41, 43, 44 et n. 1, 83, 143, 167, 195, 205, 261, 262 ; — du Brisgau et du Haut-Rhin, 129 ; — du Nord, 187 ; — du Rhin, 41, 184 ; — du Var, 20 ; — Sarde, 226, 266.
Armée révolutionnaire de l'Isère, 287, 293, 298, 302, 305, 309, 323, 342, 349, 370 ; — (officiers de l'), 302 ; — (volontaires de l'), 302.
ARNEVILLE (d'), second secrétaire de la légation de France à Genève, 34 et n. 1.
Artillerie, 66, 98, 99, 100, 105, 117, 123, 125, 134, 143, 160, 173, 175, 214, 215, 224, 229, 239, 240, 251, 261, 262, 272, 294, 316, 320, 334, 357, 364, 372 ; — (chefs de l'), 330, 336, 355 ; — de ligne, 300.
Artilleurs, 252 ; — parisiens, 228.
Assemblée (l') = la Convention nationale, 110, 158 ; — conventionnelle, 150 ; — constitutionnelle, 359.
Assignats, 38, 47, 80, 81, 140, 174, 175, 211, 286, 317, 368.

ASTIER, chef d'un bataillon de Rhône-et-Loire, 11.
Aude (bataillon des volontaires de l'), 32, 87, 224, 340; — (département de l'), 224.
Autriche, 89, 170; —(Maison d'), 6, 35, 165.
Autrichien échappé de Lyon, 229.
Autrichiens, 39, 54, 64, 65, 66, 69, 70, 72, 82, 118, 130, 266; — (déserteurs), 208, 244.
Auxonne (Côte-d'Or), 171.
Aveyron (département de l'), 167.
Avignon (Vaucluse), 104, n. 1, 112, 132, 134, 139, 146, 205.
Avignonnais, 104.

BADELAUNE (le général), 156 et n. 2, 173, 279, 290, 365, 369, 371.
Bâle (canton de), 35.
BALMET, secrétaire de la Société populaire de Grenoble, 378.
Barcelonnette (Basses-Alpes), 175, 194; — (vallée de), 117, 365.
Bard (fort de), 65 et n. 1, 69.
BARÈRE, député à la Convention nationale, 93, 269.
BARNAVE, 279 et n. 1, 299.
BARRAL (Joseph-Marie de — de Montferrat), maire de Grenoble, 207; — (la citoyenne, 337.
BARRAS, député à la Convention nationale, 138 et n. 1.
Barraux (Isère), 167, 173, 175, 194, 200, 279; — (fort de), 167, 204, 265.
BARTHÉLEMY, ambassadeur de la République française en Suisse, 16 et n. 1, 28, 40, 54, 60, 75, 85, 125, 165, 243.
BASIRE, député à la Convention nationale, 9, 10, n. 1, 199 et n. 1.
Basque (le), « royalisé », 82.
Bataillon d'infanterie légère (le 4e), 40; — franc, 229, 252.
Bataillons de nouvelle levée, 109.
Bauges (montagnes des), 19, 198.
Bavière (partage projeté de la), 35, 84.
Bayonne (Basses-Pyrénées), 81.
Beaucaire (Gard), 132, 137.
BEAUMARCHAIS, 268.

BEAUMONT (Le colonel de), commandant le 9me régiment de dragons, 255, 257 et n. 1.
Beaurepaire (Isère), 230.
BEAUVAIS, député à la Convention nationale. 269, 304, 311, 313 et n. 1, 314, 315, 318, 319, 328, 367.
Bec d'Ambez (5e bataillon du), 316; — (6e bataillon du), 312, 316.
Belgique, 59, 64, 76, 96, 218, 381, 390.
Bellecour (Place de —, à Lyon), 139.
BERCHÉNY = Régiment de —, 204; — (détachement de), 242; — (hussards de), 182, 187; — (régiment de), 180, 183, 187, 197.
Berlin (Cour de), 89.
BERNARD, secrétaire de la Société populaire de Grenoble, 378.
Berne (canton de), 27, 35, 53, 271, 305; — (État de), 2, 84; — (Sénat de), 25; — (ville de), 125.
Bernois (les), 84.
Bernoises (les Excellences), 8, 26.
BERSONNET, commissaire des guerres à l'armée des Alpes, 188, 266.
BERTON (Louis), ex-vicaire épiscopal de l'Isère, secrétaire de la Société populaire de Grenoble, 265, 266, 289, 320. Voy. Breton.
BERTRAND, maire de Lyon, 9, n. 1, 131 et n. 2.
BERTRAND, membre de la Société populaire de Grenoble, 362; — président de la même Société, 378.
BERWICK (Le maréchal de), 47.
BEURNONVILLE, ex-ministre de la Guerre, 331.
BILLAUD DE VARENNE, député à la Convention nationale, 264.
BILLION DES GAYÈRES, régisseur des subsistances de l'armée des Alpes, 235, 266.
BIROTTEAU, député à la Convention nationale, 115 et n. 2, 143.
BLANC, commandant des Guides-

hussards de l'armée des Alpes, 47 et n. 1, 244 et n. 1.
BLANC, membre de l'Assemblée nationale de Genève. 306.
BLANCSUBÉ, membre du Comité de l'observation des lois de la Société populaire de Grenoble, 378.
Bohême, 303.
Bonneville (Haute-Savoie), 261.
BONNUREAUX, membre de la Société populaire de Grenoble, 383.
Bordeaux, 205, 224.
Bordelais (bataillons), 130.
Bosniaques, 208.
Bouches-du-Rhône (département des), 155.
BOUCHOTTE, ministre de la Guerre, 37 et n. 2, 279.
Boulonnais (régiment de), 32, 33, 57 et n. 1.
Bourg (Ain), 145, 149, 275, 368.
Bourg-d'Oisans (Isère), 306.
BOURG (le général du), 79 et n. 3. Voy. Dubourg.
BOURGEOIS, commissaire des guerres à l'armée des Alpes, 155 et n. 3, 188, 337, 380.
Bourgogne (régiment de), 11.
Bourgoin (Isère), 149, 263, 354, 369.
BOURJEAT, prêtre assermenté de Grenoble, 320.
BOYER, adjudant-général chef de brigade à l'armée des Alpes, 123 et n. 1, 348 et n. 2, 369, 371.
BRAGARD, chef de brigade, commandant temporaire de Grenoble, 348 et n. 3.
Bramans (Savoie), 166 et n. 2, 167.
Brest (Finistère), 196, 205, 209.
Bretagne (ci-devant), 258.
BRETON, secrétaire de la Société populaire de Grenoble, 311.
Briançon (Hautes-Alpes), 44, 91, 133, 175, 201, 204, 222, 224, 227, 228, 239, 272, 279, 350.
Brisgau autrichien, 53 et n. 1, 54, 116, 129.
BRISSOT, député à la Convention nationale, 308, n. 1.
Brissotine (Ligue), 326.
Brissotins, 175, 338.

Brissotisme, 10, 252.
Brotteaux (les), près Lyon, 139, 241, 251; — (quartier des), 81.
BRUN (le). Voy. Lebrun.
BRUNET (le Général), 137 et n. 2, 146, 154, 243; — (armée de), 154.
Brunette (La), forteresse italienne, 42 et n. 1, 44.
BUZOT, député à la Convention nationale, 130.

Cagliari (Sardaigne), 113 et n. 2.
CAIRE, capitaine des Chasseurs des Hautes-Alpes, 274.
Calvados (hussards du), 180; — (rois du), 110.
CAMBON, ministre des Finances, 344.
Canonniers, 181, 183, 262, 300, 309, 310, 364, 368; — d'Aix, 154; — de ligne, 139; — de Paris, 251, 300, 309, 311, 340.
Cantal (département du), 130; — (recrues du), 200.
CAPET = Louis XVI, 269, 307, 310, 333.
CAPDEVIELLE, membre du Comité de l'observation des lois de la Société populaire de Grenoble, 378.
CARCARADEC (le Général), 24 et n. 1, 31, 33 et n. 1, 52, 57, 62, 71, 79, 86, 87, 88, 95, 124, 141, 156, 192, 193, 202, 258, 259, 290.
Carignan (le Prince de), 117 et n. 3, 118.
Carouge (Savoie; actuellement Suisse), 3, 22, 24, 31 et n. 1, 42, 45, 53, 71, 79, 80, 87, 88, 91, 103, 167, 198, 222, 240, 249, 261, 279, 340, 356; — (camp de), 32, 60, 63, 87, 279, 340.
CARRIER, journaliste, 9 et n. 2, 13 et n. 2.
CARTEAUX (le général), 105 et n. 1, 117, 120, 121, 128 et n. 1, 134, 137, 143, 155, 163, 164, 181, 221 et n. 1, 262, 335, 339, 341, 342, 345, 347, 348, 352, 356, 357, 364, 368, 369, 372, 375, 382.
Castillan (le superstitieux), 81.
CATHERINE II, impératrice de Russie, 84.
Catholicisme (le), 349, 361.

Catholique (culte), 298 ; — (religion), 360.
CATTONNE (de la), chef de bataillon au 4e régiment d'artillerie, 329 et n. 1, 334, 335, 351 et n. 1, 352, 355.
CATUS, commissaire des guerres à l'armée des Alpes, 188.
CAUMONT, grenadier du 5e bataillon du Mont-Blanc, 331.
Cavalerie, 47, 64, 66, 83, 100, 135, 147, 173, 180, 207, 245, 254, 275, 293, 299, 377 ; — lyonnaise, 241 ; — (officiers de), 255.
Cenis (le Mont), 204, 227.
Cette (Hérault), 243.
CÉZAR (le général), 357 et n. 2, 369.
Chablais (le), 261 ; — (Duc de), 118 et n. 2.
CHALIER, président du Tribunal civil de Lyon, 12, 13, n. 1, 131 et n. 1, 135, 137, 315.
Chambéry (Savoie), 12, 16, 28, 30, 34, 38, 39, 58, 170, 173, 174, 177, 187, 189, 198, 200, 208, 252, 253, 270, 331, 363, 365, 369, 371.
Chambre des Comptes (Ci-devant — de Grenoble), 333.
Champ-de-Mars de Paris, 148.
Chancellerie helvétique, 54.
CHARLES-QUINT (Projets de), 35.
CHARRIER, chef des insurgés de la Lozère, 167.
Charrois militaires, 235.
Chartreuse (la Grande-), 200, 210, 232, 260, 277, 336.
Chartreux (les ci-devant), 308, 349.
CHASAL (Du), 11.
CHASSET, député à la Convention nationale, 115, n. 3.
Chasseurs à cheval, 187, 244, 249 ; — Corses, 40 ; — des Alpes, 241 ; — des Hautes-Alpes, 208, 233, 241, 244, 260, 265, 274, 280, 289, 300 ; — Montagnards, 316, 340 ; — des Vosges, 183.
CHATEAUNEUF, chargé des affaires de la République française à Genève, 1, n. 1.
CHAUMETTE (Pierre-Gaspard), procureur de la commune de Paris, 350.

CHÉNIER, garde-magasin à l'armée des Alpes, 11.
CHÉPY (Pierre), 207, 223, 234, 237, 266, 277, 311, 314, 319, 322, 323, 331, 374, 378, 381, 385, 387, 388, 389.
Cherbourg (côte de), 36.
CHEVALIER, commissaire des guerres à l'armée des Alpes, 188 et n. 3.
CHEVRILLON, commissaire du Pouvoir exécutif, 178 et n. 1, 2, 201, 276 et n. 1, 287.
Chirurgiens militaires, 189.
CHOSSON (P.), membre du Comité de l'observation des lois de la Société populaire de Grenoble, 378.
Chypre (Roi de — et de Jérusalem) = Roi de Sardaigne, 63.
CLAVERIE, commissaire des guerres à l'armée des Alpes, 188 et n. 2.
CLAVIÈRE, ex-ministre des Contributions publiques, 23 et n. 2, 31 n. 1, 237.
CLÉMENT, officier municipal de Grenoble, 207.
Clergé (Biens du), 313.
Club de Genève, 88 ; — de Grenoble, 150, 235, 253, 254, 289, 292 ; — de Turin, 72.
Cluses (Haute-Savoie), 174 et n. 1, 232.
Coblentz (la Nouvelle) = Lyon, 108, 112, 116, 132.
COBOURG (le Prince de), 89 ; — Section de Grenoble, dite de —, 284.
COLCHEN, chef de division au ministère des Affaires étrangères, 37 et n. 4, 51, 59.
Collège (Chapelle du), à Grenoble, 379.
COLLOT-D'HERBOIS, député à la Convention nationale, 309, 325.
Comité de Salut public, 5, n. 1, 21, 31, 43, 48, 49, 55, 59, 60, 61, 62, 75, 76, 77, 92, 94, 95, 96, 101, 103, 111, 117, 119, 141, 142, 144, 148, 152, 158, 161, 162, 170, 173, 177, 181, 185, 186, 195, 202, 206, 207, 210, 213, 215, 216, 219, 233, 237, 239, 240, 245, 249, 270, 271, 272, 275, 277, 279, 281, 285, 291,

293, 300, 301, 307, 310, 322, 329, 336, 340, 342. 351, 355, 366, 367, 370, 374, 377, 380, 381, 385, 386, 388, 389.
Comité de sûreté de Genève, 84.
Comité de surveillance de Grenoble = Comité des Vingt-et-un, 292, 308, 313, 315, 319, 321, 322, 324, 329, 336, 338, 343, 355, 358, 363, 367, 372, 378, 388.
Comité d'instruction publique de la Convention nationale, 318.
Comité d'observation des lois de la Société populaire de Grenoble, 362, 370. 378, 383.
Comités de surveillance, 245 ; — de Grenoble, antérieurs au Comité unique des Vingt-et-un, 284, 290, 292.
Comités réunis de la Convention nationale, 52.
Commissaires de la Convention nationale, 3, 8, 12, 15, 18, 22, 31, 33, 38, 40, 44, 45, 48, 49, 50, 56, 59, 61, 71, 72, 75, 76, 90, 93, 94, 97, 98, 101, 103, 105, 107, 108, 109, 116, 121.
Commissaires de la ville de Lyon, 133.
Commissaires des guerres, 48, 113, 205, 255, 380 ; — du Conseil exécutif, 380 ; — du Pouvoir exécutif, 144, 162, 178, 181, 191, 287 ; — nationaux du Pouvoir exécutif, 186, 380 ; — près des armées, 246.
Commission de justice populaire, de Lyon, 353 ; — d'observation des lois de la Société populaire de Grenoble, 353 ; — militaire de Grenoble, 306, 329, 351, 352 ; — temporaire de Ville-Affranchie, 342, 353, 354.
Commune (la) = de Grenoble, 321, 328, 378, 387, 388, 389.
Commune-Affranchie = Lyon, 357, 363, 370, 376.
Commune de Grenoble, 299, 336, 338, 374, 389.
COMPAGNON, officier municipal de Grenoble, 207.
COMTE, espion employé par Dumouriez, 4.
Condé (Nord), 45 ; — (garnison de), 167.

Coni (Piémont), 70, 74, 118, 226.
Conseil du district de Grenoble, 378.
Conseil exécutif de la République française, 3, 5, n. 1, 31, 37, 43, 49, 52, 75, 77, 96, 103, 106, 110, 129, 144, 148, 151, 162, 172, 180, 181, 187, 191, 203, 239, 353.
Conseil général du département de l'Isère, 345, 377, 378 ; — de la commune de Grenoble, 378.
Constance (Allemagne), 84.
Constitution de 1793, 128, 129, 318, 359, 383.
Convention nationale, 6, n. 1, 9, 37, 81, 84, 99, 115, 135, 140, 143, 154, 161, 177, 203, 222, 223, 264, 270, 282, 283, 298, 329, 342, 373, 388.
Coppet (Suisse), 136.
Corps helvétique. 5 et n. 1, 26, 35, 40, 54, 60, 73, 99, 126, 248, 271.
Corps légionnaires, 129.
Corse, 194.
Corses (chasseurs), 40.
Cosaques (transformation des paysans français en), 106.
Côte-d'Or (département de la), 366.
Côte-Saint-André (La), Isère, 308.
Cotentin (presqu'île du), 36.
Côtes-Maritimes (6e bon des), 376.
Courmayeur (Piémont), 66, 68, 74.
COUSTARD-DE-St-LÔ (le général), 167 et n. 2, 193, 202, 228, 279, 330.
COUTURIER, président de la Société populaire de Grenoble, 345 et n. 1 ; — accusateur public à Grenoble, 366.
CRANCÉ (Dubois de), 229, 376. Voy. Dubois-de-Crancé.
Gravattes = Croates, 118.
Croates, 208.
Croix-Rousse (le faubourg de la —, à Lyon), 158, 164.
Cuires (Rhône), 229, n. 1.
Culte de la raison et de la vérité, 333, 343, 344 ; — dit Romain, 316.
Cultes (exercice des), 325 ; — (libre exercice des), 359, 360.
Curés (les), 328, 357 ; — de campagne, 349.

DAGOBERT-FONTENILLE (Luc-Siméon-Auguste), général de division, commandant l'armée des Pyrénées-Orientales, 243.
DANEMARK, 84, 272.
DANTON, 93, 216.
DASSIER, patriote genevois, 217, 236, 240, 241, 249.
Dauphiné, 80.
DÉBANNE, secrétaire du représentant du peuple Petit-Jean, 389.
Décadi (le), 349, 355, 372.
Décadis (les), 325, 358.
Déclaration des droits de l'homme (Constitution de 1793), 383.
DEFORGUES, ministre des Affaires étrangères, 92, n. 1, 373.
DELARUE (Le général), 36 et n. 1.
DELHORME, secrétaire de la légation de France à Genève, 1 et n. 1, 2, 5, n. 1, 16, 20, 28, 29, 30, 33, 34 et n. 1, 38, 39, 45, 49, 52, 59, 60, 77, 85, 90, 230, 236, 263.
DELISLE, président de la Société populaire de Grenoble, 223.
DELORME, officier au 5e régiment de cavalerie, 257 et n. 3.
Démont = *Demonte* (Piémont), 118 et n. 4.
DENNIÉE, commissaire-ordonnateur à l'armée des Alpes, 160 et n. 1, 188.
DEPAGET, curé de Beaurepaire (Isère), 230.
Département (le) = Département de l'Isère, 133, 230, 236, 245, 260, 297, 298, 344, 362; = Administration du, 160, 166, 210, 211, 232, 254, 273, 276, 283, 293, 300, 306, 307, 321, 336, 367; — (l'administration du), 358; — (président du), 230.
Département de l'Isère, 200, 288, 308, 342, 374, 388.
Département de la Guerre, 380.
Département des Affaires étrangères, 296, 346, 384, 391; — (commis du), 295.
Députés détenus prisonniers après le 31 mai, 130.
Déserteurs, 208, 217, 264, 275, 280, 366; — français, 275; — ouvriers, 246.

Diète de Frauenfeld, 126; — helvétique, 99, 125, 136.
Digne (Basses-Alpes), 175.
Dimanches (les), 325.
Directeur du Génie, à Grenoble, 379.
Direction de l'artillerie, à Grenoble, 318.
Directoire du département de l'Isère, 140, 286, 307, 329.
District de Grenoble, 275; = Administration du, 287, 329, 363, 367, 388; — de Lyon, 14.
Districts de l'Isère, 293, 297.
Dôle (Jura), 180.
Dominicains (ci-devant) de Grenoble, 292.
Dons patriotiques, 296, 298, 299, 303, 310, 312, 320.
DOPPET (le général), 19 et n. 1, 120 et n. 1, 132, 221, 240, 279, 299, 300, 377.
DORFEUILLE, membre de la Commission révolutionnaire de Lyon, 326 et n. 1.
Doubs (département du), 247, 255.
DOUMÉ, frère du commandant de Toulon, arrêté par ordre du représentant Petit-Jean, 366.
DOURS (le général), 317 et n. 1, 339, 340, 342, 357, 363, 365.
DOYEN (le général Le), 122 et n. 1, 172 et n. 1, 211, 228 et n. 2, 240 n. 1, 242, 279, 294.
Dragons, 173, 226.
Drôme (département de la), 163, 168.
DUBOIS-DE-CRANCÉ, député à la Convention nationale, 8 et n. 1, 87, 127, 233, 261, 264, 301, 358.
DUBOURG (le général), 124, 156. Voy. du Bourg.
DUBUISSON, patriote suisse, 144, 232.
DUGOMMIER (Le général), 371.
DUMAS, officier municipal de Grenoble, 207.
DUMAZ, député à la Convention nationale, 193, 265, 299, 301, 302, 307.
DUMONT, député à la Convention nationale, 316 et n. 2.
DUMOULIN, commandant des gre-

nadiers parisiens de la garnison de Valenciennes, 324.
DUMOURIEZ, 4, 16, 36, 93, 96, 136, 144, 149, 184.
Dunkerque (Nord), 239 et n. 1.
DUPORT, secrétaire de l'administration du département de l'Isère, 254 et n. 1.
DUPUY (maison de la veuve), à Grenoble, où logea Chépy, 313.
Durance, 133.

Echelles (Les), Savoie, 260 ; — (Les) du Levant, 138, 194.
Egalité (Philippe), 35 et n. 1.
Eglise cathédrale de Grenoble, 357 ; — paroissiale de Grenoble, 298.
Eglises fermées, 357, 364, 370.
Embrun (Hautes-Alpes), 21, 30, 34, 45, 133, 239.
Emigrés, 5, 25, 27, 73, 89, 135, 239, 247, 255, 256, 260, 261, 305, 328 ; — (biens des), 211, 220, 273, 313, 344, 362.
Empereur (l') d'Allemagne, 44, 84 ; — (généraux de l'), 54.
Emprunt volontaire, souscription patriotique ouverte à Grenoble par Chépy, 362.
Enfants de Grenoble, auxquels Chépy donnait une instruction patriotique, 305, 310, 311.
Englués (les), sobriquet donné aux modérés de Genève, 26 et n. 1, 63.
Enterrements (règlements sur les), 325.
Entremont (Piémont), 70 et n. 1.
Entrevaux (Basses-Alpes), 357, 365.
ERLACH (d'), bailli de Lausanne, 305.
ERNEST (régiment suisse d'), 22, n. 1.
Escaut, 148.
Espagne (frontière d'), 90 ; — (Roi d'), 36, 59, 200.
Espagnole (flotte), 89.
Espagnols (les), 49, 50, 63, 83 120 et n. 5, 140, 150, 208.
Estrade (le général de L'), 78 et n. 2, 87, 124, 130, 228 et n. 1, 231, 258, 269.

Etats héréditaires de l'Empereur, 303.
Etat-major (chef de l'), 340 ; (l') = de l'armée des Alpes, 3, 107, 116, 127, 137 ; — de l'armée des Alpes, 130, 258, 339, 348, 349, 364, 366, 376, 382 ; — de l'artillerie, 123, 294 ; — de la garnison de Mayence, 153.
Etats-majors (les), 214, 245.
Eugénie, pièce de Beaumarchais jouée à Grenoble, 268, 269.
Europe, 84, 269, 344.
Evêque du départem^t de l'Isère, 289 et n. 1, 319 ; — de Paris, 320 et n. 1.
Eybens (Isère), 197.
EYRIÈS, capitaine de vaisseau, commandant de la marine à Cherbourg, 36 et n. 2.

FABRE (Cl^{de}-Dominique-Côme), député de l'Hérault à la Convention nationale, 383.
FABRE, négociant à Grenoble, 337.
Famars (Nord), 29, 30, n. 1.
Fanatiques (les), 227, 247, 320, 357, 379, 390.
Fanatisme (le) religieux, 230, 289, 319, 324, 326, 327, 328, 333, 341, 349, 360, 366, 370 ; — (le) philosophique, 358.
FANTIN, secrétaire de la Société populaire de Grenoble, 311.
Faucigny (Savoie), 177, 198, 227, 232, 242, 290.
FAURE, lieutenant de chasseurs des Hautes-Alpes, 275.
Fédéralisme, 81, 93, 97, 98, 104, 130, 133, 151, 158, 181, 186, 215, 239, 275, 319, 361.
Fédéralistes, 128, 154, 289, 358 ; — du Gard, 120, 370 ; — du Midi, 254 ; — Muscadins, 146.
FÉLIX (Etienne), fédéraliste marseillais, 134.
Ferney (Ain), 42.
FERRIER (J.), membre du Comité de l'observation des lois de la Société populaire de Grenoble, 378.
FERRIÈRE (le général La), 79 et n. 2.
Feuillantisme, 199.

Finistère (département du), 196.
FLERS (le général de), 49 et n. 1, 63, 140.
Flotte (la) française, 205.
FOUCHÉ, député à la Convention nationale, 309.
FOULET, commissaire des guerres à l'armée des Alpes, 188, 270, 348.
Foussan = *Fossano* (Piémont), 118.
Fox, adjudant-général à l'armée des Alpes, 348 et n. 1, 357.
France, 1, 25, 26, 27, 29, 30, n. 2, 35, 69. 90, 173, 208, 212, 214, 249, 297, 303.
Français (peuple), 246, 269 ; — (Les), 58, 65, 66, 68, 70, 72, 76, 89, 225, 240, 248, 249, 269.
Française (Nation), 73.
FRANÇOIS, instituteur, secrétaire de la Société populaire de Grenoble, 378.
Frauenfeld (Diète de), 126.
Fréjus (Évêque de), 118 et n. 5.
FRÉRON, député à la Convention nationale, 138 et n. 1.
Fribourg (Canton suisse de), 35.

GAILLARD, révolutionnaire lyonnais, 131 et n. 2.
Galibier (Col du), 182 et n. 2.
Gap (Hautes-Alpes), 30, 34, 114, 133, 175, 224.
Gard (Bataillon fédéraliste du), 104 ; — (département du), 134, 138, 224 ; — (Fédéralistes du), 120.
Garde nationale de Grenoble, 314 ; — de Vizille, 239.
Gardes nationales, 145, 168.
Gardes nationaux de Grenoble, 260.
GARDON, ex-vicaire épiscopal de Grenoble, 320 et n. 3.
Garnison (la), de Grenoble, 336, 349.
Garonne (Bataillons fédéralistes de la Haute-), 104.
GASTON (Raymond), député de l'Ariège à la Convention nationale, 383.
GAUTHIER, député à la Convention nationale, 8, n. 1, 46 et n. 4, 170, 233, 264, 270, 301, 376.

Gendarmerie nationale, 159, 196.
Gendarmes de la résidence de Grenoble, 333.
Général (le) = Carteaux, 349, 350 ; = Lajolais, 260.
Général en chef (Le), 243, 244.
Généraux français, 112, 127, 213, 235, 246, 347 ; — piémontais, 225.
Gênes (Italie), 80, 83, 89, 119, 191, 272.
Genève (Suisse), 1, 5, n. 1, 12, 15, 22, 23, 27, 31, 35, 36, 38, 48, 51, 59, 73, 75, 76, 80, 84, 85, 89, 90, 95, 102, 107, 110, 114, 116, 144, 145, 174, 191, 199, 203, 236, 241, 248, 286, 306, 345, 346, 363 ; — (Club des Marseillais à), 217, 240 ; — (Gouvernement de), 51, 56, 63, 73, 192 ; — (République de), 1, 45, 237, 306 ; — (Résidence de), 85 ; — (Sénat de), 31, n. 1.
Genevois (Gouvernement), 58, 76, — (les), 21, 22, 25, 26, 29, 45, 48, 88, 237, 249.
Génie (Chefs du), 330 ; — (Officiers du), 251, 294.
Génois (Territoire), 83.
GEORGES [III], roi d'Angleterre, 269.
Gex (Pays de), 23, 42, 237, 247.
Gibraltar, 262.
GILOT (le général), 184 et n. 1.
GIREY DU PRÉ, 10 et n. 4.
Gironde (5ᵉ bataillon de la), 172, 183.
GIROUD, libraire de Grenoble, 343.
GIROUD (Pierre), membre du Directoire du district de Grenoble, 363 et n. 2.
GIROUD, officier municipal de Grenoble, 207.
GORSAS (Antoine-Joseph), député de Seine-et-Oise à la Convention nationale, 130.
Gouvernement français, 249, 353, 377 ; — révolutionnaire, 363, 369.
GOUVION (le général), 156 et n. 1, 365.
Grand-Club de Genève, 248, 306.
Grand-Duc de Toscane, 82.
GRANGE, ex-vicaire épiscopal de l'Isère, 236 et n. 1, 265.

— 402 —

GRANIER, secrétaire de la Société populaire de Grenoble, 223.
Grasse (Var; actuellement Alpes-Maritimes), 285.
Grenadiers de Paris (bataillon des), 321, 323, 328, 342, 370, 376.
Grenoble (Isère), 16, 34, 38, 63, 90, 91, 99, 102, 103, 106, 111, 114, 119, 130, 140, 173, 177, 183, 187, 192, 193, 200, 206, 212, 219, 232, 233, 239, 270, 277, 284, 292, 299, 300, 303, 314, 323, 333, 337, 346, 349, 361, 367, 377, 379, 381, 385; — (approvisionnement de), 286: — (citoyens de), 157; — (contingent de gardes nationaux de), requis pour le siège de Lyon), 145, 152; — (établissement d'un arsenal à), 336; — (esprit public à), 94; — (habitants de), 301; — (magasin d'habillement de), 261; — (réquisitions de), 253. Voy. Société populaire, Comité de surveillance, Commune, Municipalité, etc.
Grenoblois, 268, 299, 312, 321, 339; — (détachement), 275.
GRENUS, patriote genevois, 2 et n. 1, 22, 24, 30 et n. 2, 42, 88, 144, 306.
Grisons (Districts des), 35.
GROS (G.), membre du Comité de l'observation des lois de la Société populaire de Grenoble, 378.
Guides-Hussards, 47.
Guillotière (La), faubourg de Lyon, 10.

Haut-Rhin, 116.
HELFFLINGER, chargé des affaires de la République française dans le Valais, 5 et n. 1, 6, 28, 34, 38, 39, 53, 57, 59, 62, 71, 77, 78, 90, 93, 95, 102, 107, 125, 236, 250, 263.
Helvétie, 36.
Helvétiens (Paysans), 36.
Helvétique (Territoire), 247.
Hérault (département de l'), 14, 134.
HÉRAULT DE SÉCHELLES (Marie-Jean), député à la Convention nationale, 241.
HERBEZ (d' — Latour), député à la Convention nationale, 193 et n. 2.
HESSE (le général, prince de), 79 et n. 1.
HILAIRE, agent national du district de Grenoble, 380, n. 1.
Holstein (Le), 190.
Hongrie (La), 266.
Hongrois, 208.
HOOD (l'amiral), 262.
Hôpital (l'); Savoie, 182 et n. 2, 200.
Hôpitaux militaires, 187, 200, 235, 270.
Houzards, 260.
Hussards, 176, 180 et n. 1, 197, 200, 204, 335, 339, 342, 377; — Guides, 19.

Inde (l'), 209.
Indes (les) orientales, 270.
Infanterie (4me bataillon d') légère, 257, 259; — (officiers d') 161, 173.
Instituteurs de Grenoble, 348.
Irlande, 209.
Isère, rivière, 181.
Isère (Administration de l'), 98; — (3e bataillon de l'), 229; (l') = département de l', 116, 222, 286, 306, 309, 328, 329, 390; — (département de l'), 173, 200, 239, 253, 279, 292, 354.
Isle (L'), Vaucluse, 146 et n. 3.
Italie, 43, 44, 82.

Jacobins, 291, 363; — (ci-devant, de Grenoble), 318; — de Paris, 346, 354.
JANOT, président du Comité provisoire de sûreté de Genève, 248 et n. 1.
JEAN-JACQUES [Rousseau], 25.
Jeunesse (Instruction révolutionnaire donnée à la) de Grenoble, 188.
JOURDEUIL, adjoint au ministre de la Guerre, 380.
Juges militaires, 236.
Jura (département du), 114, 137, 140, 247, 255.

KELLERMANN (le général), 2, 31, n. 1, 34, 38, 44 et n. 1, 45, 49, 50, 59, 61, 63, 77, 87, 95, 99, 103, 106, 109, 112, 121, 122, 124, 139, 143, 145, 152, 155, 156, 167, 170, 173, 184, 192, 193, 197, 200, 202, 208, 218, 220 et n. 1, 222, 233, 234, 236, 242, 256, 258, 278, 279, 330.
KELLERMANN, fils du précédent, 234 et n. 1.
KERSAINT (projet de), 171 et n. 1.

LABARRE (maison de), à Grenoble, 206.
LACROIX, député à la Convention nationale, 93.
LAGRÉE (de), colonel d'artillerie à Grenoble, 295 et n. 1, 340, 352 et n. 1, 353, 355.
LAJOLAIS (le général), 122 et n. 3, 197, 200, 217, 232, 253, 306, 330, 356, 365, 368, 376.
Lamalgue (le fort), à Toulon, 367.
LAMARLIÈRE (le général), 30 et n. 1.
Lambesc (Bouches-du-Rhône), 201.
LAMETH (les), 258.
LAMOURETTE, évêque constitutionnel de Rhône-et-Loire, 14 et n. 1.
LANCHÈRE, directeur général et entrepreneur des charrois de l'artillerie pour les armées du Rhin, des Alpes et d'Italie, 41.
Landau (Bas-Rhin), 184.
Landes (bataillon des), 172.
Languedoc, 120.
Lanslebourg (Savoie), 166 et n. 2.
LARAN, commissaire des guerres à l'armée des Alpes, 188 et n. 4.
Larche (vallée de), 98 et n. 4, 140.
LARCHER, officier de l'armée des Alpes, 329.
LAROQUE (Jean-Alexandre-Durand de), général de brigade à l'armée des Alpes, 79 et n. 4.
LAROQUE ou LA ROQUE (Jean-Jacques d'Ornac de), colonel du 5ᵉ régiment de cavalerie, 255, 257 et n. 2.
LAROQUE ou LA ROQUE (Nicolas-Roch de), colonel du 79ᵉ régiment d'infanterie, 41, n. 1, 87.
Lausanne (Suisse), 136.
Lauterbourg (Bas-Rhin), 281.
LAVALETTE (le général de), 148 et n. 1.
LEBRUN ou LE BRUN, ministre des Affaires étrangères, 6, n. 2, 7, n. 1, 8, 9, 11, 55, 231, 287, 390.
LÉCUYER, adjudant-général à l'armée des Alpes, 251 et n. 2, 369, 376.
LEGENDRE député à la Convention nationale, 9, 10, n. 1.
Légion allobroge, 19, 40 et n. 1, 49, 61 ; — de Kellermann, 50 ; — de la Montagne, 187, 257 ; — des Alpes, 53, 63, 116, 183 ; — du Nord, 129 et n. 2.
LEGRAND (P.), membre du Comité de l'observation des lois de la Société populaire de Grenoble, 378.
LEMARQUANT, commissaire des guerres à l'armée des Alpes, 189 et n. 2.
LETANDUÈRE ou L'ETANDUÈRE (le général de), 109 et n. 1, 121, 331.
LEVASSEUR, adjudant-général à l'armée des Alpes, 197 et n. 2.
Levée de la première classe, 236 ; — des 300,000 hommes, 214 ; — (nouvelle), 369.
LIAUTEY, agent supérieur pour l'encadrement des troupes de l'armée des Alpes, 379, 382 et n. 1.
Liège, 381.
LOCHE (de), major du régiment de Savoie, 69.
Loi du 23 août 1793, 195, 201, 284, 292, 310, 380.
Lombardie, 20, 44, 82.
Londres, 36.
Longwy (Moselle), 13 et n. 4.
Lorient (Morbihan), 205, 209.
Loudun (Vienne), 13 et n. 3.
Lozère (département de la), 46 et n. 2, 167, 269, 300.
Luxembourg (section du), à Paris, 340.
Lyon, 11, 12, 13, 15, 46, 89, 94, 98 et n. 3, 101, 104, 107, 108, 109, 110, 111, 112, 115, 116, 117,

121, 128, 131, 135, 137, 138, 140, 145, 149, 150, 152, 158, 160, 167, 181, 193, 194, 201, 202, 203, 211, 215, 224, 225, 261, 262, 265, 275, 279, 281, 291, 295, 301; — (affaire de), 176, 195, 208, 222, 258; — (bombardement de), 164; — (commerce de), 91; — (émigrés échappés de), 260; — (événements de), 136, 163; — (expédition de), 157; — (muscadins de), 268; — (opérations [militaires] contre), 170, 177; — (réduction de), 223; — (siège de), 188, 214, 272, 293, 295, 330, 355, 369.
Lyonnais, 121, 132, 137, 139, 143, 195, 229, 231, 232, 236, 244, 247, 253, 254, 256, 353.

MACAREL, 11 et n. 1.
Mâcon (Saône-et-Loire), 135, 184.
Madeleine (col de la), 239.
Maison commune de Grenoble, 254.
Maisons nationales (prisons) pour les suspects, 232, 254.
Manufactures d'armes, 232.
MARAT, 276, 315.
MARET, 86 et n. 1, 165.
Marine française, 138, 144, 194, 198.
MARSEAU, notable du corps municipal de Grenoble, 207.
Marseillais (club des), à Genève, 26 et n. 2, 217, 240 et n. 2, 249; — (fédéralistes), 101, 111, 112, 117, 120, 132, 134, 143, 146, 150, 154, 163; — (hymne des), 317; — (parti), à Genève, 240.
Marseillaise (colonne), 104, 128, 134, 137.
Marseille, 67, 80, 133, 143, 146, 154, 155, 178, 186, 201, 203, 213, 281, 356.
Martigny (Valais), 69 et n. 1.
Martigue (Bouches-du-Rhône), 243.
MASSEIY, chef du 4º bataillon d'infanterie légère, 259 et n. 1.
MASSOL, chef du 1er bataillon de l'Ardèche, 130 et n. 1, 252.
Maubeuge (Nord), 281.
Maurienne, 39, 47, 86, 135, 167, 169, 172, 182, 198, 211, 219, 226, 240, 242, 285, 300, 376.
MAURIN, préposé par le Conseil exécutif à l'achat et à la confection des objets d'habillement, d'équipement et de campement, 160 et n. 2, 234.
Maximum (le), 263, 285, 286, 300, 302, 310, 328, 369, 377; — (décret sur le), 133, 250; — (loi du), 254, 273, 275, 276, 282, 290, 293.
Mayence, 26, 130, 147, 153, 177.
MAYER, chef du bataillon franc, 252 et n. 1.
Mecklembourg, 190.
Méditerranée, 83, 124, 138, 150, 171, 181, 194, 209, 262, 281.
Mende (Lozère), 365.
MENDOUZE, chef du bureau des fonds au ministère des Affaires étrangères, 103.
Metz, 227.
Meuse, fleuve, 148.
MICHAL, officier municipal de Grenoble, 207.
Midi de la France, 135, 205, 222, 224, 243, 254, 257, 261, 270; — (coalition du), 94, 98, 103.
Milan, 43, 44.
Milanais, 20, 82.
MILLOT-PÉRIER, 299.
Ministère de la Guerre, 37, 49; — des Affaires étrangères, 55.
Ministre de la Guerre, 48, 52, 94, 95, 102, 103, 111, 119, 160, 185, 200, 219, 233, 234, 241, 243, 245, 252, 265, 275, 283, 291, 333, 340, 376; — de l'Intérieur, 103, 111, 216, 308, 335, 389; — des affaires étrangères, 4, 240, 331, 332, 381, 387, 388, 389, 390; — des contributions publiques, 219.
Ministres (les), 208, 281, 287.
Modérantisme, 264, 324.
Modérés, 206, 253, 292, 335.
Moirans (Isère), 372.
Monarchies (les), 305.
MONK, 36.
Monnaie (la) de Paris, 364; — piémontaise, 286, 293.
Monopoleurs, 302.
Montagne (la Sainte), 373.
MONTAUT, député à la Convention nationale, 309 et n. 2.

Mont-Blanc (bataillons du), 49, 61, 87, 181 ; — (4e bataillon du), 159, 183, 203, 232 ; — (5e bataillon du), 167, 253, 275, 331 ; — (département du), 2 et n. 2, 3, 4, 30 et n. 2, 34, 39, 41, 47, 49, 56, 58, 70, 107, 121, 165, 169, 170, 174, 180, 181, 183, 192, 193, 194, 198, 199, 202, 205, 208, 211, 212, 214, 217, 222, 224, 232, 236, 266, 270, 273, 279, 286, 293, 294, 306, 309, 326, 329, 368, 376, 377, 379, 383.
Montbrison (Loire), 14, 158.
Mont-Cenis (le), 70, 75, 88.
Mont-Dauphin (Hautes-Alpes), 66.
Montélimar (Drôme), 137.
MONTESQUIOU (le général), 31, n. 1, 33, n. 1, 62, 166, 329.
MONTFERRAT (duc de), 66 et n. 3, 118.
MONTGOLFIER, 367 et n. 1.
Mont-Lion = Mont-Dauphin (Hautes-Alpes), 91 et n. 1.
Montmélian (Savoie), 170, 193, 200.
Montpellier (Muscadins de), 224.
Mont-Valezan, 66 et n. 1, 67.
Morand (Allée), à Lyon, 158.
MORAS, ex-médecin militaire à l'armée des Alpes, 252.
Morges (Suisse), 136.
Moselle (Troupes de la), 101.
Moutiers (Savoie), 365.
Municipalité d'Allevard, 284 ; — de Grenoble, 101 et n. 1, 164, 204, 206, 297, 298, 302, 311, 325, 327, 333, 348, 351, 357 ; — de Lyon, 9, 14.
Municipalités campagnardes, 158 ; — de l'Isère, 230.
Municipaux aristocrates, 230 ; — (officiers) de Grenoble, 200, 206, 254.
Muscadins, 108, 235, 243, 250, 253, 260 ; — échappés de Lyon, 268 ; — lyonnais, 164, 365.
MUTRÉCY, préposé par le Conseil exécutif à l'achat et à la confection des objets d'habillement, d'équipement et de campement, 160 et n. 2, 234, 322, 327.
MUY (le général du), 17 et n. 1, 22 et n. 1, 34, 37, 39, 40, 42, 58, 59, 78, 86, 87, 124, 125, 139, 156, 193, 330.

NADAL, préposé par le Conseil exécutif à l'achat et à la confection des objets d'habillement, d'équipement et de campement, 322, 327.
NADAUD, commissaire des guerres à l'armée des Alpes, 189 et n. 1.
Naples (Roi de), 36, 82.
Nation (la), 273.
NECKER, 136.
Neustrie (bataillon du régiment ci-devant de), 283, 285.
Nice, 21, 37, 45, 53, 59, 65, 69 ; — (comté de), 4, 71, 194, 225.
NICOLAS (le général), 121 et n. 1, 330 et n. 2, 365, 368.
NIOCHE, député à la Convention nationale, 8, n. 1, 46 et n. 3, 114, 130.
NOAILLES (dragons de), 49.
Nobles, 25, 72, 245 ; — (ci-devant), 257.
NOEL, adjudant-général à l'armée des Alpes, 197 et n. 1.
Noël (Fête de), 368, 377.
Nord de la France, 57, 163, 281.
Normandie, 37.
Nouvelle réquisition (la), 216.
NUCÉ (le général), 81 et n. 1.
NYER, greffier de la municipalité de Grenoble, 207.
Nyon (Suisse), 84, 89, 136.

Officiers, 107, 175, 184, 185, 200, 214, 217, 222, 225, 232, 249, 251, 339, 347 ; — d'artillerie, 294 ; — de cavalerie, 255 ; — de la garnison de Valenciennes, 232 ; — de santé militaires, 245 ; — de volontaires, 225 ; — d'infanterie, 161, 173 ; — du génie, 251, 294 ; — généraux, 205, 217, 221 ; — piémontais, 226.
O'HARA (le général anglais), 367.
Oneille = *Oneglia* (Piémont), 83.
ORAISON (le général d'), 18 et n. 1, 79.
Orange (Vaucluse), 128, 337.
ORNAC (le général d'), 16 et n. 1, 21 et n. 1, 23, n. 1, 30, 41, 48,

50, 62, 63, 78, 87, 90, 91, 95, 98 et n. 1, 2, 99, 102, 103, 110, 111, 177, 242, 255, 258, 279.
Ouchy (Suisse), 84.
Ouest de la France, 73, 84, 135; — (brigands de l'), 297; — (départements de l'), 366; — (hydre de l'), 130.
OYRÉ (le général d'), 153 et n. 1.

PACHE (Jean-Nicolas), maire de Paris, 93.
Paira-Tailland (Piémont), 68 et n. 1.
PALASSON, adjudant-général à l'armée des Alpes, 109, 110, n. 1, 222, 331, 369.
PAOLI (Pascal), chef de l'insurrection corse, 329.
Pape (château de la), près Lyon, 158, 180.
Papier-assignat, 286.
Papisme, 350.
PARÉ (Jules-François), ministre de l'Intérieur, 385.
PAREIN, 10 et n. 3.
Paris, 10, 30, 38, 91, 93, 106, 121, 130, 167, 202, 232, 236, 237, 258, 299, 300, 302, 304, 313, 316, 334, 341, 344, 350, 354, 380; — (commune de), 317.
Parisiens (artilleurs), 239.
Parme (État de), 82, 190.
PASCALIS, commissaire des guerres à l'armée des Alpes, 188.
Patriotes lyonnais réfugiés à Grenoble, 149.
PELETIER DE SAINT-FARGEAU (Louis-Michel le), député de l'Yonne à la Convention nationale, 315.
PELLAPRA (le général), 356 et n. 1, 369, 375, 382.
PELLERIN, notable du corps municipal de Grenoble, 207.
PÉRIER (Millot), 299; — dit Milord, 319 et n. 1.
Péronne (Somme), 171.
Perpignan (Pyrénées-Orientales), 121, 135, 150, 224.
PETIT-GUILLAUME (le général), 122 et n. 2, 229, n. 1, 363.
PETIT-JEAN, député à la Convention nationale, 290 et n. 2, 292 et n. 2, 293, 294, 301, 358, 363, 364, 366, 367, 373, 375, 379, 380, 385, 386, 389, 390.
Peuple français (le), 91.
Pharmacie de l'armée, 189.
Philadelphie, 269.
PHILIPPE (Don), 50 et n. 1.
PHILIPPON, capitaine au bataillon franc, 229, 232.
Piémont, 4, 20, 38, 43, 44, 46, 48, 53, 62, 64, 69, 70, 72, 74, 83, 88, 89, 101, 118, 191, 225, 226, 275.
Piémontais, 13, 18, 19, 39, 47, 50, 51, 53, 54, 65, 68, 72, 82, 94, 98, 118, 138, 141, 146, 150, 165, 167, 168, 172, 174, 177, 181, 182, 183, 187, 193, 194, 198, 200, 204, 211, 214, 217, 221, 222, 224, 225, 226, 227, 236, 242, 243, 254, 271; — (adjudant-major), 130; — (déserteurs), 39, 107, 208, 369; — (seigneurs), 190.
Piémontaise (armée), 119, 194; — (invasion), 279.
Piémontaises (troupes), 4, 5.
Pierre-Châtel (fort de), 194.
PITT, 281, 282; — (section de), à Grenoble, 284.
Place aux Herbes, à Grenoble, 276; — de la Constitution, 292.
PLANTA (Falquet), président de l'Administration du département de l'Isère, 230 et n. 1, 345.
Plymouth, 196.
POIGNENT, administrateur du district de Grenoble, 275, 280 et n. 1.
POINT (le général), 356 et n. 3, 365.
POLICAN, membre de la Société populaire de Grenoble, 378.
Pologne (partage de la), 35, 84.
Polonais, 208.
POMMIER, commissaire des guerres émigré, 58.
Pommiers (Isère), 260.
Pont Morand (le), à Lyon, 109, 112, 214.
Pont-de-Beauvoisin (Isère), 260, 293.
Pont-Saint-Esprit (Gard), 120, 128, 134, 135.
Pont-Sainte-Maxence (Oise), 171.

— 407 —

Port-Libre = Port-Louis (Morbihan), 205.
Porte (la) ottomane, 84, 194, 272.
Portsmouth, 196.
POUGET (le général), 87, 88, n. 1, 340, 376.
POULAIN, garde du magasin militaire de Grenoble, 269, 307, 310, 348.
POULTIER, député à la Convention nationale, 137 et n. 4.
Pouvoir exécutif (agents du), 3.
PRÉCY, 247, n. 1, 264 et n. 1, 355.
Prêtres, 3, 5, 25, 72, 167, 284, 320, 349, 350, 360, 369, 370; — constitutionnels, 344; — insermentés, 118, 344; — réfractaires, 135.
Prêtrise (Lettres de), 320, 325, 357.
PRIÈRE, commissaire du Pouvoir exécutif, 178 et n. 1, 2, 201, 287.
PRIEZ, directeur des étapes à l'armée des Alpes, 357.
Prisons militaires, 187, 235, 244.
PRISYE, adjudant-général à l'armée des Alpes, 294 et n. 1.
Provence, 151, 194, 209, 212, 215, 261.
Prusse, 89, 170; — (Roi de), 89.
Prussiens, 153, 356.
Puy (le), Haute-Loire, 340.
Puy-de-Dôme (département du), 217.
Pyrénées, 50, 63, 76, 82, 87, 120, 133, 167, 178, 181, 186, 281; — Orientales, 129, 376.

Quartier-Maître (le), des chasseurs des Hautes-Alpes, 275.

Raous (col de), 118.
Recrues du Cantal, 200.
Recrutement (l'agent supérieur du), 306.
Régiment (4e) d'artillerie, 334; — de Belgiojoso, 72; — de Berchény, 180, 183, 187, 197; — de Caprara, 72; — (5e) de cavalerie, 40, 42, 187, 195, 197, 207, 216, 217, 255, 259, 262, 275, 309; — de Chablais, 242; — (9e) de dragons, 14 et n. 3, 139, 143, 146, 187, 255, 262, 275; — (1er) de hussards, 342, 377 (Voy. Berchény); — de Rockmondet (suisse), 155 et n. 2; — de Savoie, 69; — de Sonnemberg (suisse), 241; — des gardes du roi de Piémont, 67; — (23e) d'infanterie, 183; — (79e) d'infanterie, 41, 57 et n. 1, 60, 88, 183, 371, 376; — genevois, 67; — royal-liégeois, 81.
Représentants du peuple, 290, 293, 298, 299, 309, 329, 333, 344, 353, 358, 369, 377, 380, 387, 388.
Représentation nationale, 383.
République (la), 10, 13, 81, 94, 101, 106, 121, 122, 127, 130, 135, 139, 149, 152, 161, 179, 190, 191, 193, 195, 197, 198, 204, 205, 212, 221, 227, 235, 247, 255, 257, 261, 267, 273, 281, 283, 293, 297, 299, 321, 323, 362, 374, 381; — française (la), 6, n. 1, 22, 51, 60, 61, 62, 79, 82, 86, 93, 125, 126.
Républiques (les), 272, 305.
Réquisition (troupes de) du Mont-Blanc, 379; — (jeunesse de), 350; — nouvelle, 353, 366; — (troupes de), 158, 211, 246, 275, 342.
Révolution (la), 123, 139, 215, 220, 221, 235, 253, 258, 269, 270, 280, 290, 305, 333, 335, 344, 361, 363, 366, 380, 381, 387, 388; — du 31 mai 1793, 109, 246, 289; — française (la), 5, 9, 25, 73, 97, 213; — (place de la), à Paris, 265; — (première), 265.
REY, négociant de Grenoble, 337.
REYBAZ, ministre de la République de Genève à Paris, 237 et n. 1.
REYMOND, évêque constitutionnel de l'Isère, 289, n. 1, 298, 324.
Rhême (Piémont), 68 et n. 3.
Rhin (le), 40, 57, 130, 135, 147, 148.
Rhône (le), 109, 120, 146, 205, 215, 229, 261.
Rhône-et-Loire (département de), 11; — (administration du département de), 14; — (directoire du département de), 9.

RICARDOS, général espagnol, 224 et n. 1.
RICHAUD (les frères), entrepreneurs pour les transports militaires, 293.
RICHOUD (le général), 365.
RIVAZ (le général), 123 et n. 2, 156, 251, 326 et n. 2, 329, 330 et n. 1, 357, 365, 376.
RIVIER, président du Comité de surveillance de Grenoble, 324 et n. 1.
RIVIÈRE, hôtelier de Grenoble, 99, 141, 206.
Roanne (Loire), 14; — (district de), 342.
ROBESPIERRE (Maximilien), 161, 357.
ROCHEZ (le sapeur), 10 et n. 2.
Rochefort (Charente-Inférieure), 209.
ROCKMONDET (régiment suisse de), 155 et n. 2.
Roi de Piémont (le), 226.
ROLAND DE LA PLATIÈRE (Jean-Marie), 316 et n. 1.
Romans (Drôme), 130, 249.
ROSSI (Antonio), général de division, 50 et n. 2, 78, 87, 100 et n. 1, 106, 121.
ROSSI (Camillo), général de brigade, frère du précédent, 50 et n. 2, 100, n. 1, 121, 329, 334, 343 et n. 1, 351, 352.
ROSSI (Hyacintho), colonel à l'armée des Alpes, neveu des précédents, 50 et n. 2.
ROSSIGNOL (Jean-Antoine), général commandant l'armée des Côtes de la Rochelle, 157 et n. 1.
Roussillon, 224.
ROVÈRE (Joseph-Stanislas-François-Xavier-Alexis), marquis de Fonvielle, député des Bouches-du-Rhône à la Convention nationale, 9, 10, n. 1, 137 et n. 4.
Royalisme (le), 353.
Royalistes, 3.
ROYER (Balthazard), secrétaire général du département de l'Isère, 345 et n. 2.
RÜHL (Philippe), député du Bas-Rhin à la Convention nationale, 144 et n. 1.

SAINT-ANDRÉ (de), général piémontais, 118.
Saint-André (Savoie), 166 et n. 2.
Saint-Antoine (faubourg), à Paris, 10.
Saint-Bernard (Grand), 43.
Saint-Bernard (Mont), 5, 85, 204.
Saint-Bernard (Petit), 65, 66, 67, 68, 74, 155.
SAINT-CHARLES, espion employé par Dumouriez, 4, 23 et n. 3, 80, 144, 182.
Saint-Clair (quartier), à Lyon, 177.
Saint-Étienne (Loire), 14, 117 et n. 1, 158, 210.
Saint-Georges (canal), 209.
SAINT-HOUDER (?), 222.
Saint-Jean-de-Maurienne (Savoie), 183, 189, 226, 365.
Saint-Laurent (Isère), 158, 372.
Saint-Marceau (faubourg), à Paris, 188.
Saint-Marcellin (Isère), 213.
Saint-Maurice (Valais), 5, n. 1, 34, n. 1.
SAINT-RÉMY (le général de), 17 et n. 2, 41, 87, 109, 122, 156, 251, 258, 279, 330.
Saint-Rémy (Bouch.-du-Rhône), 154.
SAINT-VICTOR, 364.
Sainte-Marie (atelier de), à Grenoble, 321 et n. 1.
SALICON ou SALION, régisseur des subsistances militaires à Grenoble, 235, 266.
Salle (la), Piémont, 67 et n. 2.
SANDOS (Thomas), chef de la légion des Alpes, adjudant général chef de brigade à l'armée des Alpes, 32 et n. 1.
Sans-culottisme, 13, 123, 130, 146, 175, 252, 279, 292, 336, 340; — méridional, 270.
SANTERRE, colonel du 35ᵉ régiment d'infanterie, puis général de brigade, 218 et n. 1, 232, 243, 259, 265 et n. 1, 268.
Saône (la), 112.
Saône-et-Loire (département de), 366.
Saorgio (Piémont), 146 et n. 2.
Saours (Piémont), 118.

Sardaigne (roi de), 36, 59, 67, 71, 72, 83 ; — (tyran de la), 62.
Sarde (armée), 44, 226 ; — (despote), 19, 27, 62; — (roi), 82, 190, 271 ; — (tyran), 53, 83.
Sardes (hordes), 204 ; — (tyran des), 28.
SARRET (le général), 290, 365 et n. 2.
Saumur (Maine-et-Loire), 73.
Savoie, 4, 6, 23, 30, n. 2, 38, 39, 50, 51, 53, 69, 71, 75, 83, 174, 190, 225, 293.
Savoisiens, 50, 204.
Savoyards, 69, 173, 174, 183, 242, 379.
SAVOYE-ROLLIN, ex-avocat général au Parlement de Grenoble, 319 et n. 1.
SCÆVOLA (QUINTUS) jeune, pseudonyme de l'auteur de la dénonciation contre Chépy, 362.
Section (4e) de Grenoble, 292.
Sections de Grenoble, 126, 164, 284, 289, 290, 292 ; — de Lyon, 112.
SÉMONVILLE, 86 et n. 1, 165.
SÉRIZIAT (le général), 108 et n. 1, 112, 139 et n. 1.
SERVAN (le général), 82 et n. 1.
Serviens = Serbes, 208.
SIBUET, accusateur militaire à Grenoble, 277 et n. 1.
SIMOND, député à la Convention nationale, 99 et n. 1, 193, 241, 265, 299, 301, 302, 307.
Simplon, 6.
Sisteron (société des Montagnards de), 274, 280.
Société des Montagnards de Sisteron, 274, 280.
Société patriotique de Grenoble, 292. Voy. Société populaire.
Société populaire de Grenoble, 110, 112, 151, 159, 195, 199, 201, 212, 215, 219, 222, 223, 243, 257, 263, 266, 270, 272, 274, 275, 276, 283, 284, 285, 286, 290, 293, 298, 300, 301, 302, 305, 308, 309, 310, 311, 312, 314, 320, 321, 324, 325, 329, 334, 336, 337, 338, 339, 340, 341, 343, 344, 345, 349, 350, 353, 354, 358, 360, 361, 364, 370, 373, 374, 378, 383, 387, 389.

Société républicaine de Grenoble = société populaire, 355.
Sociétés populaires, 216, 245, 268, 270, 310, 311, 317 ; — voisines de la Suisse, 339.
Soleure (canton de), 35.
Sorgues (Vaucluse), 137 et n. 4.
Souabe, 306.
SOULAVIE, résident de France à Genève, 5, n. 1, 34, n. 1, 230 et n. 2, 236, 249, 306, 368.
Strasbourg, 306, 339, 353, 370.
STRASOLDO, général autrichien, 20 et n. 1, 117.
Suède, 84, 200, 270.
Suisse (la), 6, 26, 27, 33, 35, 36, 38, 53, 59, 60, 75, 114, 136, 144, 179, 190, 191, 198, 203, 232, 239, 240, 247, 248, 255, 256, 272, 286, 306, 316, 352.
Suisses (les), 2, 22, 30, 54, 63, 67, 69, 85, 99, 175, 181, 272, 279.
Suse (Piémont), 65, 70, 74 ; — (régiment de), 66 ; — (vallée de), 117.
Suspects, 255, 319, 335 ; — (décret sur les gens), 250 ; — de Grenoble, 164, 232, 254 ; — (hommes), 309 ; — (loi sur les gens), 245, 264, 300.
Suspectes (personnes), 343.

Tain (Drôme), 120.
Tarentaise, 47, 135, 169, 172, 181, 200, 211, 219, 227, 240, 242, 300.
TEIL (le général du), l'aîné, 294 et n. 3, 353, 355.
TEIL (le général du), cadet, 295 et n. 2.
TEISSEIRE (Camille), 106, 107, n. 1, 207, 232.
Temple de la Raison et de la Vérité, 344, 357, 364, 366.
Temples (les) = Églises, 350 ; — catholiques, 372.
Termignon (Savoie), 166 et n. 2.
TÉRON, secrétaire de la Société populaire de Grenoble, 345, 362.
Terreaux (les), à Lyon, 13.
Théâtre de Grenoble, 238, 269, 312.
Théâtres (les), 238.
Thônes (Haute-Savoie), 23 et n. 1.
Thonon (Haute-Savoie), 240.

27

Thorio (?), 361.
Thuile (la), Piémont, 66 et n. 4, 67, 68.
Tignes (Piémont), 68 et n. 2.
Tippoo-Sahib, 208, 270.
Toulon (Var), 33, 40, 63, 129, 137, 138, 143, 146, 177, 178, 186, 194, 196, 198, 201, 213, 224, 252, 256, 261, 270, 281, 283, 299, 300, 309, 311, 317, 340, 350, 353, 357, 365, 368, 369; — (affaire de), 212; — (commandant de), 366; — (décret sur), 382; — (événements de), 223; — (flotte de), 124; — (garnison de), 154; — (habitants de), 208; — (livraison de), 225; — (prise de), 373, 374, 377; — (reddition de) aux Anglais, 203; — (réduction de), 278; — (révolution de), 181; — (siège de), 223, 228, 239, 275, 316, 364, 367, 375, n. 2, 376; — (tradition de), 144; — (trahison de), 208.
Toulonnais, 204.
Toulouse (district de), 224.
Tour (le baron de la), général autrichien, 225.
Tour-du-Pin (la), Isère, 216, 244, 260.
Tournon (Ardèche), 120.
Tournoux (camp de), 175, 259, 290.
Trésorerie nationale (commissaires de la), 323.
Trévirois (Sbires), 303.
Trévoux (Ain), 112.
Tribunal criminel de l'Isère, 343; — de Lyon, 14; — révolutionnaire de Paris, 132, 139, 329, 390.
Tribunaux militaires, 159, 201, 235.
Troupes de réquisition, 158, 211, 246, 275, 342.
Tullins (Isère), 279.
Turcs, 208.
Turin, 70, 72, 74, 118, 345; — (cour de), 4, 71, 83, 263; — (despote de), 21.
Turquie, 266.

Valais (le), 5 et n. 1, 6, 8, 25, 43, 48, 51, 53, 54, 57, 60, 62, 64, 69, 71, 74, 75, 85, 90, 107, 114, 145, 175, 191, 192, 198, 203, 236, 236, 240, 243, 248, 271.
Valaisan (Gouvernement), 271.
Valaisanes (troupes), 125.
Valaisans, 5 et n. 1, 39, 53, 59, 168, 239, 271.
Valdotain (territoire), 70.
Valdotains (les), 66.
Valence (Drôme), 101 et n. 2, 113, 117, 133, 249, 253, 334, 335, 340, 342, 367.
Valette (le général), 57, n. 1, 88, n. 2, 279, 365.
Valenciennes (Nord), 37, 45, 135, 147, 148, 158, 177, 372; — (garnison de), 300, 302, 317 et n. 2, 321, 340, 354, 368.
Valloire, 227.
Valmy (Marne), 153.
Valteline (la), 35.
Vandesteene, 205 et n. 1.
Var (le), 49, 137, 155; — (armée du), 20.
Vaubois (le général), 251 et n. 1, 365.
Vaucluse (département de), 224.
Vaud (pays de), 25, 35, 236, 239.
Vaudois (les) piémontais, 48.
Vaufreland, adjudant-général à l'armée des Alpes, 330, 331, n. 1.
Vendée, 26 et n. 3, 37, 45, 81, 89, 90, 95, 98, 101, 117, 135, 148, 150, 153, 171, 175, 178, 203, 205, 209, 227, 247, 261, 270, 281, 296, 299.
Verdun (Meuse), 13 et n. 4.
Vevey (Suisse), 26 et n. 4.
Vian, négociant de Grenoble, 337.
Vicaires épiscopaux de l'évêque de Grenoble, 357; — de l'évêque de Paris, 320.
Vieillards réquisitionnés par Chépy pour l'instruction de la jeunesse, 305, 310, 311, 312, 314.
Vienne, Autriche (cabinet de), 35; — (cour de), 83.
Vienne (Isère), 197, 207; — (district de), 342, 364.
Villard (Savoie), 166 et n. 2.
Villars (le maréchal de), 167.
Ville-Affranchie = Lyon, 295, 300, 302, 309, 325, 337, 340, 342, 353.

Villefranche (Rhône), 14, 353, 376.
VILLEMALET (le général), 365.
Villeneuve (Piémont), 68 et n. 4.
Villeneuve-lès-Avignon, 137 et n. 3.
VILLENEUVE-TOURETTE, commandant des fédéralistes marseillais, 104, n. 1.
Vingt-et-un (les) députés girondins mis à mort, 308.
VINS (de), général autrichien, 89 et n. 1, 118.
VIRIEU (de), 264 et n. 2.
Vizille (Isère), 239.
VOISINS (de), général d'artillerie, 334, 335.
VOLAND, substitut de l'accusateur militaire à Grenoble, 201.
Volontaires, 180, 275.

VOLNEY, 371.
Voreppe (Isère), 253, 275, 284.
Vosges (chasseurs des), 183.

WALBRECQ, contrôleur des dépenses de l'armée des Alpes, 323.
WEISS, colonel suisse, 107 et n. 2.
WESTERMANN (le général), 129 et n. 1, 2.
WIMPFFEN (Félix de), 106 et n. 2.
Wissembourg (Bas-Rhin), 281, 356.
WURMSER (le général), 89 et n. 2.

YSABEAU, le jeune, 12, 38.
YORK (le duc d'), 208, 209.

Zurich (canton de), 27, 35 et n. 1.

ADDITIONS, CORRECTIONS ET ERRATA

P. 26, l. 1 et n. 4, au lieu de : *Vevay*, lire : *Vevey*.

P. 67, n. 1, au lieu de : *Voy. p. 70, n. 1*, lire : *Voy. p. 66, n. 1*.

P. 79, l. 11 et n. 2. Ferrière, ou plutôt La Ferrière, affecté à l'armée des Alpes, par une lettre de service, en date du 15 mai, avait été détaché de cette armée le 4 juin, pour aller exercer un commandement dans la Lozère. Voy. une lettre de lui à Kellermann, écrite de Mende, le 28 juin 1793. (Arch. du Rhône. Fonds révolutionnaire.)

P. 106, l. 16, au lieu de : *Teissère*, lire : *Teisseire*.

P. 107, n. 1, même correction.

P. 109, l. 4, au lieu de : *Létanduère*, lire : *L'Étanduère*.

P. 130, l. 3, au lieu de : *Gorssas*, lire : *Gorsas*.

P. 135, l. 7. *Lyon est en révolte*, ajouter : *ouverte*.

P. 143, n. 3, au lieu de : *Voy. plus bas, p. 159*, lire : *Voy. plus bas, p. 147 et n. 1*.

P. 167, l. 12-13, au lieu de : *les séditieux Charrier*, lire : *les séditieux Charriers*.

P. 169, l. 6-7, au lieu de : *Moustier*, lire : *Moutier*.

P. 205, l. 23-24, au lieu de : *Vendesteen*, lire : *Vandesteen*.

P. 211, l. 15, au lieu de : *dyssenterie*, lire : *dysenterie*.

P. 241, l. 10, au lieu de : *Sonnenberg*, lire : *Sonnemberg*.

P. 279, l. 1, au lieu de : *pas de mal (sic) que*, lire : *pas de mal que (sic)*.

P. 315, l. 19, au lieu de : *le Pelletier*, lire : *le Peletier*.

www.ingramcontent.com/pod-product-compliance
Lightning Source LLC
Chambersburg PA
CBHW050609230426
43670CB00009B/1326